神霊を生きること、その世界

インド・ケーララ社会における「不可触民」の芸能民族誌

竹村嘉晃

ワイナーットゥ・クラヴァン神（カンヌール市郊外、2006 年 2 月）

バガヴァティ・ヴェッラータム
（カンヌール市内、2005 年 7 月）

神官のマダヤンに伴われたティルワッパナ神（カンヌール市内、2007 年 1 月）

ティルワッパナの祭儀におけるトーッタムの様子（カンヌール市内、2007 年 3 月）

ワイナーットゥ・クラヴン・ヴェッラータムと太鼓奏者（カンヌール市内、2006 年 4 月）

ムッタッパン・ヴェッラータムと祭儀を主催した関係者（ムンバイ、2007年2月）

●目次

装丁＝オーバードライブ・佐藤一典
画＝武田尋善

1　本書中における『　』は文献名、論文名、上演題目名などを指し、「　」は引用文、言説、現地で用いられている表現や語彙、さらには本書中における強調語をさす。

2　本書および補足資料中における図、表、写真の番号は、各章ごとの通し番号とする。本書で掲載している写真は、すべて筆者が撮影したものである。

3　本書に登場する人物名は、すべて敬称を略する。地名、人名の英語表記は、主にケーララ州政府のウェブサイトと刊行物での標記に準じる。

4　調査を実施した南インド・ケーララ州は、マラヤーラム語（Malayalam）を共通語としている。本書では、筆者の現地での聞き取り調査を基本資料とするため、現地語発音にできるだけ近似させた表記を用いる。現地語表記はカタカナで行い、初出時には慣用的なアルファベット表記をイタリック体で付記する。アルファベット表記に関して、「そり舌音」は、ṭa, ḍa のように子音の下に・をつけて表す。「気息音」は、tha, dha のように表す。長母音は該当する母音の上に ¯ をつけて表す。なお、マラヤーラム語のローマ字表記は、下記の表に従う。

5　通貨レートは、一ルピー＝一・五円（二〇〇五年当時）

അ a	ആ ā	ഇ i	ഈ ī	ഉ u	ഊ ū	ഋ ṛ	എ e	ഏ ē	ഐ ai	ഒ o	ഓ ō
ഔ au	അം am	അഃ ah									
ക ka	ഖ kha	ഗ ga	ഘ gha	ങ ṅa							
ച ca	ഛ cha	ജ ja	ഝ jha	ഞ ña							
ട ṭa	ഠ ṭha	ഡ ḍa	ഢ ḍha	ണ ṇa							
ത ta	ഥ tha	ദ da	ധ dha	ന n̲a							
പ pa	ഫ pha	ബ ba	ഭ bha	മ ma							
യ ya	ര ra	ല la	വ va	ശ ṣa	ഷ śa	സ sa	ഹ ha				

●神霊を生きること、その世界——インド・ケーララ社会における「不可触民」の芸能民族誌

序章　「ひと」と生活世界を紡ぐ芸能民族誌

二〇〇二年四月六日午前五時、ココ椰子の木々が生い茂る南インドのケーララ州北部、カンヌール県カンヌール市郊外のニライットゥ・カーヴと呼ばれる祠では、太鼓や管楽器の甲高い音色が暗闇に鳴り響くなか、「不可触民」の男性が霊媒となる神霊祭祀が行われていた。

朝霧のなか祠の前に現れた年配の男性は、橙色などの洗練された幾何学模様の化粧を顔と腹部に施し、手首や足首、足の甲には鈴の入った真鍮製の装具をはめている。赤を基調とする細かな装飾と銀細工があしらわれた装束は、彼の身体を覆い隠すように重ねられ、露出した肌には赤い粉が塗られている。男性は助手に導かれながら祠の前に置かれた椅子に座ると、胸の前で手を合わせ、右手にある赤々と燃え残った炭山の方に向かって身体を大きく揺らしはじめた。すると、突然立ち上がって走り出し、炭山を激しく蹴り上げては引き返す行為を何度も繰り返した。火の粉が辺りの参拝者に飛び散るなか、再び炭山に向かおうする彼を助手たちが力ずくで引き戻して祠の前の椅子に座らせると、別の助手が控え場所から運んできた白布に赤の装飾や銀細工を飾り付けた山型の大きな装具を彼の頭につけ、さらに銀製の装具で彼の眼を覆った。

太鼓の音色が一層激しさを増し、リズムもさらに速まってきた。松明を手にした数人の男たちが彼の周りを囲うと、その灯りで彼の姿がはっきりと現れた。彼の前には、祠の中に祀られていた松明の束と弓を手にした司祭らしき人物がいた。彼は身体を何度か大きく揺らすと、松明と弓を力ずくで奪い取った。それは、ワイナーットゥ・クラヴァンという神霊が人びとの前に顕現した瞬間だった。

一　神霊との出会い

冒頭の光景を目にした当時、わたしは数年前に語学留学をしていたオーストラリアで親しくなったインド人の友人から結婚式への招待を受け、はじめてインドのケーララ州を訪れていた。大学時代に演劇を学んでいたわたしは、ケーララには数多くの芸能があるということを思い出し、街を散策しながら書店に立ち寄って情報を得ることにした。市販されているガイドブックを手に取ってみると、そこには奇抜な化粧をした神霊を祀る祭儀の写真が掲載されていた。結婚式の参列を終え、まだ滞在予定の日数が残っていたことから、観光を兼ねてその神霊祭祀が行われているカンヌール県に足を運んでみることにした。

カンヌール到着後、滞在先のホテルで働く何人かのスタッフに声をかけ、祭儀がどこで見られるのかを聞いて回っていると、一人のヒンドゥー教徒の青年が新聞を広げてその詳細を見付け、一緒に行ってくれると申し出てくれた。こうした親切で世話好きな、時に「おせっかい」でもあるインド人に助けられている旅行者は、インド国内のいたるところでみられるだろう。彼のおかげで、わたしはカンヌール滞在の目的であった神霊祭祀を何度か見ることができた。夜も更けた頃、赤い装束に身を包み、奇抜な化粧をした神霊が登場するその祭儀の空間は、まさに異界［石井　一九九二］と呼ぶにふさわしいような世界に思えた。動物の生け贄のほかに、神霊が歩き回りながら鶏の生首を食いちぎったり、燃え盛る松明を身体にあてがったり、焚き火の上を寝そべったり、踊りというよりは定型のないパフォーマンスが繰り広げられていた。なかでも印象に残ったのは、先に挙げたカンヌール市郊外の高カーストの家族が祀る祠で行われた祭儀であった。

ワイナーットゥ・クラヴァンと呼ばれる神霊が登場したその祭儀では、他の祠で見た光景と同様に、神霊が参拝者の一人ひとりの手をとり、何か言葉をかけて祝福していた。祭儀の場で唯一の外国人旅行者であったわたしは、近所に住んでいるらしい子どもたちからの矢継ぎ早の質問攻めに辟易しながら、神霊が村人と交流するその姿を眺め、ときおりフィルムカメラで写真を撮っていた。

しばらくすると、突然、側にいる村人から自分が神霊に呼ばれていることを告げられた。すぐに、祭儀の助手をしている若者と主催者の家族の一人が近づいてきて、わたしを神霊の前まで連れ出した。神霊がわたしの手を取って何か言葉を発すると、周りの村人から笑い声が起こった。主催者の家族の一人が「『いい写真は撮れたか？』とワイナーットゥ・クラヴァンが聞いているよ」と教えてくれた。ばつの悪い思いに駆られていると、神霊がわたしの額に手をかざして何か唱えごとをした。その瞬間、穏やかさと安心感のようなもので身体が包みこまれていく不思議な感覚を味わった。神霊の祝福を受けたのち、恥ずかしさをこらえながら村人たちの人混みのなかに戻ったわたしは、周りの村人と同じように灰と赤い粉による印を額につけ、手には神霊から受け取った赤い花びらとターメリックの粉と一ルピーを握りしめていた。

祭儀の場には、神霊を担った男性の息子だという二〇代後半の若者もいた。彼は物珍しそうな顔をしながら現地語でわたしに話しかけてきた。一緒に来ていたヒンドゥー教徒の青年の通訳を介して、わたしはその彼としばらくの間会話を楽しんだ。カンヌール滞在中、この神霊祭祀に携わる人びとと何人か知り合いになったが、年齢が近いということもあって彼には親近感を抱いた。彼も親しみを感じてくれたようで、祭儀を終えた翌日、わたしが滞在していたホテルにやってきて、自宅に遊びにくるようわたしを招待してくれた。後日、祭儀で撮影した写真の現像プリントと教えられた住所が書かれた紙を手にし、バスを乗り継いで彼の自宅に向かった。わたしと神霊との出会いは、神霊を担う「不可触民」の実践者たちとの出会いでもあった。

二　本書の目的

本書は、南インドのケーララ州北部のローカルなヒンドゥー社会を中心に広く行われている神霊祭祀[1]のテイヤム（*Teyyam*）を事例に、伝統的職業として神霊の役割を受け継ぐ旧不可触民階層で、今日の行政上では指定カースト[2]と呼ばれる人びとの現在の生のありようを描くものである。

テイヤム信仰は、サンスクリット的要素と混淆しつつ、女神崇拝や英雄信仰といった正統ヒンドゥー教がケーララに普及する以前からあったドラヴィダ（*Dravida*）文化[3]の影響を受けているといわれる［Kurup 1973; Viśṇunambūtiri 1998］。テイヤム祭儀の中心的役割を担うのは、霊媒となる旧不可触民階層の男性である。彼は、神霊を讃える祭文を唱えた後、化粧を顔に施し、重層的な装束を身にまとって、自らの身体に神霊（テイヤム）を呼び降ろすことで神と一体化する。人びとの前に顕現するテイヤム神は、太鼓や管楽器の伴奏に合わせて、ステップなどの舞踊的身体技法を披露したり、アクロバティックな技や伐採された木々が燃えさかる焚火の上を飛び越えたり、あるいは鉄剣などを操るさまざまなパフォーマンスを行った後、参拝する人びとに祝福と託宣を与える。

演劇研究者のR・シェクナーと人類学者のV・ターナーらが先導となって一九八〇年代に発展したパフォーマンス研究では、研究対象を演劇、舞踊、音楽といった美学的ジャンルに限定せず、日常生活におけるパフォーマンス、祭祀や公共の儀式などの文化的パフォーマンス、ジェンダーやアイデンティティのパフォーマンス、さらには動物にみられるパフォーマンス的な行動にまで拡大した広義の「パフォーマティヴ行為」を分析している[4]［シェクナー一九九八：一］。本書では、シェクナーが提唱する定義よりも限定的に、舞踊、音楽、演劇、民俗芸能、武術、儀礼といった身体的な所作に依拠した文化的実践を文化的パフォーマンスと位置づけ、テイヤム祭祀の諸相について、人類学的な芸能研究の観点からアプローチしていく。

祭礼や民俗芸能、舞台芸術などの身体化された文化的パフォーマンスの技芸は、時代の流れにそって衰退し、やがては消滅してしまうものもあれば、時代状況による何らかの契機で突如として隆盛を極めるものもある。たとえば近年の日本では、ナマハゲなどの地方に伝承されている祭礼が高齢化や後継者不足で存続の危機を迎えている一方で、よさこいソーランやエイサーなどの市民参加型の都市祝祭が全国各地で人気を集めている。こうした文化的パフォーマンスの衰勢に関して、これまでの研究では、社会変化や審美的優越といったあいまいな言葉で論じられることはあっても、社会のどのような変化が文化的パフォーマンスの生成・存続・隆盛に影響するのか、その実践に対する美的価値判断の基準とは何なのか、あるいは実践そのものやそれを担う人びとの社会的世界もまた社会とともに変化せざるをえないのか、といった問題について十全な説明がなされることはなかった[5]。

テイヤム祭儀の基盤となる民俗的世界は、インド独立以降の左翼的思想の浸透や土地改革による影響のもとで、政治状況や社会構造が大きく変容してきた。ケーララでは、一九九〇年代の終わり頃から、グローバルで同時的なネットワークのつながりを張り巡らす経済自由化とＩＴ革命の影響が、経路のみえにくいまま生活世界のいたるところで経験されるようになっている［内山田　二〇〇八］。街角にはインターネット・カフェや携帯電話ショップ、ＣＧ加工を手がける店が溢れ、金の装飾品を扱う店やジーンズなどの若者向け衣料、家電や車を販売する店も増えている。郊外には、ムンバイやデリーといった大都市ほどではないもののショッピングモールがあちこちに建ち、週末になると多くの家族連れ客でにぎわっている[6]。こうした経済成長による発展は、教育の普及とともに人びとの生活様式に変化をもたらし、直接的または間接的にテイヤム祭儀にも影響を与えている。

このような今日的状況のなかで、テイヤム祭儀の実践レベルにおける技芸はいかに変容し、どのように受け継がれているのだろうか。また、わたしが出会った同世代の実践者たちは、いかなる価値観を持ちながら彼らのカーストに基づく役割を担っているのだろうか。わたしがこのようなことを考えるようになったのは、長期調査の際に目にした次の出来事がきっかけであった。

金曜日からタイール・カーヴで行われたワイナーットゥ・クラヴァン祭儀が終わり、昨日、日曜日の夕方五時過ぎに帰宅した。……ジェイは、のべ一〇時間ものあいだテイヤム神であり続けていた。休むことなく重い装束を身にまとい、トイレにも行かず、彼の身体は神霊の姿のままであった。……夕食後の夜一〇時過ぎ、部屋でノートの整理をしていると、階下でアッチャン（ジェイの父）とジェイが祭儀に関することで口論している声が聞こえてきた。階下をのぞくと、二人とも大声を張り上げ、興奮したアッチャンがナイフを手にとって振りかざそうとしていた。急いで下に降りると、ジェイも小さな斧を持ちだしてきた。サッティアタン（ジェイの義兄）とわたしで興奮しているジェイの身体を押さえて止めに入った。ジェイはしばらくもがいた後、押さえているわれわれの腕を振り払って、大声で喚きながら向かいのサッティアタンの家へ走っていった。……しばらくしてから、ベランダで仰向けになっているジェイの側に座った。彼は天井をみつめながらこう言い出した。「誰も俺のことなんか気にしちゃいないじゃないか。足だって火傷して、つらい思いをしてるのに。この痛みが皆にわかるのかよ。こんな思いをしてまで続けなきゃいけないのか」（二〇〇五年一二月一九日、フィールドノートより）。

ワイナーットゥ・クラヴァン祭儀を担ったジェイは、冒頭で紹介した祭儀の場で親しくなった若者である。わたしが彼と出会って数年後、彼は父親にかわってワイナーットゥ・クラヴァン神の祭儀を担うようになっていた。祭儀のなかで燃え残った炭山を何度も蹴り上げた彼は、痛みと腫れがひどい火傷を足に負っていた。わたしが目にしたのは、わたしと何ら変わらないごく普通の青年が、自らの出生によるカーストの伝統的職業を担うことに苛まれている生の営みであった。(7)

本書の目的は、インド・ケーララ州北部における多くの人びとの宗教や社会的生活の中心となっているテイヤム祭儀という場において、自らが霊媒となって神霊を顕現させる旧不可触民階層の実践者たちを照射し、グローバル化した現代社会の動態や祭儀を取り巻くさまざまな言説や多元的表象の位相と、彼らの日々の暮らしや地域社会とのつながりといった生活世界の要素がいかに実践レベルと関係し、相互に影響を与えているのかを民族誌的に解明することである。

その際に、以下の点に陥らないよう留意したい。テイヤム祭儀を「古代」や「始原」あるいは「憑依」や「美」といった語り口で神秘化すること、神霊が繰り広げるさまざまなパフォーマンスに関して、審美的要素や動作(芸態)だけを抽出して論じる芸能論に陥ること、長きにわたって社会的差別を甘受してきた「不可触民」の実践者たちについて、「救済のまなざし」とともに「浄」「不浄」のカースト・ヒエラルキーによって「虐げられた人びと」として一括りに枠付けすること、である。

この作業を通じて、本書は、祭儀の場で人びとが待ち望む神霊を顕現させるテイヤム実践者たちの生活世界に立って、われわれと同時代をいきる彼らの生のありように共鳴したい。

三　先行研究と問題の所在

1　テイヤム研究の動向

テイヤム祭祀に関する研究は、これまで民俗学、歴史学、人類学、演劇研究、パフォーマンス研究、民族音楽学、文学といったさまざまな分野において、インド国内外を問わず継続的に展開されている。

テイヤム祭祀に関する歴史的な記述は、一九世紀後半以降、イギリスの植民地行政官や宣教師、民族誌家らの手によって残されている［Fawcett 1990（1901）; Gundert 2003（1872）; Innes 1997（1908）; Logan 1995（1887）; Thurston 1993（1909）］。その後、一九三〇年代には、テイヤム祭儀で唱えられる祭文がローカルの民俗学愛好家によって新聞紙上に掲載されたり、人類学者のM・D・ラガヴァンらによって祭儀の概要が明らかにされている［Raghavan 1947; 古賀 二〇〇四］。しかしながら、テイヤム祭祀に関する研究上の発展がもたらされるのは、一九六〇年代末からである。今日では、学術的なテキストから大量印刷された小冊子や観光パンフレットにいたるまで、テイヤム祭祀に関する数多くの出版物が民俗学愛好家や研究者、研究機関や州政府によって刊行されている。

　高カースト出身の高校教員であったC・M・S・チャンデーラは、一九六八年、テイヤム祭祀に関するはじめてのモノグラフを出版した(8)［Caṇṭēra 1978 (1968)］。同書のなかで彼は、テイヤムの神々を七つに分類してその特徴を示し、関連する寺院や祭文を幅広く解説した。しかしながら、その内容はヒンドゥー中心主義的な立場から解釈されたものであり、歴史的側面や社会的背景に関する記述が欠如している。

　本格的なテイヤム研究は、一九七〇年代後半から大学や研究機関で進められていった。当時カリカット大学マラヤーラム語学部教授のR・パイヤナーッドゥ（元カリカット大学民俗学研究所所長）や、サンスクリット大学教授のM・V・ヴィシュヌ・ナンブーディリ（元ケーララ・フォークア・アカデミー所長）は、民俗学的観点に依拠した研究成果を相次いで発表している［Payyanāṭṭŭ 1979; Viśṇunambūṭiri 1981］。以後、両者は、ローカルな文脈におけるテイヤム研究の中心的な存在となっていった。

　パイヤナーッドゥの記述［Payyannāṭṭŭ 1979, 1988］が、テイヤム神の分類とその解説、カーストに関する歴史的側面にふれた内容であるのに対して、ブラーミン（*Brahmin* 最上位カースト）のヴィシュヌ・ナンブーディリは、旧不可触民階層のテイヤム実践者たちから聞き取りを行い、その資料をもとに祭文の解釈を展開した。彼の研究［Viṣṇunambūtiri 1981, 1990, 1998］は、個々のテイヤム神の祭文を資料化した点で評価されるが、テイヤム実践者たちの間では、それまで公になることがなかった祭文を世に出し、「自分たちを利用するだけして何の見返りもなかった」、といった批判の声が聞かれるのも事実である(9)。

研究の領域だけでなく、テイヤム祭儀の価値づけに最も影響を及ぼしたのは、同じく高カースト出身で歴史学者のK・K・N・クルップ（元カリカット大学長）であった。それまでの研究は、民俗学的関心にもとづくテイヤム神の分類や祭文の収集が主流であったのに対して、クルップは歴史的側面を重視した［Kurup 1973, 1977, 1979, 1981, 1986, 1988, 1990］。彼は、テイヤム祭儀の起源を古代タミルのサンガム文学(10)に求め、土着の英雄神や民俗信仰との関連性を指摘した。そして、テイヤム祭祀をアーリヤ人がもたらした文化と、それ以前から南インドに広がっていたドラヴィダ文化の融合や混淆という図式のもとで論じた。しかしながら、クルップの主張は、英雄信仰の概念があいまいであり、その論拠には実証性が乏しいことが批判されている［Handoo 1979］。

それでもなおクルップの研究が看過できないのは、それまでカースト・ヒエラルキーやヒンドゥー教の枠組みで論じられていたテイヤム祭祀に、審美的価値という新たな視点をもたらしたことにある［Kurup 1973, 1986］。左翼的思想を背景にもつ彼は、「テイヤムは祭儀であると同時に芸術でもある」という見解を示し、ローカルな神霊祭祀のテイヤム神を「民俗芸術」と位置づけ、社会的弱者であったテイヤム実践者たちを「アーティスト」と称した［Kurup 1986］。彼はまた、文化イベントやフェスティバルといった祭儀以外の文脈にテイヤム神を積極的に「出演」させていった。以後、テイヤム祭祀に関する研究は、それまでの民俗学的観点だけでなく、芸術的側面からも研究されるようになっていった［Ashley and Holloman 1982; Nambiar 1993, 2000; Nambiar 1996］。

一九九〇年代以降では、テイヤム祭祀に関する研究の多くは、文化人類学的な関心や関わりにおいて展開していった［Ashley 1993; Chandran 2006; Dinesan 2009; Flood 1997; Freeman 1991, 1993; Gabriel 2010; Jayarajan 2008; Pallath 1995; Tarabout 2005; 古賀 二〇〇四、鈴木 一九九四］。なかでも、J・R・フリーマンの研究成果は、テイヤム祭祀を網羅的にまとめた貴重な民族誌資料である。構造主義的アプローチからテイヤム祭儀を論じるフリーマンは、テイヤムをケーララ北部（マラバール）における高度に差異化、分節化された社会を表現する実践としてとらえ、カースト間の原理が具現化された集合的な創出であるという［Freeman 1991: 699］。彼はまた、祭儀の内容と神話の分析を試みるとともに、シャクティ（*sakti* 神霊の力）の多義性とその役割を明らかにし［Freeman 1991］、テイヤム実践者の身体に神霊が降臨するまでの一連のプロセスを「形式化された憑依（formalized possession）」の形態と論究した［Freeman 1993, 1998］。フリーマンの研究は重要であるが、祭儀の構造やヒンドゥー教の文脈における分析が中心であり、ケーララの社会、政治的状況との関わりやローカルの人びととの視点が欠けている。

同じく社会人類学的観点からテイヤム祭儀とそれを支える社会の変容を分析したものに古賀万由里の研究［古賀 二〇〇一、二〇〇四、二〇〇七］がある。カンヌール県北部からカーサルゴードゥ県にかけてフィールドワークを行った古賀は、村落社会におけるテイヤム祭儀の位置づけを丁寧に記述し、王権やカースト寺院あるいは地域との関わりや神霊の神格について考察している。古賀は、現代的な観点にも留意し、テイヤム祭儀の保存をめぐる左翼勢力と民俗学愛好家たちとのイデオロギーの葛藤も論じている［Koga 2003; 古賀 二〇〇四］。

古賀の民族誌的記述は、本論における議論の基盤となる重要なものである。一方で、テイヤム実践者たちの間で祭儀の実践をめぐる形態の差異が認識されているように[11]、わたしが調査を行ったカンヌール市以南の地域では、多くは個々の家族が祀る祠が中心であり、古賀が記述した村落社会やカースト寺院による祭儀形態はあまりみられないといった相違点もある。また、テイヤム実践者の活動地域も村落に限定されず、流動的かつ広範囲にわたっている。本書では、古賀やフリーマンの民族誌的記述を参照しながらも、村落社会の観点とは異なるテイヤム実践者たちの視点に依拠したアプローチを試みていく。

パフォーマンス研究の観点から、政治やイデオロギーの文脈におけるテイヤム神の流用を考察したものにW・アシュレイの研究がある[Ashley 1993; Ashley and Holloman 1990]。彼は、近代ケーララ社会において、テイヤム神がショーケース化されている実態を描写し、いかに共産党やローカルの芸術家たちがテイヤム神を都合よく解釈していったのかを強調した。アシュレイの考察をさらに発展させた民族学者のG・タラブーは、植民地期から今日に至るまでのテイヤム神のイメージの変容を論じ、テイヤム神の表象が国民国家やグローバル・マーケットと接合している状況を述べている［Tarabout 2005］。これらの研究は、テイヤム神の価値づけや解釈の変容という意味論のレベルにおいて重要だが、それらが祭儀の実践レベルや実践者たちにいかに影響を与えたのかという分析にまでは至っていない。

テイヤム神が行う身体技法のシークエンスに関する研究［スナイダー 二〇〇〇、高橋 二〇〇八］や祭文のプロセスに関する研究［Ashley and Holloman 1990］も報告されている。フリーマンがテイヤム神の動態を描写することは困難であると指摘するように［Freeman 1991: 193］、祭儀における一連の身体技法を伴うシークエンスは、ケーララの舞踊劇であるカタカリのように、厳密に規定や形式化された動きの分節によるものではなく、大まかな枠組みのなかで実践されている。これらの研究では、研究者のまなざしによって「舞踊」と恣意的に枠づけられた動きに関する分析に焦点があてられており、その考察から具体的に何を導き出すのかが不明瞭である。また、社会・文化的背景が十分に汲み取られていないことから、民族誌的事実に対する誤解もみうけられる。こうした身体技法のシークエンスに関する動きの分析と民族誌的記述との乖離は、テイヤム祭祀のような文化的パフォーマンスを研究する際に直面する共通の大きな問題の一つである。

特定の神霊に焦点をあてたものには、宗教学者のT・ガブリエルによる研究［Gabriel 2006, 2010］がある。彼は、テイヤム神の中でもムッタッパン神とその信仰におけるブラーミンの影響を詳述しているが、近年の著しい信仰の隆盛とそれを支える社会的状況については触れていない。他方、祭儀を奉納する祭主側の出自をもつ高カーストのV・ディネーシャンは、構造主義的アプローチに依拠した上で、ムッタッパン信仰がローカルの文脈を超えて州内外へ拡大している実態を明らかにし、祭儀の多元的な生成過程を論じている［Dinesan 2009, 2010］。

ローカルの文脈におけるテイヤム研究は、これまで高カースト出身の研究者を中心に進められてきたが、二〇〇〇年代に入ると、テイヤム祭儀の実践経験者や彼らと同じ指定カースト出身者による研究成果が報告されるようになった［Damodaran 1998, 2008, 2009; Kannan 2007; Komath 2003, 2005, 2006］。テイヤム実践者としての活動経験をもつ旧不可触民階層のR・K・コーマスは、左翼的思想を背景に、カースト・ヒエラルキーや社会的不平等に対する旧不可触民階層の芸術的な抵抗の手段として、テイヤム祭儀を位置づけている［Komath 2005, 2006］。コーマスと同一カーストに属し、テイヤム祭祀に関する研究でカンヌール大学人類学科から博士号を取得したM・P・ダモーダランは、テイヤム祭儀がローカル社会の歴史的な再構築の場であると主張する［Damodaran 2008, 2009］。両者の分析は、実践者コミュニティの内側からの視点を提供する半面、彼ら自身のコミュニティに対する思い入れが強く反映されており、かえって実践者を取り巻く多様な主体や新たな社会・政治的つながりを見えにくくしている。

その一方で、ワンナーン・カーストのテイヤム実践者であったY・V・カンナンは、特定のテイヤム神の祭儀における実践内容を説明し、託宣の手法とその重要性を指摘した［Kannan 2007］。カンナンの研究の意義は、祭儀の次第を実践者のレベルから明らかにしただけでなく、テイヤム祭祀が再活性化している今日の状況に喚起を促した点にある。他方、テイヤム実践者のなかでも、最下層に位置づけられるプラヤ・カーストに焦点をあてたものに、人類学者のJ・J・パラスの研究がある［Pallath 1995］。この研究においてパラスは、二〇世紀初頭、いかにしてプラヤ・カーストの人びとが、テイヤム祭儀を彼らの社会・政治的状況の不平等に対する抵抗の手段や、キリスト教へと改宗する動機づけに利用していたのかを論じた。

最近では、テイヤム実践者たちや彼らのコミュニティに関する研究成果がいくつかみられる［Kannan 2007; Mason 2006; 古賀 二〇〇四］。古賀は、かつてテイヤム実践者として名を立てた人物のライフヒストリーから、彼の社会的地位の変化について、テイヤム祭儀を取り巻く社会変化の過程との相関から分析を試みている。民族音楽学者のK・マーソンは、マラヤン・カーストのテイヤム実践者と彼らのコミュニティにおける音楽実践の変容に着目し、古典音楽の世界へ活動の場を拡げている彼らの社会的、音楽的可動性の動態を考察している。両者の研究に通じるのは、これまで注目されてこなかった実践者たちの社会的状況を現代的な文脈において論じた点にある。

テイヤム祭祀に関するこれまでの研究成果は、共通して以下のような問題を含んでいるといえる。第一に、信仰の歴史的背景、祭儀の構造や社会的機能に関する研究が蓄積されているものの、カーストの伝統的職業として、祭儀の中心的な役割を担うテイヤム実践者たちに関する研究が十分になされていない。第二に、さまざまな社会・政治的状況とのつながりに関心が向けられている一方で、祭儀の場に現前するパフォーマンスの様式上の特性を分析したものと、祭儀を支える社会的基盤やその変容に関する民族誌的記述との間に乖離がある。

以上の研究成果をふまえた上で、本書では、テイヤム祭儀で神霊を担う実践者たちに焦点をあて、グローバル化が進む現代インドの地方社会における、文化社会や政治経済の動態と、彼らの実践活動や社会的状況との相互連関の変容を論じていく。

2　「動き」から「ひと」への転換

音楽や舞踊、民俗芸能などの文化的パフォーマンスは、人びとによって演じられることではじめて現実に姿を現す存在である。それは、人間の身体を用いた一定の形式を有する実践的な表現方法であり、つきつめれば具体的で個人的な所産である身体技法を基盤としている。身体技法とは、もはや使い古された感さえあるが、端的にいえば

「身体」を技法として捉える分析概念である。社会学者のM・モースは論考のなかで、「人間がそれぞれの社会で伝統的な態様でその身体を用いる仕方」［モース 一九七六：一二一］として身体技法を定義した。モースによると、個々の社会はまさしくその社会独自の慣習を持っているのであり、身体技法は生物学的所与であるというよりも、むしろ社会的創造と学習の結果や過程なのである［モース 一九七六：一二四—一二六］。

身体技法に関するモースの先駆的で刺激にみちた提唱は、その後、文化人類学や社会学において関心を持ち続けられ、多くの研究者によって検証されている［cf. 川田 一九八八、清水 二〇〇六、野村 一九九七、福島 一九九五］。それらのなかでは、身体技法の伝記的な列挙に枠組みが留まっているとか、身体の使い方が社会的に条件付けられている側面を強調しすぎているといった指摘がなされている[12]［川田 一九八八、野村 一九九七］。

アフリカの生活空間に立脚して論じる川田順造は、身体技法における二つの側面を照射している。一方は物理的法則に拘束される実用的側面であり[13]、他方は文化の約束に従う象徴的側面を意味し、後者を舞踊や芸能、演劇などにおける演技に位置づけている［川田 一九八八］。身体技法の観点を芸能の文脈に応用したものには、教育学者の生田久美子の研究［生田 一九八七］がある。認知科学的方法論にもとづいた生田は、日本舞踊における演技の習得過程に注目し、感覚的同調の拡大を促進するような機能をもつ「わざ言語」を解明した。生田の研究は、学習者の認知的側面を捉えることによって、芸能教育に新たな観点をもたらしたと評価されている［福島 一九九五：二二二］。

舞踊や芸能の文脈で身体技法を捉えるアプローチ、別の言い方をすれば、文化的パフォーマンスの動きに関する分析は、人類学的な舞踊研究の方法論と決して遠いものではない。すでに多くの研究者によって指摘されているように、舞踊の人類学的研究[14]（舞踊人類学 dance anthropology/anthropology of dance）が本格的に発展したのは、一九六〇年代から一九七〇年代にかけてである。

これまでの人類学的な舞踊研究[15]における潮流は、二つに大別することができる[16]。一方は、T・J・バックランド、A・

グラウ、D・スクラーといった舞踊研究者たちによる研究［eg. Buckland 1999, 2006; Grau 2005; Sklar 2001］である。彼女たちは、人類学のフィールドにおいて、舞踊を通じた文化的創造の意味に焦点をあてた考察を行ったり、舞踊研究に歴史的アプローチを適用する分析を試みたりした。とくに本書との関連からスクラーの研究に注目したい。

「ダンス・エスノグラフィー[17]（dance ethnography）」の方法論に依拠するスクラーは、舞踊に関するあらゆる動きが「自然」なものではなく、すべてが社会的に交渉された慣習として言及されるものであると強調する。彼女は、舞踊を民族誌的に記述するためには、社会的価値、宗教的信仰、象徴的コード、さらには歴史的な創出についてのローカルな文脈における情報が必要不可欠であると論じる[18]［Sklar 1991: 8］。また、ニューメキシコで行われるグアダルーペの聖母マリアの祝祭の事例から展開した議論のなかでは、踊り手の内面性や質というのは動作分析だけで理解することは不可能であり、舞踊はコンテクスト、動作、そして情緒的あるいは感情的な観点からアプローチする必要があると主張し、祝祭空間における踊り手たちの心情と神霊へのイメージに関する語りに焦点をあてた分析を試みている［Sklar 2001］。

C・ノヴァック［Novack 1990］やS・ネス［Ness 1992］らは、人類学的なコンテクストのなかで舞踊の文化的記述を発展させている。彼女たちは、その方法論の限界を認めながらも、自分たちが長きにわたって習得してきた舞踊実践にその記述を適用し、文化・政治的な関心事と関係性のなかにそれを位置づけた。B・ファルネル［Farnell 1999］やA・ケプラー［Kaeppler 2007］といった他の舞踊人類学者たちは、さまざまな文化的パフォーマンスの実践から舞踊を分離し続けた、西洋の産物である「ダンス」というタームを批判的に検討し、それにかわるものとして「人間動作（human movement）」という概念の有益性を実証した。

他方の潮流では、舞踊研究者たちが人文科学の分野において、人類学からフィールドワークとそれに関連する文化的記述の実践を切り離す、「民族誌的転換（ethnographic turn）」［Coles 2000］を発展させている。フィールドワークと民族誌的記述の再構築は、舞踊人類学とそれ以外の分野において一九九〇年代の舞踊記述を特徴づけ、そこでは民族誌的研究が舞踊形式の歴史的な分析を伴う直接的な経験と融合した。その後、F・カスタルディ［Castaldi 2006］やJ・マクマイン［Mcmain 2006］のような舞踊研究者たちは、民族誌的研究を歴史との対話に位置づけながらも、半面では他者の経験を理解し記述するという、より伝統的な意味における民族誌と個人的な経験を結びつけた研究を進めた。

近年にみられる人類学的な舞踊研究の新たな潮流は、特定の実践のために継承されてきた社会的コンテクストというだけでなく、アイデンティティを創出する上での政治的に規定された企ての一部として文化・社会に関心を向ける傾向にある［O'shela 2010: 5］。それゆえこの潮流は、人類学だけでなく、ポストコロニアルやジェンダー、セクシャリティや民族などに関する研究分野とも同調している。たとえば、舞踊研究者のD・ダヴィダは、西欧のクラシック・バレエにみられる社会的価値のヒエラルキーに対して異議を唱え、芸術界の舞踊民族誌に関する見解について議論している［Davida 2011］。舞踊研究者のN・ジャクソンと文化人類学者のT・シャピオ—ピムは、カナダの文化政策と舞踊や人権に焦点をあて、いかにカナダが国際的なレベルにおいて変革のための前向きなロールモデルを示しているかを例証している［Jackson and Shapio-phim 2008］。これらの研究では、支配や社会的規制、抑圧の形式として用いられている舞踊の詳細な説明と分析が示されている。いうなれば、舞踊研究自体は、「動き」の分析からその実践を生み出す「ひと」や「表象」へと視点が注がれるようになっているのである。[19]

舞踊や芸能などの文化的パフォーマンスは明らかに歴史的な産物であり、それらが伝承されている国や地域ごとに様式や身体技法にさまざまな相違がみられる。それだけでなく、その伝承過程には偶発的な出来事が含まれ、その実践は実践者の個性が反映され、かつ社会的環境への適応の結果として実践の場に現れるものである。[20] つまり、自明のことだが、文化的パフォーマンスという固有の表現は、当該社会の文化的な価値観の表現形態であり、民俗的世界観を体現するものにほかならないのである。だからといって、文化的パフォーマンスを規定する諸条件との関係においてそれらの実践を記述しても、民俗芸能研究者の橋本裕之が論じるように、結局のところ実践を演じる身体にまつわる、いうなれば個の領域に対する関心に収斂されてしまう［橋本 一九九一：七六三］。

本書における問題意識は、文化的パフォーマンスを顕現させる身体や動きの分析に主眼をおくのではなく、その実践を生み出す主体に焦点をあて、主体の技芸や知識が社会・経済・宗教的文脈において流動的に変容しながら、受け継がれている実態を想定することにある。文化的パフォーマンスにおける変化の動態を考察する研究の多くは、実践様式や上演形態、あるいはコンテクストの変容との相関関係などを問題にする。しかしながら、看過すべきでないのは、ある特定の文化的パフォーマンスというものを具現化するのは個人にほかならず、個人が身体化することによってその実践が伝承されているという事実である。この点に関して、舞踊研究者の小林正佳は、「舞踊というものが本に書かれてあるとかどこかに置かれてあるとかいうのではなく、誰かの生きたからだに担われている以上、ある一つの舞いや踊りのすばらしさとは、具体的な「誰か」の舞いや踊りのすばらしさということを意味している」と論究している［小林 二〇〇四：七八］。あらゆる音楽や舞踊、民俗芸能などの文化的パフォーマンスは、例外なく具体的で特定な人間の存在と結びついている。では、特定の個人に焦点をあてることは、文化的パフォーマンスのいかなる側面を照射するのだろうか[21]。

日本の民俗芸能研究の領域では、特定の個人に依って舞踊や芸能の実践を捉える研究がいくつか報告されている。岩手県の早池峰岳神楽の事例を考察する森尻純夫は、神楽保存会の代表である「セイイチ」という一人の舞い手に着目する。当該地域の若者たちが伝承の場で「セイイチ」に舞を所望する理由とは、彼の舞が現在のこの芸能において最も信頼できると位置づけられているからであると森尻は論じ、「セイイチ」の身体と存在の内容を通して、早池峰岳神楽の地域の実態を探ろうと試みている［森尻 一九八七］。著名な民俗芸能の一つであり、すでに議論し尽くされた感のある奥三河の花祭りに関する伝承過程を主題化した中村茂子は、廃仏毀釈をきっかけとして神道化が進んだ明治維新以後から、戦後のダム建設によって強制離村の結末を迎えるまでの歴史的過程や社会動向と、伝承者の個別の活動とを並行して叙述している。そこには、民俗芸能を記述する方法論としては異例の、個人に焦点をあてながら当該地域における「固有名詞をもつ人びと」の生のありようが描き出されている[22]［中村 二〇〇三］。

橋本は、日本における民俗芸能研究の思想史を批判的に検討するなかで、世界に対して身体を突き出していく民俗芸能の身ぶりが、そのあり方を規定しているとされてきた民俗社会の論理によってはもはやかたちづくられていないことを強調する［橋本 二〇〇六］。すなわち、個人が身体化することによって伝承されてきた実践は、旧来の民俗社会が胚胎する独自の論理では支えられてはいないというのである。それゆえ、橋本は、資本主義のシステムがわれわれを等しく捕捉しているいま、現在あるいは近代を手がかりとして、新たなコスモロジー論を展開する必要性があると問題提起する[23]［橋本二〇〇六：二二九］。

橋本の視座によるならば、文化的パフォーマンスの実践、あるいはそれを担う実践者や実践を支える当該社会に関して、これまで記述の対象とされてこなかった側面[24]に光をあてることが求められる。われわれは、もはや分析対象とする人びとが文化的パフォーマンスの実践の場やそれ以外で経験している「現在」、別の言い方をすれば、グローバル化が進む現代社会のなかで彼らの社会的世界における経験を無視するわけにはいかないのである。

民族音楽学者の梅田英春は、バリ島の影絵芝居（ワヤン）の習得過程について、修行記という経験的な記述法を用いた芸能民族誌を著している［梅田 二〇〇九］。ある村落社会のワヤン一座に入門した彼は、彼自身の経験と人びととの交流を通じて、ワヤンを取り巻くローカルな社会の位相を描き出し、社会変化のなかで実践者たちがどのように生きていたのかを微視的に明らかにした。修行記という形態上、ナイーブな語り口がみられるものの、その記述には、ガムラン音楽に関する村落間の演奏の相違、近代教育システムの導入や視聴覚メディアの浸透による影響、社会変化にともなう儀礼の変容といった、彼がガムラン音楽や人形遣いの技芸を学ぶ過程で、日常生活のなかに現れた事象に対する人びとの価値観や人びととの相関関係が含まれている。

同様の手法から、エチオピア正教音楽とユダヤ音楽とのつながりについて、フィールドでの体験を個人的な語り口で綴ったK・K・シュレメイの研究［シュレメイ二〇〇九］がある。ベータイスラエル（ファラシャ、今日では「エチオピアン・ジュー」として知られる）の人びとの宗教音楽に関する調査でエチオピアを訪れた彼女は、フィールドワーク中にエチオピア在住のユダヤ人と結婚する。それを機に、エチオピアの上流階級のインサイダーとなった彼女は、軍部のクーデターによって引き起こされる社会主義革命前夜の緊迫した様子を内在的な視点から描き出した。また、革命を契機に研究テーマを変更せざる得なくなった彼女が、インサイダーとしての立場を通じて、ベータイスラエルの典礼音楽が古代のユダヤの典礼の伝統ではなく、エチオピア正教会の典礼によるものであるという驚くべき発見をした経緯が綴られている。

両者の記述に共通するのは、著者自身の個人的な語り口であり、かつ再帰的に綴られたフィールド体験の現実とそれに関するローカルな人びとの語りである。いいかえれば、彼らはフィールドのなかで目の前に現れた「現在」に関する問題について、彼ら自身の立場性を自省しながら詳述しているのである。[25]それらは、必ずしも音楽や芸能の実践の場に限られたものではなく、生活世界やローカルの人びととの相互作用のなかから描き出されたものでもある。

グローバル化が進む現代社会において、いかなる文化的パフォーマンスであっても、もはや民俗的世界観によって十全に保証されているわけではない。あらゆる身体的なコミュニケーションは、あらかじめ根底から資本主義的構造にからめとられている。広義の意味での近代化は、いまや民俗的世界観にも絶大な影響を及ぼしているのである[26]［橋本二〇〇六：一一二］。

しかしながら、留意しなければならないのは、文化的パフォーマンスが近代化の過程とともにたどってきた道筋について、「現在」という言葉が表す世界観との関連から考察しようとする際、ともすると単純な文脈主義や近代主義に陥ってしまい、文化的パフォーマンスという固有の表現が立ち現れる特異な位相を見失いかねない点である。文化的パフォーマンスを規定している諸条件は、単純な民俗的世界の所産や近代化の過程としてのみ説明されてしまうのではなく、その実践を取り巻いて錯綜する多様な主体や言説、あるいは表象を描き出すことが求められる。さらに、そこに表れるであろう多義的な意味づけは、場所を越えた生活世界のさまざまな位相から影響を受け、またそれらに何らかの影響を及ぼしているはずである。

南インドのローカルな宗教実践であるテイヤム祭儀の場において、人びとの目の前に顕然するのは、奇抜な化粧や装束に身を包んだ神霊の圧倒的な存在と、その神霊が織りなすさまざまなパフォーマンスである。わたしは、祭儀の場において、人びとの期待が高まるなか神霊が顕現する場の感動、あるいは神霊が繰り広げるさまざまな技芸や神霊の身体を論じる誘惑をぬぐいきれない。その一方で、前節でも述べたように、神霊を具現化する個人、言い換えれば伝統的職業として神霊の役割を担う旧不可触民階層の若者は、祭儀の場で受けた傷の痛みに耐え、伝承を維持することに苦悩している。ある特定の社会状況をふまえた上で、彼らのような実践者たちがどのようにしてその実践を維持し、継承しているのかを問うことは、グローバル化の浸透とともに変貌する現代社会における文化的パフォーマンスの実態を考えるとき、意義のあることではないだろうか。

テイヤム祭儀の場に顕れる神霊の動態や圧倒的な身体性、そこにはグローバル化が進む今日では多重な意味が含まれているはずである。その多重性を生活世界の地平に拡げて論じることで、祭儀の場だけでは見えない文化社会と政治経済の相互連関あるいは矛盾や葛藤を抱えながら伝統に携わる実践者たちの社会的世界が浮かび上がってくる。それらを解明しない限り、われわれは祭儀の場において、実践者たちが自らの身体を介して顕現させる神霊の存在と彼らの実践を本当の意味で理解することはできないのである。

以上の観点をふまえ、本書が目指すのは、舞踊研究や芸能研究でいうところの芸態（動き）を分析対象とするのではなく、「舞踊研究」や「芸能研究」という営為そのものを政治的、社会的、経済的文脈の中で再検討することである。それは、アイデンティティや表象、あるいは「ひと」や生活世界に焦点をあてることを通じて、文化的パフォーマンスに関する民族誌的アプローチや身体化された再帰的実践に関する議論の有益性を提唱することも意図している。改めて言い直せば、テイヤム祭儀の場における神霊の身体技法が「どのようなもの」であるのかと問うのではなく、「どのようにして」そうなったのかと問うことで、現代ケーララ社会における文化的パフォーマンスが直面している問題や伝承に影響を与えている事象を解明し、祭儀の実践を通じた旧不可触民階層の人びとの生のありようを理解することが本書の試みなのである。

3　生活世界から捉える現代インド芸能研究の視角

現代インドの文脈において、テイヤム祭儀[27]というケーララのローカルな文化的パフォーマンスを実践者たちの生活世界から捉え直すことの意義とはなんだろうか[28]。

経済自由化へと転換した一九九〇年代以降、現代インドは、グローバリゼーションにともなう急激な社会、生活環境の変化を経験している。近年の経済成長は著しく、市場の拡大にともなった消費活動の活発化や都市文化の急速な発展がみられる。人・モノ・情報の移動が促進され、日常生活の基盤となる衣食住の様式も都市部を中心に様変わりしつつある。

その一方で、こうした急速かつ大規模な社会の変化は、必然的にこの社会における宗教文化の大きな変容を引き起こしてもいる［cf. Babb 1995; 三尾　二〇〇三］。一九八〇年代から高揚したヒンドゥー・ナショナリズム運動はもとより、村落社会では新たな年中行事として巡礼が行われたり、ボリウッド映画界の著名人による気ままな動向から、それまで顧みられることのなかった地方の聖地が脚光を浴びて数万人規模の巡礼者を集めたりしている。あるいは、地方の祭礼が突如として都市へ拡大したり、都市祭礼が大規模化したりしている。都市部の新中間層たちは、欧米から逆輸入されたヨーガ・エクセサイズに熱中し、週末になるとドライブがてら、安全で清潔なショッピングモール風の寺院施設に家族で参拝する。新興宗教やグルと呼ばれる宗教的指導者への熱心な帰依がみられ、出稼ぎ移民やインド系ディアスポラのコミュニティでは、出身地域の宗教実践が再編されている［David 2009; Mallapragada 2010; Warrier 2005; 井田 二〇一四、竹村 二〇〇八、中島 二〇〇五、中谷 二〇〇九、三尾 二〇一〇］。そして、こうした一連の事象は商業主義と密接な結びつきももっている。現代インドにおける信仰のあり方や宗教意識は大きく変化しているのである。

現代インドにおけるこうした宗教の再活性化現象(29)は、スペクタクル化の傾向を包含している。文化人類学者の三尾稔が指摘するように、テクノロジーの発達や多元的メディアの流布、都市を中心に生活の至る所に浸透する商品経済化の波は、見せかけ上の華やかさの影で宗教の見世物化を進行させている。だからといって、生活の世俗が宗教文化の衰退をもたらしているわけではなく、生活様式の標準化や均一化が宗教文化を画一にしているわけでもない。それどころか、メディア・テクノロジーの発達や、人・モノ・情報の交流が活発になったことで、インドの宗教文化はより華やかになり、活性化した様相を呈しているのである(30)［三尾 二〇〇三：五七］。

同様に、経済自由化政策やグローバル化の進展にともなう社会変動とその影響は、すでに論じられているように、インドの文化的パフォーマンスの世界にも大きな変化をもたらしている(31)。メディア・テクノロジーと文化産業の発展は、多チャンネルな衛星放送の浸透だけでなく、映画・カセットテープ・CD・DVDなどの大量生産と流通を促し、世界中に拡散するインド系移民を中心にグローバルな市場とも接合している。それはまた、もともと特定の場における一回性の上演であった文化的パフォーマンスを繰り返し鑑賞可能な複写媒体へと変化させるものでもあった。生業や季節と結びついた祭礼の時期が形骸化する一方で、祭礼の規模は拡大し、本来の文脈から逸脱した観光や文化イベントの場では、簡素化されたさまざまな文化的パフォーマンスが鑑賞の対象となっている。さらに、IT産業などに携わるインド富裕層が大規模に欧米へ移動・移住したことから、先進国における在外インド人の数が急増し、各地に形成された在外インド人コミュニティではインド音楽・舞踊の需要が高まりをみせている。その影響から、インド在住の実演家たちの海外公演の数が飛躍的に増大し、なかには活動拠点をインド国外に移す者や複数の拠点を移動する「ノマド」的な活動を展開する者も増えている［Chakravorty and Gupta 2010; Charsley and Kadekar 2006; O'shea 2007; 井上一九九九、井上一九九九、鈴木二〇〇八］。

インドの文化的パフォーマンスは、古典芸術などを除いて、その多くが特定の低カースト集団によって世襲的に継承されてきた。カースト[32]は、南アジアに関連する最もよく知られた社会的カテゴリーであり、また多くの研究者が主張するように、インドが経験しているモダニティに対して、典型的な枠組みを形づける数ある選択肢のなかの一つである［Appadurai 1986］。カーストは、現代インド社会においても、未だに集団の内と外の両方によって維持され、アイデンティティに関する重要なイデオロギーであり続けている[33]。

テイヤム実践者たちは、インド中央政府によって指定カーストと位置づけられている。彼らは、社会における自己のアイデンティティを再創造したり、社会・経済的状況を改善するための手段を長らく持ち合わせていなかった。独立後、指令カーストの彼らには、公的セクターにおいて、教育や職の機会に関する特別な権限が与えられている。こうした留保政策[34]（Reservation Policy）は、近代化の浸透と共に人びとの雇用機会を広く外へと促した反面、伝統的職業の継承を弱体化させた。現在では、テイヤム実践者たちと同一カーストの者が、バスの乗務員、オフィスの事務員、鉄道局員、教師、看護師、警察官、大学教員など、あらゆる種類の職業に就いている。しかしながら他方では、未だに伝統的職業を受け継ぎ、テイヤム祭儀の実践を担っている者がいる。むしろ、本書のなかで詳述するように、テイヤム祭祀の活性化とテイヤム実践者に対する価値づけの変容によって、近年では祭儀のアリーナへ参入してくる若者が増えている[35]。

こうしたインドの文化的パフォーマンスをめぐる今日的状況、すなわち橋本のいう「現在」を検討する上で、カーストだけでなく、その実践を支援する新たな社会経済的側面にも光をあてる必要がある。イギリスの植民地統治からの独立を果たしたインドでは、テイヤム実践者のような職能カーストの人びとをこれまで支えてきた伝統的な支援形態（patronage）が根本的に変容した。独立後のインド社会に浸透した自由市場経済と土地改革の導入は、封建時代のパトロンの勢力を衰退させ、広範囲の空間に及ぶ文化的パフォーマンスの新しい位置づけをもたらした。広大な土地と余剰生産物を奪われたかつての地主階層は、もはや文化的パフォーマンスの実践者たちを庇護することができず、音楽家・舞踊家・俳優・芸術家たちは、公共や民間のセクターからの支援をその穴埋めとして使うことを余儀なくされたのである［Manuel 1993; Neuman 1990; Subramanian 2006; Zarrilli 1991］。

今日、文化的パフォーマンスのパトロンは、かつての封建時代の王侯貴族、寺院、地主などから、音楽学校やオール・インディア・ラジオ（All India Radio）などを含む州政府の支援を受けた機関、または主に都市で暮らす裕福な資本家や企業家、さらにはＩＴなどの専門職に就く新興中間層の後援をうけた地方の映画産業や公共コンサートの主宰者に取って代わった。また、実践者たちがグローバル・エコノミーにも関与するようになり、ワールドミュージックを愛好するコスモポリタンな嗜好をもった海外の裕福な消費者たちや、世界中に拡散するインド系コミュニティによって招聘され、フェスティバルやコンサートホール、劇場やレコーディング・スタジオ、教育機関や観光サイトなどの場で彼らの実践を披露している。現代インドの文化的パフォーマンスは、政府の芸術部門や研究者、民間の企業家や新たな出資者などの関与のもとで、その聴衆を国内外へと拡大させているのである。

文化的パフォーマンスとパトロンとの関係の移行は、インドの近代化の過程における重要な部分としてナショナリストや西欧人の語り口によって特徴づけられている。しかしながら、民族音楽学者のM・マーソンが指摘するように、彼らの言説で不明な部分は、それらの変容がいかに実践者たちの社会的地位や実践に影響を与えているのか、あるいは旧来の社会構造において、いかに個人が埋め込まれたまま残っているのかという点にある［Mason 2006］。

文化的パフォーマンスの美的形式や実践に関して、ナショナリズムや資本主義の影響についての議論は、さまざまな分野の観点から研究が蓄積されている。たとえば、舞踊研究者のP・チャクラヴォルティは、彼女が習得した古典舞踊のカタックについて内在的視点をもとに考察し、近代化の過程において、カタックの伝統や正統性をめぐる言説が多様化し錯綜する一方で、消費社会が進む北インドの都市中間層の間ではカタックが消費の対象となっていることを報告している［Chakravorty 2008］。彼女の考察には、現代インドの文化的パフォーマンスの特徴である、地域や社会階層の異なる実践者たちが増え続けている位相や、複合的なパトロンとの関係への関与を通じて、いかに実践者たちが自己像を理解しているのかについては十分に検討されていない［Goswami 2004］。

パトロンとの関係が変容したインドの文化的パフォーマンスの「現在」について、商業化や世俗化といった言葉で結論づけることは容易い。しかし、実践者たちに注目するならば、果たしてそれらの言葉で彼らの生のありようを語り尽くすことができるだろうか。彼らは、「現在」とどのように対峙し、自らの生をどのように追求しているのだろうか。

文化地理学者の森本泉は、ネパールの芸能実践者たちに着目し、近代化の影響による彼らの生活環境の変容を論じている［森本 二〇〇〇］。森本によると、ガイネと呼ばれる人びとは、遊行しながらサーランギ（インドの弦楽器）を奏でて歌を唄い、その報酬として糧を得る生活を営んでいた。ところが、ラジオの普及によって娯楽としての弾き語りの役割や情報伝達の手段としての重要性が低下した半面、近代化や観光産業の発展を背景に、「伝統文化」の担い手として新たな役割や商業活動の機会を獲得したことで、彼らの伝統的な生業形態に変化が生じたと森本は指摘する。タミル・ナードゥ州内のカーリー寺院で広く実践されているカーリヤーッタム（kāliyāttam）について考察する民俗学者のA・ラーマナーダンは、ヒンドゥー寺院の祭礼時に実践されていたカーリヤーッタムが州政府の観光、文化政策の影響のもとで「アート」として受容されるようになったことで、実践者たちが専門職業化し、技術やスタイルなどを発展させていったと述べている。また、実践者たちのライフヒストリーに足場を置く彼は、実践者たちの間ではカネを稼ぐ手段として、あるいは社会的尊厳や自己満足、自尊心を獲得する場として現在の状況が捉えられていることを彼らの語りから分析している［Ramanathan 2000］。

これに対して、ケーララに伝承されている文化的パフォーマンスに関する研究[36]は、研究の国際的な拡がりや学際的な方法論が展開されているにもかかわらず、これまで「現在」に関する問題を主題化してこなかった。音楽や舞踊などの文化的パフォーマンスは、もはや実践の「場」に埋め込まれた静態的な「存在」として捉えるべきものではない。社会、経済あるいは政治的環境の変化に対応した実践者たちの活動内容や彼らの社会的流動性、急速に変貌する社会のなかで自己の再編をしざるを得ない彼らのアイデンティティ、さらには今日の社会において、彼らや彼らの実践者コミュニティがどのように位置づけられ、枠付けされているのかといった問題群を等閑視すべきではないのである。

テイヤム祭儀は年々その規模を拡大させ、近年では州外や海外で暮らすケーララ出身者コミュニティの間でも祭儀奉納が行われている。また、テイヤム祭儀は信仰実践というだけでなく、「民俗芸術」という肩書きと共に本来の文脈から逸脱した複数の場でも表象されている。市街には、テイヤム神のイメージを流用した商品広告が掲げられ、観光や政治的文脈にもテイヤム神が登場している。神霊やその信仰に関する映画や舞台作品も製作され、海外の舞台公演にも出演している。

こうしたテイヤム祭儀を取り巻く「現在」は、グローバル・マーケットへの通路を提示するだけでなく、村落レベルにおける個々の実践さえ、グローバルな価値の表象を含んでいることを示唆している。テイヤム祭儀のアリーナは、複数のアイデンティティや利害関係、カースト、政党政治、ローカリティ、資本主義経済、観光産業、芸術家などの主張が重層的かつ交錯した場となっているのである。では、このような文化的パフォーマンスの多面的な「現在」を捉える際、われわれは、何を基軸に分析を進めるべきなのだろうか。

インドのオリッサで行われた州政府主催の武術競技会をとりあげる田辺明生は、儀礼が持つ意味を十全に理解するためには、執行者のみならず参加者や見物人をも含んだ全体的な儀礼の場において重層的に生成する、多義的な意味づけや多元的なアイデンティティの主張行為に注意する必要があると主張する［田辺 一九九七：一七八］。田辺の見解はもっともだが、前述した研究が示すように、儀礼と関わる実践者や参拝者、さらにはパトロンとの社会的な関係性はもはや祭儀の場だけに限定できるものではない。変貌する現代インド社会における文化的パフォーマンスの「現在」を捉えるためには、儀礼などの特定の場に限定することなく、田辺の主張する多義的な意味づけや多元的なアイデンティティの位相を日常の生活世界にまで拡大して理解する必要があるのではないだろうか。

日常人類学(37)を提唱する松田素二は、「世界を均質化する強力な力を最前線で受け止めその衝撃を変換する現場は生活世界にほかならない」と述べ、「均質化に直截に抗いあるいはそれを活用・流用して差異化を推進する力を産出し統制するのもまた、生活世界で生成された知識と実践である」と主張している［松田 二〇〇九：二］。松田は、ケニアの都市における出稼ぎ労働者たちが同じ空間で暮らす都市生活者や故郷の人びととの関係の中で生きる必要があり、そこにみられる彼らの生活戦略を、都市を飼い慣らす実践、強制された生を奪い返す実践として位置づけている［松田 一九九六：二七五］。日常的な抵抗実践に着目する松田の議論の賛否は別として、伝統的職業としてその実践を身体化するテイヤム実践者たちを論じる際、日常性と生活世界に着目した松田の視座は、本論の議論に有効な視点をもたらしてくれる。

今日、テイヤム祭儀とそれを担う実践者たちの生活世界は、「現在」におおわれるような形で存在している。本書における問題の所在は、テイヤム実践者たちの祭儀における実践レベルと生活世界が「現在」との関わりのなかでどのように相関しかつ変容しているのか、またそれはどのように経験されたのか、その見えにくい部分を民族誌的に明らかにすることにある。われわれの社会をとりまく「現在」は、テイヤム実践者たちの住む世界と彼らの個人的内面性にまで影響を及ぼしているはずである。松田が指摘するように、「各個人はそれぞれの生活実践の過程で、意志と理性をふんだんに働かせて自己の生活世界を構築していく」のであり、この構築されたものは「それぞれの領域における実践の過程で生成される」のである［松田 二〇〇二：三一二］。テイヤム実践者たちの生のありようもまた、彼ら個人の意味構築と社会的実践のあいだで揺れ動きながら生成されているはずである。

すでに述べたように、ある特定の文化的パフォーマンスというものを具現化するのは個人にほかならず、個人が身体化することによってその実践が伝承されている。民族音楽学者の寺田吉孝は、これまでの民族学音楽学的研究では、個々の演奏家や作曲家といった「特異な才能をもった個人」を研究対象とすることは稀であったと主張する。また、たとえ、個人を研究対象としても、ある音楽伝統の「投影」として、あるいは文化に特有の音楽的関係の「体現者」として位置づけられることが多かったと批判する。その理由として、第一に個人のアイデンティティが重要視されない音楽文化を研究対象としてきたこと、第二に個々の作曲家が過度に重視された従来の音楽に対する拒否反応があったこと、第三に文化人類学的観点を背景として、文化や社会などの大きなまとまりを考察の主な対象としてきたことを強調している［寺田 一九九七：二八八—二八九］。本書が基軸とするのは、テイヤム祭儀の文脈全体を鳥瞰するような全体論的視点ではなく、実践者たち個人の日常生活からとらえた虫瞰図［田中 二〇〇六］であり、人びとの生活世界を分析の核に据え、必要ならばそこに参与するわたしをも視野に入れた記述を試みるものである。(38)

グローバル化の波は、二一世紀に入ってますます世界的に拡大している。グローバル化を複合的結合性によって特徴づけられる一つの経験的状況［トムリンソン　二〇〇〇：一五］と捉えるならば、それはケーララのローカルな文化的パフォーマンスを担う旧不可触民階層の人びとの生活世界のどのような位相に立ち現れているのであろうか。あるいは、テイヤム実践者個人の生の営みにおいて、グローバル化がいかに結びつき、それを契機として個人の経験世界が外部の諸脈絡といかに接合され、それによって個人の経験がどのように再編されているのだろうか。

以上をふまえ、本論が目指すのは、人・モノ・情報・資本がグローバルに流動する現代インド社会において、テイヤム祭儀というローカルの文化的パフォーマンスとその実践者である個人に焦点をあてながら、彼らの生のありようがどのようなものから、どのようなものへかわりつつあるのかを理解することである。すなわち、現代ケーララ社会において、カーストの伝統的職業を担いながら生を営んでいる旧不可触民階層の人びとと祭儀を取り巻く事象を、「現在」という枠組みのもとで民族誌的に検討することである。

四　調査概要

本書が依拠する現地調査[39]は、予備調査一か月（二〇〇五年二月）、長期調査一八か月（二〇〇五年六月から二〇〇七年三月の間の一八か月）、補充調査約三か月（二〇〇八年八月、二〇〇九年八月、二〇一一年九月と二〇一四年八月の各二週間）の計約二二か月にわたって行われた。なお、比較対象となるデータを示す必要性から、二〇〇二年に行った現地調査のデータを一部採用している。[40] 使用言語は、ケーララ州の現地語であるマラヤーラム語を主に用い、州外や行政機関での聞き取りの際には一部英語を使用した。

調査方法は、テイヤム祭儀の実践者宅に直接住み込んでの参与観察、インタビュー調査と彼らの実践活動への参加、祭主や参拝者へのインタビュー調査である。当初は現地語の不備もあり、現地人通訳および調査助手を探したが、祭儀が夜通しで行われることから、申し出を受け入れてくれる人を継続的に見つけることは難しかった。また、祭主側の親族内から何度か手伝ってくれた若者もいたが、テイヤム実践者たちとすでに社会的関係が構築されていたため、インタビュー調査が思うように進まなかった。こうした理由から、祭儀に関する聞き取りは、日常の生活空間のなかで進めていった。

テイヤム祭祀は、ケーララ州北部の広範囲にわたって行われており、その実態を網羅的に把握することは困難を極めるものである。テイヤム研究に従事するローカルの研究者や民俗学愛好家たちと何度か面談をするうちに、彼らから得る情報の多くがある特定の地域とそこで活動する「著名」な実践者によるものであることがわかった。また、先行研究の多くも同地域に関するものであることが明らかとなった。こうした事実は、本書の第二章でも触れるテイヤム祭儀の「価値づけ」や「舞台化」と密接な関わりをもっている。調査を進める上では、それらの情報も有益だったが、他の地域でも祭儀が盛んに行われており、実践者たちの間ではさまざまな情報が共有されていることが推察された。

そこでわたしは、先行研究の対象とは異なる地域で暮らす、特別「有名」なわけではないテイヤム実践者たちの生活世界を研究テーマに据え、テイヤム実践者宅に直接住み込ませてもらう形で長期調査を進めた。調査に協力してくれただけでなく、家族としてわたしを受け入れてくれたのは、冒頭で紹介した祭儀を担ったワンナーン・カーストのカルナーカラン・ペルワンナーンさんとご家族である。住み込むにあたっては、隣接して暮らす親族から、外国人が滞在することによる悪影響が懸念されたが、カルナーカランさんが「しばらく様子をみよう」といってくれたことで事なきをえた。

インタビュー調査の際に録音したデータは、インターネット・カフェを経営するサージュンさんに書き起こし作業に協力してもらい、カルナーカランさんの息子であるジェイさんと彼の甥のウニさんが内容に関する補足説明をしてくれた。撮影した祭儀の映像は、カルナーカランさんやジェイさんと一緒に確認しながら、祭儀の次第や身体技法に関する説明を受けた。わたしの行動は、常にカルナーカランさんのグループと共にあったが、高カーストの祭主への聞き取りの際には、両者の社会的関係性を考慮して単独で出かけた。また、カルナーカランさんのグループの活動を通じて、祭儀に関わる複数の実践者たちと顔見知りになったことから、彼らが担う別の祭儀の場に一人で行っても、不便なく聞き取り調査を行うことができた。こうした背景から、本書が依拠するデータは、カルナーカランさんのグループを中心に、祭儀の場や彼らがもつ交友関係のなかで知り合ったワンナーン・カーストの実践者たちに関するものが主であることを予め断っておく。

舞踊研究や民族音楽学、芸能研究などの領域では、研究対象となる実践を身につけることが重要視される傾向にある。テイヤム祭儀に関する技芸とそれを実践する権利は、旧不可触民階層の人びとの中の特定の親族集団の間で継承されてきたものである。また、テイヤム実践者たちからは、外国人がカネを払ってパフォーマンスの技芸を学んだ後、自国で商業演劇に流用したという非難を込めた話も予備調査の際に聞かされていた。そのため、わたしは技芸の習得を申し出ることはせず、かわりにカルナーカランさんのグループの活動に同行し、助手として荷物運びや装束作り、賽銭の管理などを行いながら、祭儀における彼らの行動や人びととの会話の模様を観察した。時々、カルナーカランさん宅の庭で、冗談半分にテイヤム神が行うパフォーマンスを真似ていると、カルナーカランさんやジェイさんが動きの流れや勘所を説明してくれた。

本書では、以下、行政や公共性をもつ各種機関、研究者や既に文献などで論じられている著名な人物については実名を用いる。民族誌的記述のなかに登場する人物については、プライバシー保護の観点から仮名とし、敬称は省略する。ただし、わたしの仮名表記での申し出に対して、カルナーカラン家の人たちからは、是非実名で記述して欲しいという要望を受けた。「何も悪いことをしているわけではないし、テイヤム実践者たちの本当の姿を日本の人たちに伝えて欲しい」という彼らの強い意向を汲み、かつ本書の記述内容について十分に説明をして了承を得たことから、彼らに対しては実名を用いることにする。[41]

五　本書の構成

本書は、第一部「インドの神霊パフォーマンスの『現在』」と第二部「神霊を生きる『不可触民』たちの今日の姿」という構成からなる。[42] 次章では、テイヤム祭祀の位置づけを明確にする目的で、ケーララに伝承されている文化的パフォーマンスを概観したのち、テイヤム祭儀を支えるヒンドゥー社会と祭儀の実践者たち、そして祭儀自体の概要を記述する。第二章では、旧不可触民階層の人びとが霊媒となって顕現するテイヤム神が、異なる媒介のもとで宗教的文脈から逸脱した複数の場に表れている現在の状況に焦点をあてる。とくに、政治、芸術、メディアとの接合による影響とそれらの文脈における神霊の表象について考察する。第三章では、祭儀の実践者に焦点をあて、彼らの実践活動を生活の場から検討する。テイヤム祭祀の最活性化が彼らの生活世界にどのような影響をもたらしているのかを明らかにしながら、テイヤム実践者という伝統的職業が生活を営む「仕事」として確立している今日の実態と彼らの状況依存的な生計戦略を論じる。第四章では、テイヤム祭祀を規定する外在的な諸条件が実践レベルにいかなる影響を及ぼしているのか、個別の身体技法と話法に注目し、その変容を社会的動態との関わりから実証的に考察する。そして、テイヤム実践者たちの世代間における齟齬を取り上げ、祭儀に対する心情や価値観の相違、カースト意識の再編を検討する。最後に、終章では本書全体の記述をまとめたうえで、本書が主題とする現代社会をいきるテイヤム実践者たちの生のありようについて論じ、結論とする。

註

（1）本書では、テイヤム祭祀の内容を記述するにあたり、特定の神霊のために行われる儀礼の全体を「祭儀」と呼び、ある祭儀を構成する個々の儀礼を「儀礼」と呼んで区分する。

（2）インド共和国憲法では、政府による保護を受けるべきことを認められている人口カテゴリーが規定されている。それらは、「指定カースト（Scheduled Castes: SC）」、「指定トライブ（Scheduled Tribes: ST）」、「その他の後進諸階級（Other Backward Classes: OBC）」であり、「指定カースト」は、元「不可触民」とされてきた被差別の諸カースト集団を指している［田辺 二〇一〇：一四］。本書では、彼らのことを「旧不可触民階層の人びと」と表記する。

（3）南インドで話されるドラヴィダ語族（タミル語、カンナダ語、テルグ語、マラヤーラム語）に属する諸言語を用いる民族の文化で、民族の起源やインドへの移動時期、経路、あるいは他の民族との親族関係については不明な点が多いと言われる。ドラヴィダ民族の多い南インドがアーリヤ文化の影響を受けるのは、六世紀から七世紀にかけてである［重松 二〇〇二：五〇一―五〇二］。

（4）シェクナーは、「行動の再現」という概念によって、パフォーマンスは一度だけで完結する行為ではなく、反復により、あるいは反復の過程に生じる意味のずれによって文化を産出する、と主張している［Schechner 2002］。本書がいう「文化的パフォーマンス」という語は、もともと文化人類学者のM・シンガーが提示した造語である。彼は、インド各地で特定の形式をもって繰り替えし行われる祭祀や芸能にその土地固有の本質を見い出そうとし、パフォーマンスがそれまで西欧社会で位置づけられていた演劇や音楽コンサートなどの芸術的なものだけを指すのではなく、宗教や共同体の伝統に根ざしたさまざまな儀礼や慣習によっても構成されている点を論じた［Singer 1972］。

（5）こうした問題意識は、［井上 二〇〇六：序論］に依拠している。

（6）ケーララ社会の現代的な動向については、［Kurien 2002; Wilhite 2008］を参照。

（7）この出来事が起きた際、当時、わたしがフィールドノートのなかで十分に表すことができなかった思いは、南インドのタミル・ナードゥ州における被差別民（ハリジャン）たちの悲壮な現実の姿だけではない、個人的な体験を記している人類学者の関根康正の記述と相通じる。彼は、「村のハリジャンのAさんBさんという具体的個人に実際に会い話をしてみる経験を通して、私の中に起こった重大な変化があった。……実に当たり前のこと、彼らも泣き、笑い、怒り、嘘をつき、……したたかに生きていることを現前にし、私と変わらない不完全な人間がそこにいると実感できたことに何か救いを感じたのである」と述べている［関根 一九九五：二一―二二］。

（8）近年では、チャンデーラによる研究［Cantēra 2004］や彼の息子のS・アリコードゥによる研究［Azhikode 2007］もあるが、いずれもテイヤム祭儀の構造を論じるものであり、それまでの研究の域をでるものではない。

(9) 現役のテイヤム実践者のなかには、父親やおじがヴィシュヌ・ナンブーディリに協力したという者がいる。彼らは、「当時は、家にナンブーリィ(ブラーミン・カーストのナンブーディリィの俗称)が来たっていって、そりゃ大騒ぎだったよ」と子供のころの記憶を語る(二〇〇五年七月一三日、クニラーマン・ペルワンナーンへのインタビューより)。

(10) タミル地方の最古の文学作品であり、シャンガム文学ともいわれる。一世紀から三世紀にかけて大多数の詩人によって作られた抒情詩を集大成したもので、宮廷分院であるサンガム(*Śangam*)で編纂されたことから、サンガム文学と通称される[徳永 一九九二:二九三]。

(11) カンヌール市近郊を中心に実践活動を行うテイヤム実践者たちは、パイヤヌール市以北の地域では祭儀の形態が厳格に規定され、カンヌール市内とその周辺地域ではカラーシャム(ステップを中心とした舞踊的身体技法)の実践に重きが置かれ、タラッシェリ市以内では、他の地域ではみられないような履き物を履いたまま祠内を歩く参拝者がいるように、祭儀に対する規範がゆるやかであると述べる。

(12) 人類学における身体技法論の位置づけに関しては、野村雅一の研究[野村 一九九七]が詳しい。福島真人らは、身体技法の概念を教育や学習という観点から再文脈化した[福島 一九九五]。徒弟制の実践過程に対する人類学的な考察を行った彼らの研究は、能や大衆芸能といった世界において、いかに徒弟制が実践されているのかを論じ、身体化された技芸の分析を認識と実践の社会理論へと展開する優れた業績を残している。

(13) 野村も同様に、身体技法は表現の手段であると共に、二次的身体としての道具=物質文化を媒介として外界に働きかける、価値観と技術体系の一環としても機能していると指摘する[野村 一九九七]。

(14) 欧米における人類学的な舞踊の研究では、dance ethnology、ethno-choreology、anthropology of dance、dance anthropology といういずれかの名称が用いられている。dance ethnology は、ethnology、ethnomusicology(民族音楽学)からの転用といわれ、主にアメリカの研究者の間で広く用いられている。日本では民族舞踊学と翻訳されている。ethno-choreology は、ヨーロッパの音楽学研究者たちが好んで使う名称であり、dance ethnology とほぼ同義的に用いられている。人類学出身の舞踊研究者たちは、アメリカでは anthropology of dance、イギリスでは dance anthropology を用いている。これは、民族学よりは人類学的な研究に近いという理由で使われているが、舞踊人類学と民族舞踊学には、方法論上の明確な違いはみられない[大谷 二〇〇二:九九]。

(15) 人類学的な舞踊研究の歴史的な流れについては、すでに多くの報告がなされているので本書では詳しく立ち入らない。以下を参照されたい[Buckland 1999; Hanna 1992; Reed 1998; 遠藤 二〇〇一、小林 二〇〇一、宮尾 二〇〇三]。舞踊研究が「人類学の一支脈」として明確に位置づけられたのは、G・P・クラースの論文「舞踊民族学のパノラマ」[Kurath 1960]が『*Current Anthropology*』に掲載された一九六〇年とみることができる。その後、トンガの舞踊を事例に、言語学の構造分析法を舞踊に応用することによって、舞踊を構成する「システム」の抽出を試みたA・L・ケプラーの研究［Kaeppler 1972］や、アメリカ先住民のホピ族とハワイの先住民族の動作美学を比較するために、文化における舞踊の機能を考察したJ・ケアリノホモクの研究［Kealinohomoku 1976］が発表されている。

(16)　ここで論じる一九九〇年代以降の舞踊人類学の研究動向については、［Buckland 1999, 2006; Davida 2011; Dankworth and David 2014; O'shea 2010; Sklar 2000］を参照した。

(17)　舞踊に対する民族誌的アプローチへの関心の高まりは、「ダンス・エスノグラフィー」の特別な名称の誕生からもうかがえる。この枠組みの適用は、シェクナーが在任していた一九九〇年代のニューヨーク大学パフォーマンス研究科において、舞踊を文化的知識が具現化されたものとして特別に注視することを意図して誕生した［Buckland 2006: 8］。

(18)　スクラーは、ダンス・エスノグラフィーを次のように位置づけている。「舞踊を民族誌的観点から分析することとは、文化的知識の形態として舞踊に焦点をあてることである。ダンス・エスノグラフィーは、われわれが舞踊と呼んでいる高度に様式化、成分化された動作が文化的知識によって具現化されたものである、という前提に依拠している」［Sklar 1991: 6］。

(19)　こうした欧米の人類学的な舞踊研究の動向は、日本における舞踊研究に必ずしも影響を与えているわけではない。日本の舞踊研究は、長きにわたって動作や作品分析、舞踊教育や美学といった観点が主流を占めており、その多くは社会理論の動向に対して明らかに目を背けてきた。

(20)　身体技法についても同様の指摘がいえるだろう。北タイの憑依儀礼を考察する人類学者の田辺繁治によると、憑依の身体技法に関する学習過程とは、学習者が師である霊媒の身体が提示する手本行為をものであるかのように捉え、対象となった自らの身体を自分が納得いくように合致させていく過程であるという。田辺は、憑依の身体技法とは単に模倣による再生産ではなく、多くの人びとによって歴史的に再生産されてきた原型行為をなぞりつつも、そこから差異化したトークンを生産することであると指摘する［田辺 一九九七］。

(21)　特定の個人を対象とする研究は、日本の伝統芸能に関する研究と西洋音楽研究の分野において多くの成果が蓄積されている。前者は、芸談に代表される身体に刻み込まれた芸を描くことを目的とし、後者は、芸術家の生涯あるいは個人の芸術創作あるいは上演活動の軌跡を描くものである［福岡 二〇〇二：二三］。

(22)　中村の記述は、分析対象となるフィールドの個人と向き合い、彼らの具体的な実践活動や出来事が明らかにされる一方で、それらの事象に対する中村自身の理解や考察は見受けられない。中村の方法論は、人類学の領域でその成果が蓄積されてきた、個人に焦点をあてたライフヒストリー研究を連想させる。それらの研究では、ある個人に特定の階級や社会階層の生活を代表させる記述に留まらず、個人の内面性を捉える試みや個別的な問題を提示している。たとえば、モロッコの瓦工場で働く男性のライフヒストリーを実験的な対話的手法で記述したクランパンザーノの研究［クランバンザーノ 一九九一］は、その代表といえる。

（23）橋本は、括弧付きの「現在」について、「現代」に置換可能であるような、包括的な時代区分を意味しないという。彼は、「それは、あたかも自明のことがらであるようにして、われわれを規定する実践の日常的な様式を指している」と位置づけ、この括弧のなかを「近代」や「市場経済」と呼びかえることも可能であり、より広く「資本主義的構造」としてもかまわないと述べている［橋本 二〇〇六：一一〇］。本書では、テイヤム祭儀の今日的状況を記述するうえで、橋本の提唱する「現在」という枠組みを借用する。

（24）たとえば、橋本は、長年にわたって調査を続けている福井県若狭地方の王の舞について、三方郡美浜町麻生に伝承されている実践が若者組によって独占的に担われていることに注目し、多くの民俗芸能の伝承の場が過疎化の進行に苦しむなかで、美浜町には原子力発電所があり、多くの若者が就職している事実を関連づけている［橋本 二〇〇六：七］。

（25）人類学や社会学における「再帰性（reflexivity）」に関する議論に同調して、近年では民族音楽学や舞踊研究の領域でもフィールドワークの方法論や「場所性」、「再帰性」について論じる研究が報告されている［cf. Braz and Cooley 2008; Dankworth and David 2014］。本書では、民族誌家の一部分として「自省的観察」や「自己参照」が求められるフィールドワークにおいて、再帰的実践を参与的アプローチの重要なものとして位置づける［Davies 1999］。

（26）それは、文化的パフォーマンスの伝承においても同様である。たとえば、インドネシアのジャワ島に伝わる仮面舞踊（トペン・チルボン）の伝承を取り上げる福岡は、ある実践者親子を事例に、両者の上演の展開方法の違いをもたらす要因として教育や学習のプロセスをとりあげ、伝統的コンテクストにおける伝承方法と近代的芸術教育機関における教育を対比的に記述しながら論じている［福岡 二〇〇二］。

（27）儀礼は概念であり、分析の道具でもある。これまでの人類学的な儀礼研究を大別すると、三つの潮流がうかがえる。第一には、構造あるいは反構造的に、個人と社会とを結びつける社会的機能を伴った出来事として捉えるアプローチ［ターナー 一九七六］。第二には、解釈装置として儀礼を捉えるアプローチ［ギアツ 一九八七］。第三には、「儀礼化（ritualisation）」と位置づけられる、ある行為に対する特定の観点として捉えるアプローチである［Bell 1992］。これに対して、本書は、儀礼自体を問うのではなく、儀礼を担う実践者たちに注目し、社会的動態と彼らの実践の変容を生活世界の場に拡げた相関関係から論じる。

（28）市井の人びとの日常の生活世界を照射することの意義について、たとえば、アフリカの民族紛争を民族誌的アプローチから捉えた栗本英世は、紛争の当事者であるアフリカ人たちの経験を照らし出すことを重視し、ふつうの人びとの日常的な世界とのかかわりはなおざりにされがちであると主張する［栗本 一九九六］。

（29）たとえば、アジアの広域にわたる宗教再生の動向について、民族誌的記述によって提示したものに田辺らの研究［田辺 一九九五］がある。田辺らは、国民国家の政治過程やナショナリズム、産業化とそれにともなう人びとのアイデンティティの変容などにわたる、社会のマクロな過程のなかで宗教的再生の動向を考察した。

(30) 同時に、インドの宗教文化は、変動する社会環境のなかで、不安感からの逃避や欲望を満たすための現世利益の手段として、個人に反映される形で増幅している。人びとがより直接的に聖なる存在との謁見（ダルシャン）を経験しようとする動きが活発化しているのはその一例といえる。現代インドの宗教実践は、一層の大衆化・見世物化の進展と、個別で直接的な信仰経験の追求という二つの極を揺れ動きながら変容し続けている［三尾二〇〇三：五八］。

(31) インドの文化的パフォーマンスの実践者に関する近年の研究動向には、音楽家と彼らを取り巻く社会環境の変化に注目した社会人類学的研究［Neuman 1990; 田森 二〇〇四］、演奏家の個人に関する社会的言説に焦点をあてた研究［寺田 一九九七］、音楽、芸能に関するローカルの再定義を試みた研究［Wolf 2009］、古典音楽における伝統的な教授法の再検討をした研究［Schippers 2007］、在外インド人（Non Resident Indians:NRI）たちによる音楽や舞踊の受容動向に関する研究［寺田二〇一〇］などがある。また、実践者たちの観点から今日の状況を論じた研究［Chakravorty and Gupta 2010］や、古典舞踊に関するナショナリストたちの位置づけに関する研究［Chakravorty 2008］、さらには古典舞踊のグローバルな拡がりと創作作品に対するナショナリストたちの影響を論じた研究［O'shea 2007］がある。くわえて、スリランカのキャンディヤン舞踊を事例に、ポストコロニアルのナショナリズムやエスニック・ポリティックスと関連づけた研究［Reed 2010］もある。

(32) 今日、カースト（caste）という言葉は、行政や学術世界で広く用いられている。しかしながら、ケーララの社会的環境において最も広く共有されている言葉は、サンスクリット語が起源のジャーティ（*jāti* 生まれ）や、ヒンドゥー教以外のイスラム教徒やキリスト教徒たちにも同様に用いられるマラヤーラム語のサムダーヤム（*samudāyam* コミュニティ）である。

(33) L・デュモンが「浄」と「不浄」の対立を基礎とした位階制がカースト制度のみならずインド社会全体をも規定する根本原理であると提示して以来［デュモン二〇〇一］、カースト制度は多くの研究者の注目を集めてきたが、過去二〇年の間に、歴史学者や人類学者たちよって、インド社会におけるカーストの役割についての過去の位置づけを批判的に再検討する動きがみられる［cf. Appadurai 1986; Dirks 2001; 関根 一九九五］。カースト研究の動向については、［小谷二〇〇三、田中 一九九七、田辺 一九九四、山崎 一九九四］を参照。

(34) 独立後に制定されたインド憲法は、被抑圧階層に対する優遇措置を講じることを国家に義務づけている。このため、インド中央政府は「指定カースト」「指定トライブ」に対して、公務員の採用や公企業での雇用、連邦下院や州議会の議席、教育の分野に一定の割合の留保枠を設けて優遇している。

(35) 高い教育レベルに到達することを努力した若い世代の間でも、こうした傾向はうかがえる。

(36) たとえば、［Blackburn 1996; Grosbeck 1999; Richmond 1990; Zarrilli 2000］を参照。最近では、本書が問題意識を共有するマーソ

ンによって、マラヤン・カーストの人びとの社会的流動性や彼らの音楽実践に伴うアイデンティティについて論じる研究［Mason 2006］がある。

（37）松田によると、一九八〇年代から劇的に進展する世界秩序の組み替えの過程で、世界各地の生活現場は急速に均質化（一元化）されると同時に、客体化された文化によって差異化（多元化）された。こうした動態的な社会、文化的ポリティクスのなかで、生活や日常性は、議論に取り上げられることがなくなってしまった。松田が目指す日常人類学とは、生活世界の深層からとらえることによって、社会分析をより深め、より人びとの生の現場に寄り添うものであるという［松田二〇〇九］。

（38）こうした立場は、田中雅一が問題提起するミクロ人類学の実践に感化されてのことである。田中は、「ミクロ人類学は、全体化という呪縛から解放された地平にて、日常生活での語りや抵抗、想像力、身体あるいは感情に注目する知的実践である」といい、「それらを起点として、歴史やコスモロジー、国家制度などマクロな領域との接合の様態あるいは相互関係を明らかにしようというものである」と提唱している［田中二〇〇六：七］。

（39）長期調査は、インド中央政府人的資源開発省（Ministry of Human Resource Development）が発行する研究ビザ（R.P.362/2004-U.4）のもとで実施した。期間中は、日本学術振興会特別研究員委託研究制度のもと、カンヌール大学人類学科に博士課程訪問学生として在籍し、同学科長であったA・バーヌ教授の指導を仰いだ。

（40）同調査は、修士課程に在籍していた二〇〇二年八月から九月にかけて一か月間実施したものである。

（41）本書に関する調査地および調査対象の人びとに対して、研究の目的、調査方法とその内容、および本書を含む成果公表の一切に関する責任は、すべてわたしにある。調査データの管理ならびに研究成果の公表については、日本文化人類学会倫理綱領を十分に認識し、それを遵守する（http://www/jasca.org/onjasca/ethics.html、二〇一〇年三月一三日閲覧）。調査データは、わたし個人が所有するコンピューターで管理し、他者が容易にアクセスできないよう設定している。また、その内容は、研究発表や論文による研究成果の公開以外に使用することはない。記録、撮影した音声、画像、映像資料に関しては、著作権や肖像権を考慮し、研究成果の公開時に対象となる人びとにその旨を伝え、許可を得ている。

（42）なお、第二章は、「神々のゆくえ——現代インド・ケーララ社会における儀礼パフォーマンスの多元的表象」（『民族藝術』第二三号、一二一—一二九頁、二〇〇七年）を、第三章の一部は、「インド・ケーララ州出身者たちの神霊を介した故地とのつながり」（細田尚美編『湾岸アラブ諸国の移民労働者——「多外国人国家」の出現と生活実態』明石書店、二二九—二五〇頁、二〇一四年）を大幅に加筆修正したものである。

●第一部　インドの神霊パフォーマンスの「現在」

第一章　「神霊になること」
——テイヤム祭儀と「不可触民」をめぐる現代的位相

朝からベランダで衣装の修繕を手伝った。アッチャン（父の意。カルナーカランを指す）は口髭の部分を作り直していた。ジェイは、色落ちて禿げた部分やめくれた装飾の箇所を繕うために、赤のペンキを金色紙に塗りはじめた。わたしの役目はその色紙を装飾部分に張りつけていくことだった。チャイや菓子を飲み食いしながら作業を進めていると、一昨日に終えた祭儀の内容について、アッチャンがジェイにいくつかアドバイスをした。……気になっていたことをジェイに聞いてみた。「一二時間近くもトイレに行けず、食べ物も口にせず、テイヤムのまま居続けるのってどんな気分なのか」。ジェイは作業を続けながら大したことでもないそぶりでこう言った。「テイヤムでいるときは疲れを感じないものさ。……人びとの信仰心が俺に力をくれるんだ。……自分なんだけど自分じゃないみたいな感じかな。多くの参拝者に見つめられると、自分はテイヤムなんだって感じるんだよ。」（二〇〇五年一二月一五日、フィールドノートより）

はじめに

南インド・ケーララ州北部の広い範囲で祀られているテイヤム祭祀は、旧不可触民階層のカースト集団によってその祭儀が実践される。彼らは伝統的職業としてその役割を担い、祭儀に関する知識や技芸を世襲的に継承してきた。本章では、祭儀の基盤となる社会環境や生活様式が大きく変容する現代インド社会において、彼らの実践活動がいかなる様相を呈しているのか、その動態を描き出す。

第一節では、まず調査地のインド・ケーララ社会を概観する。第二節では、ケーララに伝承されている文化的パフォーマンスの特色を示した上で、テイヤム祭祀の基盤となるヒンドゥー社会を描写する。第三節では、祭儀を担うカースト集団、とくに本書が中心的に論じるワンナーン・カーストの人びとと彼らの生活世界の変容を記述する。第四節では、テイヤム信仰に関する歴史、社会的な背景とテイヤム祭儀の特徴を素描する。第五節では、祭儀を担う実践者グループについて、わたしが参与観察したカルナーカラン・ペルワンナーンのグループのメンバー構成を紹介し、続く第六節で彼らが実践する祭儀の模様を詳述する。

一　インド・ケーララ社会の概要

本書が対象とする地域は、インド・ケーララ州北部の通称マラバール（Malabar）と呼ばれる地方であり、特にカンヌール県（Kannur）カンヌール市を中心とする地域社会が主な調査地である（図1―1、2）。

インド亜大陸の南西に位置するケーララ州は、外国人観光客の間で「ココ椰子の木々に覆われた緑の楽園」と讃えられるほど、緑豊かな大地が広がる地域である。カルナータカ州から続く西側には、アラビア海に面した六四〇キロメートルの海岸線が続き、西ガーツ山脈への傾斜がはじまる東側の内陸部に足を踏み入れれば、水田やココ椰子が広がる景観から、チーク、ゴム、ココア、胡椒、カルダモン、紅茶やコーヒーなどの木々の緑へと変化する［Menon 2003］。この自然豊かな三万九〇〇〇平方キロメートルの土地に、マラヤーラム語を公用語とする約三二〇〇万の人びとが暮らしている[1]［Government of Kerala 2007］。

ケーララは、アラビア海と西ガーツ山脈に挟まれたその地理的特徴から、歴史上外来王朝に服属することが少なかったといわれ、インド洋やアラビア海をめぐる海上交通の中継地となり、東西貿易の要衝としての役割を果たし

図1-1, 1-2　ケーララ州の位置

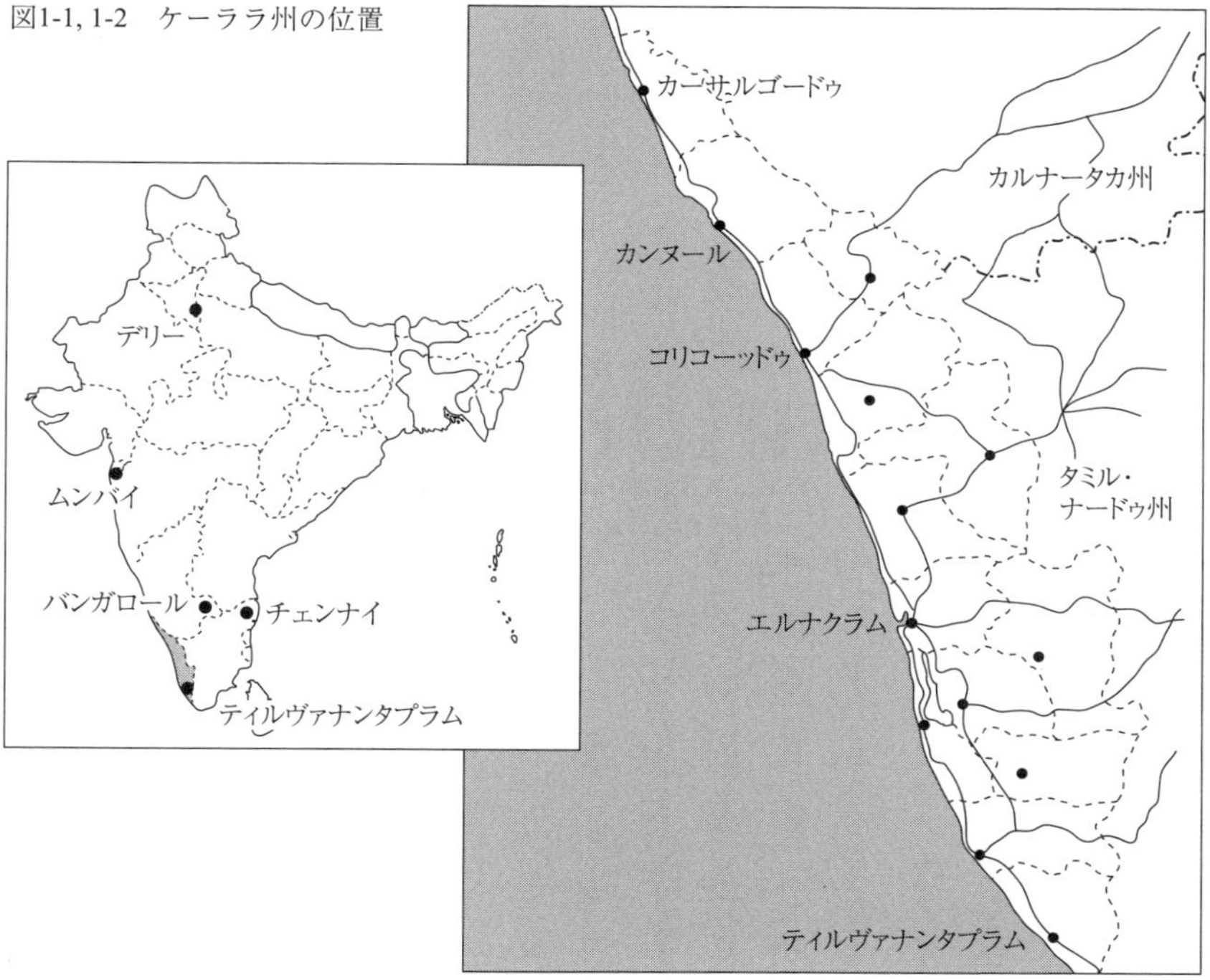

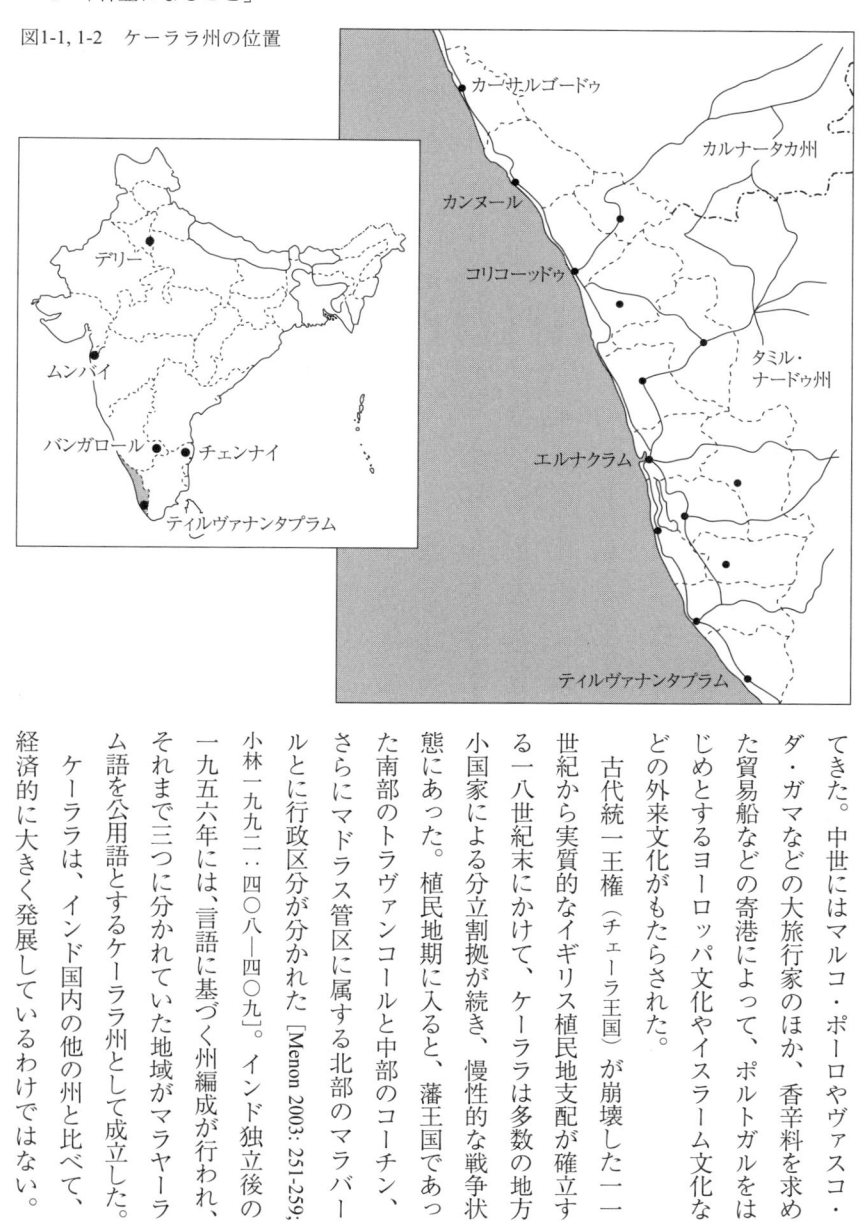

てきた。中世にはマルコ・ポーロやヴァスコ・ダ・ガマなどの大旅行家のほか、香辛料を求めた貿易船などの寄港によって、ポルトガルをはじめとするヨーロッパ文化やイスラーム文化などの外来文化がもたらされた。

古代統一王権（チェーラ王国）が崩壊した一一世紀から実質的なイギリス植民地支配が確立する一八世紀末にかけて、ケーララは多数の地方小国家による分立割拠が続き、慢性的な戦争状態にあった。植民地期に入ると、藩王国であった南部のトラヴァンコールと中部のコーチン、さらにマドラス管区に属する北部のマラバールとに行政区分が分かれた［Menon 2003: 251-259; 小林一九九二：四〇八―四〇九］。インド独立後の一九五六年には、言語に基づく州編成が行われ、それまで三つに分かれていた地域がマラヤーラム語を公用語とするケーララ州として成立した。

ケーララは、インド国内の他の州と比べて、経済的に大きく発展しているわけではない。

図1-3　ケーララからの移民者動向 1982-2003

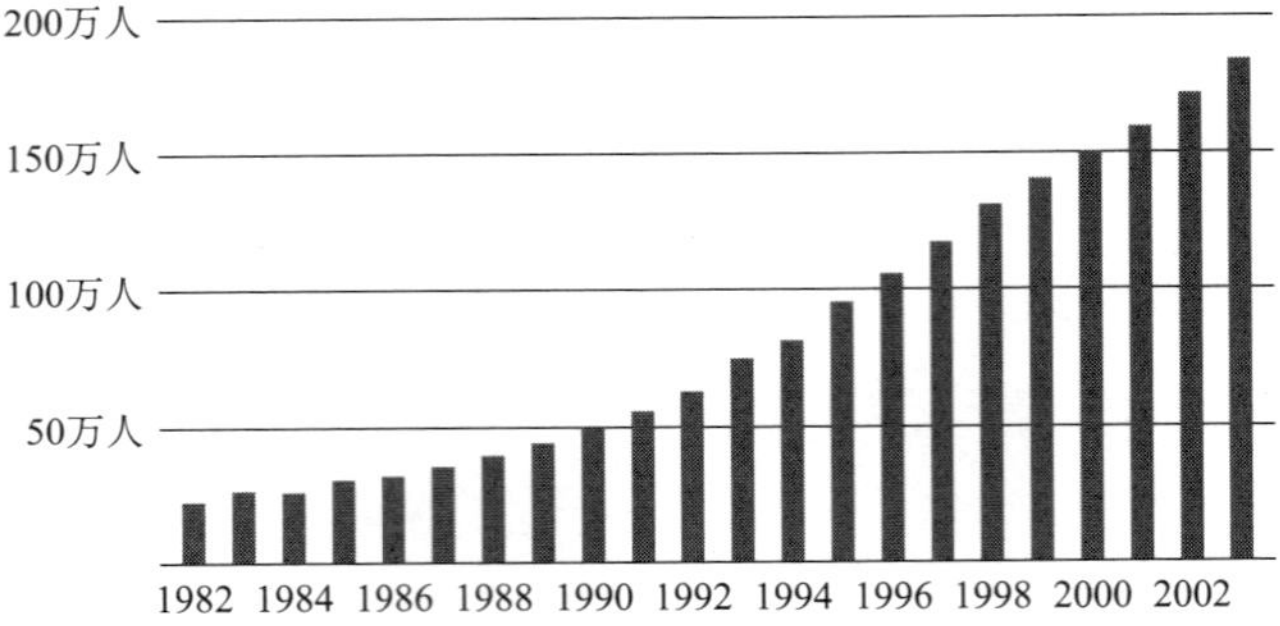

（[ZACHARIAH & RAJAN 2009:24]をもとに筆者作成）

二〇〇一、二〇〇二年度の一人当たりの州内総生産は一万九八〇三ルピー（約二万九〇〇〇円）であり、当時のインド全二八州のうち第一一位である。その一方で、二〇〇一年の国勢調査によれば、州の平均識字率（九〇・九％）や女性の識字率（八七・九％）は全国第一位であり、平均寿命は男性七一・七歳、女性七五・〇歳と高い数値を示している。そのほかにも出生率や幼児死亡率、男女の人口比といった社会生活指標において、インド国内では群を抜いた指標を表している[2]。このように、ケーララは経済状況が発展途上レベルでありながらも、社会生活指標において先進国並の水準を示すことから、一九六〇年代末以降、開発の分野では「ケーララ・モデル」と称され、長らく注目されてきた[3]。

反面、ケーララは産業基盤が乏しく、雇用不足が深刻な社会問題となっている[4]。一時は二〇％近くに達するほど、州人口に占める失業者の割合が高く、仕事を求めて中東湾岸諸国[5]（以下、ガルフ）などへ出稼ぎにいくマラヤーリー（ケーララに出自をもつ人）があとを断たない。州内の都市部では、ガルフ行きの取り扱いを掲げた旅行業者のほかにビザ手続きや仕事先などをあっせんする業者が店舗を構え、ガルフ出稼ぎ移民労働者たちが持ち帰った雑多な商品を陳列した「ガルフ・ショップ」や「ドバイ・バザール」と呼ばれる店も存在する。

一九七〇年代後半以降、インドは近隣諸国からの出稼ぎ移民の主要受入

図1-4　ケーララへの送金総額 1989-2003

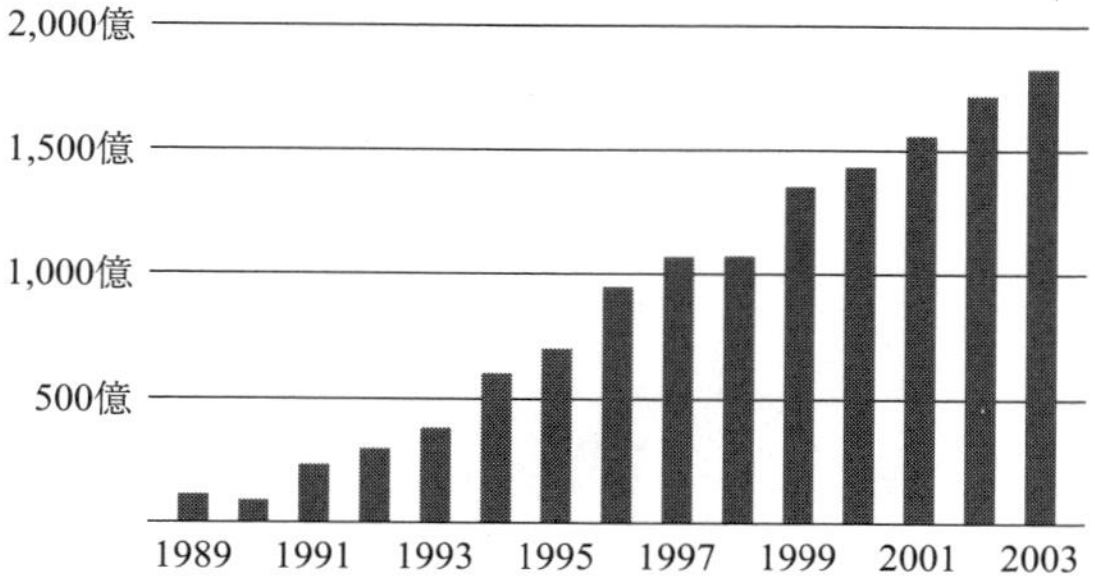

（[ZACHARIAH & RAJAN 2009:61] をもとに筆者作成）

国となった半面、国内から仕事を求めてガルフへ渡る人びとの数が急増していった。その背景には、オイル・ブーム後にガルフで起こった大規模な開発事業による労働需要の高まりと移民労働者の受け入れ政策の推進があった［唐、清川 二〇〇三］。一九九六年時の統計によれば、ガルフへ渡ったインド人出稼ぎ労働者の数は延べ二八〇万人にのぼり、そのうちの約半分がマラヤーリーであったという［Prakash 1998］。ガルフへの飛行時間が四時間程度という距離的な近さも相まって、ケーララからの出稼ぎ労働者の数はインド国内の他地域を圧倒し続けている。(6)

ケーララでは映画やテレビの世界において、ガルフには夢や希望、そして豊かな生活がある、と繰り返し描かれてきた。こうしたケーララで語られる「ガルフ・ドリーム」は、若者や失業中でふさぎ込んでいる人びとにとって確かな価値を約束するように映る。二〇〇七年にまとめられたケーララ移民調査によれば（図1―3）、二〇〇三年にケーララから国外へ渡った移民者の数は約一八五万人であり、その内の八九％がアラブ首長国連邦、サウジアラビア、オマーンといったガルフに滞在している(7)［Zachariah and Rajan 2009: 40］。ローカルの人びとが「親族内に必ず一人はいる」と自嘲するように、ケーララのほぼすべての家族が何らかの形でガルフ移民による影響を受けているとされる。ポピュラー・カルチャーに限らず、ケーララでは政治、経済、社会、宗教、景観においてガルフとの地域的なつながりや影響が過去三〇年にわたってさまざまなかたちで現れてきた[8]［Radhakrishman 2009］。

ガルフに代表される労働人口の流出は、州や人びとの経済状況や生活のさまざまな面に影響を及ぼしている。なかでも経済の文脈において注目すべきは資本の流入、すなわち送金である。図1—4が示すように、二〇〇三年における出稼ぎ移民からの送金総額は、一八四六億ルピー（約二七六九億円）にのぼり、州内総生産の二五％を占めている［Zachariah and Rajan 2009: 61］。これらの送金は、州内の産業振興へ投資されることはなく、土地の購入や住宅の新改築、車や食料品といった個人消費財、あるいは医療や教育など、もっぱら個人消費に充てられている。[9]出稼ぎ移民たちは、滞在先から可能な限りの現金をケーララに残る家族のもとへ送金または預金して帰国の途につく。[10]ガルフへの出稼ぎは、州内の失業問題を緩和すると同時に、低学歴で経済的に恵まれない人びとにとって、村落レベルにおける巨額な財産を蓄え、生活水準を高める絶好の機会となっているのである[11]［Osella and Osella 2000a; 粟屋二〇〇〇］。

ケーララ州政府は、ここ数年来、新たな基幹産業として観光開発を推進している。「神の恵みの地（God's Own Country）」というPRコピーを掲げた、ケーララの観光開発は着実に発展をとげ、二〇〇七年には七一五万人の観光客がケーララを訪れている[12]［Government of Kerala 2007］。とりわけ、ワヤナードゥ県の自然資源を利用した「エコ・ツーリズム」や、グローバルな産業化が進むアーユルヴェーダ[13]（Āyurveda）の施術を中心とした「ヘルス・ツーリズム」は、観光客の間でも高い人気を誇っている。また州政府は、教育水準の高さを背景に、ITの分野や教育産業を基盤とした中核都市の形成を目指した人材育成にも力を注いでいる。

社会的発展の度合いが高いケーララでは、政治に対する人びとの意識が高いといわれる。西ベンガル州やトリプラ州と同様に、ケーララ州はインド国内でも左翼勢力が根強い人気を誇る地域である。州が誕生した翌年の一九五七年に行われた州議会選挙では、CPI（Communist Party of India インド共産党）が過半数を獲得し、共産党単独の州政府が誕生した。[14] その後もＣＰＩ（Ｍ）（Communist Party of India (Marxists) インド共産党（マルクス主義））を中心に、左翼勢力が大きな力を持続しているが、同党だけでなくコングレス（Indian National Congress インド国民会議派、通称コングレス）も一定の勢力を保持している。一九八〇年代以降は、ＣＰＩ（Ｍ）を中心に社会党系が組んだ政党連合のＬＤＦ（Left Democratic Front 左翼民主前線）とコングレスとその連合であるＵＤＦ（United Democratic Front 統一民主前線）の二大勢力が拮抗しながら政権交代を繰り返している。[15]

調査地のカンヌール県は州北部に位置し、州都ティルヴァナンタプラムから列車で一〇時間、ＩＴ産業の拠点として知られるカルナータカ州のベンガルールからバスでおよそ八時間の距離にある。人口約二四〇万人、面積は約二九〇〇平方キロメートルである。[16] カンヌール県の主な産業は織物とタバコ製造であり、とくに手織り服や布といった綿織物は国際的に高く評価され、日本にも輸出されている。

カンヌール県は、州内で二番目に多くの出稼ぎ移民を出している地域である。[17] 二〇〇七年に関する統計では、カンヌール県出身の移民者の総数は二五万四〇〇〇人であり、ケーララ全体の一三・八％を占めている。一九九八年時では六・五％であったことから、一〇年で約二倍に増えていることがわかる［Zachariah and Rajan 2009］。出稼ぎ移民の増加にともない、近年では、ガルフからの送金を元手にした住宅建築がブームとなり、コンクリート製の豪華な二階建て住宅が散在するようになった。

写真 1-1　CPI(M) のモニュメントと赤の連続旗（カンヌール市郊外、2005 年 8 月）

左翼勢力が根強い人気を誇るケーララにおいて、カンヌール県はＣＰＩ（Ｍ）の支持基盤が最も強い地区の一つであり、その影響を街の至る所で目にすることができる。各パンチャーヤット（数か村を単位とする地方自治機関）にはCPI（M）の党員や支持者が集う事務所が存在し、幹線道路沿いのバス停には、CPI（M）の文字と赤ペンキで塗られたコンクリート製の待合所が建設されている。村落内には彼らのシンボルである鎚のモニュメントが建ち（写真1―1）、政治集会が行われる際には沿道に赤の連続旗が長々と掲げられ、CPI（M）の文字と鎚のシンボルマークが路面にペンキで描かれる。左翼勢力とのつながりを示すこれらの光景はカンヌールの風物詩とさえいえる。

他方、中央政府の現政権与党であるBJP（Bharatiya Janata Party インド人民党）の支持母体であり、ヒンドゥー至上主義を掲げるRSS（Rashtriya Swayamsevak Sangh 民族義勇団）も、カンヌール県内において活発に活動している。近年では、RSSメンバーとCPI（M）党員との間で小競り合いが度々起こっており、死者を出す惨事にも発展している。[18]

二　ケーララにおける宗教と芸能の諸相

1　ケーララの文化的パフォーマンス

ケーララには、さまざまな種類の舞踊、音楽、演劇、民俗芸能が今日まで幅広く継承されている。州政府観光省が出版した小冊子『ケーララのパフォーミング・アーツ（Performing Arts of Kerala）』（二〇〇二年）には、主な文化的パフォーマンスとして、古典芸術が七種類、民俗芸術が二三種類、武術が三種類、音楽が四種類、それぞれ紹介されている。ここで示されている分類は、明確な民俗概念によって区分されたものではなく、西欧の芸術概念に現地語を当てはめたものである。古典芸術（*purana kala*）と民俗芸術（*nadu kala*）の違いは、実践者のカーストに関わるものであり、高カーストによって演じられる古典芸術は、『ラーマーヤナ』や『マハーバーラタ』、プラーナ（古譚）といった古代インドの長編叙事詩の物語が用いられ、その上演形態の型や形式が明確化されている。数ある芸能のなかでも最も有名なものは、古典芸術の一つであり、インドの七大古典舞踊の一つとして国内外で広く認められている舞踊劇のカタカリ（*katakali*）がある[19]［Zarrilli 2000］。

ケーララの文化的パフォーマンスの多くは、インドの他の地域と同様に、特定のカースト集団の間で伝統的職業として代々受け継がれてきた［Menon 2008］。たとえば、現存する最古のサンスクリット語による古典戯曲の上演形態であり、二〇〇一年にユネスコが発表した「人類の口承及び無形遺産の傑作の宣言（Masterpieces of the Oral and Intangible Heritage of Humanity）」において、インドの傑作登録の第一号になったものにクーディヤーッタム（*kūdiyāṭṭam*）がある[20]。これは、ブラーミン（*Brahmin* 最上位カースト）の次に高位といわれる、アムバラヴァーシィ（*ambalavāsi* 寺院付きの人）のサブ・カーストであるチャーキヤール（*Cākyār*）の人たちの間で代々伝えられてきた舞踊劇である[21]［Richmond 1990］。

民俗学者のＳ・Ｋ・ナンビアールらが「宗教と関連しない芸能はケーララには存在しない」［Karunakaran 1985a; Nambiar 1996］という見解を示すように、ケーララの文化的パフォーマンスは、ローカルな祭祀や慣習、あるいは宗教と密接な関わりをもっている。ヒンドゥー社会では、高カーストのナーヤル（*Nyar*）の女性たちの間で、夫婦のつながりを祝したティルヴァタラ・カリ（*Thiruvathara kali*）がオーナム祭（収穫祭）などに踊られる［Sarabhai 1995］。州南部のキリスト教徒の間では、キリストを象徴するランプを一二人の女性が取り囲み、キリスト教の伝播を祝うマルガム・カリ（*Margam kali*）という円舞が受け継がれている［Kerala Sangeetha Nataka Akademi 1978］。ヒンドゥー寺院では、祭礼時に男性実演家がケーララの民俗楽器の一つであるチェンダ（*centa* 両面筒型締太鼓）を左手の指先と右手に持った撥で奏でるターヤムパカ（*Tyampaka*）［Groesbeck 1995］や、角の形をした管楽器のコンブ（*Kombū*）を含めた五つの楽器編成によるパンチャヴァーディヤム（*Pacavdyam*）［Killius 2006; Rajagopalan 2010］などが実践される。そのほかには、乙女の踊りを意味するモヒニヤーッタム（*Mohiniyāṭṭam*）［Pati 2010; Venu and Paniker 1993］や皮人形の影絵芝居であるトール・

パーヴァ・クーットゥ（*Tōl Pāva Kūttu*）［Blackburn 1996］、子女の体力作りや習い事として近年中間層を中心に人気を集めている伝統武術のカラリパヤットゥ（*Kalaripayattu*）［Zarrilli 1998］などがある。

これらの文化的パフォーマンスのなかには、一九世紀以降のイギリス植民地支配によってもたらされた経済構造の変化と、キリスト教的な西欧の道徳観の流入によって、著しく衰退をみせるものもある。とくに、カタカリやクーディヤーッタムといった古典芸術の継承者たちは、パトロンであった王族や地主たちによる庇護を失い、その技芸をカースト集団内で維持することが困難な状況を迎えている［Kalimal 1999］。

植民地支配からの独立を求める兆しが現れた一九三〇年代、英領インドでは文化復興運動を背景に音楽や舞踊の伝統を再認識する動きが高まりをみせ、偉大な先駆者たちによってそれらの教育機関が設立された。ベンガルでは詩人のラビンドラナート・タゴールによってヴィスワ・ヴァラティ大学（一九三九年）、マドラスでは神智学協会のルクミニ・デヴィによって舞踊・音楽アカデミーのカラクシェトラ（一九三六年）、ヒマラヤのアルモラではウダイ・シャンカルがウダイ・シャンカル文化センター（一九三八年）を設立し、伝統的な舞踊の復興と継承や新たな舞踊形式の創作に力を注いでいった。インドの古典舞踊は、こうした諸機関の設立を通じて制度化され、近代教育システムを導入したカリキュラムやコースのもとで習得されるようになっていったのである。

ケーララでは、王族や地主あるいは寺院にかわって、文化的パフォーマンスの存続と継承に大きく貢献したのがケーララ・カラマンダラム（Kerala Kalamandalam）に代表される芸術研究所である。一九三〇年に、有名な詩人であったヴェラットゥール・ナーラヤーナ・メノン（Vallathol Narayana Menon 1878-1958）が古典芸術の消滅を危惧し、私財を投じて州中部のトリシュール市（Thrissur）にカラマンダラムを設立した(22)。宿舎を完備したカラマンダラムの施設内では、伝統的な教授法（*gurukulam*）にもとづいて、教師たち（*guru*）が古典芸術を熱心に指導している(23)。

カラマンダラムの誕生、すなわち新たに生成された伝承の場は、ケーララの芸能を考える上で歴史的に重要な意味をもつ。それは、王族や地主の庇護を失っていた芸能の伝承を組織化したのと同時に、それまでチャーキヤールなどの特定のカースト集団内に限って継承されてきた文化的パフォーマンスの伝承・実践の門戸を外部へと開き、高カーストの芸術的な犠牲者であった演者たちをカースト・ヒエラルキーから解放させた。しかしながら、ヒンドゥー寺院内の伝統的な舞台（*ktambalam*）では、いまだにチャーキヤール以外の者がクーディヤーッタムを演じることはできない現実も存在している。(24)

近年では、古典音楽(25)の世界において、旧不可触民階層の人びとの活躍が目に留まる。伝統的職業としてテイヤム祭祀に携わり、太鼓の演奏技術を習得した旧不可触民階層の若者のなかには、州政府が主催する観光イベントや芸能祭への出演を機にその才能が高く評価され、州政府の支援のもとでカラマンダラムへ入学し、古典音楽を学ぶ機会を得た者がいる。また、タミル・ナードゥ州内の音楽学校や芸術研究所に通って南インドのカルナータカ音楽の演奏技法を習得した後、古典音楽の演奏家や教師、あるいはポピュラー音楽の歌手として、州内で幅広く活躍している者もいる［Mason 2006; 竹村 二〇一二c］。

今日、ケーララの文化的パフォーマンスは、儀礼から舞台までさまざまな文脈で行われている。祭礼はもとより、州内外で催される観光や文化イベントのステージ、ショッピングモールのオープン記念や政治パレード、ムンバイやデリーといった大都市部におけるマラヤーリー・コミュニティの催し、さらにはガルフの出稼ぎ移民社会におけるケーララ・フェスティバルや欧米諸国での舞台公演など、グローバルで多元的な場においてそれらは実践されている［Mason 2006; Zarrilli 2000; 竹村 二〇〇七b］。

2 ケーララ社会におけるカーストの諸相

前述したように、ケーララの文化的パフォーマンスの多くは、他の地域と同様に特定のカースト集団が世襲的に

表 1-1　宗教別の人口比率（%）

	カンヌール	ケーララ	インド
ヒンドゥー	61.4	56.2	80.5
ムスリム	27.6	24.7	13.4
クリスチャン	10.8	19.0	2.3
その他	0.2	0.1	3.8

［Census of India 2001］

継承してきた。人類学者のＡ・アイヤッパンが「奴隷でさえケーララの低カーストよりも多くの権利をもっていただろう」［Aiyappan 1965: 161］と非難するように、かつてケーララではカースト制度が強固に保たれ、インドの他の地域ではみられない序列階層が厳格に存在していた。

ケーララは、歴史的に長い東西交渉の影響を反映して、異なる宗教を信仰するさまざまな集団が雑居した状態にあるといわれる［中根 一九七〇：三〇四］。にもかかわらず、少なくとも州が誕生して以降、北インドで起こるような宗教間での紛争はこれまでほとんどみられなかった(26)。インド全体ではヒンドゥーが約八割という圧倒的多数を占めるのに対して、ケーララのヒンドゥーは約五割強にとどまり、ムスリムとクリスチャンが各々二割前後を占め、ごく僅かだがユダヤ教徒もいる（表1―1）。宗教が異なるとはいえ、人びとはマラヤーラム語を話す「マラヤーリー」という共通のアイデンティティをもっている。

ムスリムの多くは、州北部のマラバールに居住している。彼らの中で最初に定住した人びとはマッピラ（*Mappila*）と称され、七、八世紀頃にアラビア海を越えて往来していた、アラブの貿易商人と地元の女性との間に生まれた子の末裔といわれる［Menon 1979: 184］。その他のムスリムは、ムガル王朝時代（一五二六〜一五四〇年、一五五五〜一八五八年）において、社会的地位が低く貧しかった人びとが改宗したことによるといわれる。彼らは、一八世紀にマイソール地方を支配していたムスリムのティプー・スルターン（Tipu Sultan 1753-99）によるケーララ侵入に端を発し、自発的あるいは強制的にムスリムに改宗した人びとである［Engineer 1995; 中根 一九七〇］。

ケーララのクリスチャンは二つに大別することができる。一方はシリヤン・クリスチャンと呼ばれる人びとである。言い伝えによれば、彼らの祖先はキリストの一二の使徒の一人である聖トーマスがこの地に布教したことによって信者となったとされ、彼らは世界で最も古いキリスト教徒であるという自己認識をもっている。また、彼らは歴代の土侯から特権的地位を与えられていた。他方、ケーララは、一六世紀のポルトガル勢力の浸透やその後のイギリス植民地支配のもとで、カソリックやプロテスタントの宣教師による布教活動が盛んに行われた。その結果として、海岸沿いに住む漁民カーストなど、ヒンドゥー社会の下層に位置する人びとの多くがキリスト教へと改宗した。彼らは、コンバート（改宗者）と呼ばれ、シリヤン・クリスチャンとは明確に区別されている［Fuller 1976; Menon 1979; 中根 一九七〇、若林 一九七八］

ケーララのヒンドゥー社会は、他の州と同様に多くのサブ・カースト集団に分かれている。ケーララのカースト社会を論じるE・ミラーによれば、州北部のマラバール地域におけるヒンドゥー社会では、二〇〇以上のカーストとサブ・カースト集団が存在し、各カースト間のヒエラルキーは非常に厳格なものであった［Miller 1954: 410］。

ケーララのヒンドゥー社会において、儀礼的位階上の最高位を占めるのは、二%にも満たないブラーミンである。[27] 彼らは大土地所有者で学者や教員を職業とする者と、寺院の司祭を務める者におよそ分かれるが、近年ではその職業も多岐にわたっている。彼らのなかでも、ナンブーディリ（*Nambūtiri*）と呼ばれるケーララのブラーミンは、タミル・ナードゥ州やカルナータカ州から移住した外来ブラーミン（パッタルとよばれたタミル・バラモンなど）とは区別され、より高い地位を占めていた［Namboodiri 1999］。

カースト秩序とは、バラモンを頂点に不可触民を最下層とする「浄」「不浄」の秩序にもとづき、序列化された概念と広く理解されている［小谷 二〇〇三］。ケーララでは一九世紀頃までカースト間の穢れに対する意識が強く、ティーンダル（*tīndal* 穢れの意）と呼ばれる不浄性に関する制度が存在していた。これは、たとえ肌に触れなくとも、高カーストの者がある一定の距離に近づけば、低カーストの者の穢れに感染するというものであった。各カースト間には接近してはならない距離が綿密に規定されており、たとえば不可触民の者はブラーミンから六四歩離れていなければならなかった［Mayer 1952; Radhakrishnan 1989; 古賀 二〇一二、小林 一九九二］。

ブラーミンの多くは、ジェンミ（*jenmi* 土地保有者または地主）として経済的に揺るぎない基盤を有していた。なかには、ヒンドゥー教の指導者や大寺院の管理者、王権下における法や行政の助言者として確固たる立場を持つ者もおり、彼らの経済・社会的地位は長らく高かったといわれる(28)［Gough 1972: 306; Miller 1954: 411］。しかしながら、地主としての権限を規制する一九三〇年のマラバール借地法（The Malabar Tenancy Act of 1930）や、独立後に共産党政権下で進められた土地改革（Land Reform）によって、大地主の土地の大半は州政府に没収され、彼らの地主としての経済基盤は最終的に破壊することになった［Radhakrishnan 1989; 粟屋 一九九四ａ］。

共産党政権下のもと一九六九年に施策された土地改革は、ケーララの伝統的な土地制度を大きく変えた。それまでナンブーディリら高カーストの多くは、一九世紀に土地が商品化して以来、周辺の土地所有者となっていたが、土地改革の導入によって村落内の土地制度における彼らの支配は縮小し、彼らが所有していた土地は借地人や小作人、あるいは使用人たちに分配されていった。また、滞納した地代の帳消しといった小作人や小農に有利な改革が行われたことで、地主支配は消滅し、土地の集中が減少していった。結果として、土地改革はそれまで高カーストに従属していた小作人や低カーストたちの経済的独立を促し、高カーストの経済的基盤を弱体化させることにつながった［Radhakrishnan 1982, 1989］。

ナンブーディリに次ぐのは、ラージャー（*rājā* 王族）などの支配層と彼らに戦士や文官を提供していたナーヤル（*Nāyar*）・カーストである(29)［Miller 1952: 41］。イギリスによる植民地統治以前において、マラバールを支配していたのはラージャーやナードゥワーリ（*nāduvāri* 地方領主）といった人びとであった。ヒンドゥー教には、バラモン、クシャトリヤ、ヴァイシャ、シュードラといった四種姓（*varna*）があることは周知の通りである。彼らは自らを「クシャトリヤ」と称し、一般的にシュードラとみなされているナーヤル・カーストから区別しようとしていた(30)。しかしながら、両者の間には、母系制やその他の慣習の面で大きな違いはみられないといわれる［Menon 1979; 粟屋 一九八九、小林 一九九二］。

一四世紀以来、ケーララの地を訪れたアラブ商人や旅行者、植民地エリートならびに人類学者たちの関心をかきたててきたものにマルマッカターヤム[31]（*marumakkatāyam*）と呼ばれる母系制度がある［粟屋 一九九四ａ：三二二］。この母系制集団の代表とされたのがナーヤルである。ナーヤルはナンブーディリ・ブラーミンと同様、大土地所有者が多く、経済力を持っていた。ナーヤルの合同家族は、タラワードゥ（*taravāṭu*）と呼ばれ、母方の血筋による成員によって構成されている。男子成員の子供たちは、母側のタラワードゥに属して扶養される。[32] 成員のなかでも最年長の男性は、カーラナヴァン（*kāraṇavan* 通常、敬称として複数形のカーラナヴァルが一般的）と呼ばれる。タラワードゥの財産は、男女を問わずすべての成員の共有財産とみなされ、家長であるカーラナヴァンによって管理されていた。[33] 母系制は、少なくとも数世紀にわたって機能してきたといわれるが、一九七六年に施行されたケーララ州大家族制（廃止）法（The Kerala Joint Family System (Abolition) Act）によって事実上廃止された［Fuller 1976］。

ナーヤルの下には、椰子酒造りを世襲職業とするティーヤ（*Tiyyar*）、種々の職人カースト、農業労働者であるプラヤ（*Pulaya*）などの下層カースト集団が存在する。ティーヤあるいはイーラワー（*Irava* ティーヤの州南部での呼称）と呼ばれる人びととは、ケーララのヒンドゥー社会で最も多くの人口を有している。彼らはココ椰子の栽培や椰子酒の製造を伝統的職業とするが、より多くの人びとは小作人、農業労働者、雑役夫、ヤシ繊維加工業などの零細な産業に従事していた。彼らはかつて「不可触民」として扱われていたが、今日の行政では後進カーストに属している。不可触民とは、インドには「不可触民」と位置づけられ、歴史的に虐げられ続けてきた社会的弱者が存在する。不可触民とは、ヒンディー語ではアチュート（*achut* 触れてはならない人びと）、あるいはヒンドゥー教徒を区分する四つのヴァルナの枠外におかれる第五の存在という意味でパンチャマ（*panchama*）といわれ、英語ではその翻訳であるアンタッチャブル

表1-2　旧不可触民階層の人口比率（%）

	カンヌール	ケーララ	インド
指定カースト	4.11	9.81	16.2
指定トライブ	27.6	24.7	8.2

［Census of India 2001］

（untouchable）またはアウト・カースト（outcaste）と呼ばれる人びとである。

かつて不可触民と位置付けられプラヤやパラヤ（*Paraya*）と呼ばれるヒンドゥー社会の最下層に位置する人びとは、今日でいう指定カーストや指定トライブに属している[34]［Miller 1954: 411］。インド全体では人口比率に占める指定カーストの割合が高いのに対して、ケーララでは指定トライブが多くを占めている（表1―2）。両者は、カースト外、すなわちヴァルナ体系の外部の存在（アウト・カースト）として位置づけられ、さまざまな差別的慣習に晒されてきた。たとえば、カースト・ヒンドゥーは不可触民がいるところで食事をすべきではなく、彼らが井戸から汲み上げた水を飲むべきでなく、彼らが触れたことで穢れた調理器具を使うべきではないとされていた［Taffrel 1981］。

ティーンダル制によって、ティーヤを含む低カーストの人びとは、高カーストから距離を保つことを強いられただけでなく、彼らが参拝する寺院への立ち入りを禁止され、さらには寺院に近い往来の通行さえも規制されていた［粟屋 一九九四b：二七七］。それゆえ、ティーンダル制への反発は、後に低カーストの人びとが自由や平等の権利を求める運動を展開するにあたって、彼らの主張の中に寺院への自由な立ち入りという項目を含む形で反映されていった。一九世紀後半以降には、イーラワーの知識人層らを中心に屈辱的な慣行であるティーダル制の不当性や不合理性を訴えた「カースト運動」が展開していった。その結果、一九三六年にはトラヴァンコール藩王国政府が寺院解放を公布し、マラバールでは一九四七年寺院入場法によって、ヒンドゥー寺院への入場に関するカースト差別は禁止された［Menon 2003: 405; 粟屋 一九九四b：二八二］。

独立後に制定された憲法によるカース差別の禁止、共産党政権が推し進めた土地改革や教育改革、さらには近代化にともなった社会構造の変化によって、ケーララ社会では、未だ他の州で歴然と残るようなカースト差別は見られなくなっている。現在では、イーラワーなど多くの低カーストの者たちがブラーミン祭司による儀礼を求めて寺院参拝に訪れている。マラバールにおいて、人口上だけでなく経済的にも優越した支配カースト（dominant caste）である彼らは、もはや単なる参拝者に留まらず、ヒンドゥー寺院の儀礼やテイヤム祭儀において人的かつ経済的に重要な役割を担っている。

三　変貌するテイヤム実践者たちの生活世界

インドのカースト制度は、直接的には社会的な身分や意識に関わる制度であるが、同時にそれは、人びとの日々の経済活動と密接に関連したものであった。カースト制の特徴の一つには、カーストが伝統的職業として特定の仕事を担っていることがたびたび指摘される。たとえば不可触民たちは、皮革や屠畜、清掃や糞尿、太鼓叩きや洗濯などの仕事を代々担ってきた。つまり、カーストは特定の職業と密接な関係を持ちながら、今日に至っているのである。

ケーララの数ある文化的パフォーマンスのなかでも、テイヤム祭祀は、「不可触民」（以下、旧不可触民階層）の男性たちが彼らのカーストの職業として祭儀を遂行する点に特徴がある。[35] 祭儀の中心となる神霊の役割を担う者は、テイヤッカーラン（*teyyakkāran* テイヤムになる人、以下、テイヤム実践者）または地域によってコーラッカーラン[36]（*kōlakkāran*）と呼ばれる。彼らは自らの身体に神霊を呼び降ろした後、神と一体化した姿で参拝者の前に現れ、さまざまなパフォーマンスを繰り広げた後、祝福と託宣を与える。

1　「神霊になること」

テイヤム実践者として祭儀に関わるカースト集団は、ワンナーン（*Vaṇṇān*）、マラヤン（*Malayan*）、ヴェーラン（*Vēlan*）、アニユーッタン（*Anjūttan*）、マーヴィラン（*Māvilan*）、プラヤ（*Pulayan*）など、少なくとも一〇以上存在する［Dinesan

2009; Jayarajan 2008; Viśṇunambūtiri 1998; Payyanāṭṭu 1979]。彼らは、伝統的職業（*jāti* ジャーティ）としてその役割を担い、祭儀に関する知識や技芸を世襲的に継承してきた。祭儀空間では尊敬の眼差しを持って迎えられるのとは裏腹に、旧不可触民階層の彼らは、長きにわたって社会的・経済的地位の低い立場を虐げられてきた。以下では、ワンナーン・カーストについて詳述する。

州北部（マラバール地方）のなかでも、カンヌール県やカーサルゴードゥ県でワンナーンと呼ばれる彼らは、マラバール南部のコリコーッドゥ県、マラプッラム県、ワヤナードゥ県ではマンナン（*Mannan*）と称されている。テイヤム実践者として活動した経験をもつワンナーン・カーストのY・V・カンナンによれば、ワンナンとはタミル語の「美しい」あるいは「美しくする」を意味するワンナム（*vannam*）から派生したという[Kannan 2004; Thurston 1993]。これまでの研究では、テイヤム祭祀の伝承や実践権利について、ワンナーンは母系的（マルマッカターヤム）、マンナンは父系的（*makkatāyam* マッカターヤム）に継承すると論じられてきたが[Jayarajan 2008; Kurup 1973; 古賀 二〇〇四]、母系的継承は観念や意識のレベルでは存在しているものの、実質的には父系的継承が行われることも多くみられる。

ワンナーン・カーストの起源譚は次のようなものである。神々の世界には、シヴァ神[37]（*Śiva*）がタンダバ（*tandava*）を踊る際に化粧や衣装の仕事を担う裁縫師の男性たちと、シヴァ神の妻であるパールヴァティの衣類を洗濯する女性たちがいた。シヴァ神のいる世界においてこの男女が恋に落ちると、シヴァ神は自らの命令によって彼らを地上へと降り立たせた。ワンナーンの人びとは、かれら自身をこの男女の末裔であると位置づけている[Jayarajan 2008; Thurston 1993]。

ワンナーンの男性は、伝統的職業としてテイヤム祭儀を担うほか、蒲団や枕、衣服を作る裁縫の仕事などに従事してきた。祭祀のオフシーズンにあたる雨期の間（七月から八月）は、簡易なテイヤム神の装束を身に着けたワンナーンの子供が、近隣の各戸を回って悪霊を払うカルコダティ（*Karkodathi*）やオーナッタール（*Ōnattar*）と呼ばれる門付け儀礼を行って生計を維持していたが、近年ではあまりみられなくなっている。[38] また、彼らは伝統医療のアーユルヴェーダにも精通し、アーユルヴェーダの医師（*vaidyan*）になる者も多い。ワンナーンの人びとは、テイヤム神の一つであるムッタッパン神をカースト神（*kala deva*）として祀っており、家の敷地内に祠を所有する家庭もみられる。

ワンナーッティ（*Vannātti*）と呼ばれるワンナーンの女性は、高カーストのナーヤルの女性が月経中に使った衣類や、低カーストのティーヤが日常に使用した衣類を洗濯する仕事を担ってきた。[39] わたしが長期調査の際に滞在したカルナーカラン家でも、三〇年ぐらい前まではカルナーカランの妻が近隣のナンビアール（*Nambiar* ナーヤル・カーストの一派）の家へ洗濯物を受け取るために毎日通っていたという。カルナーカランの子どもたちは、当時の様子を振り返りながら、母親がしていたことがとても嫌だったと語る。伝統的職業から近代的職業への移動はあらゆるカーストに見られる傾向である。社会構造の変化やワンナーンの人びとが経済力を身につけるにつれ、次第に穢れや汚(よご)れと関連する仕事が避けられるようになり、今日では、多くのワンナーッティが洗濯の仕事を引き受けなくなっている。

ワンナーンは、カンヌール県とカーサルゴードゥ県において、最も中心的なテイヤム実践者コミュニティである。[40] ワンナーンのテイヤム実践者たちは、概して、自分たちのカースト・グループがテイヤム実践者コミュニティのなかで最上位に位置するという意識をもっている。そのため、自らを他のカースト・グループと区別し、しばしば差別的な表現を口にする。たとえば、わたしが経験した場面を紹介しよう。

事例一―一

いつものように祭儀会場へグループのメンバーと一緒に向かった。徐々にではあるが、荷物を運んだり、アニヤラ（控えの場所）で装束の準備を手伝うようになった。……祭儀の行程に慣れてきたので、深夜二時頃、メンバーが休憩しているのを見計らって仮眠を取ろうとした。祭儀の場で知り合って以来、親しくしている太鼓奏者（マラヤン・カースト）のバブと雑談していたので、そのまま彼らのアニヤラで一緒に寝ようとした。すると、アッチャン（父の意。カルナーカランを指す）がわたしを呼びつけ、「こっちで寝なさい」と強い口調で言った。グループのアニヤラに戻ると、「あいつらは汚いし、お前のカメラが盗まれたらどうするんだ」とメンバーの一人がいった（二〇〇六年一月二一日、フィールドノートより）。

マラヤンの実践者に対するグループのメンバーと同様の発言は、カルナーカラン家においてもたびたび聞かれた。わたしがマラヤンの太鼓奏者へのインタビュー調査を終え、彼らの家から帰宅した際には、家族の誰かが必ず「足を洗いなさい。あの人たちは汚いから」「あの人たちは沐浴しないから」と言い、その表情には不快感が表れていた。家族のメンバーは一様にマラヤンを彼らのカースト集団よりも下位に位置づけていた[41]。

テイヤム実践者たちは、祭儀を共に実践するグループ同士であっても、カーストの異なる人たちと日常生活において自宅を行き来することは稀である。わたしが滞在していた二〇〇五年から二〇〇七年にかけて、カルナーカラン家には低カーストのティーヤの者が訪れることはあっても、マラヤンやその他の実践者コミュニティの者が家を訪問したことは、祭儀に必要な装束の貸し借りや結婚式といった特別な用事がない限りほどんどなかった。例外的には、カルナーカランの孫であるアクショイがしばらくの間体調不良が続いた際、マラヤンの呪術師が呼ばれたことが二、三回あった程度である。また、テイヤム祭儀の祭主を務める高カーストの家に呼ばれることはあっても、高カーストの祭主たちが実践者たちの自宅を訪れたり、食事を共にする機会などはほとんどみられない。祭儀の依頼は電話で行われ、後日、カルナーカランが高カーストの自宅を訪れて詳細が決められている。カースト差別が法律上禁じられている現代においても、カースト・ヒエラルキーや差別は顕在化しにくいものの存在している。

その一方で、近代化や教育の浸透によって、カーストに対する意識の変化が存在するのも事実である。とくに若年層の間では、カースト間関係に変化がみられるようになっている。わたしは、カルナーカランの息子のジャヤナンダと行動を共にするなかで、彼がたびたび高カーストの家を訪れ、ベランダの椅子に座り、彼らと談笑したり、時に酒を酌み交わしたりする場面に何度か居合わせている。彼は、若年層のタラワードゥ側からの要望に応じる形でそのように振る舞っているが、ある時こんなことを口にした。「小さい頃は、このベランダに触れることさえ許されなかったのに。……見ろよ。アルン（タラワードゥの青年、ナンビアール・カースト）の父親が俺に酒をついでるんだ。アルンの母親なんて俺が小さい頃は差別的な扱いを俺によくしてたのに。まあ、今でもあんまり気分は良くないかもしれないけど」。ジャヤナンダにみられる祭主側とのこのような関係性は、テイヤム実践者の誰にもみられるものではないものの、若年世代を中心にその関係性に変化が生じ始めている。

テイヤム実践者たちの多くは、祭儀による収入だけで生活を営むことが難しい。そのため、祭祀シーズン以外には、タバコ巻きや傘の修理、縫製といった仕事に従事してきた。カルナーカランも祭儀だけでは食べていけず、その日食べる米に困った日がたびたびあったという。彼は縫製などの仕事で食いつなぎながら、長年祭儀を担い続けてきた。

近代化の浸透にともない、現在では彼ら職業の幅も広範囲にわたり、教員や銀行の用務員、行政に関わる仕事に就いている者もいる。なかには自らの伝統的職業に関して研究する者も現れ、たとえば高校の教員を務めるY・V・カンナン（ワンナーン・カースト）は、テイヤム実践者としての活動経験を過去にもち、テイヤム祭儀に関する論文でカンヌール大学から博士号を取得している。稀な例だが、クリシュナ・メノン・メモリアル・州立女子大学の教授であるM・V・カンナン（マラヤン・カースト）のように、普段は大学で教鞭をとり、祭祀シーズンになるとテイヤム実践者として活動している者もいる。また、祭儀が活発に行われている近年では、実践フィールドへの若年層の参入が顕著にみられる。その一方で、現役のテイヤム実践者たちのなかには、息子には収入の安定した別の仕事についてもらいたいと希望する者が少なくない。安定した別の職に就いている者でも、ひとたび職を失えば、テイヤム祭儀の実践活動に戻ってくることがしばしばある。[42]

四　テイヤム祭儀の概要

テイヤム祭儀の行程には、さまざまな供物や礼拝儀礼（プージャ）、神霊を着飾る化粧や装束、太鼓などの伴奏音楽のほか、神霊を担うテイヤム実践者が繰り広げる個別の身体技法と話法がある。本節では、芸能研究的な観点のもとでテイヤム祭祀を概観し、歴史的背景や祭儀の形態、その特徴、実践者たちの姿を素描したい。

1　テイヤム祭祀

ローカルなヒンドゥー社会に古くから伝わる神霊または神霊祭祀のテイヤムは、ケーララ州北部のなかでも、およそコリコーッドゥ県内（Kozhikkode）に流れるコラプラ川（Korapuzha）から北のカンヌール県（Kannur）とワヤナードゥ県（Wayanadu）の一部から、カーサルゴードゥ県（Kasaragod）を流れるチャンドゥラギリ川（Chandragiri）から南の地域の範囲にかけて広く行われている。

テイヤムという語は、サンスクリット語で「神」を意味するダイヴァム（*daivam*）が現地語化したものであるといわれる[43] [Freeman 1991; Jayarajan 2008; Kurup 1973; Payyanāṭŭ 1979; Viśṇunambūṭiri 1998]。したがってその言葉からは、実践者の身体を媒介として、神霊の具現化された姿が想起される（以下、テイヤム神）。祭儀を枠づける年次的な土地の祭礼は、カリヤーッタム（*kaḷiyṭṭam*）と称される。マラヤーラム語で、カリクカ（*kalikkuka* 動詞）とは「遊ぶ」「演じる」「行う」を意味し、アーッタム（*āṭṭam* 名詞）は「踊り」を指す。それゆえ、カリヤーッタムとは「神霊の踊り遊び」の意となる。研究者のなかには、神霊が太鼓のリズムに合わせて躍動するその姿から、アーッタムを伴ったテイヤーッタム（*teyyāṭṭam* 神霊の踊り）と称する者もいる［Damodaran 1998; Kurup 1986; Jayarajan 2008］。しかしながら、テイヤーッタムという呼称は、ローカルの人びとや祭儀の実践者たちの間では必ずしも馴染みのあるものではなく、カリヤーッタム、テイヤム・ウッサワム（*utsavam* 祭礼）、テイヤム・マホーッサヴァム（*mahōtsvam* 大祭礼、祝祭）と呼ぶのがより一般的である。

テイヤム祭祀の伝承地と隣接するカルナータカ州（Karnataka）南海岸部のマンガロール（Mangalore）や西ガーツ山脈山麓のコダグ地方（Kodagu）では、テイヤム神との類似点が多いブータ（*Bhūta* 亡霊）を祀る祭祀が行われている［Gowda 2005; Suzuki 2008; Upadhyaya and Upadhyaya 1984; 石井 二〇一〇］。「いくつかのテイヤムはブータがもとになって形成された」［Kurup 1973: 17］といわれるように、両者の間には、装束の形態、祭儀の構造や次第などに共通する部分が多く見られる。実際に、ケーララ州とカルナータカ州の境では両者を祀る祠があるほか、カンヌール県内においても祭儀のなかでブータと呼ばれるテイヤム神が登場することは珍しいことではない(44)。

他方、カンヌール県南部のタラッシェリ市（Thalassery）やマヒ市（Mahe）、コリコーッドゥ県には、その形態がテイヤム祭祀と類似するティラ（*tira*）またはティラヤーッタム（*tirayāṭṭam*）と呼ばれる神霊祭祀が行われている(45)。ティラは、カーサルゴードゥ県やカンヌール県内でもテイヤム神としていくつかの祠で祀られており、それらはコリコーッドゥ県から来た神霊であるといわれる。概して、ケーララ州北部からカルナータカ州の南部にかけての地域では、神霊を祀った祭儀が年次祭礼として行われており、それらは伝統的に特定の低カースト集団によって担われている。

ケーララのヒンドゥー祭礼や慣習行事は、マラヤーラム暦にそって行われることが多い。西暦八二五年に成立したマラヤーラム暦は、太陰太陽暦に基づいて一年が一二か月（三六五日）に区分され、太陽が一二宮のうち宮から宮へと移動する間を一月とみなす。たとえば、西暦二〇一一年一月一日は、マラヤーラム暦一一八六年ダヌ月（*Dhanu*）一七日となる。テイヤム祭祀は、乾期にあたる一〇月下旬から翌年の六月中旬にかけて、マラヤーラム暦でいうトゥラーム月（*Tulm*）一〇日からエダヴァム月（*Eɽavam*）の第二週目の間に行われる。[46] 農耕期である乾期にだけ祭儀が行われることから、テイヤム祭祀を豊穣儀礼とする見解がある［Chandran 2006］。ローカルの人びとの間でも、テイヤム信仰は土地の豊穣をもたらし、作物の生産を向上させると信じられている。また、テイヤム神を信仰すれば、不妊の解消と健やかな子孫の誕生、米の収穫などが約束されるという。これに対して、祭儀の実践者たちに祭儀期間について尋ねると、祭儀は野外で行われるため、激しいモンスーンが続く雨期には祭儀ができないからだと述べる。

テイヤム信仰には、ブラーミン文化の要素が色濃く反映されている。歴史学者のクルップによると、シヴァ派（Shaivism シヴァ神を信仰する派）、ヴィシュヌ派（Vaishnavism ヴィシュヌ神を信仰する派）ならびにシャクティ信仰（Shaktism 女神信仰）は、テイヤム信仰に大きな影響を及ぼしているという。[47] ただし、ケーララでは、ヴィシュヌ派の浸透がそれほどみらず、その理由としてすでにシヴァ派とシャクティ信仰が人びとの間で広く浸透していたことが要因にあるとクルップは主張する［Kurup 1979: 46］。

テイヤム祭祀は、州北部のマラバール地域で暮らす人びとの宗教や社会生活の中心となっている。祭祀のシーズン中には、新聞やテレビのニュース番組において、テイヤム祭儀の様子がたびたび紹介される。新聞の行事欄では、毎日、祭儀の開催場所と日時に関する情報が掲載され、幹線道路沿いでは、祭儀の開催を告げる案内看板があちらこちらに立ち、電柱や塀にも同様のチラシが貼られる。シーズンの終わり頃には、祭儀の途中で雨にみまわれることもしばしばあり、雨よけのブルーシートが張られた下で、祭儀が行われることもある。マダイ、ヴァラパッタナム、カラリヤトゥッカル、ニレーシュワル、マンダプラットゥなどの祠で行われるペリンカラーシャム（*Perinkalāsam*）と呼ばれるテイヤム祭儀は、テイヤム実践者たちの間で祭祀シーズンを締めくくるものとして位置づけられている。

この祭儀には、シーズンが無事に終了したことに感謝の意を表すため、多くのテイヤム実践者たちが神霊に祈りを捧げるのに参列する。

2　テイヤム祭儀の起源と神霊の種類

テイヤム信仰の起源についてクルップは、古代タミルのサンガム文献のなかにみられるヴェーラン・ヴェリヤーットゥ（*velan veeriyatu* または *velan veriyattal* ヴェーランの踊り）という英雄崇拝に求めている［Kurup 1973, 1990］。だが、クルップの主張には反論も多く、テイヤム信仰の起源は明確に断定されてはいない［eg. Chandran 2006; Hando 1979］。これまで伝承されてきたテイヤム祭儀の形態は、一六世紀頃にコーラッティリ王[48]の庇護のもとで発展したというのが研究者の間の通説である［Dinesan 2009; Freeman 1991; Jayarajan 2008; 古賀 二〇〇四］。

テイヤム実践者たちの間では、テイヤム祭儀の起源を辿る際に「ムッパッタイヴァル（*muppattaivar*）」という言葉が使われる。これは、簡単にいうと三五人の意味だが、転じて三五体のテイヤム神を表すとされる。彼らの間では、しばしば数あるテイヤム神のなかでもこの三五体のテイヤム神が重要であると語られる。[49]民俗学者のヴィシュヌ・ナンブーディリは、祭儀の中でこの三五体の神霊の名が唱えられる場面があり、またこの三五体のテイヤム神には祭儀の場で必ずピーダム（*pīṭham* 聖なる椅子）が用意されると指摘する［Viśṇunambṭiri 1990］。

伝承によれば、テイヤム神は、コーラッティリ王の命令のもと、ワンナーン・カーストのマナッカーダン・グルッカル[50]（Manakkadan Gurukkal）という芸術家兼呪術師の男によって、一夜のうちに三七六体が創出されたと信じられている。なかでも三五体は、マントラの力によって創り出されたといわれる[51]［Dinesan 2009; Jayarajan 2008; Viśṇunambṭiri 1998; 古賀 二〇〇四］。テイヤム実践者たちの間に伝わるテイヤム神の創成に関する神話とは、先行研究の記述［Jayarajan 2008; Viśṇunambṭiri 1998; 古賀 二〇〇四］を参照すると次のようなものである。

その人物（グルッカル）は偉大な芸術家であり、神秘信仰の信者だった。ある時、チラッカル王家のラージャー（王）は、偉大な芸術家でかつ呪術師とも噂される彼の能力を試そうと思いたち、彼を王宮に呼び寄せた。グルッカルは、カリヴェール村のマナッカードゥに住んでおり、その地はラージャーの王宮から四〇キロほど離れていた。ラージャーは、王宮までの道のりにさまざまな障害が起こるよう策略した。まず、船で岸まで渡れないようにしたが、グルッカルは呪術を使って川をなんなく渡ることができた。ラージャーは彼の侵入を防ぐために、王宮の入場門を閉ざすよう命じたが、グルッカルはまたしても呪術を用いて難無くラージャーの前にその姿を現した。グルッカルがラージャーと謁見した際、ラージャーは数名の部下と一緒に座っていた。そうすることで、誰がラージャーなのかわからないように仕向けた。ところが、グルッカルはラージャーを簡単に見抜き、彼に敬意を表した。ラージャーはその返答としてグルッカルを食事に招待した。グルッカルの前に給仕たちが多くの食べ物を運んできた。バナナの葉の上にもられた食料は、捨てなければならないほどであった。それは、ラージャーよりも彼が劣っていることを示すものであった。彼はラージャーの意図を汲み取り、メロンの葉で熱い米粒を受け取り、食事をとってから葉をすてた。グルッカルは、バナナの葉を持ってそれらを捨てなければならないという屈辱をさけることができた。彼はラージャーの仕打ちを見事克服し、その夜、テイヤムの形式で行うための祭儀に用いる神霊の装束を作るようラージャーに命じられた。グルッカルは、日が昇るまでの間に三五の異なるテイヤム神の神格とその装束を創出した。ラージャーは、彼の能力を認め、マナッカーダンという称号とグルッカル（師）を与えた。

マナッカーダン・グルッカルが創出したとされる三五体の神格のうち、マントラコーラッパン神、キールール・

シャースターヴ神、マハーガナパティ神などは、伝承過程ですでに途絶えてしまったのか、テイヤム神として実践される場面をみることはできない。また、地元研究者のなかには、三五体の神格のなかにマラヤン・カーストの者が実践するテイヤム神も複数含まれていることから、テイヤム神の創世とマナッカーダン・グルッカルとの関連性に否定的な者もいる(52)。

別の伝承では、基本となる三九種類のテイヤム神があるといわれる。その根拠として、祭文（トーッタム・パットゥ）が引き合いに出される [Jayarajan 2008; Viśṇunambṭiri 1990]。たとえばクンドラ・チャムンディ神の祭文では、シヴァ神が三九体のテイヤム神の形式を与えたと唱えられる。同様の数はワイナーットゥ・クラヴァン神の祭文でも唱えられるほか、マヴィラン・カーストのテイヤム実践者が担うバドゥラカーリー神の祭文では、テイヤム神が三九回、聖なる椅子に着座することを繰り返す。この三九回が神霊の数を象徴しているといわれる(53) [Jayarajan 2008]。

今日、伝承されているテイヤム神の数は、四〇〇とも四五〇種類ともいわれ、その数は研究者によってまちまちである(54) [eg. Dinesan 2009; Freeman 1991; Kurup 1973; Jayarajan 2008; Payyanāṭŭ 1979; Viśṇunambṭiri 1990]。州政府の関連機関が発行する書物やホームページにおいても、明確な数は言及されておらず、三〇〇から四五〇種類の間でばらつきがある。正式な数が把握できない理由の一つには、同じ神格であっても地域によって名称が異なるためであるといわれる。また、民俗学者のジャヤラージャンによれば、神霊の役割を担ういくつかのカースト集団の間では、祖先崇拝が広く浸透しており、特定の名前をつけることなく、異なるテイヤム神が実践されているという [Jayarajan 2008: 11]。地元研究者の見解を総合すると、およそ四〇〇前後であるというのが妥当な表現と考えられるが、ケーララ・フォークロア・アカデミーの元秘書のA・K・ナンビアールは、四〇〇種類前後あったが、現在伝承されているのはその半分ほどであり、残りは消滅したと指摘している(55)。

テイヤム神として祀られている神格は、女神のバガヴァティ（*Bhagavati*）をはじめ、祖霊神、英雄神、動物神、妖術神、疫病神などがある㊻。古賀は、神霊の種類を大きく三つに分け、①ローカルの神話で、ある土地に生まれた者が何らかの理由で命を落とし、後に神格化したもの、②プラーナにもとづくもの、またはプラーナ神の化身であるとされるもの、③ローカルの神話とプラーナが混合されたものに分類している［古賀二〇〇四：七〇］。個々の分類のなかには、さまざまな特質を持った神霊がある。たとえば、祖先神には、アッチャン・テイヤム神、ムッタッパン神、トンダッチャン神などがあり、グルッカル・テイヤム神のように師として祀られるテイヤム神もいくつかある。戦で命を落とした英雄もテイヤム神として神格化されている。また、カティヴァヌール・ヴィーラン神、タッチョーリ・オデーナン神、パヤムパリィ・チャンドゥ神などは、武術のカラリパヤットゥの熟達者である。

３　祭儀が行われる場

テイヤム祭儀は、州北部のヒンドゥー社会のすべてのカースト集団の間で行われている。なかでも、ナーヤル、ティーヤ、ワニヤー（*Vaniya*）、チャリヤ（*Chaliya*）、アシャリ（*Asari*）、ムシャリ（*Musari*）、マニヤニ（*Maniyani*）のコミュニティは、村落内の祠やカースト寺院において、毎年テイヤム祭儀を行っている［Dinesan 2009; Freeman 1991; Kurup 1973; Jayarajan 2008; Payyanāṭū 1979; Viṣṇunambūtiri 1990］。

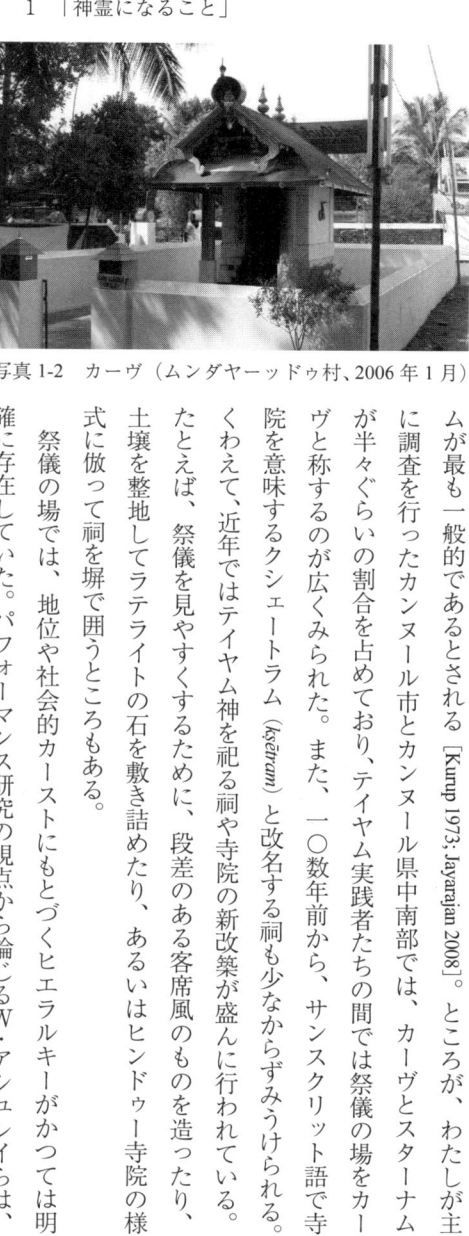

人類学者のＭ・Ｐ・ダモーダランは、テイヤム祭儀の形態を三つに大別している［Damodaran 2009: 192］。①毎年あるいは定年に行われ、時間と場所が決められている祭儀（*kalpanakaliyāṭṭam*）。一般的には、ローカルの祭礼として扱われている祭儀であり、カリヤーッタムやテイヤム・ウッサワムと呼ばれるものを指す。②一〇年や二五年に一度といった一定期間をおいて行われる大祭で、ペルンカリヤータム（*perumkaliyāṭṭam*、以下、ペルンカリヤータム大祭）と呼ばれるもの。ペルンカリヤータム大祭は、一九七〇年代以降の土地改革の影響によって高カーストたちの経済的基盤が弱体化したことから一時期減少していたが、近年はインド経済の急速な発展を背景に再活性化している。③時

間・場所を選ばない祭儀（*prarthanakaliyāttam*）で、第三章で詳述するムッタッパン祭儀がこれに相当する。

テイヤム神は、シヴァ神やヴィシュヌ神といったヒンドゥー神を祀る寺院以外のさまざまな場所で祀られている（写真1—2）。それらは、神霊を祀るコミュニティによって名称が異なり、アライ（*arai*）、カーヴ（*kāvu*）、カラカム（*kaḷakam*）、コッタム（*kottam*）、ムンダヤ（*Mundya*）、パディプラ（*padipura*）、スターナム（*sthānam*）、タラ（*tara*）などのほか、ポディッカーラム（*podikkālam*）やマダップラ（*Maṭappura*）などと称される［Dinesan 2009; Jayarajan 2008; Viśṇunambtiri 1990］。カーヴは、ナーヤル・カーストのタラワードゥが祀る祠でよく用いられ、カラカムはマニヤニやティーヤ・カーストが祀る祠の名称である。ポディッカーラムやマダップラは、ムッタッパン神を祀った祠の名称として使われている。

カンヌール北部とカーサルゴードゥ県では、祠の名称として「神聖な場所」「土地、場所」を意味するスターナムが最も一般的であるとされる［Kurup 1973; Jayarajan 2008］。ところが、わたしが主に調査を行ったカンヌール市とカンヌール県中南部では、カーヴとスターナムが半々ぐらいの割合を占めており、テイヤム実践者たちの間では祭儀の場をカーヴと称するのが広くみられた。また、一〇数年前から、サンスクリット語で寺院を意味するクシェートラム（*kṣētram*）と改名する祠も少なからずみうけられる。くわえて、近年ではテイヤム神を祀る祠や寺院の新改築が盛んに行われている。たとえば、祭儀を見やすくするために、段差のある客席風のものを造ったり、土壌を整地してラテライトの石を敷き詰めたり、あるいはヒンドゥー寺院の様式に倣って祠を塀で囲うところもある。

写真 1-2　カーヴ（ムンダヤーッドゥ村、2006 年 1 月）

祭儀の場では、地位や社会的カーストにもとづくヒエラルキーがかつては明確に存在していた。パフォーマンス研究の視点から論じるW・アシュレイらは、ティーヤ・カーストが祀る祠内において、祠から最も遠い場所にブラーミンが位置し、ブラーミンよりも祠に近い屋根のついた段差のある場の席にナーヤル、ナーヤルより低位と見なされるマニヤニ・カーストはさらに祠に近い場所で段差のある場の端に席をとる、といった具合に決められていたと報告している。さらに、女性は潜在的に穢れているとされ、祠内に入ることさえ許されなかったと述べている［Ashley and Holloman 1990: 133］。この点について、現在、マレーシアのクアラルンプールで暮らす五〇代のカンヌール出身の女性（ティーヤ・カースト）は、「以前は女性が祭儀の場にいることさえ許されず、家の中にいるよう厳しく言いつけられていた」と語る。(57)今日の祭儀の場では、このような厳格な規制はみられないものの、男女が混じって席をとることはあまりみられない。

テイヤム神を祀る祭儀の空間では、主神を祀る祠のほかに、二、三の異なる神霊が祀られている。主神は、タラワードゥの守護神を意味するダルマデーヴァム（*dharmmadēvam*）、あるいはカーストやリネージの守護神を表すクラデーヴァム（*kuladēvam*）と呼ばれる。いくつかのカーヴやムンダヤでは、祠と隣接した大木の根本などにナーガム（*nāgam* 蛇）を祀った場所もある。またプラヤ・カーストとマヴィラン・カーストのコミュニティが祀るテイヤム神には祠がないことがある。そのため、祭儀はタラ（*tara*）と呼ばれる石で造られた小さな台の前で行われる。タラは、カーヴなどと同様に聖なる場所とされ、牛糞を塗りつけて神聖化される。そのほか、神話のなかで神霊の住まいとして位置づけられた聖なる木の下でも祭儀が行われることがある［Jayarajan 2008: 35］。

テイヤム神を祀る祠は、外見上ローカルの家屋建築の様式と類似している。ラテライトの石(58)や木の壁で覆われた長方形の部屋が一つあり、窓はなく、正面に扉が一つ付けられている。屋根は茶色の瓦または銅製の板がしかれており、最近では、ＲＣＣ（凹凸のついたトタンのようなもの）と呼ばれる建築資材を用いた屋根も増えている。祠全体は、白を基調に明るく彩られ、祭儀の際には派手な電飾が飾られる。祠の正面上部には、飛び出た目と長く伸ばした舌が特徴的な顔に、肘を曲げて広げた二本の長い腕をもつキムプルシャム（*kimpursham*）と呼ばれる彫刻が施されている。腕の内側には、祠で祀られている神霊の小さな木彫りが飾られており、キムプルシャムがそれらの神霊の庇護者であることを表しているとされる（写真1―3）。

祠（*palliyara*）の中には、バラモンが司祭を掌るヒンドゥー寺院で見られるような偶像や図像画は安置されていない。ただし、第三章で詳述するムッタッパン・テイヤム神を祀る祠では、近年、真鍮や金で造られた偶像を祀るところが増えている。[59] 一般的に祠内には、木の台座の上に灯芯ランプが置かれ、御神体（*vigraham*）としてカドゥティラ（*kaduthila*）、チュリガ（*churika*）、ナンダカム（*nandakam*）、ポッチャッティ（*pookchatti*）といったと鉄剣や弓などの武器（*tiiruvayudham*）のほか、鏡（*Val Kannadi*）や松明、真鍮製の胸の装具（*kinnam*）などが祀られている（写真1―4）。タラワードゥの屋敷内では、カンニコッティ（*kannikotti*）と呼ばれるタラワードゥの神聖な部屋のなかに、木製の支柱が御神体として祀られている。祠の扉が日常的に開かれていることはないが、タラワードゥの成員によって、毎日夕方になると祠内や祠の外の壁に吊された灯芯ランプに火がつけられる。祭儀期間以外に人びとが祠を訪れることは稀で、普段の敷地内は草木が茂った状態であることが多い。

写真 1-3　カーヴに施されているキンプルシャムの彫刻（カンヌール市郊外、2006 年 10 月）

写真 1-4　御神体として祀られる武器や装具（ムンダヤーッドゥ村、2005 年 12 月）

4　祭儀の担い手

テイヤム祭儀は、特定のカースト・グ

ループに限定された複数の主体がそれぞれの役割を担うことで遂行される。祭儀の主な担い手は、①テイヤム実践者（テイヤッカーラン）及びその助手、②楽器演奏者、③神官、④その他である。

①テイヤム実践者（テイヤッカーラン）及びその助手

テイヤム実践者とそのグループは祭儀を遂行する上で中心的な役割を担う。テイヤム実践者は、自らの身体に神霊を呼び降ろし、神と一体化した姿で人びとの前に現れ、参拝者に祝福と託宣を与える。祭儀の場には、祠内に祀られているテイヤム神の数だけテイヤム実践者がいる。彼らは、ワンナーン、マラヤン、ヴェーランなどの指定カースト（旧不可触民階層）に属する男性たちであり、祭儀に関する知識や技芸を世襲的に継承している。他のカーストと同様に、彼らの間では同一カーストの内婚が一般的である。各カースト集団では、実践するテイヤム神の種類が異なり、他のカースト集団のテイヤム神を担うことはできない。

テイヤム実践者コミュニティのなかでも、各カースト集団間では階層がみうけられ、顕在化しにくいものの差別も存在する。カンヌール県内でテイヤム神を祀る祠や寺院では、中央に祀られた主神をワンナーン・カーストのテイヤム実践者が担い、次に重要なテイヤム神をマラヤン・カーストの者が担当する。その他の神霊や祠のある敷地の外で祀られている神霊の多くは、ヴェーラン・カーストのテイヤム実践者が担う。また、祭儀空間では、カースト・グループによって控えの場所（*aniyara* アニヤラ）が異なり、ワンナーン・カーストのグループに対する扱いが最もよいといえる。テイヤム実践者コミュニティ内では、プラヤ・カーストが最も低く位置づけられており、不可触民をさす言葉としてマハトーマー・ガンディーが呼称した「ハリジャン（*harijan* 神の子）」という語が彼らに対してだけ用いられている。

テイヤム実践者の多くは、テイヤム神を祀る祠や寺院を所有していない。また、彼ら自身のために祭儀を行うこともない。祭儀はもっぱら高カーストや低カーストが祀る特定の祠や寺院において実践される。ただし、プラヤ・カーストのテイヤム実践者は、他のカーストの祠ではなく、彼らのコミュニティのためだけに祭儀を実践する［Pallath 1995］。また、ワンナーン・カーストのテイヤム実践者のなかには、自宅の敷地内でムッタッパン神を祀っている者もいる。彼らが祭儀を行う場合には、親族とは異なる別のテイヤム実践者が呼ばれる。

テイヤム実践者グループは、親族を中心とした同一カーストの者で構成されている。一体のテイヤム神を担うためには、テイヤム実践者のほかに、化粧をする者、装束の準備をする者、後見人的な役割の者（主要なテイヤム実践者の父親や母方おじ）など、三人から五人程度の助手（*sahai* サハイ）が必要となる。グループ内の誰もがテイヤム実践者になれる、またはなりたいと希望するわけではなく、祭儀に関与するなかで個人の才能や意向が考慮され、テイヤム実践者、化粧、装束や装飾作り、楽器演奏といったそれぞれの役割が割り振られていく。

以下、主要なテイヤム実践者コミュニティのカースト集団について述べたい（ワンナーンについては前節で詳述）。

・ワンナーン

ワンナーンのテイヤム実践者は、カンヌール県とカーサルゴードゥ県におけるテイヤム祭儀において主神を担うことが多く、他のカースト集団と比べて実践するテイヤム神が数多くある（写真1―5）。彼らが担う神霊は、当該地域で暮らしていた人物が何らかの理由で他界した後、神霊として祀られるようになったものとされ、祖先神を表すトンダッチャン（*Tondaccan*）またはワイナーットゥ・クラヴァン神（*Vayanāṭṭ Kulavan*）やムッタッパン神（*Muthappan*）、バガヴァティ女神を表すムチッローットゥ・バガヴァティ神（*Muchhilōṭṭ Bhagavati*）やプディヤ・バガヴァティ神（*Puthiya Bhagavati*）、英雄神や戦士を表すカティヴァヌール・ヴィーラン神（*Kativanūr Vīran*）などがある（写真1―6）。

ワンナーンの優れたテイヤム実践者には、土地の支配者や王族、ブラーミン、タラワードの年長者などから、ペ

写真 1-5　ワンナーンの実践者たち（イリヴェリ村、2005 年 12 月）

写真 1-6-1　アンガクランガラ・バガヴァティ神（パヤヌール市、2006 年 2 月）

写真 1-6-2　タンブラーティ・バガヴァティ神（エーチュール村、2006 年 1 月）

ルワンナーン（*peruvaṇṇān*）という称号と赤い布（*chōppu*）、絹の布（*paṭṭu*）、金の腕輪（*vaḷa*）が贈られる。ペルワンナーンは、カーストまたはワンナーン・コミュニティのなかのサブ・カースト・グループとして位置づけられており、ある地域ではワンナーンとペルワンナーンとの間の婚姻はみられないといわれる［Jayarajan 2008: 86］。また、ペルワンナーンの称号はカンヌール県だけで用いられており、カーサルゴードゥ県では別の称号が与えられる［Jayarajan 2008; 古賀 二〇〇四］。祭儀の実践活動を引退した古老たちからは、近年、称号を簡単に与えすぎているという批判の声が聞かれる。

・マラヤン

マラヤン・カーストは、もともと隣接するタミル・ナードゥ州から移住してきた人びととといわれる。彼らは多少異なるカースト名と慣習をもちながらも、ケーララのほぼ全域に存在している［Jayarajan 2008; Thurston 1993］。マラヤーラム語でマラ（*mala*）とは、山を意味することから、マラヤンまたはマラヤー（*Malayar* 山に住んでいる人びとを表す）と呼ばれたという説がある。マラヤンの人びとは、大きく二つに分類することができ、カンヌール県やカーサルゴードゥ県ではマラヤンと称され、指定カーストに位置づけられている。他方、エルナクラム県、トリシュール県、パラカッードゥ県ではマラヤーと呼ばれ、指定トライブに区分されている［Prekash 2002］。

カンヌール県やカーサルゴードゥ県に住むマラヤンの男性は、テイヤム実践者のほかに、祭儀の場で楽器を演奏する役割を伝統的に担ってきた（写真1―7）。また、彼らは悪霊を取り祓う呪術師（*mantravādi* マントラワーディ）の仕事にも伝統的に従事しており、テイヤム祭儀が行われない雨期の間は、災い（*dṣam*）を取り除いたり、邪視（*kanneru*）の影響を祓ったりする呪術（*mantravādam* マントラワーダム）の仕事を数多く請け負っている。[60] マラヤンのテイヤム実践者には、テイヤム祭儀に関する知識や技芸が十分にあると認められると、ペルマラヤン（*perumalayan*）やパニッカール（*panikkar*）といった称号と腕輪や絹の布が与えられる。

写真 1-7　マラヤンの実践者たち（ムンダヤーッドゥ村、2006 年 4 月）

マラヤンの人びとは、男女を問わず音楽的能力に長け、近年では古典音楽の分野で活躍している者も少なからずいる［Mason 2006; 竹村 二〇一二c］。彼らは楽器演奏に限らず、歌の技量にも優れ、以前は収穫期になるとマラヤンの男性が家々を廻って歌を唄い、そのかわりに穀物などの食料を受け取っていた［Jayarajan 2008］。また、かつてはマラヤンの女性たちがテイヤム祭儀の場へ

写真 1-8-1　グリガン神（エーチュール村、2006 年 3 月）

写真 1-8-2　ラクタ・チャムンディ神（ムンダヤーッドゥ村、2005 年 11 月）

男性たちと同行し、男性たちの身の回りの世話をするほかに、彼らが祭儀のなかで唱える祭文を一緒に唄ってもいた[61]。しかしながら、こうした伝統的職業を継承する者はマラヤンの男性たちに多くはない。また、彼らはワンナーンのテイヤム実践者に比べて教育水準が低く、学校を中退して祭儀に関わる者が多くみられる［Komath 2003］。マラヤンの人びととの主な生業は農業といわれるが、現在ではバスの車掌、事務員、教師、鉄道局員などさまざまなタイプの仕事に就いている。

マラヤンのテイヤム実践者が担う神霊は、チャームンディ神（*Chāmundi*）、ヴィシュヌムルティ神（*Viṣṇumūrti*）、ポッタッン神（*Poṭṭan*）、グリガン・クラッティ神（*Guḷikan Kuṟatti*）、クティチャータン神（*Kuṭṭichāttan*）などである（写真1―8）。これらの神格は、プラーナ（古潭）に由来するものが多く、ローカルな土地や祠との結びつきが希薄である。

・ヴェーラン

ヴェーラン・カーストの人びとは、伝統的に藁籠作りに従事してきた。籐や竹をつかった籠（*muram*）を作ったり、テイヤム神の装束をいれる籠（*pelika*）なども作っていた。現在でも、彼らはテイヤム祭祀のシーズンが終わると、藁籠をつくって生計を立てている［Prekash 2002］。彼らは、ワンナーンやマラヤンのテイヤム実践者と役割を共有することはなく、主神を祀る祠の外に位置する別の祠や簡易の祠（*pati*）で祭儀を執り行う。彼らが担う神格には、クンドラ・チャームンディ神（*Kunor Chmuṇḍi*）、ドゥーマー・バガヴァティ神（*Dhm Bhagavati*）、クラッティ神（*Kuratti*）、トゥラッカリッティ神（*Turakkaritti*）などがある。

②楽器演奏者

テイヤム実践者は神霊の役割だけでなく楽器の演奏も担う。楽器を演奏する者は祭儀の場でサンギータム（*sangeetham* 音楽）と呼ばれる。カンヌール県内で行われるテイヤム祭儀では、ワンナーンが主神を担い、マラヤンがその他の神格と楽器演奏に従事することが一般的である[62]。音楽的才能に富んだマラヤンの男性は、テイヤム祭儀の楽器演奏者として欠かせない存在といえる。

テイヤム祭儀で使用される楽器は、ケーララの民俗楽器であるチェンダ（*cenṭa* 木製の円筒型両面皮革の締太鼓）が二種類と、クルム・クラル（*kuṟum kuḻal* ダブルリードの短い管楽器）、イラッターラム（*ilattaḻam* 真鍮製の小型シンバル）が主であり、そのほかに地域や祀られている神霊によっていくつか異なる楽器が用いられる[63]（写真1－9、10、11、12）。低音が響く太鼓は、ヴィーク・チェンダ（*veek cenṭa*）と呼ばれるもので、他のチェンダよりも筒の長さが短く幅が広いものである。ヴィーク・チェンダは演奏者グループの

写真1-9　ヴィーク・チェンダ（カンヌール市内、2005年7月）

写真 1-10　マニック・チェンダ（カンヌール市内、2005 年 7 月）

写真 1-11　クルム・クラム（カンヌール市内、2005 年 7 月）

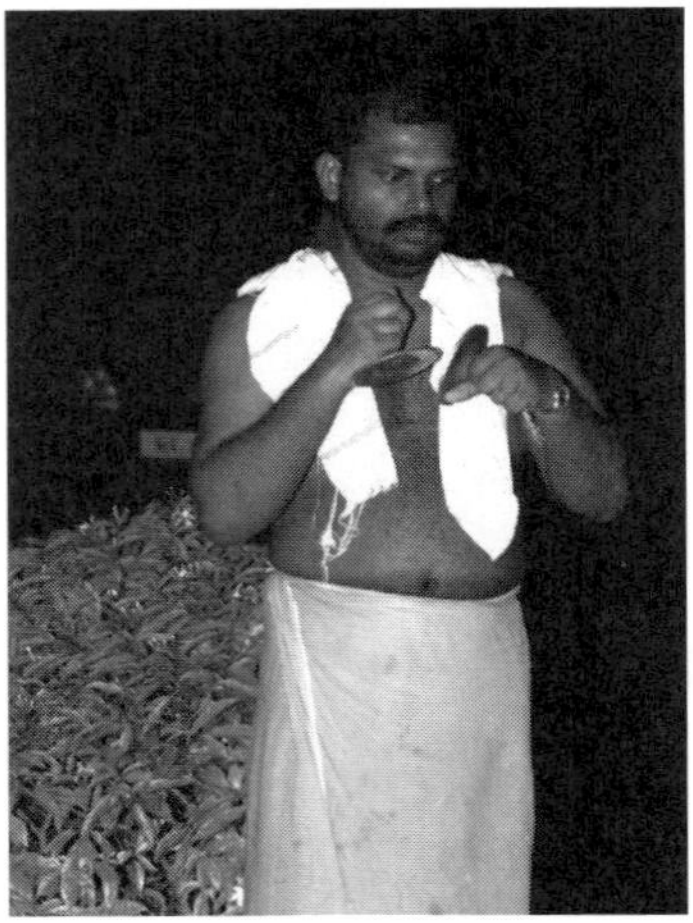
写真 1-12　エラッターラムを演奏するワンナーンの助手（カンヌール市内、2005 年 7 月）

なかでもリーダー格の者が担当し、一本の撥を使って演奏され、ターラ（*tāla* 拍節）をコントロールする役割を担う。通称ピーピィと呼ばれるクルム・クラムはオーボエのような管楽器であり、南インドのナーガスワラムや北インドのシャーナイと類似する。ジャヤラージャンによると、クルム・クラルが使われるのは、カンヌール県の中南部だけである［Jayarajan 2008: 110］。

　楽器演奏者の編成は、祭主（タラワードゥの年長者）やカースト寺院の運営委員会の意向に応じて人数や構成が決められ、四、五名から一〇名程度である。稀にではあるが、一五名ほどの大編成を組む際には、水牛の角を使ったコンブ（*kompu* Cの形をした管楽器）が加わることもある。演奏者たちは、上半身裸で踝までかかった白い腰布を身にまとい、その上からクリーム色の上質の布を重ね巻きした出で立ちで楽器を奏でる。太鼓奏者らは先の曲がった細い撥を両手にもち、太鼓につけた布製のストラップを肩にかけ、身体の前で太鼓を少し前屈みに倒して固定している。グループのリーダーがヴィーク・チェンダを叩き出し、よく響いた低音がリズミカルなアウトラインを奏で始めると、ほかのメンバーたちは祠の前に横一列に並び、少し前傾姿勢になりながらリズムへ重ね合わせるように合いの手を囃子のように打ち鳴らす（写真1―13）。

楽器演奏者グループのメンバー構成は、テイヤム実践者グループとは異なり、親族が数名いるものの、出身や活動地域がばらばらで、祭儀のたびに入れ替わっている。そのため、個々の演奏者たちの活動領域はテイヤム実践者に比べて広く、実践者同士の関係性も多岐にわたっている。

写真1-13　マラヤンたちの太鼓演奏（ムンダヤーッドゥ村、2006年4月）

楽器演奏者たちは、幼い頃から一連の楽器の演奏法を父親やおじから学び、祭儀の場で実践経験を積みながらその技芸を習得していく。最近では、南インドの古典音楽の世界にも彼らは進出しており、カルナータカ音楽が盛んなタミル・ナードゥ州のマドゥライ市やタンジャーヴール市内にある音楽アカデミーでは、マラヤンの男たちを見かけるようになった。彼らはカルタータカ音楽の主要楽器であるナーガスワラムやタヴィル（両面太鼓）などの演奏法を習得した後、ローカルの文脈で行われる結婚式や高カーストの寺院で催される祭礼の場で楽士として活動している。そのため、テイヤム祭儀の途中であっても、結婚式や他のイベントへの出演のために祭儀の場を後にする者がしばしばみられる。

③神官

祭儀で神官の役割を担う者は、コーマラム（*kōmaram*）と呼ばれる(64)。彼は、祠内でプージャ（礼拝儀礼）を行うほか、御神体として祀られている鉄剣や松明を手にして神霊の力（シャクティ）と一体化した後、それらの採り物をテイヤム実践者へと手渡す役割を務める。そのため、コーマラムは神の代理ともいわれる。コーマラムは、カースト寺院や祠を祀るタワラードゥの成員であり、占星術師によって指名されるか、先代のコーマラムの死後に何らかの形で神の啓示を受けた者だけがその役割を担うことができる。コーマラムは日常生活を送る上でさまざまな制約がある。近年では担い手の数が減少していることから、親戚筋にあるタラワードゥの祠以外の祭儀にも関わる者がみうけられる。たとえば、ワイナーットゥ・クラヴァン神のコーマラムを務めるモハナン（仮名、四〇代男性、ティーヤ・カースト）は、二〇〇五年から二〇〇六年にかけてのテイヤム祭祀のシーズンにおいて、六人のテイヤム実践者が行う祭儀にコーマラムとして関与し、のべ一〇数回の祭儀を務めている。彼が関わった祭儀のタラワードゥは、ナーヤルかティーヤのどちらかであり、自らの親戚筋にあたる祠はごく一部であった。

④その他

上記のほかに、テイヤム祭儀には複数のカースト集団が直接または間接的に関わっている。ブラーミンは祠や寺院に神霊の力を宿すほか、場を浄める儀礼を行う。ティーヤは供物として捧げられる椰子酒の壺と若い椰子の葉を提供する。コッラン（*Kollan* 鍛冶屋）は祭儀で用いられる祭具（鉄剣、盾、仮面など）の手入れを行い、アシャリ（*Asari* 大工）は必要となる木材の加工や祭具の椅子（ピーダム）の制作、キダラン（*Kidaran* 塗装工）は祠や寺院の彩色や装飾をする役割を務める。カニシャン（*Kanisan* 占星術師）は祭儀の日程の是非を占うだけでなく、祭具の傘も提供する。そのほか、日が暮れた頃に毎日祠の灯芯ランプに火を灯す者（*antittiriyan* アンディッティリヤン）や、神官のために傘をもつ役割の者（*kotakkāran*）などもある。アンディッティリヤンは、祠を祀るタラワードゥの成員またはカースト寺院の場合では特定のタラワードゥ内から選出される。くわえて、ムスリムは塩や砂糖（またはココ椰子の砂糖）などを供物として提供するといわれる［Jayarajan 2008: 92］。

概して、テイヤム祭儀には、村落全体のコミュニティが何らかの形で関与しているといえる。しかしながら、祭儀を担う上での制約や相互関係は、カンヌール県内でもパイヤヌール市から北のカースト寺院では顕著にみられるものの、主にタラワードゥの祠で祭儀が行われるカンヌール市内やそれ以南においては、今日、形骸化している場合も多い。

5 化粧と装束

南インドにおける文化的パフォーマンスには、体系化されたさまざまな種類の化粧様式がある。(65) ケーララ州のカタカリ、カルナータカ州のヤクシャガーナ（*yaksagāna*）、タミル・ナードゥ州のテルクーットゥ（*terukkūttu*）などにおける化粧は、様式化されたデザインや色の使い方に多くの共通点をもちながらも、地域固有の手法に基づく独自発展を遂げてきた［Frasca 1990: 112］。テイヤム祭儀における特徴とは、幾何学的な模様の化粧（*mukhatteḻuttu*）が実践者の顔や身体に施される点にある。

化粧や飾りの制作、着付けなどは控え場所（アニヤラ）で行われる。控え場所は、祠を正面にみた左手側に簡易で設置されることが多く、周囲は乾燥した椰子の葉やビニールシートで覆われている。蛍光灯の点いた内部には、簡易の祭壇として灯芯ランプが置かれ、生米とココ椰子の実が供物として捧げられている。壁の支柱にはロープが張り渡され、その上から装具がかけられている。化粧や装束を着ける過程は、参拝者に広く開放されているわけではないものの、控え場所の周りには子供たちやテイヤム実践者たちの知人の男たちが集まり、椰子の葉の隙間から化粧の様子などを覗き込む姿がみられる（写真1―14）。

テイヤム神の化粧は、テイヤム実践者が神霊へと転換するための重要な過程である［Freeman 1991］。化粧には、橙・

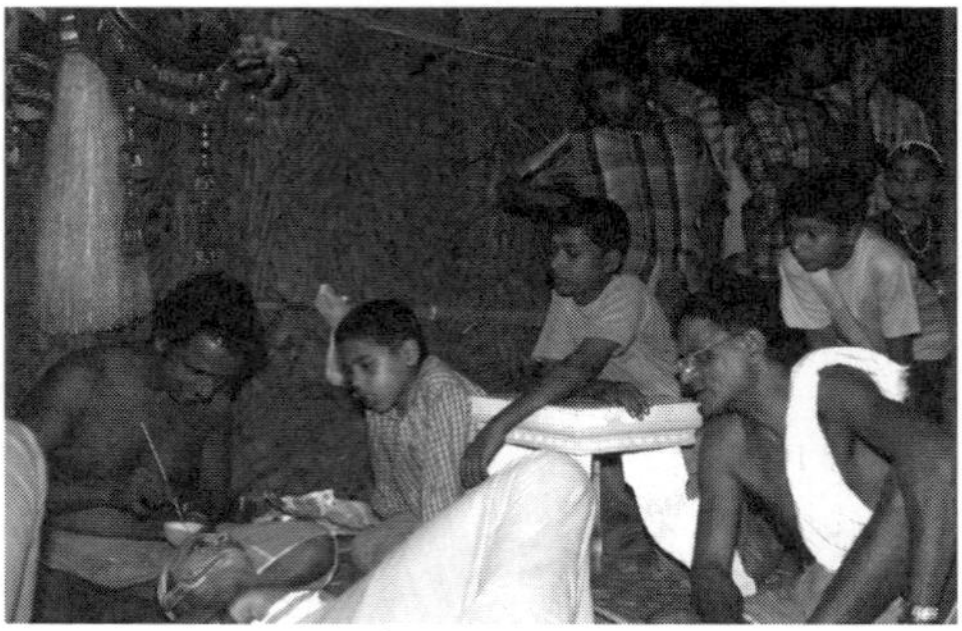

写真1-14　アニヤラでの化粧の様子（ムンダヤーッドゥ村、2006年4月）

赤・黄・黒・白の色が用いられ、ごく一部の神霊に緑が使われる。かつては、これらの色を石などの自然物から採取していたが、現在では市販の化学塗料を使うことが多い。筆は柔らかい椰子の葉状体（*valattaṭa* 茎と葉の区別がなく全体が平らな葉状のもの）の節を小刀で削ったものが用いられ、乾燥した椰子の実の殻がパレット代わりに使用される。なかには市販の絵画用の筆やパレットを使う者もいる。

化粧は次のような工程で進められる。テイヤム実践者は、髪の毛がたれないよう前髪の生え際を白紐で抑え、白の腰布だけを身につけた姿で敷物の上に横たわる。なかには化粧映えをよくするために、額の際やもみあげの毛を予め剃っているテイヤム実践者もいる。テイヤム実践者の頭部側に助手が足を組んで座り、頭越しから椰子油を浸した筆を使って、顔料を塗りつけていく（写真1―15）。はじめに目元を除いた顔全体に橙色が塗られ、その上から神霊によって異なる模様が赤・黒・黄・白などの色で描かれる。目や鼻周りに描かれる模様には、鳥・動物・花などの形を表す名称がつけられており、たとえば象の足（*anakkal*）や座っている猿（*kurangiruthaṃ*）などがある（図1―5）。その後、目元を煤で黒に塗り、唇にはヒンドゥー教徒が眉間に印をつける際に用いるクムクム（*kum kum*）の粉がつけられる(66)。テイヤム神を化粧の特徴に基づいて分類することは可能であり、パラーッケルトゥ（*parākkelutu*）と呼ばれる顔の化粧の模様はバガヴァティ神（女神）に施され、アンニュ・プリイエッテルトゥ（*añju pulliyittelutu*）は、英雄神に用いられる模様である［Jayarajan 2008: 106］。

化粧のかわりに仮面（*mukhapala* または *mugham*）をつけるテイヤム神もある。テイヤム実践者コミュニティのなかで最も低く位置づけられているプラヤ・カーストが担うテイヤム神は、仮面を着用することが多いといわれる。以前は、アレカ椰子の葉鞘やパーラー椰子の樹皮の上に模様が描かれていたが、最近ではカーボン紙にとってかわっている。なかには真鍮製の仮面もある。

また、胴体への化粧も、テイヤム神の装飾にはなくてはならないものである。燃える焚き木の上を飛び越えるカンダナール・クラン神の胴体には二匹の蛇が描かれ、英雄神や祖先神には緑や黄色の模様が描かれる。バガヴァディ神を表すテイヤム神の場合には、胸と腹部が木製の装具（*molar*）で覆われる。そのほかに、いくつかのテイヤム神は髭をつけており、それらの多くは英雄神である。ムッタッパン神やワイナーットゥ・クラヴァン神には老いを表す白い髭、カールナヴァン神やカティヴァヌール・ヴィーラン神には黒の短い髭、クシェートラパラカン神には黒の長い髭がつけられる。

装具の準備は、控え場所内や横で進められる。装束は、いくつかの共通する装具と、神霊によって異なる特徴的な装具の組合せからなる。全てのテイヤム神は、額にタラッパーリ（*talappāli*）を巻いている。タラッパーリは、師（グル）を表すといわれ、赤い布に真鍮や銀製の装飾を縫い付けたものであり、テイヤム実践者が個人で所有している。タラッパーリの装飾は蛇の形を模しているといわれ、二一の部位からなる。以前は真鍮製が主流であったが、最近では銀製のものを使用するテイヤム実践者が増えてい

図 1-5　化粧画（［Nair 2002: 34］より転載）

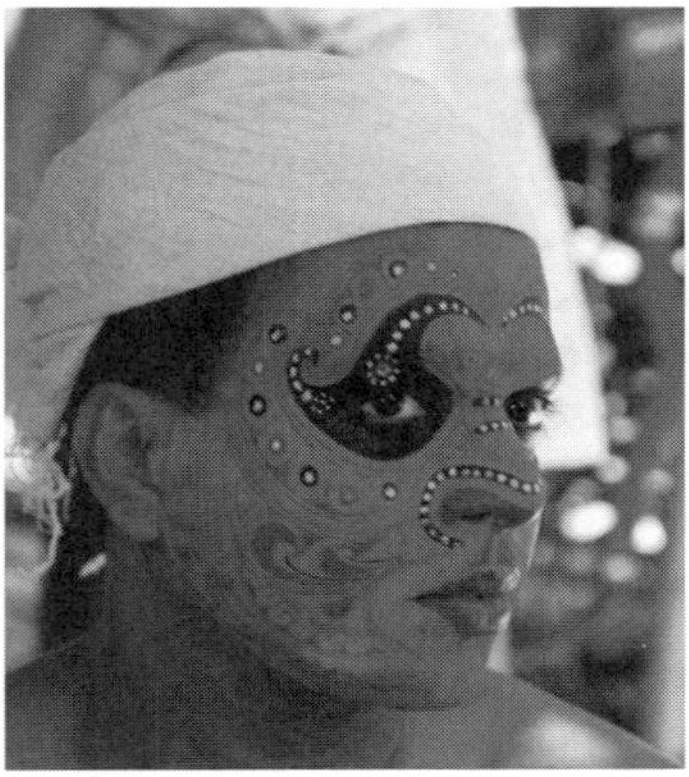
写真 1-15　ポディ神の化粧（タラッシェリ市内、2006 年 3 月）

写真1-16　装具置き場（ムンダヤーッドゥ村内カルナーカラン宅、2005年6月）

写真1-17　装具の修繕と装飾を施す助手のウニ（ムンダヤーッドゥ村内カルナーカラン宅、2005年7月）

る。足首につける鈴の入った真鍮製の装具（*chilambu*）や腰回りの装具（*puliyoorkali*）、木製の腕輪（*vala*）など、多くの神霊に共通する装具と、特定の神霊に用いる頭飾り（*muti*）の骨組みや飾り付けはグループ単位で保有している（写真1―16）。たとえば、カルナーカラン家では、ワイナーットゥ・クラヴァン神とムッタッパン神の装具がそれぞれ一組ずつ保管されている。鉄剣やその他の武器、仮面や胴体などの特別な装具は、祭儀が行われる祠や寺院で祀られている。テイヤム実践者たちの間では、数ある装具の中でもタラッパーリと頭飾りが最も神聖視されており、祭儀の前後には、控え場所内の灯芯ランプの前にそれらが置かれ、生米、アレカ椰子の実、キンマの葉を供え、神霊と祖先へのプージャ（礼拝儀礼）が行われる。

　テイヤム実践者たちはできるかぎり自らの手で装具を制作しようとする（写真1―17）。最近では、装具を外注する実践者も一部みられるが、費用との兼ね合いから多くは自分たちの手で制作している。一体のテイヤム神の装具を揃えるには、数万ルピーの費用がかかるという。装具の貸し借りはしばしば行われるが、異なるカースト・グループ間では稀である。金属製の装飾や装具は、テイヤム祭祀の盛んな地域であるパイヤヌール市内の鍛冶屋で調達される[67]。装具の運搬には、かつては籐や竹で編まれた籠を用いていたが、最近ではビニール製のボストンバックを利用する者が増え、なかにはスーツケースを引きながら祭儀の場に現れるテイヤム実践者もいる。

装具の彩色は、赤を基本色として、金・黄・橙色が用いられる。近年では緑や青色がアクセントとして用いられることもしばしばある。かつては黄金色の葉とカブトムシから抽出した色をチャッカ（*Chakka*）の木[68]から採取したゴムを用いて、装具の形状に削った木材の上に塗りつけていた。現在では、金や銀の色紙に赤系の市販の塗料を塗りつけて輝きのある橙色をつくり、それを装具に切り貼りしていく。テイヤム実践者の肌に直接触れる部分は、汗によって二、三回の祭儀で色紙がはがれてしまうため、祭儀の前には助手たちが新たなものを貼りつける。色合いは、地域や個々のグループによって多少の差異があるものの、最近の流行として「より輝いてみえる橙色」が好まれ、グループ内では色紙や塗料の配合が工夫されている[69]。

装具に施される装飾は、概ね左右対称のパターンで配列され、椰子の葉状体、帆布、フェルト、毛糸、羽毛、孔雀の羽、コヤス貝の殻、花などが用いられる。蛇や月、花などの形をした銀製の装飾や、古い青銅の花瓶を切断した丸い硬貨のようなデザインのものも飾り付けられる。なかでも、柔らかい椰子の葉状体は、広範囲に使われる材料の一つであり、グリガン神やポッタン神の腰蓑にも用いられている。頭飾りは、神霊によって形状や大きさが異なっている。大きなものは、アレカ椰子の木や竹を細く裂いたものを骨組みに使い、その上から布で覆って花や孔雀の羽などが飾り付けられる[70]。

彫刻作品などを手がける芸術家のB・ナンビアールが指摘するように、一九九〇年代初頭以降、装具の装飾にはいくつかの変化がみられるようになった［Nambiar 1990: 87］。髭や髪の毛の部分にはプラスチック素材が用いられるようになり、赤い花のチェッティ[71]（*chethi*）のかわりに赤色の毛糸を束ねたもの（*tanda*）が多用されている。こうした変化について、祭主のなかには花の装飾が使われなくなったことに不満を述べる者もいる。一方、テイヤム実践者たちは、「祭儀の間に花が枯れたら見た目が悪い」と表向きでは述べるが、実際には繰り返し使える利便性が重視されている。最近では、かつてのように花を多用して、他のグループの装飾と差別化を図ろうとするグループが現れ、たとえばカルナーカランの親戚筋であるI村の実践者グループは、二〇〇八年のシーズン中に二〇〇〇ルピー（約三〇〇〇円）を装飾用の花の購入に費やしている。くわえて最近では、祭儀の頻度が増加するにつれ、華美な飾り付けを多用する傾向にあり、なかでも銀細工の装飾が著しく増えている。

テイヤム実践者の間では、装束を身につける際に、「人間であること」を喚起させる要素をできるかぎり「隠す」、または「排除する」という意識が存在する。祭儀の前には、口髭はもとより脇の下や胸の体毛が剃られる。(72) 装具を固定するために縛られた紐は、別の装具で上から隠され、参拝者の目に触れうる身体部位は、赤や橙色の塗料で色づけるなど、さまざまな工夫がなされている。化粧、装束、頭飾りの着用は、テイヤム実践者にとって人間とは異なる神霊になるためのプロセスに他ならないのである。

6　知識、技芸、権利の伝承

テイヤム祭儀の実践は、装束の作り方、化粧、祭文の詠唱、太鼓の演奏、舞踊的身体技法、卜占あるいは託宣など、その準備段階から神霊がテイヤム実践者の身体を離れるに至るまで、さまざまな知識と技芸によって成り立っている。こうした一連の知識と技芸は、旧不可触民階層のカースト集団内における特定の家系によって継承されてきた。

テイヤム祭儀に関する伝承ならびに学習過程には、カタカリやクーディヤーッタムのような古典芸術における明確な教授法が存在しない。クルップは、テイヤム祭儀は父から息子へあるいはおじから甥へとその実践が何世紀にもわたって絶え間なく継承されており、伝承に関する新たな学校やシステムが発展することはなかったと指摘する(73) [Kurup 1986: 34-37]。これまでの研究では、口頭伝承であることがしばしば強調され、テイヤム祭儀の実践者たちは祭儀の場による観察を通じて、一連の知識や技芸を習得していると論じられてきた(74) [Dinesan 2009; Freeman 1991; Jayarajan

2008]。また、わたしが祭儀の場で出会ったテイヤム実践者たちに尋ねてみても、「見て覚えた」という言葉以外に、学習過程について詳細な内容を語る者はほとんどいない。

ところが、彼らの生活空間に目を向けると、伝承の場をより正確にとらえることができる。一連の技芸に関する学習過程には、①視聴や吸収、②祭儀の実践者グループへの関与と観察、③聴衆の前での実践、④技芸の十全な習得、という四つの段階がみてとれる[75]。たとえば、カルナーカランは、酒に酔ったり機嫌が良いときは決まって特定のテイヤム神の祭文を歌いだす。テイヤム実践者を父やおじにもつ子供たち（後の学習者）は、こうした日常の場面から祭儀に関する技芸に慣れ親しみ、リズムや抑揚などを見聞きしている。また、幼少より父親たちが実践する場に足を運び、祭儀自体の雰囲気や技芸の実践を目にする機会を数多くもっている。彼らは実践活動に携わる前から、視聴によって祭儀に関する知識を吸収しているのである。

学習者が最初に習うのは祭文である。アシュレイらは、一九八〇年代におけるマラヤンのテイヤム実践者の学習過程を報告している。その過程では、祭文の習得からはじめられ、子供は一行ごとに父親の後について唱えながら覚えていき、後日復習するためにノートなどにそのフレーズを記録する。また、子供が眠りにつく際に、父親が子守歌のように祭文を唱えていたとも述べている [Ashley and Holloman 1990: 136]。これまでの研究は、祭文を含めた学習のプロセスがすべて口頭によって伝承されていると強調してきた。しかしながら、近代化の過程で学校教育が浸透したケーララにおいて、少なくとも七〇年代以降、学習者たちはノートにメモをとって覚えたり、予め記されたものから祭文を学んだりしている。カルナーカランの息子の場合は、祭儀の次第について父親が記録したノートをみながら、祭文の箇所を繰り返し唱えて習得している。最近の若年実践者のなかには、研究者らが記したテイヤム祭儀に関する書籍から祭文を学んでいる者もいる。つまり、現在の学習過程は、ある種の「神話化」された語り口をともなう口頭伝承だけでなく、テイヤム実践者自身や研究者によってテキスト化されたものを含んだ複合的な手法が用いられているのである。

祭文を身につけた学習者は、自宅で父親からカラーシャム（*kalāśam* 足の動きを中心とした舞踊的身体技法）が教授される。I村のテイヤム実践者であるウッタッマン・ペルワンナーン（仮名、五〇代男性）は、父親から受けた指導を次のように語る。

「昔は厳しかったよ。俺が子供の頃なんかは、家でカラーシャムの練習をしたもんさ。父親は木の枝をもって、間違ったら何度も叩かれたよ。腰を低くしろと、足をゆっくりあげろとか、背筋をのばせとか、テイヤムとしての基礎となる姿勢をみっちりしこまれたもんだよ[76]」。

カルナーカランの息子のジェイも同様に、自宅で祭文を唱えたり、カラーシャムの動きを練習している。カルナーカランは、ウッタッマンの父親ほど厳格ではなかったものの、祭文の抑揚やカラーシャムの動きに誤りがあれば正していたという。また、特定の神霊の実践に長けたテイヤム実践者がいる場合には、子供を通わせたり預けたりすることもかつてはみられた。とくに、カティヴァヌール・ヴィーラン神、タッチョリ・オダヤナン神、パヤムバリ・チャンドゥ神などの祭儀では、カラリパヤットゥ（武術）が実践されるため、学習者は道場に通ってそれらの技芸を習得している。また、プラーナ文献の知識が重要となるテイヤム神もあり、学習者はサンスクリット語の習得が求められる［Jayarajan 2008: 93］。

カラーシャムを学ぶ際、重要な役割を担うのがワーイッターリ（*vāyttāri* 口唱歌）である。父親やおじは、太鼓やシンバルが打つリズムを口唱歌にして表し、動きの分節やポイントを強調する[77]。学習者は祭儀の場にいなくても、こうした口唱歌を習得することで伴奏の核となるリズム・パターンを吸収し、動きの分節を把握する。これらの学習過程は、テイヤム祭祀のオフシーズンの間に重点的に行われている。

祭祀シーズンの七～八か月間、学習者は親族を中心とした実践者グループに同行し、祭儀会場を転々としていく。祭儀の場において、彼らは年長者の手伝いをしながら、祭儀に関するさまざまな知識や技芸を実践から学んでいく。それらは、装束を飾りつける装飾の作り方からはじまり、装束の着衣法、太鼓演奏、化粧の順に進んでいく。

学習過程においては、テイヤム実践者としての実践を経験する機会が与えられる。ワンナーン・カーストではカルカダティやオーナッタール、マラヤン・カーストではアーディ・ヴェーダン（*di vdan*）と呼ばれる儀礼がそれにあたる。これらは、複雑な身体技法を含むテイヤム祭儀とは異なり、幼い子供がテイヤム神と類似する簡易の装束を身につけ、訪問宅の敷地内を太鼓の伴奏に合わせて歩き回るものである。村落内の各戸を回って門付けを行うこれらの実践は、雨期の間のテイヤム実践者たちの収入を保障すると同時に、子供たちに儀礼の実戦経験を積ませる意味が大きいとテイヤム実践者は語る。すなわち、テイヤム実践者になるための度胸付けの機会を学習者に提供するのである。

さらに、学習過程が進んだ者には、ヴェッラータム（完全ではないテイヤム神）の祭儀を担う機会が与えられる。近年では、経済発展の恩恵やガルフ出稼ぎ移民がもたらす資本の流入が祭儀の文脈に反映し、通常の祭儀の次第に加えて個人による祈願奉納（*nērcca*）のヴェッラータムが増えている。実践者グループは、こうした追加分のヴェッラータムを若年実践者に担わせ、祭儀の経験を積ませている。

祭儀の習得が十全になると、学習者はテイヤム実践者として活動する。テイヤム実践者となった者は、自分が属するグループだけでなく、他のグループに呼ばれて祭儀を担うこともある。さらに、父親やおじの引退、祭主側の意向によって選ばれると、主神のテイヤム神を担うようになる。そして、経験を積んだ優れたテイヤム実践者には、かつての王族、ヒンドゥー大寺院、タラワードゥの年長者などから、ペルワンナーンやペルマラヤンなどの称号と金の腕輪が与えられる。

テイヤム実践者たちは、特定の祠で祭儀を実践する権利（*avakāśam* アヴァカーシャム）を保持している。また、彼らのなかには、王権時代に分轄されたといわれる祭儀に関する領域的な相続権（*ceṟujanmam* チェルジャンマム）を保有している者がいる。ジャンマムとは、マラバールにおける土地所有の文脈において相続権のことをさし、チェルジャンマムとは小規模の所有権を意味する。この相続権は、地域におけるアヴァガーシャムの境界を固定する働きをもっている。これらの権利は、カースト集団内のリネージに基づき、ワンナーン・カーストは母系的、マラヤン・カーストは父系的に継承されている。領域的な相続権を保有する者は、ジャンマーリ（*Janmari* または *Janmakkāran*）といわれ、村落内のおよそ地区ごとに存在している。

マラバール地域では、一九五〇年代から六〇年代頃までカーストの伝統的職業を継承する者が数多くいたといわれる。しかしながら、近代化の過程で伝統的職業とは異なる別の仕事につくことが容易になったことで、テイヤム実践者コミュニティのなかでも、祭儀の実践を継承しない者が増えていった。ジャンマーリの権利を有する者が別の職につき、祭儀を担うことができない場合には、ジャンマーリ自身や祭主によって別の地域からテイヤム実践者が招聘される[78]。その場合でも、ジャンマーリは祭儀の場に参列し、招聘されたテイヤム実践者グループと祭主からいくらかの手当と生米やココ椰子の実などを受け取る。

五　テイヤム実践者グループの構成

テイヤム実践者グループの多くは、親族関係のある人びとを中心に構成されている。本節では、わたしが実践活動に参加したカルナーカラン・ペルワンナーン（以下、カルナーカラン）と彼の息子のジャヤナンダ・ペルワンナーン（以

図1-6　カルナーカラン・ペルワンナーン一家の家系図

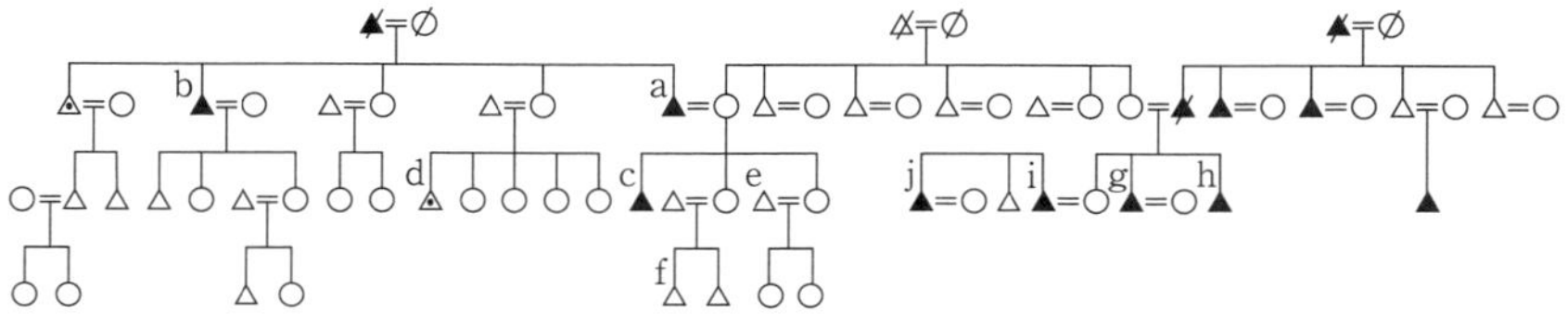

下、ジェイ）を中心としたグループのメンバー構成を紹介する。ここでは主要メンバーのみを記述し、同グループと関わりのある他の実践者たちは巻末の補足資料で追記する。図1―6は、グループと関わるカルナーカラン家の親族関係を表したものである。▲はテイヤム実践者、△に中黒があるのは助手を表している。アルファベットは以下に記すグループのメンバーと一致する。

a　カルナーカラン（七一歳）

ムンダヤーッドゥ村出身。グループの最年長者である彼は、スケジュール調整、報酬の交渉と手当の分配、装具の修繕と制作などを取り仕切る。テイヤム実践者として本格的な活動をはじめたのは、三〇代になってからであり、彼の父親が体調を崩して祭儀が担えなくなったことからその役割を受け継いだ。それ以前は助手として祭儀に関わってはいたものの、共産党の政治活動に熱中していた。祭儀を担う一方で、手先の器用さから縫製やタバコ製造の仕事に長らく就いていた。祭儀に用いる装束の多くは、彼によって制作されている。二〇〇四年には、カンヌール市トーッタダ村のコッタンガル・タラワードゥ（ティーヤ・カースト）からペルワンナーンの称号を得ている。五、六年前まで現役として活動していたが、現在は息子のジェイに全てを任せている。ただし、ジェイが別の祭儀で都合がつかないときや祈願奉納があった際には、彼がムッタッパン神やワイナーットゥ・クラヴァン神のヴェッラータムを実践する。彼が主に実践していたテイヤム神は、ワイナーットゥ・クラヴァン神、ムッタッパン神のヴェッラータム、バガヴァティ神のヴェッラータム、マカン・バガヴァティ神などである。近隣のテイヤム実践者たちの間では、彼の優雅なカラーシャムが賞賛されている。

b　チャンドラン（仮名、六八歳）

ムンダヤーッドゥ村出身。カルナーカランの弟。母方タラワードゥから祭儀の権利を継承し、長年にわたりタラッシェリ市内のアンダルール・カーヴ祠で行われる大祭礼の主神を務めてきた。そのほかにテイヤム祭儀を担うことはなく、彼と家族の生活はサウジアラビアへ出稼ぎに出た息子の仕送りで賄われている。二〇〇五年以前は、近隣で行われる祭儀に助手として関わっていたが、カルナーカラン家との間で揉め事が生じ、三年間ほど絶縁状態が続いた。二〇〇八年後半から関係は改善されたものの、グループが担う祭儀には参加していない。二〇一一年に一家は父親から譲り受けた土地を売却し、アンダルール・カーヴ祠の近くに移転した。翌年にはアンダルール・カーヴの実践から引退している。

c　ジャヤナンダ（通称ジェイ）（四〇歳）

カルナーカランの長男で、グループの中心的なテイヤム実践者である。彼の生活は、テイヤム祭儀と共にあるといっても過言ではない。テイヤム実践者として本格的な活動をはじめたのは二〇代後半からである。学生時代は左翼系の学生組織の活動に熱中したが、現在はヒンドゥー・ナショナリストが中心のＢＪＰを支持している。彼は、ムッタッパン神の実践者としてその名が広く知られ、州内の都市部やタミル・ナードゥ州のコインバトール市、マハーラーシュトラ州のムンバイ市といった州外の大都市部でも祭儀を行っている。また、二〇一〇年にはガルフのバハレーン、二〇一一年にはドバイでもムッタッパン祭儀を実践している。以前は一〇数種類のテイヤム神を担っていたが、ムッタッパン祭儀の依頼が増えた現在では、ワイナーットゥ・クラヴァン神とムッタッパン神の祭儀だけを請け負っている。

d ウニ（三一歳）

ムンダヤーッドゥ村出身。カルナーカランの甥（妹の子供）。二〇〇八年までは助手としてグループに関与し、装束全般と化粧、祭文の唱和などを担っていた。二〇〇六年には、前述したコッタンガル・タラワードゥの祠にてワイナーットゥ・クラヴァン神のヴェッラータムを、近隣のムッタッパン神を祀る祠ではムッタッパン神のヴェッラータムを初めて実践した。彼は、祭儀の実践や手当をめぐってカルナーカランと度々衝突したことがきっかけとなり、二〇〇九年にグループを脱退した。元々、テイヤム実践者以外の職につくことを希望しており、現在はカンヌール市内のコンピューター関連の店でシステム・エンジニアのアシスタントをしている。ただし、父方祖父の親族らが担うマンダプラットゥ祠のペリンカラーシャムには助手として参加している。

e ラジィーヴァン（四三歳）

タラッシェリ市出身。カルナーカランの義理の息子（次女の夫）。彼はテイヤム実践者を父にもつものの、祭儀の実践を受け継ぐ意志はない。二〇〇五年頃、チャンドランの脱退でグループに助手が必要になった際、彼が仕事にあぶれていたことからグループに加わるようになった。もともと縫製関連の仕事の経験をもつ彼は、ヤシの葉を使った装飾の制作と縫いつけ、着衣の手伝いなどを担っていたほか、ジャヤナンダの依頼で装束のいくつかを新たに縫製している。二〇〇八年には、知り合いを頼ってバハレーンへ出稼ぎに出かけていった。

f アクショイ（一九歳）

カルナーカランの孫（長女の息子）。幼い頃からテイヤム祭儀に興味を抱いていた彼は、ウニがグループを抜けたことで、二〇〇九年より本格的に助手として祭儀に関わりはじめた。カルナーカランからムッタッパン祭儀の祭文を習った後は、祭文の詠唱やイラッターラム（小型シンバル）の演奏を担っている。普段は大学に通い、週末の祭儀にだけ助手として参加する。二〇一一年からは、他の若手実践者からの誘いをうけて、彼らの祭儀に助手として参加している。カルナーカランのグループでは、まれにしか手当を得ていないが、他のグループへ参加した際には助手としての手当を受け取っている。

以上、カルナーカランのグループの構成を概観した。彼のグループは、多くのテイヤム実践者グループと同様に、親族を中心としたメンバーで構成されているが、人間関係のトラブルによってメンバーの脱退が起こっていることが明らかになった。テイヤム実践者グループはメンバーを固定しているのではなく、流動的であり、他の安定した仕事に就つくとメンバーも離れていってしまう。

六　実践者集団からみるテイヤム祭儀の次第

最後に、テイヤム祭儀の次第を概観する。ここでは、二〇〇六年四月八日から一〇日にかけて、カンヌール県カンヌール市ムンダヤーッドゥ村落内にある、ニライットゥ・タラワードゥ（ナンビアール・カースト）の祠で行われた祭儀を記述する（図１―７）。

ニライットゥ・タラワードゥとは、ニライットゥ家の人びとを指す場合と彼らの家屋を意味する場合がある。文化人類学者の川野美砂子が述べるように、現在では母系大家族としての「タラワードゥ」はもはや存在せず、伝統的住居としての「タラワードゥ」も消滅しつつある。だからといって、「タラワードゥ」という言葉が消滅してい

図1-7 祭儀空間

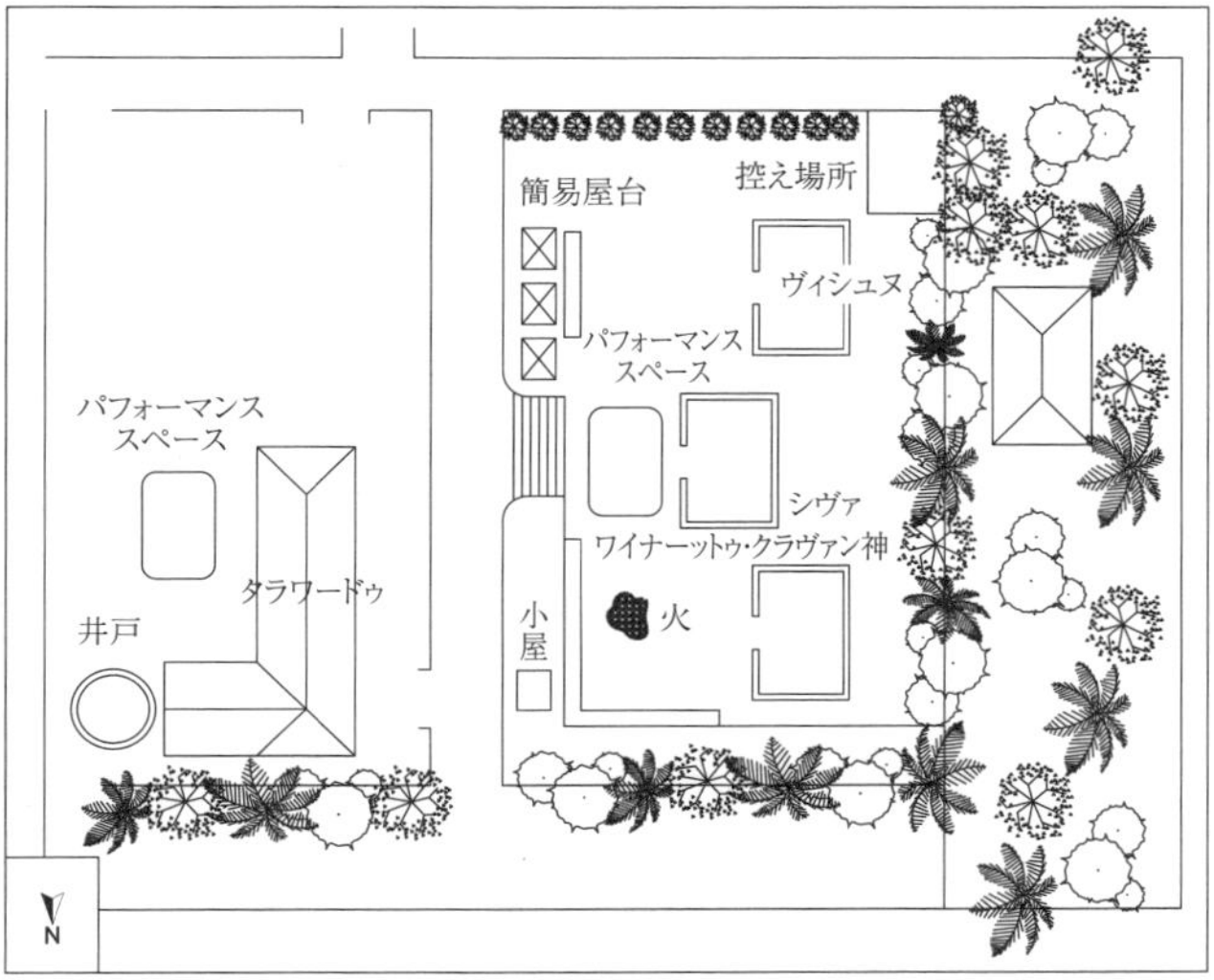

る訳ではなく、生活世界において現実的な意味をもって使われている［川野 二〇〇一：六］。今日では、合同大家族の意味だけでなく、伝統的な家屋としての「タラワードゥ」あるいはかつて家屋があった跡地の名称として、さらには現在タラワードゥに住んでいる家族や各個人の属する親族集団を意味する言葉としても使われている。ニライットゥ・タラワードゥは、カンヌール市内の有力なナンビアールの一族といわれ、かつては当地の地主として栄えた家系である。タラワードゥの成員によると、当家はもともと一つのタラワードゥに属していたが、七、八世代前のタラワードゥの成員であった五人の兄弟姉妹がそれぞれ分家し、いまに至るとされる。

高カーストであるナーヤルまたはナンビアールの人びとは、植民地支配下のもと早い段階から英語教育に取り組んだことで知られる。そのため、英語知識が求められる官職や法曹界などのエリート層の職に就いている者が多くいる［粟屋 一九九四a：三三二］。ニライットゥ・タラワードゥ一族内には、経済的・社会的に有力な地位に就く者は多く、国内の大都市部やガルフに限らず、欧米諸国に生活基盤を置く者も多数いる。また、彼らの多くは高カーストとしての自尊心を強く持っている。

タラワードゥの敷地内にある祠には、プリヨール・カンナン神、カンダナール・クラン神、ワイナーットゥ・クラヴァン神が祀られている。これらの神霊は、すべてワンナーン・カーストのテイヤム実践者によって担われる。タラワードゥの家屋内には、かつて祠の中に納められていた御神体である鉄剣や弓、槍などのほか、テイヤム神の写真やヒンドゥーの神々の図像画が祀られている。これらの図像画や写真に対して、家族の者が毎日朝晩に灯芯ランプを灯してプージャを行う。以下、時系列的に祭儀の内容を素描する。

１　テイヤム実践者の任命　二〇〇六年三月二〇日

祭主が占星術師を呼び、祭儀の日程が占われる。ニライィットゥ・タラワードゥでは、慣習から占星術師は呼ばれるものの、祭儀開催日は毎年西暦四月の第一日曜日をはさむ前後の日と決められている。その後、祭儀の一週間から二、三日前までに、主神を担うテイヤム実践者を決める儀礼がタラワードゥで行われる。通常は、アヴァガーシャムを持つ者（実践権利の保持者、ここではカルナーカラン）が主神を担うが、ときには占星術師による鑑定や祭主側の要望、さらには前年の祭儀でタラワードゥ側が気に入らない何らかの問題を起こした場合には、別の者が担うこともある。この年の祭儀では、前年同様カルナーカランが主神のワイナーットゥ・クラヴァン神を担ったが、当初タラワードゥ側は、ジェイにその役割を求めていた。その理由には、カルナーカランよりもジェイの方が体力・技術的に優れている、というタラワードゥ側の見解があった。一方、ジェイは、タラワードゥ側の誘導や指示の不手際が原因であるにも関わらず、昨年の祭儀でカルナーカランの担う神霊が一族内のある家を訪問しなかった廉で、彼らがカルナーカランに出入り禁止を検討したことや、彼らのカースト・ヒエラルキーを強要するような日頃の振る舞いに対する不服から、スケジュールが合わないなどと別の理由をつけて断りを入れた。

任命の日にはタラワードゥの関係者とジャンマーリ（カルナーカラン）が参列し、テイヤム実践者が決められる。ジャンマーリには、噛みタバコ用のキンマの葉、アレカ椰子の実、少額の現金がタラワードゥの年長者（カーラナヴァル）から与えられる。彼らは、この日をテイヤム・ニッシヤム（*teyyam nishchayam* または *atayālam koṭukkal*）と呼ぶ。

2 諸準備

テイヤム実践者の任命が終わると、祭主側は祭儀に用いる供物の準備や参拝者をもてなす食事の材料を調達する。祭儀の日程が親族に知らされ、費用の負担を求める寄付が募られる。祭儀の当日までには、ローカルの銀銅商人（*Kollan*）が祠を訪れ、祠内に祀られた鉄剣や弓、祭儀に用いる灯芯ランプなどが磨かれるといわれるが［Freeman 1991; Jayarajan 2008; 古賀二〇〇四］、わたしが調査した地域ではこうした役割が確認できないところもあり、それらの仕事はタラワードゥの若い男性成員が担うことも少なくなかった。

カルナーカランは祭儀に必要な実践者と助手の人数を割り出し、担い手を確保する。ニライットゥ・タラワードゥの祠では、タラワードゥ側がテイヤム実践者グループを選出している。前年、プリヨール・カンナン神は、カルナーカランのグループと親交があるシャヌ・ペルワンナーン（以下、シャヌ）によって実践されたが、二〇〇六年では、あるタラワードゥ成員の薦めでプリヨール・カンナン神とカンダナール・クラン神はパイヤヌール市出身の別のグループが担当した。しかしながら、他の成員や参拝者からの評判が悪く、翌年の祭儀では再びシャヌがプリヨール・カンナン神を実践している。このように、タラワードゥの意向に応じてテイヤム実践者が入れ替わることは珍しいことではない。

任命の儀礼後、テイヤム実践者は精進潔斎（*vratam*）に入る。彼らは祭儀を十全に行う身体的、精神的な準備をしなければならないとされる。そのため、内なる力を蓄えるためにいくつかの規制を自らに課す。課せられる日数や内容などは祀られている祠によって異なるが、肉食・飲酒の禁止、二～三日の断食、妻との寝床わけ、性交の禁止、一週間以上の自宅からの隔離などがある。近年では、テイヤム祭儀の機会が増えたことから、シーズン中は祭儀のスケジュールで埋め尽くされているテイヤム実践者も多くみられ、彼らの間では精進潔斎が必ずしも厳密に守られているわけではない。また、この間に装束の修繕、祭文やカラーシャムなどの確認を自宅で行う。

3　祭儀当日　二〇〇六年四月八日

①出発前　四月八日午前八時～

祭儀当日の朝、カルナーカランはひげを丁寧に剃り落とす[79]。その後、祭壇で朝の祈りをすませ、近隣のヒンドゥー寺院へ参拝にでかける。この間、ウニらが（二〇〇九年以降はアクショイ）が祭儀に必要なものをとりまとめていく。個々の装具は、布で作られた袋に入れられており、それらを確認しながら鞄のなかにいれていく。カルナーカランは、帰宅後、カンニ（*kani* 水に浸した米飯）を食す。カルナーカランのような年配世代の実践者は、祭儀の当日、カンニのみか何も食さないという者が多いのに対して、最近の実践者たちは祭儀の当日朝に米飯を主とした菜食をとる者がみられる。午後二時過ぎ、荷物を運ぶために予約した車が到着する。カルナーカランは白の長袖シャツに白の腰布を身につける。こうした服装は年配世代に多く見られ、最近の実践者たちは白の腰布に市販されている色や柄の入った長袖または半袖のシャツを着用している者が多い。カルナーカランは祭壇の灯芯ランプに火を灯し、床に完全に腹ばいになる五体投地の作法で祈りを捧げ、祭儀の成功を祈願する。そして、祭壇横に祀られたワイナーットゥ・クラヴァン神の頭飾り（*muti* ムディ）の骨組みと弓を手にして車に乗り込む。一行は、カルナーカラン、ジェイ、ウニ、ラジィーヴァンの四人である。

②祠に到着　同日午後三時過ぎ～

祠に到着した一行は、祠を正面に見て左側に荷物を置き、着替えをする。敷地内では、州内の他のヒンドゥー寺院と同様に、祭儀に関わる人びとは裸の上半身に白の腰布（*mundu*）をつけ、裸足で行動することが慣習上の決まりである。テイヤム祭儀の場合は、カースト・ヒエラルキーが厳格だった時代の低カーストに関する慣習もうかがえ、テイヤム実践者たちの腰布は臑がみえる短いものである。一行は井戸から水を汲んで足を洗い、神霊が祀られた祠（*palliyara*）を順に訪れて祈りを捧げる。主神を務めるカルナーカランは、タラワードゥ関係者に挨拶する。

③コーマラムによるプージャ　同日午後三時三〇分頃～

神官のコーマラムは、祠の中にある灯芯ランプや鉄剣などを取り出し、きれいに掃除する。祠の中には、御神体として、弓と矢、鉄剣と楯が各一つ祀られている。掃除が終わると灯芯ランプが所定の位置に置かれ、火が灯される。次に、テイヤム実践者たちが使う控え場所で、床に置かれた頭飾りと灯芯ランプに向かってプージャを行う。その後、一行が控え場所に入り、カルナーカランが中心となって再びプージャを行い、最後に生米を頭飾りに向かって投げる（写真1―18）。この後、彼らは荷物を広げて祭儀の準備にとりかかる。

コーマラムは主神が祀られた祠の前に座り、再びプージャを行う。彼の前には香が焚かれ、供物（*naidēdyam* バナナの葉の上に生米、ココヤシの実、バナナ、平打ちした米、揚げた米、椰子砂糖の塊）が置かれる。コーマラムは、左手に鈴、右手に火の点いた灯芯ランプを持ち、鈴をならしながら、灯芯ランプを三度、時計回りにまわす。その後、祠内の御神体の前に置かれた灯芯ランプに火を灯し、再び鈴をならす。この行為によって、御神体に神霊の力（シャクティ）がもたらされるといわれる。

写真 1-18-1　コーマラムによるプージャの様子（ムンダヤーッドゥ村内カルナーカラン宅、2005 年 6 月）

写真 1-18-2　控え場所でプージャを行う様子（ムンダヤーッドゥ村内カルナーカラン宅、2005 年 6 月）

④装束の準備　同日午後四時～

控え場所には、カルナーカランのグループのほかに、プリヨール・カンナン神やカンダナール・クラン神を担うグループ（両グループともにパイヤヌール市出身）がそれぞれやってくる。助手のラジィーヴァンとウニが中心となって控え場所の内外で準備をはじめる（写真1―19）。はじめにココ椰子の葉を刻んだ飾りを作り、次に柔らかい椰子の葉状体や赤い花を使った飾りを制作する。できあがった装飾を頭飾りなどの装具に飾り付けていく。そして、赤と白を基調とした帆布を重ね合わせ、個々の装具を組み合わせていく。装束を縫い合わせながら銀細工をつける。真鍮製や銀製の装具は灰などを使って磨き、色紙が剥がれた装具には新たなものを貼る。

午後五時半過ぎ、タラワードゥの成員の一人が訪れ、祭儀の開始時刻を告げる。これを受けて、三人のテイヤム実践者たちがそれぞれ準備を始める。

以下、プリヨール・カンナン神、カンダナール・クラン神、ワイナーットゥ・クラヴァン神の順にそって、⑤から⑭へと祭儀が進行し、それぞれの神霊が実践者によって具現化されていく。ここでは主神として祀られているワイナーットゥ・クラヴァン神のみを記述する。なお、全体の行程は表1―3の通りである。

⑤祭儀の始まり（*tutangal*）　同日午後六時四〇分〜

主神の祠の前で、マラヤンたちが並び、太鼓を奏で始める。楽器の構成は、ヴィーク・チェンダが一人、チェンダが五人、クルム・クラムが一人、イラッターラムが一人の計八人である。太鼓の音を聞きつけて、敷地内に人びとが徐々に集まってくる。祠を正面にして手前左側にタラワードゥの成員用の椅子が用意されている。ここには、タラワードゥの男性年長者のカーラナヴァルが着席する。女性や子供たちは、祠を正面にして右側に席をとる。敷地内の数か所につるされた蛍光灯が点灯される。

写真1-19　装具の装飾を準備するワンナーンの助手（ムンダヤーッドゥ村、2006年4月）

カルナーカランは、控え場所で赤い腰布（*chōppū*）を巻き、腹部の装束に手鏡をさす。彼は、控え場所にいるメンバーの一人ひとりの足もとに手をかざす身ぶりを示して敬意を表す。そして、火の点いた灯芯の手提げランプ（*kuttuvilakkū*）をもったジェイに先導されながら、祠の前に向かって歩いて行く。参拝者がちらほらやってくる。彼は、敷地内にあるすべての祠と聖なる場所で祈りを捧げる。その際には、両手を交差しながら両肩と胸に手をあてる身ぶりをした後、両腕を上にあげて手を回転させながら、前屈みになって祈りをする。その後、自らが担うワイナーットゥ・クラヴァン神が祀られた祠の前に立つ（写真1―20）。

コーマラムが水差しをカルナーカランにかざすと、カルナーカランは手足を洗い、頭に軽く水滴をかける。そして、コーマラムからコディイラ

2時～	プリヨール・カンナン神の顕現、カラーシャム＆託宣	シャヌ、助手 太鼓奏者6名	カンダナール・クラン神の化粧・衣装の準備
3時30分～	カンダナール・クラン神の顕現、カラーシャム＆託宣	バーラン、助手 太鼓奏者6名	ワイナーットゥ・クラヴァン神の化粧・装束の準備
5時30分～	ワイナーット・クラヴァン神の顕現、カラーシャム	カルナーカラン、ジェイ、ラジィーヴァン、ウニ 太鼓奏者6名	
7時～	ワイナーットゥ・クラヴァン神のダルシャン開始	カルナーカラン、ジェイ、ラジィーヴァン、ウニ	
	朝食（タラワードゥ母屋）	助手、太鼓奏者	
7時30分～	プリヨール・カンナンがタラワードゥの母屋へ移動、カラーシャム＆託宣	シャヌ、助手、太鼓奏者2名	
8時～	カンダナール・クランがタラワードゥの母屋へ移動、カラーシャム＆託宣	バーラン、助手、太鼓奏者2名	
9時～	ワイナーットゥ・クラヴァン神がタラワードゥの母屋へ移動、カラーシャム＆託宣	カルナーカラン、ジェイ、ラジィーヴァン、ウニ、太鼓奏者4名	
9時30分～	プリヨール・カンナン神が祠に戻り、頭飾りを外す	シャヌ、助手、太鼓奏者2名	一行は片付けの準備をはじめる
10時～	ワイナーットゥ・クラヴァン神がタラワードゥの家々へ移動	カルナーカラン、ジェイ、ラジーヴァン、ウニ、太鼓奏者4名	
10時30分～	カンダナール・クラン神が祠に戻り、頭飾りを外す	バーラン、助手、太鼓奏者2名	一行は片付けの準備をはじめる
13時	ワイナーットゥ・クラヴァンは祠に戻る ムンブスターナム	カルナーカラン、タラワードゥ関係者、太鼓奏者2名	
14時半	頭飾りの取り外し	カルナーカラン、ジェイ、ラジィーヴァン 太鼓奏者4名	片付けを始める（ウニ）
15時過ぎ	片付け	カルナーカラン以外	荷物をまとめる
	報酬の受け渡し	カルナーカラン、タラワードゥ関係者	荷物をまとめる

表1-3 祭儀の行程（2006年4月8日〜9日）

時	祭儀の次第	担い手	控え場所（カルナーカランのグループ）
4/9 15時	テイヤッカーランの到着	カルナーカランのグループ、バーラン（パイヤヌール）のグループ、シャヌ（エイチュール）のグループ	荷物をおろして外で待機
15時30分〜	祠・関係者への挨拶	カルナーカランのグループから順に行う	
	コーマラムによる祠、控え場所へのプージャ	モハン	テイヤム実践者たちによるプージャの後、使用開始
16時	装束の準備	カルナーカラン・グループが中心	助手による装飾作り
18時40分	祭儀の始まり 祠前での祭文 プリヨール・カンナン、カンダナール・クラン、ワイナーットゥ・クラヴァンの順	以下、順番にシャヌ／助手バーラン／助手、カルナーカラン／ジェイ 太鼓奏者6名	祭文を終えたら、プリヨール・カンナンの化粧をはじめる
20時30分〜	ワイナーットゥ・クラヴァン神の祭文	カルナーカラン、ジェイ 太鼓奏者6名	プリヨール・カンナン・ヴェッラータムの装束をつける
21時00分〜	プリヨール・カンナン・ヴェッラータムの顕現	シャヌ、助手、太鼓奏者6名	カンダナール・クラン・ヴェッラータムの化粧をはじめる
21時30分〜	カンダナール・クラン・ヴェッラータムの顕現	バーラン、助手、太鼓奏者6名	ワイナーットゥ・クラヴァン・ヴェッラータムの化粧をはじめる
22時30分〜	プリヨール・カンナン・ヴェッラータムが引き返す	シャヌ、助手	装束を外す
	ワイナーットゥ・クラヴァン・ヴェッラータムの顕現	カルナーカラン、ジェイ、ラジィーヴァン、ウニ、太鼓奏者6名	
23時	カンダナール・クラン・ヴェッラータムが引き返す	バーラン、助手	装束を外す
23時50分	ワイナーットゥ・クラヴァン・ヴェッラータムが引き返す	カルナーカラン、ジェイ、ラジィーヴァン、ウニ	装束を外す
4/9 0時	休憩 助手や太鼓奏者たちは食事をとる	助手、太鼓奏者たち	プリヨール・カンナン神の化粧の準備

写真 1-20　祠の前にたつテイヤム実践者（トーッタダ村、2006 年 2 月）

（バナナの葉の上に生米、ターメリックの粉、白檀のペースト、火のついた灯芯五本）を受け取る。[80] これによって、祠内の火の点いた灯芯ランプから移された灯芯の炎、すなわち神霊の力がカルナーカランの手にわたる。その後、彼はジェイの奏でるヴィーク・チェンダの音を合図に、神霊のへの賛歌（*varavili*）を歌う。この一連の儀礼はトゥダンガルとよばれ、人びとに祭儀が始まることを知らせるものといわれる。賛歌が終わると、カルナーカランは、コディイラをもって控え場所に戻る。コディイラは、控え場所に置かれた灯芯ランプの前に供えられ、灯芯は火のついた灯芯ランプに足される。

⑥祭文（トーッタム *tōṟṟm*）の詠唱　同日午後八時三〇分～

ワイナーットゥ・クラヴァン神を呼び降ろすために、神霊を称える祭文が詠唱される。[81] カルナーカランは、控えの場所で赤と黒の縞模様で縁取られた白の帆布に上から赤布を二枚巻き、腹回りを白紐できつくしめる。腹と白紐の間に真鍮製の鏡を入れ、腰に巻いた一枚の赤布を背中越しに両手でもって頭を被い、祠の前まで歩いて行く。祠の前でコーマラムからコディイラ（バナナの葉の上に、生米、ターメリックの粉、キンマの葉五枚、アレカ・ナッツ五つ、火のついた灯芯五つ）を受け取ると、神霊の座である聖なる椅子（ピーダム）に置く。白檀のペーストを指先につけ、額、胸、腕の順に横線を入れていく。次に別のコディイラを受け取り、椅子の上にそれをひろげ、祖先やグル、神霊に対して祭儀の成功を祈る。

ジェイがコディイラを片付けると、カルナーカランはタラッパーリ（銀装飾のついた鉢巻き）を額にまき、小さ

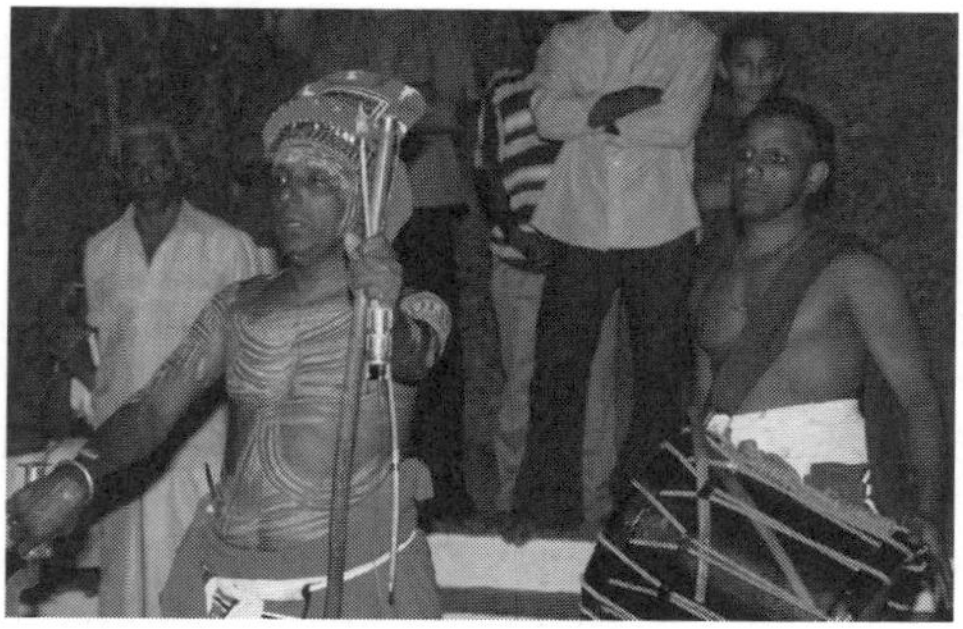
写真 1-21　祭文（トーッタム）の詠唱（トーッタダ村、2006 年 2 月）

な頭飾りをその上に巻きつける。ジェイがヴィーク・チェンダを叩くのを合図に祭文が唱えられはじめる（写真1―21）。祭文はカルナーカランとジェイによって一フレーズずつ交互に詠われていく。祭文が終わりをむかえると、マラヤンの演奏者によって太鼓が奏でられ始める。コーマラムは祠のなかに祀られていた弓と鉄剣を手にし、カルナーカランの方へ一定のステップを踏みながら近づいてくる。カルナーカランはコーマラムの手をとり、伴奏に合わせて共にステップを踏み、あるいは左右に移動しながら時折「オー、オッーイ」と声をあげる。やがて力尽くでコーマラムから弓と鉄剣を奪い取ると、辺りを伴奏に合わせて歩き回る。時折、弓や鉄剣を回したり、カラーシャム（足の動きを中心とした舞踊的身体技法）を行ったりする。その後、祠の前に置かれた聖なる椅子の位置に戻り、ワイナーットゥ・クラヴァン神への供物として椅子の上にキンマの葉、米粒と花びらを置く。祠に向かって弓と鉄剣を重ねて祈りを捧げ、最後に生米を投げると、コディラをもって控え場所に戻る。

⑦ヴェッラータム[82]（*vellāttam*）の準備　同日午後九時三〇分過ぎ～

上半身は裸で白の腰布だけを身にまとったカルナーカランは、化粧の準備のために控え場所の床にブランケットをかけて横になる。彼の頭部側には助手のウニが足を組んで座り、ヴェッラータムの化粧を施しはじめる。祭儀会場はタラワードゥの成員とその親族、近隣住民などで賑わいをみせ、控え場所の周りにも化粧の様子を覗う参拝者の姿がみられる。

ヴェッラータムは、テイヤムの前段階と位置付けられており、テイヤムと比べて化粧や装束が軽装である。その様式は、同一カーストのテイヤ

写真 1-22　ワイナーットゥ・クラヴァン・ヴェッラータムのパフォーマンス（トーッタダ村、2006 年 2 月）

ム実践者グループの間では大きな違いはないが、ワンナーンとマラヤンといった異なるカースト間では、装束や化粧などさまざまな点で異なる。化粧が終わると、助手たちによって下半身から順に装束がつけられていく。腹部はターメリックの粉で塗りつけられ、米粉のペーストを糊がわりにして綿がつけられる。最後に椰子油でのばたし煤で目の周りを描き、唇にクムクムが塗られる。カルナーカランは鏡を手にし、化粧の具合や装束を確認する。

⑧ヴェッラータムの顕現　同日午後一〇時三〇分過ぎ～

装束を身につけたヴェッラータム（カルナーカラン）は、ジェイの先導のもとで祭儀空間に現れ、祠の前に立って祈りを捧げる。太鼓奏者たちが別のリズムを奏で始めると、弓と鉄剣を手にしたコーマラムがステップを踏みながら近づいてくる。ヴェッラータムは、⑥の祭文の時と同じように、コーマラムの手を取って共にステップを踏んだ後、力尽くで弓と鉄剣を奪い取る。この時、神霊の力は弓と鉄剣を通じて、ヴェッラータムへと移る。

ヴェッラータムは、太鼓の伴奏に合わせてカラーシャムを行う。ヴェッラータムの装束は後に実践するティヤムと比べて、身動きを制限する度合いが少ない。そのため、ヴェッラータムのパフォーマンスには、側方宙返りなどのアクロバティックな動きやカラーシャムが多くみられる。カラーシャムの種類は複数あり、伴奏が変わるたびにカラーシャムも変化する。ワイナーットゥ・クラヴァン・ヴェッラータムのカラーシャムの特徴としては、右手に持った鉄剣を揺らしながら、膝を曲げた片足を一旦あげてから前方について重心を落とし、前かがみになってから後ろに体を引いて鉄剣を大きく回すものがある（写真1—22）。時折、言葉にならない音を発しながら、ゆっくりと祠の境内を回り始める。ワイナーットゥ・クラヴァン神は老人であるといわれることから、動きがゆっくりとしている。ヴェッラータムが進む方向には、助手やタラワードゥの男性成員によって、松明の炎が振り回される。

カラーシャムが終わると、ヴェッラータムは、聖なる椅子にココ椰子を叩きつけた後に座る。ヴェッラータムの前には、供物としてココ椰子の実と揚げた米粒、バナナ、椰子砂糖、椰子酒の入った壺（*kalasam*）などが置かれる。ヴェッラータムが祠に向かって祭文を唱え終えると、ヴェッラータムからの祝福を求めて参拝者がやってくる。その後タラワードゥの母屋に移動し、母屋の前の庭で祠の前と同様のパフォーマンスを行い、タラワードゥのメンバーを祝福する。祠に戻ると、ヴェッラータムは祠内に向かって生米を投げて祈りを捧げたの後、控え場所に戻る。

⑨休憩　四月九日午前〇時前後～

控え場所に戻ったカルナーカランは、装束を外して、白の腰布一枚の姿に戻る。化粧は椰子油を使っておとす。横では、次のプリヨール・カンナン神を担うシャヌが準備を進めている。ジェイら助手たちは、タラワードゥ側が用意した食事をとりに母屋にむかう。年配のテイヤム実践者たちの間では、祭儀中は何も食さないという規範が共有されているが、現在、祭儀の中心的な役割を担っている二〇～四〇代前半の実践者たちは、この休憩の間に食事をとる者が多くみられる。食事は控え場所で人目につかないようにして食べる者もあれば、祭主が準備したテーブルについて食す者もいる。給仕されるものは南インドの伝統的な菜食料理で、米飯を中心にサンバル（野菜カレー）やポリヤル（野菜の炒め物）などである（写真1—23）。

写真1-23　祭儀で振る舞われる食事（ムンダヤーッドゥ村、2006年4月）

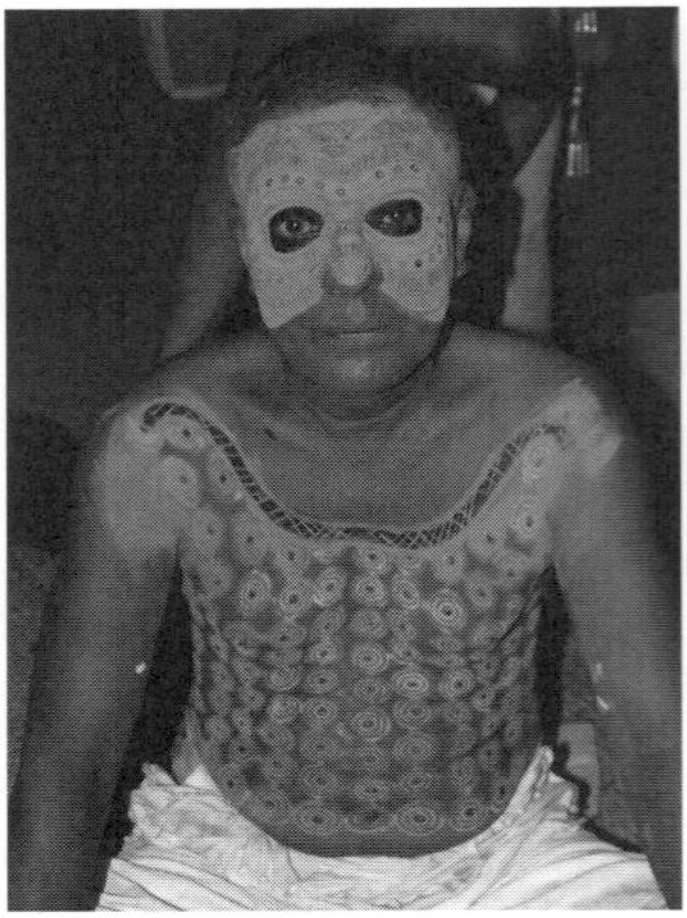

写真1-24　ワイナーットゥ・クラヴァン神の化粧（ムンダヤーッドゥ村、2006年4月）

カルナーカランのもとにはタラワードゥ関係者が訪れ、主神のワイナーットゥ・クラヴァン神が登場する時間帯が伝えられる。時折、参拝に訪れた知人などがやってきて、カルナーカランらと談笑する。祭儀の規模が拡大する近年では、参拝に訪れた人びとにも祭儀の合間に食事が振る舞われるようになり、彼らの多くは食事を終えると一旦帰宅する。

⑩ワイナーットゥ・クラヴァン神の準備　同日午前二時三〇分過ぎ～

祠の前ではプリヨール・カンナン神がカラーシャムを披露し、控え場所ではカンダナール・クラン神を担う者が装束を身につけ始めている。カルナーカランは、化粧のために再び控え場所で横になる。一～二時間かけて行われる化粧の間、テイヤム実践者は呪文（*matram* マントラム）を唱えて精神を統一するといわれるが、実際には疲労と寝不足のために寝入ってしまう者が多い。化粧は助手のウニが再び担当する。ヴェッラータムよりもさらに複雑な模様が顔に描かれ、腹部には円形の模様が複数色違いで描かれる（写真1―24）。化粧が終わると、カルナーカランはトイレに行くために外へ出る。その際には白布で顔を覆い、化粧が人目に触れないようにする。以後、祭儀が終わる同日午後まで、カルナーカランがトイレに行くことはない。祭儀会場ではタラワードゥの成員によって主神が祀られた祠の右手側に伐採した薪の山が二メートル四方でつくられ、それに火が灯される。

トイレから戻ると、カルナーカランは助手の手助けのもと装束を身につけ始める。装束の重量は、胴体だけでも一〇キロ近くあり、頭飾りをつけると総重量が二〇キロを越える場合もある。装束は、下半身から上半身へと順番につけられていき、その間は、助手たちによって祭文が詠唱されることもある。[83] 腰回りの装具を身につける際には、腹部が前に出るように強調され、安定性を確保するためと身体への負担を軽減することを目的に、バスタオルや帆布がテイヤム実践者の腰回りに巻きつけられる。肌が見えている部分は赤い粉がすり込まれる。控え場所の雰囲気が徐々に張り詰めてくる。頭飾りを除いた全ての装束を身につけると、カルナーカランは左手に鈴をもち、火のついた灯芯ランプを右手に持って回しながら鈴を鳴らしてマントラを唱える。

⑪ワイナーットゥ・クラヴァン神の顕現　同日午前五時前〜

敷地内の蛍光灯が消され、タラワードゥの成員が持つ松明の明かりだけとなる。一旦帰宅していた村人はプリヨール・カンナン神やカンダナール・クラン神のパフォーマンスを見るために祭儀の場に戻ってきているが、主神のワイナーットゥ・クラヴァン神が現れる時間帯にはさらに多くの人びとが集まってくる。太鼓の演奏が激しさを増すなか、化粧をほぼ終え、装束を身につけたカルナーカランは、ジェイが手にさげた火のついた灯芯ランプを先導にして、祠の前に置かれた聖なる椅子に座る。助手たちは、カルナーカランの姿が人びとに見えないよう白い布を掲げる。太鼓の演奏が速まり、祭儀空間に甲高い音色が響き渡る。

弓と松明を手にしたコーマラムがステップを踏みながら、祠の横にある燃え残った薪の炭山に近づいていく。コーマラムは炭山までを何度か往復した後、持っている弓と松明を上に掲げて雄叫びを上げながら、炭山の

写真 1-25-1　炭山を蹴り崩す祭儀関係者（ムンダヤーッドゥ村、2006 年 4 月）

写真 1-25-2　ワイナーットゥ・クラヴァン神の顕現（ムンダヤーッドゥ村、2006 年 4 月）

写真 1-26　参拝者に祝福を与えるワイナーットゥ・クラヴァン神（ムンダヤーッドゥ村、2006 年 4 月）

上を何度か往復する。その後、タラワードゥの成員が力ずくでコーマラムを捕まえると、コーマラムは身体をぐったりとさせ、担がれながら祠の横へと運ばれる。コーマラムと入れ違いで、カルナーカランが立ち上がって炭山に向かって走り出し、何度も激しく炭山を蹴り上げる。ジェイら助手たちも炭山を蹴り上げ、辺りには火の粉が激しく飛び散る。カルナーカランがさらに炭山へ向かおうとするのをジェイら助手たちが力づくで止めて座らせる。太鼓のけたたましい音が鳴り続ける中、控え場所に置かれた頭飾りをラジィーヴァンが急い運び、それをカルナーカランの頭に着け、さらに銀製の装具で目を被い、唇に紅を塗る。

　カルナーカランは、上半身を何度が大きく回したのち、手にした鏡をみて自らの姿を確認して震え出す。この瞬間に鏡の中に映る日常の自己とは異なる神霊の姿を目にし、神霊が憑依する（*urayuka*）といわれる。コーマラムが御神体の弓と松明をもって近づいてくる。火のついた灯芯ランプを手にしたカルナーカランは、コーマラムに向かい祈りを奉げて祝福する。そして、コーマラムから力ずくで弓と松明を奪うと、神霊の力が完全に移り、ワイナーットゥ・クラヴァン神が顕現する。

ワイナーットゥ・クラヴァン神は立ち上がると、前傾姿勢になって下を向いたまま、松明と頭を左右に振りながら、祠に向かって前後、左右、斜めの八方向を往復する。助手たちも松明を手にして、ワイナーットゥ・クラヴァン神の動きを見守り、装束などが絡んだり裏返ったりしている際には背後からそれらを修正する。やがて、ワイナーットゥ・クラヴァン神は上体を起こして、その姿を参拝者の前に見せる（写真1―25、26）。太鼓の伴奏に合わせて、足を踏みながら松明を左右にふり、参拝者たちに自らの顕現と祝福の身ぶりを示す。その後、コーマラムから鉄剣を受け取り、大きく振りかざして木を切り倒すようなパフォーマンスを披露する。

⑫参拝者への祝福と託宣（*Viśeṣikkal*）　同日午前七時〜

太鼓のリズムに合わせたカラーシャムや弓や鉄剣を振り上げるパフォーマンスが終わると、ワイナーットゥ・クラヴァン神は、祠の前に戻って聖なる椅子に座り、参拝者のダルシャン（謁見）をうける。ワイナーットゥ・クラヴァン神は、参拝者からの賽銭を受け取りながら、彼らの悩みに耳を傾け、祝福と託宣を与える。太鼓奏者は控え場所で休憩をとり、ジェイら助手たちは参拝者らと談笑したりしている。ときおり、ワイナーットゥ・クラヴァン神は足首に着けたチランブを鳴らして助手を呼び、供物の酒を要求する。これは水分補給の意味合いが強く、助手が渡す口の長い小さな水差しの中には、椰子酒やウィスキーの場合もあれば、ココ椰子の水やチャイなどがいれられている。参拝者のダルシャンが二時間ほど続く。ダルシャンを終えると参拝者は各々家路につく。

参拝者のダルシャンが一通り終わった九時過ぎ、祠のある場所から歩いて一〇数分の所にある、ニライッ

写真 1-27　タラワードゥのメンバーを祝福するワイナーットゥ・クラヴァン神（ムンダヤーッドゥ村、2006 年 4 月）

トゥ・タラワードゥがかつて女神のバガヴァティ神を祀っていたカーヴの跡地を訪れる。その後、タラワードゥの母屋からはじまり、ニライットゥ・タラワードゥを構成する五つの家系の家々を順に歩いて巡り、家族の前で神霊の顕現を示すパフォーマンスを披露して、彼らに祝福と託宣を与える（写真1―27）。太鼓奏者たちも一緒に家を訪れる。個々の家では、太鼓奏者や助手たちにチャイや果物、菓子などが振る舞われる。ワイナーットゥ・クラヴァン神は、正面扉の前に置かれた聖なる椅子に座り、タワラワードゥの親族一人ひとりから悩みや家族内の問題を聞き、託宣と祝福を与える。タラワードゥの女性成員のなかには、ワイナーットゥ・クラヴァン神の託宣に感極まって泣き出す者もいる。次の家を訪れる途中では、近隣に住む村人がワイナーットゥ・クラヴァン神にダルシャンを求めにやってくる。かつては、ニライットゥ・タラワードゥ一族のすべての家を訪れたといい、最後に祠に戻ってくるのは午後五時頃であったという。この年の祭儀では、九つの家に立ち寄った。移動中、ワイナーットゥ・クラヴァン神はときより奇声を発し、聖なる椅子に座っているときは常に足や手を揺すっている。

⑬ムンブスターナム（*Mumbūsthānam*）　同日午後一時～

九つの家での託宣を終えたワイナーットゥ・クラヴァン神は、タラワードゥの祠で待つカーラナヴァルらのもとに行き、弓と鉄剣をかざして祝福し、祠の前に戻って聖なる椅子に座る。参列する村人はほとんどなくタラワードゥの成員と祭儀の担い手たちだけである。ワイナーットゥ・クラヴァン神は自らの発祥地からどのような道筋を経てタラワードゥの祠にたどり着いたのかを抑揚をつけて語る。その後、ワイナーットゥ・クラヴァン神は、キンマの葉とアレカ・ナッツをそれぞれ地面に投げ、それらの位置関係からタラワードゥの吉兆を占う（写真1—28）。

⑭頭飾りの取り外し（*Mutiyetukkal*）　同日午後二時半過ぎ〜

テイヤム神の頭飾りを外す行為は、祭儀の終わりを意味する。タラワードゥの成員に見守られる中で、ワイナーットゥ・クラヴァン神は、カラーシャムを行った後、祠の前に置かれた聖なる椅子に座る。太鼓の音色がさらに激しくなってクライマックスを迎えると、ワイナーットゥ・クラヴァン神は首を大きく何度も回し、その間に助手たちが頭飾りを外す。頭飾りが外れることで、神霊がカルナーカランの身体から抜け出たとされる。カルナーカランは助手に抱えられながら、ワイナーットゥ・クラヴァン神が祀られている祠の入り口前にたち、両手を合わせて祈りを捧げる（写真1—29）。そして、祠内に向かって生米を投げると、小走りで控え場所に戻っていく。その後、控え場所内に祀られた火のついた灯芯ランプの

写真1-28　タラワードゥの吉兆を占うワイナーットゥ・クラヴァン神（トーッタダ村、2006年2月）

写真1-29　頭飾りを外したカルナーカラン・ペルワンナーン（ムンダヤーッドゥ村、2006年4月）

前にひれ伏し、祭儀が無事終わったことを神霊と先祖に報告し、感謝の念を込めた祈りを捧げる。

⑮片付け　同日午後三時過ぎ〜

カルナーカランが控え場所に戻ると、タラッパーリと大きな装具が外される。タラッパーリが火のついた灯芯ランプの前に置かれると、グループの全員がそのランプの前に立って祈りを捧げ、生米を投げる。その後、ジェイら助手たちによってカルナーカランの装束が外される。メンバーは、装束をまとめながら帰宅の準備をすすめる。カルナーカランはしばらく身体をやすめ、カンニ（水に浸した米飯）を口にする。その後、上半身は裸で白の腰布を巻いた姿でタラワードゥの祭儀関係者のいるところに向かう。祭儀の片付けが終わると、彼らから報酬を受け取る。近年では、報酬をめぐってテイヤム実践者とタラワードゥ関係者との間で交渉が行われ、時には大声をあげて口論になることもある。今回の祭儀では、報酬に合意がみられたため両者はしばらく談笑して過ごした。その後、頼んでいた車両が来たのでカルナーカランの一行は乗り込んで帰宅の途に就いた。

帰宅すると、頭飾りが祭壇の横に置かれ、カルナーカランは祭壇に向かって床に伏し、祭儀が終わったこと祀られている神々に報告する。メンバーは荷物を所定の場所に置き、カルナーカランの妻が用意した米飯と魚カレーなどの食事をとった後、カルナーカランから手当を受け取り、各々帰宅の途につく。ときにはそのまま別の祭儀会場へ行く場合もある。

七　小結

本章では、南インドのケーララ社会を概観した後、州北部の広い範囲で行われているテイヤム祭祀の特徴を詳述した。テイヤム祭祀は、ローカルのヒンドゥー社会や歴史と結びつきながら、これまで発展をとげてきた。一九七〇年代以降の土地改革による影響から、祭儀の継承が危ぶまれていた時期もみられたが、現在ではインド経済の急速な発展による恩恵やガルフ出稼ぎ移民がもたらす資本が祭儀に流入したことによって、再活性化の様相を呈している。テイヤム信仰は、こうした経済的な影響だけでなく、メディアとの接合や観光・政治・芸術といった異なる文脈と密接に関わりながら発展をとげている。次章では、テイヤム信仰と表象をめぐる問題について論じていく。

註

(1) ケーララの州面積はインド全体の一・二パーセント、人口はインド総人口の三・一パーセントを占めている [Census of India 2001]。ケーララは、一九五六年、イギリス植民地政府時代からマドラス管区の一部として統治されていたマラバール地区と、中部のコチン藩王国、南部のトラヴァンコール藩王国が合併し、マラヤーラム語を母語とする州として誕生した。現在、ケーララ州は一四の県(district)で構成されている。

(2) 二〇〇一年の国勢調査によれば、インド全体の識字率が六五・三八%(男性七五・八五%、女性五四・一六%)であるのに対して、ケーララは九〇・九二%(男性九四・二〇%、女性八七・八六%)である [Census of India 2001]。乳幼児死亡率などについては、[http://censusindia.gov.in/Vital_Statistics/SRS_Bulletins/SRS_Bulletins_links/SRS_Bulletin_Vol_36_Issue_2.pdf 二〇一一年一〇月一一日閲覧] を参照。

(3) 「ケーララ・モデル」については [佐藤 二〇〇二]、その健康指標の変化に関しては [Kunhikannan and Aravindan 2000; Panikar 1999]、現場の実態と数値的指標の齟齬については [内山田 二〇〇三] を参照。

(4) ケーララにおける失業率は、二〇〇三年時に一九・一%に達したが、二〇〇七年時では九・四%にまで減少している。ザチャリアらは、一九九八年のケーララ移民調査をもとに、出稼ぎによる人の流出によって、州の失業者数は三一%低下し、失業率も三%減少していることを明らかにした [Zachariah et al 2000: 33]。

(5) 本書では、便宜上、中東湾岸諸国を指す言葉としてローカルの人びとの間で一般的に用いられている「ガルフ」を用いる。また、粟屋 [粟屋 二〇〇〇] にならい、永住を主たる目的とせず、国境を越えて移動する労働力に対しては、長短期をとわず「移民」

という言葉をあてる。なお、行政上では、州外で暮らすケーララ出身者のことをNRKs（Non Residence Keralites）と呼ぶ場合がある。

（6）南アジア諸国からのインドへの移民に関する全体像については［Singh 1996］、ガルフへの出稼ぎとそれに伴う社会・経済的な影響に関しては［Azeez and Begum 2009; Osella and Osella 2000a, 2003b; Prakash 1998; Zachariah and Rajan 2009］を参照。

（7）移民者を宗教別にみると、ムスリムが八八・三万人（四八・二％）、ヒンドゥーが六一・七万人（三三・三％）、クリスチャンが三四・七万人（一八・五％）であり、ガルフへの出稼ぎとイスラームとのつながりがみてとれる［Zachariah and Rajan 2009: 40］。近年では、ガルフ出稼ぎ移民たちの現状がケーララのメディアでも取り上げられるようになっている。バハレーン在住のマラヤーリー小説家ベンヤミンが二〇〇八年に刊行したマラヤーラム語の小説『*Aadujeevitham*（ヤギの生活）』（英訳版 *Goat Days*, Penguin Books, 2012）には、「ガルフ・ドリーム」を信じてバハレーンに渡ったマラヤーリーの若者が奴隷のように過酷な生活を強いられている様子が描かれている。

（8）ケーララ社会におけるガルフの影響については［Lukose 2005; Kurien 2002; Osella and Osella 2000a］が詳しい。

（9）少し古い資料ではあるが、ゴーピナータン・ナーイルの一九八三年の調査によれば、出稼ぎ移民の送金は、日常経費以外には家の新築・増改築二七％、結婚資金二二・八％、土地の購入一四・九％などに支出され、多くは家の新築・増改築および土地の購入に充てられていることが示されている［Gopinathan Nair 1994: 110］。

（10）出稼ぎ移民たちの滞在期間は、通常限られており、平均すると四年から六年程度である。これはガルフ諸国の法的制約に起因するものであり、出稼ぎ移民の大多数を占める非熟練や半熟練の労働者たちは、長期契約やビザを取得することが極めて困難な状況下にある［Osella and Osella 2000a, 2000b］。そのため、彼らは滞在期間中にできる限りカネを蓄えようと自らの生活を極力切り詰めて暮らしている。

（11）その反面、人の移動や急速な消費活動の高まりによって、州内における物価の高騰をまねき、非熟練労働者たちの賃金上昇をも引き起こしている［Prakash 1998: 3209; 粟屋 二〇〇〇：二四〇］。また、最近ではリーマン・ショックやドバイ危機の影響により、出稼ぎ帰国者の急増が懸念されている。

（12）州政府が発表したデータによれば、二〇〇七年の州ＧＤＰのうち、七・七％が観光産業で占められている［Government of Kerala 2007］。

（13）グローバルに拡大するアーユルヴェーダの今日的な状況については［加瀬澤 二〇〇六］が詳しい。

（14）これは、議会制民主主義にのっとって、世界ではじめて成立した共産党政府であった。しかし同政権は、その後に勃発した反政府運動の影響をうけ、成立後二年四ヶ月という短命で崩壊した［若林 一九七八］。インド共産党が独立後の間もない時期に、ケーララで勢力を拡大できた背景には、彼らが労働者や農民といった社会的弱者の利益のために継続的な活動を行っていたことや、E・M・S・ナンブーディリパッドを筆頭とする同党の指導者たちの個人的資質に依っていたことが指摘されている［Nossiter 1982: 53-54; 三輪 二〇〇一：三五五］。CPI（M）は、一九六四年に共産党内の路線対立によって分裂し結成されたものである。

(15) 二〇一一年の選挙では、UDFが政権に返り咲いている。ケーララでは、全国的な議論や問題が有権者の投票に反映されることは少なく、「現職批判要因」と呼ばれる、政権与党に対する評価を下す現象がみられることが多い。高カーストや高所得者ほどUDFを支持する割合が高く、逆に、低カーストや低所得者ほどLDFを支持する割合が高い。ケーララの政党政治については［三輪 二〇〇一］を参照。

(16) カンヌール県は、カンヌール、タリッパラムンバ、タラッシェリの三つのタルク（*Taluk* 郡）からなる。

(17) 移民者の出身地の内訳は、最も多いのがマラップラム県の三三・六万人（一八・二%）、次にカンヌール県、ティルヴァナンタプラム県の一八・九万人（一〇・二%）、トリシュール県の一七万人（九・二%）、コーッラム県の一四・七万人（七・九%）とつづく。増加の要因には、失業率の上昇との関連性が推察され、たとえば、一九九九年のカンヌール県における失業率が一六・一%であったのに対して、二〇〇四年には二五・五%にまで上昇していることが報告されている。とくに、出稼ぎ移民の主要な年齢層である、二〇歳から二九歳にかけての失業率は四六・六%に達し、州内で三番目に高い割合となっている。ザチャリアらは、移民動向の全体像として、州北部からの移民者数が増加傾向にあると指摘する［Zachariah and Rajan 2009: 104］。

(18) ケーララにおけるRSSの活動は、一九七〇年代からカンヌール県のタラッシェリ市を拠点に拡大していった。以後、タラッシェリ市は、RSSとCPI（M）との政治的衝突の場と化し、一九八二年には、双方合わせて二四人の死者を出す惨事が起き、二〇〇八年にも七名の死者と多くの負傷者を出す事件が起きている［*The Hindu*, March 8, 2008, "Two More Killed in Kannur Violence".］。RSSの活動内容については［中島 二〇〇五］を参照。

(19) カタカリは、一六、七世紀に成立したといわれる。カタ（*kata* 名詞）は「物語」、カリ（*kali* 動詞）は「演じる」「行う」などを意味する。歌手によって『ラーマーヤナ』や『マハーバーラタ』の物語が歌われるなか、実践者が身ぶり（ムドラ）と顔の表情でそれを表現する舞踊劇である。もともとはヒンドゥー寺院の境内で男性実践者だけによって演じられていた［Zarrilli 2000］。

(20) ユネスコの「人類の口承及び無形遺産の傑作」に登録されて以降、クーディヤーッタムの実践や伝承に大きな影響が及んでいる。詳しくは［Moster 2011; 鈴木 二〇〇九］を参照。

(21) 寺院付きのカーストのなかでも、チャーキヤールが男優を世襲で継承し、ナンビアール・カーストがミラーヴと呼ばれる壺太鼓の打楽器を伴奏する。ナンビアールの家系に生まれた女性のナンギャールがナンギャール・クートゥと呼ばれる演劇などを担ってきた［Richmond 1990］。

(22) カラマンダラムは、次第に施設の運営・維持による財政難に陥り、一九四一年にはコチン県にその運営が受け渡され、その後、一九五七年に州政府の管轄となり、二〇〇六年には一定の基準を満たした教育、研究機関にあたる準大学（Deemed University）の認定を中央政府から受けている。その他に、一九五八年に設立されたケーララ・サンギータ・ナータカ・アカデミー（Kerala Sangeetha Nataka Akademi ケーララ音楽舞踊協会）は、音楽、舞踊、演劇、民俗文化の保存と支援に力を注いできた。一九七〇年には、ティルヴァナンタプラムにマルギ（*Margi*）が設立され、カラマンダラムで学んだカタカリやクーディヤーッタムの実践者たちの活動の場を提供した。州北部には、一九七九年にKIRTADS（The Kerala Institute for Research, Training and Development of Scheduled Castes and Scheduled Tribes）、一九九五年には、ケーララ・フォークロア・アカデミー（Kerala Folklore Academi）が設立され、ローカルの文化的パフォーマンスのほか、指定カーストや指定トライブの文化の振興に積極的な支援を行っている。

(23)　カラマンダラムは、カタカリ、クーディヤーッタム、モヒニヤーッタム、トゥッラルなど七つのコース分けのもと、一三〜二八歳までの男女約四〇〇名の生徒が敷地内の寄宿舎で生活しながら芸能の習得に励んでいる。カラマンダラムでのコースを修了した者には「カラマンダラム」の称号が与えられる［竹村 二〇〇四］。カラマンダラムにおける教授法については、［Groesbeck 2009］が詳しい。

(24)　［*India Today*, Vol.27, No.36, 2002, VENU, Gopal,"Dance of Codes", p.87］を参照。

(25)　インドの古典音楽は、一般的に北インドに伝わるヒンドゥスターニー音楽と南インドのカルナータカ音楽の二つに分類することができる。前者は、情緒的、イスラーム的要素が強く、後者はインド古来の理論にもとづきヒンドゥー的要素が色濃く反映されているといわれる［デーヴァ 一九九四］。

(26)　一九八〇年代以降、ヒンドゥー至上主義運動がインド社会を揺るがし続けるなかで、ケーララでは一九九〇年代に入ってから急速に勢力を拡大しはじめたＲＳＳと、これに対抗するＩＳＳ（Islamic Sevak Sangh イスラーム義勇団、現在は解散しPDP:People's Democratic Partyに吸収されている）との間で暴力的な衝突が起こっている。ケーララ社会におけるコミュナリズムの現象については［小林 一九九五］を参照。

(27)　一八九一年の国勢調査によれば、英領マラバールにおける人口の構成は、マラバール全体では約二六五万人であり、その内、ブラーミンは約五万人（一・九％）、ナーヤルが約三八万人（一四・二％）、ティーヤが約六一万人（二三・一％）、マーピラ（ムスリム）が約七三万人（二七・六％）であった［Census of India 1891］。

(28)　主要ジェンミのカースト別出自をみると、ラージャー五・七％、ナーヤル三一・四％、ブラーミン三五・一％、寺院二三・二％、ティーヤン〇・七％、マーピラ三・四％であった［粟屋 一九八九：二四二］。

(29)　歴史的にみると、上層ナーヤルは戦士として活躍し、武術などの伝統を保持してきた。また、上層ナーヤルの女性は、長子相続を行うナンブーディリなどの高カーストの男性と扶養義務を問わない夫婦関係（*sambandham*）を結んでいた。その他のナーヤルは、農業などに従事していた［Fuller 1976; Menon 1979］。

(30) ケーララのヒンドゥー社会では、クシャトリヤとヴァイシャが存在しなかったことから、ムスリムとクリスチャンがそれらにとってかわる役割を担ってきたといわれる。

(31) マルマッカルとは「姪、甥」を意味し、ターヤムとは「相続」をさす。マルマッカターヤムについては、［Gough 1952, 1961; 粟屋一九八九、一九九四a、中根一九七〇］を参照。

(32) 一九世紀はじめに植民地行政官が残した記録に、「ナーヤルたちは極めて一般的に読み書きが出来る」［Buchanan 1988: 410］とあるように、ナーヤルの人びとは高い識字率を誇っていた。また、ナンブーディリが英語教育の習得と専門職への進出に消極的だったのに対して、ナーヤルの人びとはイギリス植民地支配下において、早くから英語教育を導入していった。結果として、一九世紀末以降、ナーヤル・コミュニティは、官吏、政治家、専門職などを数多く輩出している［Gough 1961: 319-323］。

(33) この点において、ケーララの家族、相続形態は母系制であり、母権制ではない。

(34) 一九五〇年に施行されたインド共和国憲法は、指定カーストに対して特別の優遇措置をとることを規定している。この指定カーストの概念は、一九三五年のインド統治法の規定を受け継ぐものであり、それまで不可触民とみなされてきた諸カーストと対応する［小谷一九九六：二五七］。

(35) カンヌール県内において、女性が担うテイヤム祭儀が一つだけある。それは、マラヤン・カーストの女性が担うペン・テイヤム（*Pen Teyyam*）と呼ばれる祭儀であり、一二年に一度行われる。

(36) コーラッカーランとは、偶像または装束を着た担い手によって表される、神霊の肉体的形式を指すコーラム（*kolam*）に、人を意味するカーラン（*karran*）が付属した言葉である。一説には、もともとテイヤム実践者たちはコーラッカーランと呼ばれていたが、著名なテイヤム実践者であった故カンナン・ペルワンナーンが研究者や実践者たちに進言したことがきっかけとなって、「テイヤッカーラン」という語が広まったといわれる（二〇〇五年八月二四日、ジャヤラージャンへのインタビューより）。

(37) ブラフマー、ヴィシュヌと並ぶヒンドゥー教の主神であり、三叉の戟を手にし、牡牛（ナンディ）を乗り物とする。世界破壊神とされるシヴァ神は、舞踊の創始者でもあり、ナタラージャー（*Natarja* 踊り手の王）とも呼ばれる。

(38) これらの儀礼では、テイヤム実践者たちは、生米、椰子の実、野菜、豆、ジャックフルーツのほか、少額の現金を訪問宅から受け取る。この儀礼は、雨期の間の彼らの生活を保障していたものといえる。

(39) サーストンによれば、出産や死亡などで高カーストが穢れた際、ワンナーンが彼らの衣類を洗うことで穢れを取り除くことができるという［Thurston 1993: 318］。

(40) カルナーカランは、ワンナーンがもともとティーヤ・カーストに属しており、テイヤム祭儀を担うためにティーヤから分かれて別のグループ集団を形成したと主張する［Karunakaran 1985: 89］。同様の見解は、ワンナーンのテイヤム実践者たちからもしばしば聞かれる。一方、マラヤン・カーストのR・K・コーマスらは、マラヤンの優位性を強調している［Damodaran 1998; Komath 2003］。

(41)　人類学者のモファットは、南インドのタミル・ナードゥ州の不可触民に関する現地調査に基づいて、不可触民たちの間でも位階制が存在すると主張し、インド社会において最も虐げられてきた人びとが、その抑圧している制度の真の信仰者であると論究した［Moffatt 1979］。

(42)　韓国のサーカス集団に関する民族誌を記述した林史樹は、報酬をめぐる衝突によって集団を去ったとしても、外の世界で満足な仕事に就けず、再び戻ってくるメンバーが多い状況を述べている［林 二〇〇七］。テイヤム祭儀のアリーナでも同様の状況がみてとれる。

(43)　南インドの宗教を論じる山下博司は、タミル語の *teyvam* の語源に関して、サンスクリット語の *deva* に求めることは十分な説得力をもたないと主張する。彼は、「神なるもの」「神」を意味する *daiva* と見るのが妥当であり、マラヤーラム語の *teyyam* も同様であると述べている［山下 一九八八］。

(44)　社会人類学者の鈴木正崇は、神霊となる媒介者とその化粧、装飾、舞踊、祭儀の行程、憑依による託宣といった点で、テイヤム神とブータとの間には、祭儀の要素や構造に共通する部分があると指摘する。そのうえで、ブータの特徴としては、実践者が激しく強いトランス状態になると述べている［Suzuki 2008: 52］。

(45)　カルナーカランは、テイヤムが神霊自体であるのに対して、ティラは神を喜ばせるためのものであり、神霊ではないと述べている［Karunakaran 1985b: 246］。

(46)　マラヤーラム暦の新年はチンガム月（*Cingam*）からはじまり、西暦の八月中旬である。市街の日用品店では、西暦とマラヤーラム暦の両方が記載されたカレンダーが販売されている。

(47)　シヴァ派とは、シヴァ神を最高神として崇拝する、ヒンドゥー教の有力な一派のことを指す。シャクティ信仰は、シャクティ（力ないしはエネルギー）を信じることであり、土着の女神崇拝の潮流と結びついたものである。

(48)　イギリスによる植民地支配がはじまる以前、ケーララは複数の小王国によって統治されていた。テイヤムの伝承地域のなかでもコリコーッドゥ県とその周辺は、盛大な力を誇示していたザムーディリ領主（*Samri*）によって支配され、その北部にはコーラッティリ王（*Klattili*）によって統治されたコーラットゥナードゥ（*Kolattunadu* コーラッティリの土地）が広がっていた。これらの地域は、イギリスの統治下ではマラバール（Malabar）と称され、その範囲は現在のカーサルゴードゥ県、カンヌール県、ワヤナードゥ県、コリコーッドゥ県、マラップラム県、トリシュール県とパラカッードゥ県の一部に及んでいた［Menon 2003］。

(49) カルナーカランは、三五体のテイヤム神のうち七割以上が女神であるといい、それらはカーリー神の古いイメージがモデルとなっていると主張するが論拠に乏しい［Karunakaran 1986: 169］。

(50) カンヌール県北部のカリヴェルール村には、マナッカーダン・グルッカルの廟が現存する。彼を祖先とするイラヤ・マナッカーダン家の人びとによって、年四回、祖先祭祀が行われている［古賀二〇〇四］。

(51) 三五のテイヤム神は次の通りである。マントラコーラッパン、ターイッパラデーヴァタ、カラリヤール・バガヴァティ、ソーメーシュワリアンマ、チュラリ・バガヴァティ、パーディックッティ、ワヤットゥール・カーリヤル、キールール・シャースターヴ、キールール・ヴァイラージャータン、マディヤン・クシェートラパーラン、ヴィーラチャームンディ、ヴィーラバドラン、マハーガナパティ、ヤクシャン、ヤクシ、クッティシャースタン、ウールッピラチ、ヴェータッコルマガン、イラムカルマガン、プトゥルヴァーディ、バムリッカン、カリムリッカン、テッカン・カリヤータン、ワイナーットゥ・クラヴァン、トーットゥムカラ・バガヴァテイ、プディヤ・バガヴァティ、ヴィーラルカーリ、バドラカーリ、ヴィシュヌムルティ、ラクテーシュワリ、ラクタチャームンディ、ウッチタ、カリヴァール、カンダーカルナン、ヴィーラン［Jayarajan 2008; Viśṇunambṭiri 1989］。

(52) 二〇〇五年七月三日、アジャヤン・マスターへのインタビューより。

(53) プラヤ・カーストのテイヤム実践者も、三九体の神霊を祭文で述べる［Jayarajan 2008］。

(54) ヴィシュヌ・ナンブーディリやパラスらは、四〇〇種類以上あると主張する［Viśṇunambṭiri 1990; Pallath 1995］。カルナーカランは、四〇〇を超えるテイヤム神のうち、少なくとも七五％は女神であるというが、その根拠は乏しい［Karunakaran 1988: 246］。

(55) 二〇〇六年一一月二〇日、A・K・ナンビアールへのインタビューより。

(56) 地母神は、ケーララにおいて最も広く崇拝されている神霊である。女神信仰は、ドラヴィダ文化の豊穣儀礼に由来するともいわれる。多くの村落では、村の女神（*grmadvat*）を所有している。多くの地母神はカーリー神やバドゥラ・カーリー神の化身といわれ、ケーララ北部では、テイヤム神として祀られているという研究者もいる（二〇〇五年七月一〇日、K・K・マラーへのインタビューより）。

(57) 二〇〇六年二月七日、R・Sへのインタビューより。

(58) 鉄やアルミニウムに富む土壌。建築材料として使われ、斧で四角に切り出し煉瓦のように用いる。

(59) 食事の提供は、ムッタッパン信仰の巡礼地として有名なパラッシニカダヴ祠が始めたといわれ、今日では、ムッタッパン神を祀る多くの祠が模倣している。

(60) マントラワーダムについては、［Freeman 1999; Tarabout 2000; 古賀　二〇〇一］が詳しい。

(61) マラヤン・カーストの女性たちの伝統的職業は産婆である。しかしながら、近代医療が浸透するなかで、現在では病院出産が主流になったことから産婆の需要は減少している。
(62) カンヌール県パイヤヌール市以北やカーサルゴードゥ県では、ワンナーンのテイヤム実践者グループが楽器を演奏する場合もある。また、パイヤヌール市のある地域では、ワンナーンの者がテイヤム神の他に伴奏楽器と本来マラヤンが担うテイヤム神を実践する。これは、かつてマラヤンの男性が自分の身分を偽って、高カーストの女性と結婚したことが問題となり、当該地域から追放されたという言い伝えに由来する。
(63) たとえば、ワイナーットゥ・クラヴァン神の祭儀やカティヴァヌール・ヴィーラン神の祭文では、腰に巻き付けて両手で演奏する、マッダラム（*maddalam*）と呼ばれる小さな両面太鼓が用いられる。
(64) 古賀は、カンヌール県北部とカーサルゴードゥ県の範囲において、マニヤニやワニヤー・カーストが祀る祭儀ではコーマラムと呼ばれ、ティーヤやムガヤ・カーストが祀る祭儀ではヴェリッチャパードゥ（*velicchappāṭu*）とも呼ばれると報告している［古賀二〇〇四：六四］。
(65) ケーララの他の文化的パフォーマンスと比較すると、カタカリやクーディヤーッタムでは、化粧の色によって役柄の特徴が示される。詳しくは［Zarrilli 2000; 峰岸 一九八八］を参照。
(66) 黄はウコンの粉、白は米粉をペースト状にしたものが用いられる。クムクムは、ウコンの粉に消石灰をまぜで赤に色づけたもの。
(67) 二〇〇五年時のパヤヌール市での相場では、タラッパーリが二〇〇〇～三五〇〇ルピー（約三五〇〇～五二五〇円）、チランブが三〇〇〇～四五〇〇ルピー、足の膝に巻き付ける鈴（*manikayal*）が三〇〇～五〇〇ルピー程度であり、真鍮製か銀製かによって値段に開きがある。店主によれば、テイヤム実践者の出身地域によって重さや色合いの好みに違いがあり、総じて銀製のものが増えているという。
(68) クワ科ジャックフルーツ、学名 Artocarpus heterophyllus。
(69) ナンビアールが一九八〇年代に撮影したテイヤム神の写真と比較すると、当時の装飾は現在よりも金色が多用されていることがわかる［Nambiar 1990］。テイヤム実践者たちの間では、ペンキの種類や色の度合いなどの情報が交換されている。また、別の祭儀の場に行って他のグループの装束を観察し、自分たちのものに反映させることも頻繁に行われている。
(70) バガヴァティ神の場合、その頭飾りは「丸い頭飾り（*vaṭṭamuṭi*）」と「大きな頭飾り（*valiyamuṭi*）」の二つに分類することができる。前者は、竹やアレカ椰子の木を骨組みにして、模様をつけながら切り分けた柔らかい椰子の葉状体を円形にそって縫い付け、その上から花や金属の装飾、金の色紙、赤の毛糸の束などが飾り付けられていく。後者は、木の骨組みの上から白と赤の布がおおわれ、高さは一般的に約一三メートルあるとされるが、実際には地域によって異なり、ある場所では約一八メートルのものがあれば、別のところでは約四メートルの小さいものもある。

(71) アカネ科サンタカ属、学名 Ixora jacanica。
(72) ケーララでは、男性が成人すると口髭を生やすことが一般的であり、それは大人の証とされる。一方、テイヤム実践者たちは、日頃から口髭を生やしている者が少ない。
(73) 一九八〇年代にフォード財団の助成のもとで、テイヤム祭儀に関する実践を当該カースト以外の人びとや外国人に伝承しようと試みた機関が設立された。この機関には、クルップやパヤナードゥといった研究者が関与しており、この動きは、のちにカリカット大学民俗学研究所の設立に発展していった。
(74) タミル・ナードゥ州の民俗劇であるテルクートゥについても、同様の指摘が述べられている［Frasca 1990］。一方、同州の文化イベントの場で盛んに行われる民俗舞踊のカラガーッタムについては、近年、専門の教育機関が誕生していることが報告されている［Diamond 1999］。
(75) こうした一連の学習過程は、J・レイヴとE・T・ウェンガーらが論じる「正統的周辺参加」［レイヴ＆ウェンガー 一九九三］の議論に通じるものである。
(76) 二〇〇五年八月一六日、ウッタッマン・ペルワンナーンへのインタビューより。
(77) たとえば、音楽学者のL・S・ラージャーゴーパランは、テイヤム祭儀でも用いられるイラッターラム（小型シンバル）に関して、記憶を助けるワーイッターリの一つに、"*injanjahiii injanjhiii ihjhan jhanjhanjhiii*" と口ずさむフレーズをあげている［Rajagopalan 2010: 11］。
(78) ジャンマーリが現役のテイヤム実践者であっても、親族内に死者が出るなどの不幸があった場合や祭主側の意向があった場合には、他の地域から実践者を招聘することになる。今日では、ジャンマーリ以外の者がテイヤム祭儀を担うことは頻繁にみられる。
(79) 二〇～三〇代のテイヤム実践者の間では、髭のほかに眉毛やもみあげ、額の際の髪の毛を一部そり落とすものがみられる。これらは、化粧映えするために行われる。
(80) テイヤム実践者たちによれば、五つの灯芯は、空、火、風、水、地の五大要素を表しているという。
(81) ガブリエルは、トーッタムがサンスクリット語で称賛や賛美を意味する *sttram* に由来すると述べる［Gabriel 2010: 9］。
(82) 古賀は、ヴェッラートタムとは白い踊り（*vella* は白、*ttam* は踊りの意）を意味すると述べる［古賀 二〇〇四：四六］。
(83) 祠の前でテイヤム実践者が唱える祭文を簡略化したもので、アニヤラ・トーッタムともいわれる［古賀 二〇〇四：四九］。カルナーカランのグループでは、このトーッタムを必ずしも唱えているわけではない。

第二章　「表されること」
――テイヤム神とメディアとの多元的な結びつき

朝九時過ぎ、太鼓奏者のバブから電話がかかってきた。「お前が喜ぶものを見つけたぞ。シティ・センターに行ってみろよ。面白いものがあるから」と彼は言った。ここ数か月間、テイヤム神を使った宣伝広告の看板をあちこち探し回っている。知り合いのテイヤム実践者や太鼓奏者たちにも、何か見つけたら連絡して欲しいと伝えていたのが役に立った。早速、午後から市内の中心部にあるシティ・センターへ足を運んだ。あたりを見渡すと、一階にある菓子店のショーウインドに目が留まった。バブが見つけたものは、これまでで一番の驚きだった。キットカットやその他二種類の菓子の包装紙を利用して、テイヤム神が表されていたのだ。……夜、撮った写真をコンピューターに取り込んでいると、ジェイがやってきた。彼は写真を見ながら、「俺たちのやってることは遊びなのか？こんなことされて。信仰心があっても意味がないじゃないか。……」と語気を荒めていった。しばらくして、ジェイはわたしがこれまでに撮ったテイヤム神の写真を見比べながら、苦笑してこうつぶやいた。「政治集会、ステージ、パレード、何でも使われるんだよ、テイヤムは」

（二〇〇六年三月九日、フィールドノートより）

はじめに

資本主義経済や情報のグローバル化が圧倒的な権威となって押し寄せ、さまざまな文化事象が脱領域的に流動する現代社会において、ローカルな世界はいまだ人びとの間で意識され続けながらも、外部世界と頻繁に関わりをもっている。テイヤム祭儀は、ケーララ州の北部地域における多くの人びととの宗教や社会的生活の中心となっている傍ら、異なる媒介のもとで「民俗芸術」という肩書きと共に、宗教的文脈から逸脱した複数の場で行われている。その事象は、グローバル・マーケットへの通路を例示するだけでなく、村落レベルにおける個々の実践さえ、グローバルな価値の表象を含んでいることを示唆している。本章では、政治や芸術、観光産業や経済市場、移民社会といったさまざまな現代的事象との出会いや接合の場における、テイヤム祭儀の多元的な表象とそれらを生成する主体や価値づけに着目しながら、その消費動向を論じる。

第一節では、これまでテイヤム神とその祭儀が人びとの間でどのようにみなされ語られてきたのか、活字メディアに焦点をあてて、イギリス植民地期から現在にいたるまでのテイヤム祭祀のイメージと知識の形成過程について記述する。第二節では、民俗メディアという枠組みを示したうえで、州政府が誕生した二〇世紀後半において、テイヤム神が左翼的思想と接合しながら、政治や芸術の文脈においていかに流用あるいは配役されてきたのかを考察する。第三節では、テイヤム神のイメージが祭儀とは異なる日常の空間において繰り返し再生産されている今日的状況について、観光と生活世界の文脈から検討する。第四節では、電子メディアと神霊を介した新たなネットワーク形成の動態について述べる。結果として、テイヤム神がある種の「符号」として表象され、さまざまな文脈で受容されている社会・文化的過程を照射し、近代化の過程においてテイヤム祭祀のイメージが多様な媒体と接合しながら多元化かつ複合化している動態が描き出されるとともに、こうした動向がテイヤム実践者たちの営為にいかに影響しているのかが示唆される。

一　活字メディアで生成されるテイヤム神のイメージ

文化の表象に関する歴史を探ることは、文化イメージの生産過程に作用している政治関係やイデオロギーを照らし出すことを可能にする［永渕 一九九六］。本節では、テイヤム神のイメージが人びとの間でどのように生成され、受容されてきたのか、その歴史的過程について活字メディアに焦点をあてて概観していく。

1 植民地期におけるテイヤム祭儀の記述

インドにおける活字印刷の歴史は古い。一五五六年にポルトガル人の手によって最初の印刷機がゴアにもたらされると、最初の出版物となる『*Doctrina Christiana*』が刊行された［Wadley 1995: 21-22］。ケーララでは、古くから椰子の葉に鉄筆で記した貝葉本（*thaliyōla*）が存在しており、近年ではそれらの一部をアーカイブ化する動きがみられる。テイヤム実践者たちの間では、祭儀の詳細を記した貝葉本の存在が語られはするものの、実物は未だ公に確認されていない(1)。

テイヤム祭祀に関する歴史的な記述は、一九世紀終わりから二〇世紀初頭にかけてのイギリス植民地支配下に、植民地行政官や民族誌家、宣教師や旅行者らの手によって残されている。植民地政府が発行したガゼッティア（地名辞典）や短いモノグラフのなかには、宗教的な慣習や特定のカーストに関する記述のほかに、「悪魔祓い」としてテイヤム祭儀が描写されている。たとえば、イギリスの植民地行政官であったスコットランド人のW・ローガンは、マラバールに関する著書『マラバール・マニュアル』（一八八七年）のなかで、次のように記している。

「洗濯夫（ワンナーン）は、この迷信の司祭長である。……テイヤーッタムとよばれるある特定の儀式が、妊娠五か月目にたびたび行われる。……少なくとも一八人の洗濯夫の一行が、悪魔や復讐の女神とその他大勢の役割を担うために編成される。祈願の際には、これらの悪魔が対になってステージに跳び上がり、踊ったり、おどけて飛び跳ねたり、吠えたり、争ったり、あるいは互いにサフランの水をかけあったりする」［Logan 1995:

図2-1　植民地時代に記録されたテイヤム神（[Thurston 1993] より転載）

145］。

幾何学模様の化粧をし、奇怪な頭飾りや装束をまとったテイヤム神がさまざまなパフォーマンスを繰り広げる姿は、キリスト教的な世界観をもつ植民地行政官たちにとって、奇異なものに映ったであろうことは容易に推察できる。神霊が生きた鶏を食いちぎったり、燃え上がる松明のなかに飛び込んだりする祭儀の光景は、彼らにとっては崇拝の対象というよりも邪悪な「悪魔払い」であり、賞賛できるものではなかった。

イギリス人民族誌家のE・サーストンもローガンと同様の記述を残している。彼は、カーストとトライブについて体系的に著した『南インドのカーストとトライブ』（一九〇九年）のなかで、「マラヤンは適切な格好をして、数々の悪魔を呼ぶ」と述べ、テイヤム祭儀を「悪魔の踊り」と記している［Thurston 1993: 43］。また同書には、雄鶏を口にくわえたヴィシュヌムルティ神の写真が掲載されており、神霊の「邪悪な」イメージが助長されている(2)（図2―1）。その他にも、マドラス政府が発行した『マドラス県ガゼッティア』（一九〇八年）のなかでは、ワンナーンは「洗濯夫で、悪魔の踊り手である」と綴られ、マラヤンについては「楽師、悪魔払い師、悪魔の踊り手」と記述されている［Innes 1997: 130-131］。

西洋の入植者たちが記したテイヤム祭儀に関する記録のなかには、テイヤム実践者に注目した描写もみうけられる。英国・アイルランド人類学協会の現地駐在員であり、マドラス政府鉄道警察局長を務めていたF・ファウセットは、高カーストのナーヤルに関して民族誌的にまとめた『マラバールのナーヤル』（一九〇一年）のなかで、次のように記している。

「マラヤーリーたちになじみのある悪魔のなかで、最も親しみ深いのは、……〈クッティチャータン〉と〈グリガン〉である。……わたしは出番の五、六時間以上前から化粧をして待機する気の毒な〈グリガン〉を目にした。彼に何者か尋ねると、〈悪魔〉だと答えた。……怪奇な怖さをもったこの恐ろしいグリガンを担う気の毒な老人は、自分の役割である三分間のダンスが終わったとき、とても喜んだにちがいない。なぜなら、重くて着心地の悪い装束によって、彼は極度に疲労困憊していたであろうから」[Fawcett 1990: 261]。

「グリガンは悪魔である」と説明を受けたファウセットは、彼の目に映った神霊の存在だけでなく、「非理性的」と彼が感じた宗教的実践を信仰する地元の人びとのふるまいにも視線を注いでいる。そして、彼は、人びとの信仰心の表れであるテイヤム祭儀を「奇異なもの」という言葉で表し、「マラバールで地位が低いとされるカーストの人びとの宗教は、シヴァやヴィシュヌ信仰よりもその特徴が明らかに野蛮である」と述べている[Fawcett 1990: 254-265]。

こうした植民地エリートたちによるテイヤム祭儀の価値づけは、彼らの多くが信仰していたであろうキリスト教の伝道者やその信者たちの間でも共有されていたのだろうか。フランス人民族学者のG・タラブーの研究によれば、一九四四年、現在のカルターナカ州ベンガルールに位置する統一神学大学で学んでいたW・ウィリアムは、テイヤム祭儀が宗教のなかで最も未開でアニミズム的な信仰の唯一の残存であると述べ、近代的精神に訴えるような芸術的・文化的価値が何もないと記している。また彼は、テイヤム信仰が無教養な者や貧しい者たちを無知のままにさせており、宗教において最も高い価値が置かれる道徳心や倫理観が全くみられないと断じ、アニミズム的で未開な信仰が文化や文明あるいは宗教へと発展する動きを中断させていると非難している［Tarabout 2005: 189］。神学を学ぶ学生にとってテイヤム信仰とは、植民地行政官が記したように「邪悪」で「野蛮」なだけでなく、「未開」で「遅れた」改めるべき慣習として映っていたのである。

これに対して、キリスト教伝道師たちのなかでも、スイスのバーゼル宣教師団の一人であるドイツ人のグンデルト牧師は、テイヤム神に関して植民地行政官たちや他の宣教師とは異なる記述を残している。一八七二年に世界で初めての『マラヤーラム語英語辞書』を出版したグンデルト牧師は、同書のなかでテイヤム神を「神」と説明し、テイヤム祭儀を表す「カリヤーッタム」や「テイヤーッタム」をバガヴァティ神に奉納されるものでテイヤム実践者によって担われると記している［Gundert 2003: 480］。すなわち、彼はローカルの人びとの信仰対象として、テイヤム神とその祭儀を捉えていたのである。ケーララに長年滞在した彼は、現地語や文化・慣習に造詣が深く、ローカルな文脈におけるテイヤム祭儀の意味を理解していた稀有な外国人の一人といえるだろう。

テイヤム祭儀は、植民地行政官や民族誌家あるいはキリスト教宣教師たちの間で、一部の例外を除いて「悪魔払い」の烙印を押され、「未開」かつ「遅れた」ものであり、文化的価値のないものと位置づけられていた。そして、植民地行政官や民族誌家たちは、彼らにとって「野蛮な」この祭儀の実践を記録し、エキゾチックな珍品や奇妙な物語として自国に持ち帰っていったのである［Tarabout 2005: 189］。

その一方で、彼らが残したテイヤム祭儀に関する記述は、ケーララ社会のなかで公的に受け継がれていった。もはや「古典」として位置づけられるサーストンの前掲書は、カーストやトライブについて言及する際に現在でも必ず参照されるものである。たとえば、州政府が刊行した『ケーララの文化史　第一巻』（一九九九年）やインド人類学調査局（Anthropological Survey of India）が発行した『インドの人びと――ケーララ 第二七巻』（二〇〇二年）のなかでは、カーストやトライブに関する記述の多くがサーストンの書から引用されており、テイヤム祭儀やテイヤム実践者にかには、イギリス植民地時代の植民地行政官や民族誌家たちによる記録がそのまま踏襲されているのである。関しても当時の記述がそのまま繰り返されている。つまり、今日の活字メディアにおけるテイヤム祭儀の記述のな

2 活字メディアを通じた「知識」と「意味づけ」の形成

イギリス植民地時代において、植民地行政官ら「他者」によって一様に「悪魔払い」と否定的に記録されたテイヤム祭祀は、一九三〇年代以降、ローカルの知識人たちによって記述されるようになった。かつて北マラバールを治めていたコーラッティリ王家の親族にあたり、高校の教員をしていたバーラクリシュナンは、一九三〇年代にテイヤム祭儀の祭文を採集し、それらを新聞に掲載した［古賀 二〇〇四：一八三］。その後、インドがイギリス植民地支配からの独立を果たした一九四七年には、オックスフォード大学で学んだ人類学者のM・D・ラガヴァンがテイヤム祭儀を含むケーララの文化的パフォーマンスについてまとめた英文書籍『ケーララの民俗劇と舞踊』を刊行している。同書のなかで彼は、植民地エリートたちがテイヤム祭儀を「悪魔の踊り」と記述したことについて、「パフォーマンス自体の神聖さに対して全く適切でない」と批判し、「テイヤム」及び「テイヤーッタム」という言葉を「神」や「神の踊り」とそれぞれ翻訳した。また、多くの舞踊の起源が宗教的信仰に基づいていると論じる彼は、テイヤム祭儀において神霊が繰り広げるさまざまなパフォーマンスの審美的要素を強調している［Raghavan 1947: 3］。

ラガヴァンによる先駆的な民俗学的研究のあとしばらくの間、テイヤム祭祀に関する研究や報告は、マラヤーラム語によるものにも英語によるものにもめざましい発展がもたらされることはなかった。現在でこそテイヤム祭祀に関する出版物は数多く流通しているが、テイヤム祭祀への学術的関心が本格的に高まったのは一九六〇年代後半からである。一九六七年、当時高校の教員であったC・M・S・チャンデーラがマラヤーラム語で初めてとなるテイヤム祭祀のモノグラフ『カリヤーッタム』を出版した。高カーストの彼は、「正統ヒンドゥー教」の立場から、カー

リー女神[3]（*kāli*）の踊り（アーッタム）がカリヤーッタムになり、その後テイヤーッタムと呼ばれるようになったと解釈した［Cantēra 1978］。つまり、チャンデーラは、ドラヴィダ文化の影響を色濃く残すローカルなテイヤム祭儀の起源を大伝統であるヒンドゥー教の神々に枠付けたのである。

その後、テイヤム祭祀はケーララ州内だけでなく州外や海外にも知られるようになる。一九七三年、歴史学者のK・K・N・クルップは、テイヤム祭祀に関する初めての英文モノグラフである『ケーララのテイヤム儀式と英雄崇拝』を発表した。クルップは、民俗学や人類学の領域で広まった彼の二冊の英文著作［Kurup 1973, 1977］を通じて、インド国内外の読者にテイヤム祭祀を紹介しただけでなく、テイヤム祭祀に興味をもった外国人研究者らにとって「会うべき人物」となった［Tarabout 2005: 201］。

一九七〇年代末以降には、元カリカット大学民俗学研究所長のR・パヤナーッドゥによるテイヤム祭祀の概要を記述した研究［Payanāṭṭu 1979］や、元ケーララ・フォークロア・アカデミー委員長のM・V・ヴィシュヌ・ナンブーディリによるテイヤム神の祭文（トーッタム）などを記述した研究［Visnunambūtiri 1980, 1981］が相次いで出版されている。とりわけ、一九九八年にヴィシュヌ・ナンブーディリが出版した『テイヤム』はテイヤム祭祀を広く網羅したモノグラフであり、現在まで繰り返し再版される「古典」となっている。そのほか、前述のバーラクリシュナンによるポッタン・テイヤム神の祭文などを収録した『マラヤーラム語の歌』も一九七九年に出版されており、一九九四年には彼の新聞記事をまとめた書籍も刊行されている［古賀二〇〇四：一八三］。

このようにテイヤム祭祀は、二〇世紀後半から民俗学愛好家や研究者らの間で注目されるようになり、彼らの記述が新聞や出版物などの活字メディアを通じて、ローカルの人びとにも知れ渡るようになっていった。現在でも、テイヤム祭祀に関する一連の出版物は、書店はもとよりパンチャーヤット[4]（地方自治機関）の集会所や村落内の図書館に収蔵され、多くの人びとの目に触れている。また、民俗学愛好家たちによってまとめられたテイヤム祭祀に関する安価な小冊子も数多く流通している。

くわえて近年では、財政的に潤いのあるカースト寺院の祭儀やペルンカリヤータム大祭の場において、寺院運営委員会が編纂した祭儀開催の記念文集が参拝者に無料で配布されている。これらの記念文集のなかでは、前述した書籍の内容が繰り返し引用されている。たとえば、古賀が報告するように、ワニヤー・カーストの人びとの間では、バーラクリシュナンが記したムチローットゥ・バガヴァティ神に関する神話とその神霊を守護神として祀る彼らの起源譚が好んで再録されている［古賀 二〇〇四：一八三］。つまり、テイヤム祭祀に関する研究者や民俗学愛好家たちによる見解が活字メディアを通じて繰り返し再生産され、テイヤム信仰に関するローカルの人びとの理解をより一層強固なものにしているのである。

タラワードゥ（合同制大家族）の祠やカースト寺院で毎年繰り返されるテイヤム祭儀では、テイヤム神の口からタラワードゥの出自や起源、村落社会の歴史などが語られる。テイヤム祭祀に関する一連の出版物は、口頭伝承によっていた神話の物語や起源をテキストに固定化し、ある特定の知識として主催者や参拝者たちへ伝える役割を果たしている。実際、わたしは祭儀の場において、祠に祀られている神霊の起源や物語を悠長に語るタラワードゥの成員に何度となく出くわしている。彼らは、神霊による口承だけでなく、一連の出版物を通じてそれらの語りを獲得している。それは、一部の研究者によるテイヤム祭祀の見解が広く一般化し、ローカルの人びととの間にテイヤム祭祀やカーストの起源に関する「知識」の形成が促されていったことを表している。

こうした要因には、人びとの民俗学的や宗教的関心もさることながら、九〇％を超えるケーララの識字率の高さが大きく影響している。ケーララの識字率は一九六〇年代から上昇し続けており、一九六一年が四六・八五％であったのに対して、一九七一年は六〇・四二％、一九八一年が七〇・四二％、一九九一年は八九・八一％、二〇〇一年では九〇・九二％に達している［Census of India 2001］。

2 「表されること」

これまで識字率が低く新聞を読む人口が少ないといわれてきたインドでは、近年「新聞革命」が起こっている［Jeffrey 2000］。新聞の発行部数が著しく伸びており、たとえば二〇〇三年から二〇〇七年にかけての五年間では三五・五一％も上昇している。インドのメディア状況を論じるＵ・Ｍ・ロドリゲスは、インドで新聞を含む活字メディアがこのように成長した要因として、識字率の上昇、技術革新、資本主義の影響の増加、さらには情報を求める人びとの欲求の高まりなどをあげている。情報のウェブ化が進む欧米諸国では出版業界が軒並み不況に陥っている一方で、インドにおける新聞の売り上げ数は世界一となり、各種雑誌の販売部数も右肩上がりで上昇している。二〇〇七年における出版業界の伸び率は一六％に達する勢いである［Roadrigues 2010］。インド国内でも識字率の高さを誇るケーララにおいて、人びとの多くは活字メディアにアクセスすることが容易である。村落内にあるパンチャーヤットゥの集会場や街の至る所では人びとが新聞を読みふける光景を目にする。彼らには新聞や出版物からテイヤム祭儀に関する「知識」を享受する土壌が備わっていたのである。

３　「アート」という新たな価値づけと実践者たちへの影響

テイヤム祭祀のイメージには、ヒンドゥー教徒が祀る祭儀というだけでなく、「アート」という価値づけも付与されている。この価値づけをもたらした「立役者」は、前述したクルップであった。一九六八年、当時カンヌール県内の村の村長だったクルップは、親交のあるテイヤム実践者を説得して、ケーララ・サンギータ・ナータカ・アカデミー（Kerala Sangeetha Nataka Akademi ケーララ音楽舞踊劇協会）が主催するアート・フェスティバルにテイヤム神を初めて出演させた。以後、クルップら研究者たちは、テイヤム神の舞台出演を国内外に推進する役割を担っていくことになるが、彼らの多くが州内で根強い支持を得ている左翼思想を背景にもっていたことは付言しておくべきことであろう。(5)

クルップと彼が出版した英文著作は、テイヤム祭儀を外部世界へ導く先導役となった。彼は著作のなかで、「テイヤムは儀礼であると同時に芸術でもある」[Kurup 1973: 36]と主張し、高カーストが上演するカタカリなどの古典芸術と「同等」の審美的価値をテイヤム祭祀に見出した。そして、もともと多様な文脈において技や芸を意味する、マラヤーラム語の「カラ(*kala*)」という言葉を「art」と翻訳し、テイヤム祭儀を「儀礼芸術(ritual art)」や「民俗芸術(folk art)」としてはじめて表現した[Kurup 1973]。わたしが彼にインタビューした際、彼自身もテイヤム祭儀に「アート」という言葉を初めて用いたことを自認していた。(6) 彼はまた、テイヤム祭祀に関する歴史的観点をもたらした著書『マラバールのフォークロアにおけるアーリヤとドラヴィダ文化の要素』(一九七七年)のなかでも、同様にテイヤム祭儀の審美的部分を強調している。

テイヤム祭儀を「発見」し、「民俗芸術」として「再配役」したクルップは、以後、インド各地や海外で開催される文化イベントやフェスティバルの舞台にテイヤム神を積極的に出演させていった。(7) なかでも最も規模が大きかったものは、一九八二年にデリーで開催された第九回アジア競技会である。(8) 同競技会のオープニング・セレモニーでは、インドの「民族文化」を象徴するものとして地方の民俗芸能が数多く紹介され、一〇〇体以上のテイヤム神がグランドに登場してパフォーマンスを披露した。クルップは、このイベントにおいてテイヤム神の出演に関する交渉や手配の窓口など、いわば「文化的媒介者」の役割を担っていたのである。(9)

さらにクルップは、一九八六年に州政府広報課(Department of Public Relations, Government of Kerala)から『テイヤム——ケーララの儀礼舞踊』という小冊子を刊行している。彼はこの冊子のなかで、古典芸術と位置づけられているカタカリとテイヤム祭儀との類似性をいくつか提示した。たとえば彼は次のように述べている。

「テイヤムの踊りは、地域の社会、政治、さらには経済的システムのさまざまな要因によって、その発展が阻まれたために、古典演劇の地位に到達することができなかった。また、アーティストたちが抑圧されたコミュニティに属していたために、芸術形式の地位はカーストに支配された社会によってみくびられた。カタカリのような古典芸術は、テイヤムからいくつかの側面を借用している。テイヤム芸術とカタカリとの間には、化粧、衣装、踊りそして楽器などの点でごく近い類似点がある」[Kurup 1986: 39]。

当時、この小冊子は一万部発行され、州政府の関係機関や地方の行政組織に広く配布された[10]。公的機関内における小冊子の流通は、クルップの見解や記述を州政府のテイヤム祭祀に対する公式見解として浸透させる契機となった。それは、テイヤム祭儀がローカルなヒンドゥー祭儀であると同時に、州の「民俗芸術」として確固たる地位を確立したことを意味していた。

祭儀の場を離れた文化イベントへの出演や儀礼芸術を強調する小冊子の流通といった動きは、テイヤム祭儀に西欧近代的な「アート」という新たな価値づけを付与する原動力となった。すなわち、伝統的な宗教実践というそれまでの位置づけに加えて、「テイヤム＝アート」という芸術的色合いを含むイメージが行政を中心に形成されていったのである。オーストラリアの先住民であるアボリジニの文化について論じる文化人類学者の窪田幸子は、国際社会との関係の影響をふまえながら、アボリジニ文化が見るべき価値のないものとされていた時代から、オーストラリアの国家的アイデンティティの一部として、オーストラリアの文化資源となり、さらにその特別な一部が文化資本へと変化していく過程を考察している［窪田二〇〇七］。テイヤム祭儀に関する書籍の流通を通じて浸透した「アート」という新たな価値づけは、本来、州北部のローカルなヒンドゥー祭儀であったテイヤム祭儀を外の世界へと広め、テイヤム神の「舞台出演」や観光化といった世俗化の動きを促進する引き金になるものでもあった。そして、こうした舞台や観光イベントに出演した際、テイヤム実践者たちは「アーティスト」と呼ばれるようになり、彼らのなかには「アーティスト」を自称する者もみられるようになった。

他方で、テイヤム祭祀に関する出版物の流通は、テイヤム実践者たちの伝承過程にも影響を及ぼしている。たとえば、わたしが祭儀の場で遂行される実践の詳細や意味について彼らに尋ねると、「自分はわからないけど、バーラクリシュナンの本に書いてあるはずだよ」と答える者や、彼らの自宅を訪ねた際に祭文について質問すると、ヴィシュヌ・ナンブーディリの本を持ち出して説明しようとする場面に出くわすことがあった。なかには、ヴィシュヌ・ナンブーディリの書籍から祭文を学んだと誇らしげに語る若い実践者もみられ、彼はわたしにその書を一読するよう薦めてきた[11]。

テイヤム祭儀のようなローカルな文化的パフォーマンスは、口頭伝承によってその知識や技芸が受け継がれてきた、と一般的には論じられる［cf. Jayarajan 2008; Kurup 1973, 1986; Nambiar 1999］。ところが、伝承過程においては、祭文や祭儀の次第などがテイヤム実践者たち自身によって記録され、それらの文書を通じて知識が伝承される側面も見うけられることは前章で述べた通りである（第一章第二節参照）。また、現在では、ヴィシュヌ・ナンブーディリなどの書籍が広くテイヤム実践者たちの間で認識されており、書籍から祭儀に関する知識を身につける者もいる。テイヤム祭祀に関する一連の出版物は、祭儀についての「知識」をローカルの人びとに浸透させただけでなく、自らの実践の真正性を説明する手立てや伝承の手段として、テイヤム実践者たちの間でも利用されているのである。

くわえて、祭儀に関する「知識」は政治家や研究者を通じて次世代のテイヤム実践者たちに直接植え付けられてもいる。伝承を危ぶむ引退したテイヤム実践者らが中心となって、近年頻繁に開催されるようになったテイヤム神の化粧や装束作りに関するワークショップの場では、主催者や支援団体の知識人、研究者や招待されたローカルの政治家たちの口から一連の出版物の内容が唱えられている。たとえば、二〇〇五年一一月一一日から三日間かけてカンヌール県北部（Keezhara）で開催された「テイヤム化粧ワークショップ（*Teyyam Mukhatteluttŭ Śilppaśāla*）」には、異なるカースト出自をもつ二二名の若年実践者たちが参加した。ワークショップのほぼ半分は、地元の政治家や知識人たちによるテイヤム祭祀についての講演であり、その内容はチャンデーラやヴィシュヌ・ナンブーディリらの書籍によるものであった。テイヤム祭儀に関する技術を習得するためにワークショップに参加した若年実践者たちは、こうしたステレオタイプの語り口を繰り返し耳にすることで、祭儀に関する知識人たちの価値づけを刷り込まれているのである。[12]

植民地時代の入植者たちが「悪魔」や「悪魔祓い」と記述したテイヤム祭祀は、その後、研究者を中心としたローカルの知識人によってヒンドゥー教的観念のもとに書き直され、また西欧近代の概念にもとづく「アート」という新たな解釈も加えられ表象されてきた。人びとは活字メディアを通じてテイヤム祭祀に関するこれらの表象を受容し、かつ現在まで繰り返し再生産している。テイヤム祭祀に関するローカルの人びとの理解やイメージとは、一部の研究者たちの解釈や「アート」という枠組みが複合的に結びついて生成され、価値づけられているのである。

二　共産党、芸術家、メディアとしての神霊

国民国家と深く関わる地域固有の文化的パフォーマンスは、観光産業から文化・スポーツイベントにいたるさまざまな場に利用されている。それらの文脈では、観光文化としての「新しい伝統」が生成されたり、国民文化を想起するため、あるいはナショナルやエスニックなアイデンティティを現出する形態として身体文化が流用されている[13] [cf. Ramsey 1997; Van Zalie 1996; 梅田 二〇〇一、木下 二〇〇四]。本節では、地域固有の文化的パフォーマンスであるテイヤム祭儀がいかなる価値づけのもとで再生産され、かつ人びととの間で受容されているのかについて、政治や芸術との接合によるテイヤム祭儀の表象や意味をめぐる動向を俯瞰する。

1　ダルシャンと民俗メディア

多くのヒンドゥー教徒にとって、信仰の核となる伝統的な宗教実践とは、聖なる存在をダルシャン（*darśan*）することである［Eck 1983: 3］。宗教学者のＤ・Ｌ・エックの主張によれば、ダルシャンとはヒンドゥー神と信者との間で交わされる、視線を介した交換または交感関係のことである。ヒンドゥーの信仰的文脈において、ダルシャンとは、信者である彼らがただ崇拝の対象を一方的に見つめることだけを意味しているわけではない。信仰の対象として、彼らの前に「姿」を現す聖なる存在から彼らが見つめられ、またその存在を彼らが見つめ返すという、双方向的な視線の交換を意味している(14)［Eck 1983: 6-7］。

聖なる存在がその姿を人びとの前に現し、ダルシャンを与える媒体は、路傍の石にはじまり石像や塑像、図像画などさまざまな形態をとる。また、聖者や霊媒、神々の物語を演じる役者など、人間が聖なる存在を宿す媒体になることもある［三尾 二〇〇三：三八］。テイヤム祭儀では、旧不可触民階層の男性が霊媒となって参拝者の前に顕現するテイヤム神が、参拝者にダルシャンを与えるだけでなく、さまざまな身体パフォーマンスによって神話の世界を表現する。それは、テイヤム神自身が神話の世界と人びとを結び付けるメディアの役割を果たしていることをも包含している。

テイヤム神を「ダルシャン」する行為は祭儀の場に限ったものでもない。特定のテイヤム神の写真やイメージは額縁に入れられ、信仰の対象として勧請、礼拝が行われている。インドでは、市街の路上や寺院の門前の露店において、印刷された神々の図像画や塑像が売られている。こうした図像画は、人びとの日常生活に宗教色をつけるとともに、現世利益的な信仰の対象ともなっている。文化人類学者の田中雅一は、ヒンドゥー教徒にとって礼拝がたんなる偶像崇拝ではなく、神の力（シャクティ）にかたちを与える技術であり、礼拝を通じて力が特定の場に神の姿

写真 2-1　路線バスの窓ガラスに張られたテイヤム神の写真（カンヌール市内、2011 年 3 月）

をともなって現れると述べる。それゆえ、民衆宗教画への礼拝は、そこに描かれている神に祈っているというのは正確ではなく、礼拝という行為を通じてそこに神を招き、もてなし、祈願するというのが正しい解釈であると論究する［田中二〇〇二：二三二］。カンヌール市内の日用雑貨店や露店では、ヒンドゥーの神々だけでなく、テイヤム神の人形や図像画、写真やステッカーといった商品が安価に販売されている。人びとは、これらの写真や図像画を自宅の祭壇や壁、自家用車、オートリキシャやバスの車内などに掲げて、線香を灯して祈りをささげ、その御利益にあやかろうとする（写真２―１）。なかには、祭儀の場で撮影したテイヤム神の写真を携帯電話の待ち受け画面にして、その功徳を得ようとする者もいる。

画一化した図像画の流通と日常生活における人びとの宗教的実践は、テイヤム祭儀の文脈と相関関係にある。祭儀の場でテイヤム神にカメラを向けると、正面を向いて見得をきることがしばしばある。長期調査をはじめた当初、わたしはこうした素振りをするテイヤム神を「目立ちたがり屋」「ふざけた者」と思い、なるべくそのような姿を避けた躍動的な動きのあるテイヤム神の写真を撮るようにしていた。ところが、カルナーカランや他のテイヤム実践者たちには、わたしが撮った写真は不評であった。彼らからは一様に、「どうして正面からテイヤム神全体が写る写真を撮らないんだ」と文句を言われた。また祭儀を奉納するタラワードゥの関係者からもそのような写真を求められた。テイヤム実践者たちは、市場に流通している図像画と同様に、撮影される写真が「ダルシャン」の対象として利用されること、またそのような価値があることを認識しており、神霊はそのためにポーズをとっていたのである。

前節で述べたように、テイヤム祭儀に関する「知識」や「価値づけ」が活字メディアを通じて浸透した背景には、ケーララの高い識字率が影響していた。インド社会において、活字メディアにアクセスできるのは、長きにわたってごく限られたエリートたちだけであった。現在、インドの識字率は七四・〇四％にまで達しているが、イギリス植民地からの独立を果たした一九四七年においてはわずか一二％足らずであった［Census of India 2011］。非識字率の高い地方社会において、人びとの主たるメディアとなってきたのは、「民俗メディア（folk media）」とよばれる宗教劇や民俗芸能などの口承なメディアであった。ここでいう民俗メディアとは、民俗学者のS・パルマールがいう「伝統的民俗メディア（traditional folk media）」［Parmar 1975: 7］と同義である。

社会人類学者の杉本良男は、南インドにおける王権と寺院との結びつきを論じるなかで、ヒンドゥー寺院が「田舎の王宮」として、中心性を現出する中世的装置であるだけでなく、経済的な意味における流通の拠点でもあり、かつ文化を流通させる「文化媒体」の特徴をも兼ね備えていると指摘する［杉本 二〇〇四：一六六］。宗教とは、その社会的性格ゆえになんらかのメディアを通じた広報や宣伝活動を不可欠のものとしている。ヒンドゥー寺院を例にあげれば、寺院は祭礼などの際に上演される宗教劇や民俗芸能といった文化的パフォーマンスを通じて、宗教メディアの最重要の拠点となるだけでなく、前近代的な劇場の役割も果たす宗教文化的な拠点でもあった［Brandon 1993］。

非識字率の高いインドの地方社会において、ヒンドゥー寺院を訪れる人びとが重視するのは、崇高な教義などではなく、教訓を含むパフォーマンスとしての宗教的メディアの性格である。杉本によれば、現在でも『ラーマーヤナ』や『マハーバーラタ』などの叙事詩のエピソードは広く人びとに知られ、またそれらが多くの娯楽作品の創造の源泉にもなっている。こうした娯楽的メディアの浸透力は、エリート主義的なマスメディアなどによるプロパガンダよりもはるかに影響力の大きいものであると杉本は主張する［杉本 二〇〇四：一六六］。同様の観点から、パルマールは民俗メディアが民間伝承の機能的な役割を通じて、地方の農村社会にまで到達していると論じる。彼は、その民間伝承の実践が歌謡、民俗芸能、造形などの形式を用いて、何世代にも渡ってもたらされたコミュニケーション行為であると指摘する［Parmar 1975: 7］。

こうしたインドの多様な民俗メディアがもつコミュニケーションの潜在力は、イギリス植民地支配からの独立運動の際にも注目されていた。民俗メディアは、独立前においてはイギリス植民地統治に対する抵抗の手段やプロパガンダとしての役割を担っていたのである。メディア論者のＢ・Ｋ・プラサッドが述べるように、ウッタル・プラデーシュ州のアルファ（*Alha*）やマハーラーシュトラ州のラーヴァニ（*laavani*）、カルナータカ州のギィーギィ（*Gee-Gee*）やタミル・ナードゥ州のヴィルパーットゥ（*Villupaattu*）、あるいはベンガル州のカヴィガーン（*Kabigaan*）といった地方の民俗劇や芸能は、植民地解放運動家たちによって、植民地統治に反発する国民の道義心を喚起させるために利用されていた［Prasad 2005: 307］。

一九〇五年から一九〇八年にかけて、ベンガルを中心に展開された国産商品の生産消費を奨励するスワデーシー運動[15]（*Swadeshi*）では、地方芝居（*jatra*）が独自の役割を果たしている。インドの近代史を論じる臼田雅之の研究によると、スワデーシー運動が展開された当時、運動に関わった民俗芸能は少なくなく、たとえば、東ベンガルのモスリム農民の間に伝わる民謡を歌うグループなどは、祭礼の場でイギリス製品のボイコットと国産品愛用をテーマとする内容を歌っていた。なかでも、東ベンガルの村々をまわって興行したスワデーシー＝ジャットラと呼ばれる地方芝居は、奴隷的境遇に甘んじることを弾劾する物語を展開し、演者の優れた歌唱力が村落の民衆に深い感銘を与え、その後のスワデーシー運動に大きな影響を与えていったといわれる［臼田 一九八一：三九］。

民俗メディアは、イギリス植民地支配からの独立後も中央政府によって継続的に利用され、農村地域の発展意識を高めるために貢献している。一九五〇年代後半では、独立の物語を地方の人びとにまで広く伝えることを目的に、中央政府が民俗メディアを効果的に利用した。また、社会民主主義のイデオロギーを浸透させる情宣活動の手段として、あるいは村落の生活環境を改善するための五か年計画やその他のプロジェクトを浸透させる方法としても民俗メディアが用いられた。こうした動きの影響から、六〇年代から七〇年代にかけて民俗メディアへの関心が著しく復活し、マス・コミュニケーションに対する多種多様なコミュニケーションとして、民俗メディアに力強い後押しがあった［Prasad 2005: 307-311］。さらに八〇年代に入ると、民俗メディアが観光の文脈でも取り上げられるようになった。中央政府の肝煎りのもと世界各地で大規模に開催された「インド祭」では、従来の画一的なインド・イメージを払拭するために、民俗芸能などを積極的に紹介しながら「継続と変容」という新たなイメージの普及が試みられ、インドの「多様性」が強調された[16]［井上 一九九九：二二八］。

他方、民俗メディアは、その影響力から政党のプロパガンダとしても機能してきた。一九四〇年代初頭まで、イギリスからの独立は実質的に確証できないものであり、将来の国家像がはっきりとしない状況であった。当時の左翼系政党は、プロパガンダの手段として演劇を活用しようと躍起になっていた［Richmond 1973: 319］。四〇年代には、インド共産党の文化部門であるＩＰＴＡ[17]（Indian People's Theatre Association インド民衆演劇協会）によって、社会的意識と政治的教養を高める目的から、ベンガル州のジャトラ（*Jatra*）、マハーラーシュトラ州のタマーシャ（*Tamasha*）、グジャラート州のバーヴァイ（*Bhavai*）、あるいはアンドラ・プラデーシュ州のブルカタ（*Burkatha*）といった、人気のある地方の民俗劇が利用された［Prasad 2005: 307］。

こうした動きは、独立からすでに七〇年近くが過ぎた今日でも脈々と続いている。左翼系政党は、選挙キャンペーンや政党の集会にたびたび民俗メディアを利用している。たとえば、タミル・ナードゥ州の太鼓文化に関する現代的位相を考察した黒川妙子は、一九七〇年代から八〇年代にかけて、インド共産党の左翼活動家たちが、本来、ダリト（旧不可触民階層の人びとの別称）社会の伝統的な民俗文化であった太鼓を儀礼的文脈から切り離し、民衆の「文化財」

としての新しい役割を公の場において積極的に打ち出していったと述べている［黒川 二〇〇二：五九］。アンドラ・プラデーシュ州では、インド共産党大会と付随して民俗芸術フェスティバルが開かれている。また、同地域の共産党（ＣＰＩ（Ｍ））が発行する機関誌には、民衆運動の支援や帝国主義の猛威から文化遺産を保護することの必要性を後押しするために、民俗芸術を効果的なコミュニケーションやインスピレーションの方法として、奨励、普及することが主張されている［Rao 2002: 1］。

このように、インドにおける歌謡や民俗芸能、地方劇といった民俗メディアは、社会の発展的なコミュニケーションのために効果的に利用され、読み書きのできない人びとの感情をかき立て、彼らの態度に影響を与え続けてきた。民俗メディアは当該社会の文化的エートスを反映し、地方社会における一般大衆の心情を具体的に表現し続けてきたのである。では、テイヤム神、あるいは宗教的メディアとしてのテイヤム祭儀のパフォーマンスは、近代化の過程で、人びとにどのようなメディア経験をもたらしているのだろうか。次に、テイヤム祭祀を大衆的な宗教呪術的メディアとして捉え直し、その現代にいたるまでの展開について政治と芸術の文脈からみていこう。

２　共産党のプロパガンダとなった霊媒

左翼勢力が根強い人気を誇るケーララにおいて、テイヤム神は共産党のプロパガンダの役割を果たしている。共産党関連の政治集会が催される際には、革命家のチェ・ケバラと共にテイヤム神のイメージがお決まりの如く宣伝看板に流用されている（写真２―２）。会場入り口に設置される簡易の書籍販売コーナーでは、マルクスや共産主義に関する書籍の隣にテイヤム祭祀に関連する本も置かれている。選挙期間になれば、共産党候補者らはテイヤム神の一種であるムッタッパン神の祭儀を自宅で奉納し当選を祈願する。あるいは左翼系組合が主催する抗議行進のなかに、テイヤム神の姿があることも珍しいことではない(18)。現代ケーララ社会の政治的文脈において、左翼勢力とテイヤム神との結びつきは自明のものとなっているのである。そこで、こうした両者の接合について、その歴史的過程を追ってみたい。

共産党勢力がその基盤を構築しはじめた一九三〇年代、ケーララでは、知識人層を中心に左翼的な新しい感性が急速に発展していった。なかでもタカリ・シヴァシャンカラ・ピッライ（Thakazhi Sivasankara Pillai, 1912-1999）やP・ケサヴァ・ピッライ（P. Kesava Pillai, 1904-1983）といった若い作家たちは、ヨーロッパの文学に精通し、その影響から社会的リアリズムにもとづいた創作活動へと傾倒していった［Nossiter 1982: 95］。彼らは作品のなかで、これまでのマラヤーラム文学において決して居場所を見いだされることがなかった虐げられた貧困者たちを、新たな英雄像として表現しようと試みた。それは、低カーストに生まれた者がもはや野蛮で卑しい者ではなく、むしろ抑圧された人びととして積極的に位置づけられるようになったことを意味していた。こうした若い作家たちによって創り出された新しい文学形態の短編や小説は、左翼イデオロギーの浸透や識字率の高さを背景にして、徐々に一般大衆へと拡がっていった［Tarabout 2005: 194］。

写真 2-2　左翼系政治集会の告知看板（カンヌール市内、2007 年 3 月）

イギリス植民地統治の拠点の一つであったカルカッタ（現コルカタ）でIPTAが活動を始めた一九四〇年代初頭に、ケーララでも自由闘争の気運が高まりをみせ、K・ダモーダランによる地主と小作人の関係を描いた初の舞台『地主税（*Pattabakki*）』が上演された［Richmond 1973: 324］。その他にも、独立解放運動や共産主義の思想と密接に結びつく演劇や地域の芸能が村落社会で上演されていった。たとえば、オッタントゥッラルやプーラッカリなどの民俗メディアは、反日や買いだめ反対のプロパガンダのために利用され、新たな「パトロン」を獲得していった［Menon 1994: 176］。

このような時代背景の中で、テイヤム神自体も独立解放運動や左翼勢力と密接な関わりをもつようになっていく。一九三七年、ムッタッパン神を祀ったパラッシニカダヴ祠の周辺地域を治めていた地主（ナーヤル・カースト）は、祠からの収入を得るために祠の所有権を主張する訴えをマドラス高裁に起こした。判決は、歴史的に祠を管理してきた低カーストのティーヤの者にその所有権を認めるものであったが、この係争をきっかけとして、地主の行動に反発したティーヤの人びとや小作人たちは、互いの結束を強固なものにしていった。その後、彼らは徐々に独立運動や共産主義に傾倒していき、彼らが所有するパラッシニカダヴ祠で行われるムッタッパン祭儀では、ムッタッパン神が参拝者へ託宣を与える際に反英の独立解放運動の精神を伝えるなどして、農民運動を間接的に手助けするようになっていった［Kurup 1991: 121; 古賀二〇〇四：一七八］。また、第二次大戦中のパラッシニカダヴ祠は、Ｅ・Ｍ・Ｓ・ナンブーディリパッドやＡ・Ｋ・ゴーパーラン、クリシュナ・ピッライといった共産主義のリーダーたちの隠れ家にもなっていた。いうなれば、パラッシニカダヴ祠は、戦時中から共産党勢力の活動を支えただけでなく、ナショナリズム運動を文化的に促進する役割も果たしていったのである［古賀二〇〇四：一三九］。

一九四〇年代に入ると、共産主義者たちの間では、スペクタクルな要素を含んだテイヤム祭儀や他の儀礼を「民衆の文化」として積極的に捉え、両義的な意味を含む解釈がなされていった。それは、一方ではカースト制度や封建制度が基盤にあるテイヤム祭儀を否定し、他方では神霊の由来を語る起源神話のなかで語られる反地主制度や反カーストを示す物語を肯定的に捉えるというものであった［Tarabout 2005: 194］。たとえば、ムッタッパン神の神話のなかには、ブラーミンの女性によって育てられた子供（後のムッタッパン神）が、彼らの慣習に反する狩猟や肉食、飲酒をしたことから破門され、その後、森を彷徨っているときに部族民や低カーストのティーヤの人びとによって助けられ、親睦を深めるようになったという語りがある。神話のなかにみられるこうした社会的弱者との結びつきを表す物語は、ケーララの社会、政治的な変化のなかで、共産主義者たちの手によって脱文脈化されていったのである。

一九八〇年代初頭まで、ケーララの共産党員や他の進歩的な左翼活動組織は、テイヤム祭儀に代表される伝統的な民俗メディアと、彼らが目指す近代社会主義国家の生活におけるそれらの果たすべき役割を再考していた。その背景には、民俗メディアに内在するカースト・アイデンティティやカースト・ヒエラルキーという敵と対峙し、テイヤム祭儀というカーストに特定された民俗メディアを封建制度時代の負の遺産として一様に非難するという建前と、彼らの理想とする社会主義国家からこうした伝統的な芸術形式を追放すれば、「マラヤーリーのケーララ」という文化的アイデンティティの誕生を支持した彼ら自身の歴史的立場に矛盾を生じさせることにつながるという本音があった。つまり、現実的にローカルな文脈で民衆の圧倒的な支持を得ているテイヤム祭祀のような民俗メディアを拒絶することは、彼らにとって「政治的自殺」行為としかいえないことだったのである［Zarrilli 2000: 200-201］。

このような政治的背景のなかで、一九八一年五月一日、カンヌール県のコテイコル村で開催された共産党主催のメイ・デー政治集会の会場では、州内における社会的・政治的な批評を提供するために、テイヤム祭儀とカラム・パットゥ（*kalam pattu*）という二つの文化的パフォーマンスを再文脈化するイベントが行われた［Ashley 1993: 148］。アシュレイらの報告によれば、共産党支持者たちが集った会場のステージでは、共産党員によって資本主義や政治的腐敗、抑圧などへの抵抗を唱えるスピーチが繰り広げられた後、テイヤム神の一種であるバイラヴァン神（*Bhairavan* シヴァ神の暴力的な化身）が登場した。簡単なステップなどのパフォーマンスを披露したバイラヴァン神は、祭儀空間でみられるような祭主や参拝者への祝福のかわりに、マイクを使ってローカルの共産党員をステージに呼び寄せ、共産党候補者に投票するよう聴衆に呼びかけた。バイラヴァン神の呼びかけに対して、会場は笑いに包まれていた。ステージに呼ばれたローカルの共産党員たちは、祭儀の文脈で人びとが神霊に対して行う敬意を表す身ぶりを、バイラヴァン神に対してわざと誇張するようにふざけて行った［Ashley and Holloman 1982: 72］。

共産党が同集会にテイヤム神を登場させたその目論見とは、儀礼的なプロセスや司祭も存在しない、本来の宗教的文脈から逸脱した場にテイヤム神を顕在化させることによって、テイヤム祭祀を芸術形式として脱文脈化し、信仰形態から切り離した「楽しみ」として鑑賞することを聴衆に知らしめることであった。というのも、共産主義者たちは、貧困や依然として存続するカースト制度、さらには高カーストのエリートによる大衆の操作がテイヤム信仰やテイヤム祭儀のような宗教実践によって堅持されていると考えていたからである［Ashley 1993: 271］。

政治化したテイヤム神の表象は、現代ケーララ社会においても頻繁にみられるものである。共産党系の政治集会や学生連盟の集会、組合の会合といった集会の開催を告げる宣伝看板などには、もはや定番のごとくテイヤム神のイメージが流用されている。また、それらの政治集会の場では、テイヤム神がステージに登場したりパレードに参加したりする姿をたびたび見かける。[19] ただし、ここで留意すべきことは、アシュレイらが論じた一九八〇年代のテイヤム祭祀と共産党のつながりを示す文脈では、反カーストのイデオロギーを背景にして、神話の中でカースト・ヒエラルキーを批判するポッタン・テイヤム神[20]などのイメージが主に用いられていた点である。

ポッタン・テイヤム神が唱える祭文の中には、「人間の身体を切って血が流れるのはブラーミンもプラヤも同じである。この本質的な事実を知っているならば、道をあけろなどと言わないはずだ」［Viṣṇunambūtiri 1998］という一節がある。これは、ケーララ出身のブラーミンで中世インドの宗教哲学者であるシャンカラーチャーリヤ（*Śaṅkarācāryan*）が修行している際に、不可触民に対して高慢な態度を示したことから、彼を改めさせるためにシヴァ神が不可触民であるプラヤの若者に化身して彼の前に現れ、彼に平等について諭したといわれる一場面である。共産党の政治家や支持者たちは、カースト批判の象徴あるいはカースト差別に対する思想的根拠として、この一説を演説の際に好んで用いている。また、ポッタン・テイヤム祭儀の場では、「ポッタン・テイヤム神は社会主義の象徴である」といった説明をする共産党支持者に出くわすこともしばしばある。彼らはポッタン・テイヤム神を資本主義に対する抵抗のシンボルとしても位置づけているのである。

付言しておくと、共産主義のイデオロギーに絡まれたテイヤム神の表象には、変化がみられるようである。一九八〇年代における政治化したテイヤム神の表象に比べて、今日の政治的文脈では、カースト批判を象徴するようなポッタン・テイヤム神などよりはむしろ、華美な装飾をともなった審美的で視覚的に印象の強いテイヤム神が選ばれる傾向にある。

テイヤム信仰と左翼勢力との結びつきは、政治的文脈におけるテイヤム神の表象だけにとどまらず、祭儀の場やテイヤム実践者にも及んでいる。共産党の幹部クラスの者になると活発な関与はみられないものの、一般の共産党員は寺院の運営や祭儀に積極的に関わっており、寺院の管理委員会や祭儀実行員会のメンバーであることも珍しくない。祭主や寺院関係者に尋ねると、「寺院運営や祭儀の開催と政党は関係がない」と皆が口を揃えるものの、共産党の影響は祭儀空間にも現前と表れている。たとえば、祭儀が開催されるカーヴや寺院の入り口近くには、共産党員たちによってスピーカーを積んだ簡易テントが設置され、スポンサーである中小商工業者の名前とともに、祭儀の開催についての祝辞が共産党の名のもとで読み上げられる光景をたびたび目にする。祭儀会場の外で開かれる露天や市街にある共産党が運営する書店では、マルクスや共産主義の書籍に混じってテイヤム祭祀に関する本も販売されている。さらに、古賀が報告するように、パラッシニカダヴ祠では、父親が共産党を離党したことへの仕打ちとして、テイヤム実践者がカンヌール県の共産党委員会によってその実践権利を剥脱されるといった事件も起きている［古賀二〇〇四：一七八］。

テイヤム実践者たちの中にも共産党支持者は数多くいる。テイヤム神は、祭儀空間において高カーストを含む参拝者の信仰の対象として敬われている一方で、その実践者たちは日常の生活世界において、長い間社会的地位の低

写真 2-3　マーター・アムリターナンダマイー・デーヴィのイベントに参加するテイヤム神（カンヌール市内、2005 年 9 月）

い存在であり続けてきた。独立以降、カースト・ヒエラルキーや差別の撤廃、経済的不平等の是正を唱えてきた左翼勢力は、彼らのような弱者を取り込むことに成功し、その影響からテイヤム実践者という社会的地位が低いだけでなく経済的上昇も困難な伝統的職業を拒む者が増えていった。また、左翼系の集会場の聴衆のなかにテイヤム実践者の姿を見つけるのは容易なことであり、「選挙では家族全員がＣＰＩ（Ｍ）に投票する」と公言するテイヤム実践者も少なくない。なかには、「カースト制を肯定するヒンドゥー教は信じないが、左翼思想には共感する」と語るテイヤム実践者もみられ、自宅にはヒンドゥーの神々を祀る祭壇のかわりに共産党指導者の肖像画を掲げる者もいる。

　テイヤム祭祀は、ケーララ州北部において根強い支持層を持つ共産党勢力によって、カースト・ヒエラルキーに抗するローカルなシンボルとして宗教的文脈とは異なる場に担ぎ上げられてきた。こうした動きは、左翼的思想をもつ知識人たちの言説や活動とも密接な関わりをもっている［Ravi 1999］。クルップ、パヤナーッドゥ、ナンビアールらに代表される研究者らは、テイヤム祭儀に審美的価値を見出し、文化イベントやパレードなどの場にテイヤム神を積極的に出演させていった（写真2—3）。彼らは、「テイヤム神をどこで担うかを決めるのは、テイヤム実践者自身にある」と主張し、舞台やパレードといった文脈にテイヤム神が表象されることに反対するヒンドゥー右派や民俗学愛好者たちを糾弾する。[21] ある共産党員が「民俗芸術は、虐げられ搾取された人びとの感情を表現する媒体である」[22]と語るように、テイヤム神は民俗メディアとしての役割を担うだけでなく、旧不可触民階層の人びとや社会的弱者の関心を取り込もうとする共産党勢力の意図と接合することで、「民衆の文化」や「抵抗」のシンボルとして政治的文脈に流用され、人びとに提示されているのである。

3　芸術家による物語化と再提示

祭儀の文脈から逸脱した文化イベントや政治集会の場に「民俗芸術」として表象されるテイヤム神は、儀礼的過程が省略されてはいるものの、あくまで旧不可触民階層のテイヤム実践者が霊媒となって顕現しているものである。ところが、芸術の分野においては、テイヤム神が「アート」として表象されるだけでなく、他者によって「演じられ」てもいる。テイヤム神は研究者に価値づけられ、共産党勢力に流用されるだけでなく、芸術家たちによって再構築または創造された物語のなかで俳優によって表現されているのである。

図 2-2　映画『カリヤーッタム』の VCD（カンヌール市内で収集、2005 年 7 月）

テイヤム祭祀は、州内外の芸術家たちの創作活動に少なからず影響を与えてきた。たとえば、州中部出身の著名な劇作家兼舞台演出家であり、中央政府機関のサンギート・ナータク・アカデミー（Sangeet Natak Akademi 音楽舞踊アカデミー）の副議長を務めたカヴァラム・ナーラヤーナ・パニッカール（Kavalam Narayana Panikkar, 1928-）は、一九九九年にテイヤム祭祀の英雄信仰を題材にした舞台『ティーヤ・テイヤム（*Theeya Theyyam*）』を創作している。ラーマ王子の悪魔退治を描いた古代インドの叙事詩『ラーマーヤナ』と、現代の村落社会における日常生活の出来事を織り混ぜたこの作品は、彼が主催する劇団ソパナムによって州内外でたびたび上演され、高い評価を得ている。二〇〇四年にはデリーの国立演劇学校（National School of Drama）の学生によって、ヒンディー語版の上演も行われている。[23]

映画界では、シェイクスピアの戯曲『オセロ』が元となった、テイヤム実践者と高カーストの女性との悲劇の恋物語を描いた映画『カリヤーッタム（*Kaliyattam*）』[24]（図２―２）が一九九七年に公開され人気を博した。その後、二〇〇六年には、テイヤム信仰の背景に潜む支配者と被支配者との間の苦闘や現代ケーララ社会の政治状況を物語化した『虎の生活（*Pulijanmam*）』[25]が公開されている。最近では二〇一三年に大ヒットしたシャー・ルク・カーン主演の映画『チェンナイ・エクスプレス』の一場面において、高原を背景にして挿入歌を歌うシャー・ルク・カーンの後ろで複数のテイヤム神の踊る姿が映し出された。その他、短編映画としてテレビで公開された『神の心（*Devamanasam*）』（二〇〇三年）や、舞台『カティヴァヌール・ヴェーラン（*Kativanur Velan*）』（二〇〇五年）などがある。これらの作品のなかに登場するテイヤム神は、いずれも俳優によって演じられている。

海外の芸術家のなかにも、テイヤム神を模倣したり、題材化した演劇パフォーマンスを行った者がいる。アメリカのサンフランシスコで毎年開催されるフリンジ・フェスティバルでは、一九九五年にケーララ・カラマンダラムでクーディヤーッタムを学んだジョン・ソウルの作、出演による『身の毛がよだつこと（*Horripilation!*）』が上演された。本作品では、テイヤム神を模した衣装をまとう主人公が登場し、クーディヤーッタムとテイヤム神の身体技法を融合させたパフォーマンスを披露した。二〇〇三年には、ジョン・ウィットル率いる劇団ディウィーブ・プロダクションズによって、マルチメディアと舞踊や演劇パフォーマンスを融合した作品『ケーララで神をさがす（*Searching for God in Kerala*）』が同じくフリンジ・フェスティバルで上演された。カンヌール市に数か月間滞在したウィットルは、マラヤン・カーストのテイヤム実践者からグリガン神のパフォーマンスに関する身体技法を学ぶとともに、神話を収集して作品の土台をつくりあげた[26]。両作品は、共に上演された年の最優秀フリンジ賞を獲得している。

芸術家たちのまなざしを介して創作されたテイヤム信仰の「物語」は、現代社会に生きるテイヤム実践者たちの姿や彼らの声を必ずしも代弁しているわけではない。むしろこうした作品の中には、現実とは異なった誇張や歪曲が見受けられ、テイヤム祭儀を取り巻く現状の理解に誤解をもたらす危惧さえある。映画『カリヤーッタム』を例に具体的にみていこう。

テイヤム実践者たちは、本来、カースト集団に応じて実践するテイヤム神の種類が厳格に規定されており、ある実践者が別のコミュニティのテイヤム神を実践することは不可能である。ところが、『カリヤーッタム』のなかでは、ワンナーン・カーストのテイヤム実践者が権利を持つテイヤム神をマラヤン・カーストの主人公が実践している。さらに、テイヤム実践者が最小限の衣類しか身につけていないことから、物語全体として着衣規制が明確に存在していた過去の時代に設定されているかのような印象を与える半面、ある場面では主人公が突然現代的な服装で現れるように、時間と空間設定が不明瞭なことから混乱を招いている。[27]

また、本作品のなかでは、高カーストの女性が旧不可触民階層のテイヤム実践者と結婚することについて、父親は柔和な態度で反対するものの、土地を支配する領主やローカルの社会からは特別反対される様子もなく描かれている。現代ケーララ社会では、封建制や王族制が制度上崩壊しているが、テイヤム祭儀の場ではテイヤム実践者たちが報酬の増額を求める交渉の際に、カースト・ヒエラルキーが厳格であった頃の呼称である「ナードゥワリィ（封建領主）」と祭主たちを呼ぶように、抑圧された時代の慣習や関係性もいまだみうけられる。それゆえ、作品のなかで描かれたカップルの結婚は、実際のテイヤム実践者たちのコミュニティやローカルのヒンドゥー社会では現実的に賛同を得ることは極めて難しく、想像しがたいものである。

他者のまなざしによって創作されたテイヤム信仰に関する作品のなかには、十分な時代考証や社会背景が描かれないまま物語が創られているものがあり、ローカルの慣習や伝統のニュアンスが文化的背景を共有しない観客の前で失われている。『カリヤーッタム』では、テイヤム実践者と高カーストの女性の結婚は悲劇的な結末を迎え、主人公のテイヤム実践者がカンダナール・クラン神（役柄のカーストでは本来実践できない神霊）となって燃え上がる火の中に飛び込んでいく。創作者たちは、実際の根拠やローカル社会での共存を無視してテイヤム実践者のイメージや出来事だけを作品に利用し、人生がまるで運命の手にゆだねられているかのように物語を創り上げる。そこには、左翼的思想にもとづいてテイヤム実践者たちを「虐げられた人びと」と画一的なイメージで捉える、創作者たちの「救済」のまなざしがしばしば読み取れる。

ところで、テイヤム神が「他者」によって流用され、舞台や映画のなかで「演じられる」事象は、そのはじまりにおいて必ずしも肯定的に捉えられていたわけではなかった。ケーララ・カラマンダラム出身でモヒニヤーッタムの指導者兼舞台演出家であるカラマンダラム・ヴァナジャは、一九七七年にテイヤム神に関する作品『マッカヴム・マッカルム（*Makkavum Makkalum*）』をカンヌール市内で上演した。ヴァナジャによれば、作品上演後、複数のグループから作品の内容に関する嫌がらせがあり、なかでも作品のモチーフとなったマカン・テイヤム神の実践権利をもつ、ワンナーン・カーストのテイヤム実践者たちからは、「神霊を舞台に出すな」「お前たちに演じる権利はない」といった批判や圧力がかけられたという。彼女は、このほかにもムッタッパン神やプディヤ・バガヴァティ神に関する作品を創作しているが、彼女が主催する劇団の舞台では嫌がらせや圧力をうけたという理由だけでなく、「信仰を作品に利用することで罰があたる」と俳優たちが怯えるようになったため、現在では「テイヤム神」役を若い実際のテイヤム実践者が担っている[28]。

アシュレイらが報告する別の事例では、テイヤム信仰を題材とした舞台の上演をめぐって、裁判沙汰にまで発展している。一九八一年、カンヌール市内の劇団ナタナ・カラ・クシェートラムは、カーサルゴードゥ県のニレーシュワラー市内の空き地にて舞踊劇『シュリ・ムチローットゥ・バガヴァティ（*Sree Muchilot Bhagavathi*）』を上演した。興行自体は大成功を収めたが、物語のモチーフとなったムチローットゥ・バガヴァティ神をカースト神として祀るワニヤー・カーストの人びとからは猛烈な反発を買い、「信仰する神が舞台上で冒涜された」として裁判に訴えられた。

このコミュニティが問題視したのは、物語のなかで彼らが祀る神霊の神話と関わる女性が売春婦として描かれていたことや、祭儀での写真撮影が禁じられていた神霊の写真が公演前に配られたちらしに掲載されたこと、さらには神霊の装束が段ボールで造った粗野なものであったことなどであった[29]［Ashley and Holloman 1982］。

これらに対して、前述したパニッカールが創作した作品『ティーヤ・テイヤム』は、州内外で高く評価され、繰り返し再演されている。無論、上演された時代やパニッカール自身の社会的地位や影響力は考慮すべきだが、彼のテイヤム信仰に対するアプローチは、前述の作者たちと同じなのだろうか、違うのであればいかに異なっているのだろうか。作品の内容を検討する前に、パニッカール個人について簡単に触れておこう。

カヴァラム・ナーラヤーナ・パニッカールは、四〇年以上にわたって、インド古来の身体技法や審美眼を現代演劇の文脈に活用する方法論を探究し続けている［Vajpeyi 2012］。彼は、一九二八年にアラプッラ県カヴァラム村の地主の家に誕生した。村落の周辺には、さまざまな文化的パフォーマンスが伝承されており、それらに多くの影響をうけたと彼はいう。パニッカールは、マドラス法律大学で法律を学んだ後、一九五五年から六一年にかけてアラップラ市内の法廷で弁護士として活動していた。その一方で、幼少時より父親から『ラーマーヤナ』や『マハーバーラタ』を学んでいた彼は、青年期に入るとおじの影響から詩をつくるようになり、五〇年代後半からは戯曲も創作しはじめていた。一九六一年、ケーララ・サンギータ・ナータカ・アカデミーの秘書に就任したことがきっかけとなり、以後、彼は演劇界に身を投じていった[30]。パニッカールは、これまでにマラヤーラム語の戯曲を一二本とサンスクリット語の戯曲を五本創作し、それらの作品の上演を通じて、演劇関係の賞を数多く受賞している。文字通り、彼はケーララだけでなく、インド演劇界に多大なる貢献を果たした人物の一人である。

「地域固有の民俗文化や芸術が現代の芸術の発展に役立つ」［Panikkar 1993: 178］とパニッカールが著書のなかで述べているように、テイヤム信仰は、今日では芸術作品を生み出す創造の源泉として州内外の芸術家たちの創作活動に影響を与え、それをもとにいくつかの「新たな伝統」の物語や作品が生み出されている。パニッカールは、「民俗文化には人間の原型的な要素の表現が含まれており、それらはローカルの土地に根ざしている」と考えている。彼は、ローカルの物語、音楽、リズム、舞踊のステップにくわえて、古典芸術や民俗芸術に関係なく、ケーララのさまざまな文化的パフォーマンスからその様式やアイディアをすくい取り、彼自身が創作する現代演劇の文脈に組み込んできた。なかでも民俗の本質的な要素として、彼に影響を与えたものはローカルのリズムであり、詩であったとパニッカールは語る(31)。

パニッカールは、ローカルの民俗メディアを数多く調査していくうちに、テイヤム神の実践者たちと交流をもつようになった。とくに、欧米各国での舞台公演に何度か出演していたクニラーマン・ペルワンナーン親子(仮名)とは、国内外のイベントや祭典などのさまざまな場で遭遇するようになり、彼らから実践に関する技量や装束の作り方、化粧の方法などを学ぶ機会を得た。さらに、パニッカールは自らが主催する劇団のメンバーをクニラーマンのもとへ派遣し、彼らのテイヤム祭儀に関する技芸を習得させている。こうした背景に基づいて創られたのが『ティーヤ・テイヤム』である。

パニッカールの劇団は、独立以降、自らの起源から乖離してしまった現代インド演劇の発展を求めて、伝統的なルーツへの回帰を試みている。イギリス植民地からの独立後、多くのインド人劇作家たちは、イギリスの様式を踏襲しないインド的な演劇形態を発展させる必要性を感じていた。「シアター・オブ・ルーツ」として言及される、カヴァラム・ナーラヤーナ・パニッカール、ハビブ・タンヴィル（Habib Tanvir）、ヴィジャイ・テンドゥルカール（Vijay Tendulkar）らは、カタカリやヤクシャガーナといったインドの伝統的な芸能を学び、それらを現代インド演劇の創成に役立てようと模索していた［Mee 2007］。パニッカールは、ローカルの儀礼などの文化的ルーツに回帰しないかぎり、現代インド演劇は植民者の演劇形式の模倣から逃れることはできないと主張する［Singleton 1997: 168］。彼は、他の芸術家たちのように、単にテイヤム神のパフォーマンス的要素を自身の作品に持ち込んだわけではなかった。また、ローカルな文化的パフォーマンスをただ模倣したり、テイヤム実践者たちが祭儀の場で実践することを舞台上で繰り返すことはできないと考えていた。

パニッカールが重要視したことは作品の背景に哲学や思想をふまえることであった。特定のプロップや素材を舞台で用いることができるかどうかは、その状況や環境次第であり、そこには舞台化する正当な理由が求められると彼は語る。この点が、彼らグループと他の芸術家たちとの異なる部分である。ローカルの文脈で行われている文化的パフォーマンスをそのまま同じように舞台で行うことはできないことから、民俗文化を用いる際にはその分だけ思想が求められる、とパニッカールは考えているのである。

「テイヤムは未発展の演劇形態である」と価値づけるパニッカールは、テイヤム信仰を作品という文脈の中で昇華させている。そこには、「クーディヤーッタムと同様に、ユネスコはテイヤム祭儀を無形文化遺産に指定すべきだ」と訴える彼のテイヤム祭祀に対する敬愛の念がうかがえる。反面、作品の評価や舞台演出家としての彼の名声によって、彼の言動は次節で取り上げる州政府の観光政策にも大きく影響を及ぼしている。二〇〇五年には、ティルヴァナンタプラム市で行われた観光イベントのオーナム週間祭において、彼がオープニング・セレモニーの総合演出を務め、モヒニヤーッタムなどの古典芸術とテイヤム神を含むその他の民俗芸術が同時に舞台に立つパフォーマンスが披露されている。次節では、こうしたテイヤム神と観光の結びつきを紐解いていこう。

三　神霊信仰の多元的表象

テイヤム神は祭儀の場に現れるだけでなく、そのイメージが日常生活のさまざまな文脈に多様な形で流用、投影されている。祭儀に関する出版物や新聞記事などの活字メディアはもとより、商業宣伝広告や政治集会のポスター、テレビ番組のドキュメンタリーや映画といった既存メディアにくわえ、近年ではウェブサイトやブログなどの電子メディアの世界に至るまで、身体外的な複数の媒体と接合しながら繰り返し再生産され、人びとの間で享受され続けている。本節では、祭儀とは異なる観光や日常の生活世界において再生産されているテイヤム神のイメージに着目し、その位相を印刷・視聴覚・電子メディアの視点から検討する。[32]

１　観光産業における「マラバールの神秘」という役割

地場産業が乏しいケーララでは、州の重要な経済活動の一つとして観光産業に力を注いでいる。これまでの観光に関する人類学的研究のなかでは、第三世界の国々における音楽や美術、工芸といった民族芸術が観光客向けに商品化され、貴重な文化資源として売買されていると論じられてきた［Phillips and Steiner 1999; 石森 一九九七］。また、観光都市における民族表象をめぐる議論のなかでは、都市が民族文化の生産と消費、流通の拠点となり、魅力的な都市イメージの創出には「民族文化」が不可欠な要素となっていることが指摘されている［長谷川 二〇〇八］。ケーララ州政府観光省や観光業界は、ケーララ観光を州内外にアピールするためのイメージ戦略の一つとして、テイヤム神を頻繁に利用している。それは、別の言い方をすれば、宗教実践であるテイヤム祭儀が地域イメージの構築やローカリティの創出に関わっているともいえるだろう。

州都のティルヴァナンタプラム市や商業地のエルナクラム市といったケーララの主要都市では、毎年マラヤーラム暦チンガム月（八月から九月）の第一週目に、州政府観光省が主催するオーナム週間祭（Onam Weeks Celebrations）が開かれている。観光客誘致の一環として行われているこのイベントでは、野外会場内に設置された特設ステージにおいて、モヒニヤーッタムやカタカリといった古典舞踊のほかに、州を代表する「民俗芸術」としてテイヤム神がステージに登場し、三〇分から一時間程度のパフォーマンスを披露する（写真2—4）。その場に居合わせる観客の多くは、テイヤム祭儀に馴染みのない州南部や州外の人びとで占められ、テイヤム神が祭儀の場で行う祝福の身ぶりをステージ上で示しても、その祝福を得ようと近寄ってくる者はごく稀である。

こうした祭儀の文脈から逸脱した観光や文化イベントの舞台では、祭文などの儀礼的要素は簡略化または削除され、テイヤム神が行う舞踊的身体技法だけが誇張され観客に提示される。オーナム週間祭の公演においては、数時間に及ぶ本来の儀礼的プロセスは省略され、祭儀と同じ実践者の身体を介してはいるものの、短時間のうちに化粧と装束を身につけた「テイヤム神」が楽屋や舞台袖で待機している。[33] 舞台にあがった複数のテイヤム神は、狭い空間のなかで身動きを限定されながら、本来は個々の神霊によって異なる伴奏のもとで行うステップや身ぶりを皆一律に観客席に向かって行う。信仰と祭儀の空間において価値づけられるはずのテイヤム神は、観光や文化イベントにおいて「民俗芸術」として意味づけられるようになり、そのような場では儀礼的価値よりも「展示的価値」が強調されているのである。[34]

写真 2-4 オーナム週間祭でのテイヤム・パフォーマンス（ティルヴァナンタプラム市、2005 年 8 月）

テイヤムというローカル神は、ケーララの人びとの共有の文化資源としてさまざまに加工され、観光客に提供されてもいる。[35] 州政府観光省は、二〇〇三年と二〇〇五年にコリコーッドゥ県の有名ホテルにおいて、マラバール（州北部）観光を促進するトラベル・マートを開催した。[36] このイベントには、企業、行政機関、国内外のバイヤーらが集い、マラバールの観光開発に関するセミナーや意見交換が行われた。ここでもテイヤム神は、イベントのシンボルとしてそのイメージが宣伝広告に利用されている。二〇〇三年には、「マ

図 2-3　マラバール・マートで配られた記念品（コリコードゥ市内で収集、2005 年 9 月）

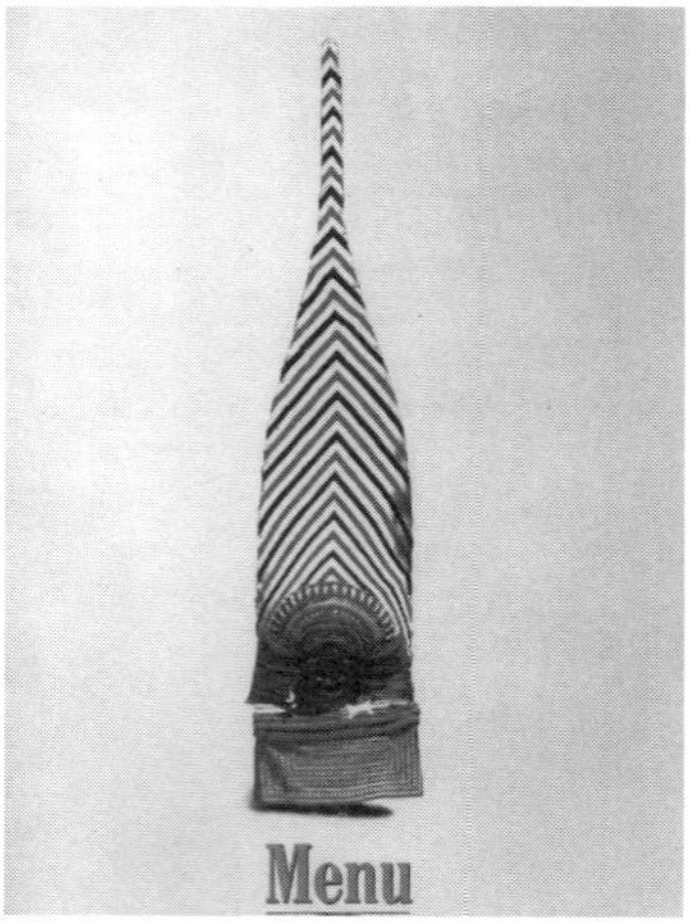

図 2-4　カンヌール市内のホテルにあるレストランのメニュー（カンヌール市内で収集、2005 年 6 月）

ラバールの神秘」というキャッチ・コピーと共にプディヤ・バガヴァティ神のイメージが用いられ、二〇〇五年には、「マラバール、神々が休暇を過ごす地」と謳ったキャッチ・コピーの横に、バガヴァティ女神の顔のデザイン画が描かれた。会場内では、これらのイメージを掲載したさまざまなノベルティが関係者に配布され、マラバール観光のイメージの浸透に役立てられた（図2―3）。

もちろんテイヤム信仰が盛んな地域においても、テイヤム神のイメージは、観光客誘致の目玉として積極的に利用されている。カンヌール県は、州南部に比べて観光名所が少なく、インフラも十分に整備されていないといわれる。そのため、市内の主要ホテルは、数少ない観光資源であるテイヤム祭祀を最大限に活用し、パンフレットやホームページから看板やレストランのメニューに至るまで、テイヤム神の写真を掲載した広報活動を展開している（図2―4）。それらのなかには、紹介や説明などが何も記されないままテイヤム神の写真だけが掲載され、カンヌール県とテイヤム祭祀の結びつきが強調されているものもある。

州政府機関の一つであるＤＴＰＣ（District Tourism Promotion Council 県観光振興協議会）のカンヌール支部も同様に積極

的な姿勢を示し、観光客をテイヤム祭儀の文脈に呼び込む活動を推進している。「機織りと伝承の地」というPRコピーを掲げるDTPCは、テイヤム祭儀の日程を詳細に記した冊子『テイヤム・ガイド』（一九九九年）を発行し、観光客が祭儀の場にアクセスできるような情報を提供している。この冊子はDTPCのオフィス内はもとより、カンヌール駅構内にあるDTPCの支所や市内のホテルにも置かれており、観光客は容易にそれを手にすることができる。

また、テイヤム神は市販のガイドブックにも登場している。州内で流通する英語版ガイドブック『ツーリズム――ケーララのトラベル手帳』では、二〇〇二年度版からそれまでのカタカリにかわってテイヤム神が表紙を飾るようになり、ケーララを象徴するものとして表されている。近年では、州外でもテイヤム祭祀が注目されるようになり、国内に広く流通する英文週刊誌『アウトルック』の別冊『アウトルック・トラベラー』二〇〇六年一一月号では、テイヤム神が表紙を飾り、「ケーララの季節」と題するケーララ観光の特集が掲載された（図2―5）。特集のなかでは、ケーララ観光を勧める第一の理由としてテイヤム祭祀が挙げられ、「シーズン中にケーララを訪れているならば、鮮烈なテイヤム・パフォーマンスを一度は体験したいはずだろう」と紹介されている(37)。

図 2-5　雑誌『アウトルック・トラベラー』の表紙（カンヌール市内で収集、2006 年 11 月）

インド国内の観光産業の文脈で広く知れ渡るようになったテイヤム祭祀は、外国人観光客の間では、どのように捉えられているのだろうか。近年では、海外で出版されたインドに関するガイドブックのなかでも、テイヤム祭儀に関する記述を簡単に見つけることができる。『ラフ・ガイド・トゥー・インド』は、次のように紹介している。

「今日、テイヤム・パフォーマンスは、政府が主催する文化フェスティバルでも見ることができるが、村落内の民家の中庭や寺院で夜通し繰り広げられるセレモニーでは、パワフルな効果を十分に体験できる」[*Rough Guide to India* (2005), p.1271]。

英語圏の外国人観光客の間で人気の高い『ロンリー・プラネット――インド版』においては、テイヤム祭儀の写真の他にコラムも掲載されている。[38] このコラムのなかでは、「テイヤムのエキスパート」と称されたホテルのオーナー（州南部エルナクラム市出身のキリスト教徒）が紹介され、テイヤム祭儀を見る際に滞在すべき場所として、彼が経営するホテルの詳細が記されている。このオーナーが知るテイヤム祭儀の情報とは、前述した『テイヤム・ガイド』に他ならない。[39]

これらのガイドブックの記述や、海外の旅行代理店による祭儀鑑賞ツアー[40]が運営されるようになったことに刺激をうけたのか、テイヤム祭儀の会場には、ここ数年の間で外国人観光客の姿が著しく目立つようになった。そして、インターネット上には、ローカルの人びともさることながら、こうした外国人観光客らが祭儀の場で撮影したテイヤム神の写真や動画が数多く投稿されるようになっている。このような動向に呼応するかのように、二〇一三年三月には州政府観光省が同省のホームページ内において、テイヤム祭儀の模様をライブ中継する試みを行っている。それは、テイヤム祭儀が盛んなパイヤヌール市内のある寺院において、二日間にわたって行われる祭儀の模様をウェブ上で生中継するものであり、五台のカメラによって映し出された計一六のテイヤム神のパフォーマンスの様子が、ブロードバンドを介してパソコンやスマートフォンから鑑賞することができるものであった。この試みについて観光省書記のスマン・ビッラは、「ウェブ上のライブ中継を通じて、われわれはケーララの文化的長所を世界のマラヤーリー・ディアスポラだけでなく、国内外のアート愛好家たちにより身近に届けたい」と述べている。[41] ここでも、民俗芸術としてテイヤム祭儀の展示的価値を強調する価値観が明白に表れている。

これまで述べてきた観光の文脈では、テイヤム祭祀に対してステレオタイプ化された伝統と神秘のイメージが付与されている。ガイドブックに掲載されたテイヤム神の写真の横には、「悠久の五千年」「エキゾチック」「古代の叡智」といったフレーズがキャプションとして記され、祭儀の解説には「トランス」「憑依」「シャーマニズム」「古代」といった言葉がちりばめられている。たとえば、JALの機関誌『スカイワード』二〇〇四年五月号には、「変わることのない楽園」として演出されたケーララの写真と共に、「古代ヴェーダ時代より脈々と続く伝統」というナイーブな語りを伴ったテイヤム神の写真が掲載されている。あるいはインドの民間航空会社のジェット・エアーウェイズの機内誌には、次のように表されている。

「スペクタクルな儀式で、シャーマニズムとヒンドゥー教が融合した部族民の祭儀であるテイヤムは、小さな祠において男性だけによって実践される。その空間では、厳密にその神秘が守られている」[*Jetwings*, June 2008, "Of Gods and Men", p.13]。

「マラバールの神秘」と謳った州政府の観光政策のもと、州北部を象徴する文化資源として担ぎ上げられているテイヤム祭祀は、前近代的なエキゾチックな世界に閉じこめられたまま、そのイメージが印刷メディアを通じて繰り返し再生産されているのである。

2 「表されること」

音楽学者の井上貴子によると、中央政府の支援のもと一九八〇年代に世界各地で開催された「インド祭」では、従来の画一的なインドのイメージを払拭し、より多くの観光客を誘致するためにさまざまな芸能が紹介され、「継続と変容」という新たなイメージの普及が試みられたという。さらに、一九九一年の経済改革以降では、観光産業の促進とともに新たな観光スポットが開発され、「エキゾチシズム」からの脱皮が図られていると井上は述べる［井上 一九九九：二二七―二二九］。ケーララでは、ワヤナードゥ県の自然資源を利用したエコ・ツーリズムやアーユルヴェーダを中心としたヘルス・ツーリズムの文脈において、井上が指摘する目論見を読み取ることはできる。しかしながら、テイヤム祭祀に関しては、いまだ伝統と神秘のイメージは拭えず、むしろそれらを全面に押し出した表象がなされているといえる。また、テイヤム祭祀に対して繰り返される語り口や「まなざし」は、決して海外だけに向けられたものではなく、同時に国内のインド人にも向けられている。

ローカルのヒンドゥー教徒たちの生活世界に埋め込まれていたテイヤム祭祀という宗教実践は、観光産業の文脈において、州北部の数少ない文化資源として利用されている。テイヤム神は、「民俗文化」や「民俗芸術」として脱文脈化され、そのイメージが印刷メディアや電子メディアを介して繰り返し再生産され、国内外に広く流通している。複雑な模様が描かれる洗練された化粧や高くそびえる頭飾りなどの装束は、州の「文化資源」を誇示するための、理想的な民俗芸術の形式にテイヤム神を仕立て上げている［Daugherty 2000: 245］。観光の文脈におけるテイヤム祭祀の表象とは、「マラバールの神秘」と言われるように、州北部の地域イメージを創出するために表され、操作的に運用された表現行為なのである。

２　日常の生活世界に溢れる神霊の「姿」

テイヤム信仰を語る際には、メディアとの多元的なつながりを看過することはできない。現代社会では、「民俗的なるもの」がテレビを中心としたマスメディアによって繰り返し再生産され、生活世界に氾濫している。人びとの潜在的な宗教的感性でさえ、今日では映像情報によって誘われている。われわれが複数のメディアに日常的にアクセスしているように、テイヤム神は祭儀や観光の文脈だけでなく、日常生活の至る所にさまざまな媒体を介して現れている。

カンヌール県では、祭祀シーズンになると、テイヤム神の「姿」をあちらこちらで目にする。市中の至る所にテイヤム神の写真をデジタル加工したポスターや祭儀の告知看板が掲げられている。ペルンカリヤータム大祭になれば、数か月前から巨大な告知看板がバスターミナルや幹線道路沿いに設置され、祭儀の開催が広く知らされる（写真2―5）。こうした案内看板やちらしのデザインは、映画館の立て看板と同様に以前は手書きのものが主流であったが、近年では祭儀の主催者や寺院運営委員会のメンバーらが市街に多数あるCGショップに神霊の写真を持ち込んで制作された、デジタル加工のデザイン看板が人気を集めている。[42] 新聞を開けば、日々の行事欄に祭儀の日程が掲載され、祭儀の翌日には燃え上がる焚火の中を飛び込んだり、大きな頭飾りをつけたテイヤム神の写真が一面を飾ることも珍しくない。

写真 2-5 ペルンカリヤータム大祭の告知看板（パイヤヌール市内、2005 年 10 月）

印刷メディアを介したこれらのテイヤム神の表象は、祭儀への期待や興奮あるいは祭儀後の余韻を人びとにもたらしている。それは、祭主や参拝者だけでなく、神霊を担うテイヤム実践者たちの心情にも影響を与えている。わたしがカルナーカラン家で経験した出来事に次のようなものがある。

事例二―一

朝七時過ぎ、ジェイのもとへ電話がかかってきた。昨日ジェイが行った祭儀の写真が、マートラブミ紙（地元紙）の一面に掲載されたからであった。真っ赤に燃えた炭山を蹴り飛ばすワイナーットゥ・クラヴァン神（ジェイ）

と助手のウニの姿が映った写真の下には、テイヤム神の名前と祭儀の会場名が記されていた。新聞をみたタラワードゥの関係者や知り合いの参拝者、テイヤム実践者の友人ら数名が電話をかけてきた。彼らは開口一番に「俺たちのワイナーットゥ・クラヴァン神が新聞に載ってるぞ」「最高のワイナーットゥ・クラヴァン神だろ」「お前のテイヤム神が出てるよ」と弾んだ声で話し、口々にその写真のすばらしさを讃えていた。ジェイもうれしそうに彼らの言葉を聞いていた。しばらく話をしてから電話を終えたジェイは、飲みかけのチャイを口にしながらこういった。「新聞社からこの写真もらえないかなぁ。こんないい写真、僕らが手にすることなんてできないよ。僕が行ってもだめだけど、タケ（筆者）だったらきっとうまくいくはずだから頼めないかなぁ？」（二〇〇六年三月四日、フィールドノートより）

祭儀の場において、自らの身体を通じて自己と神霊を同一視するテイヤム実践者たちは、近年、こうした印刷メディアによって表された「自分の担ったテイヤム神」を目にする機会が増えている。ダルシャンの対象となる画一化された写真や図像画が流通する一方で、「スペクタクル」な祭儀の場面が映し出されたこれらの表象には、先の事例からもうかがえるように、ローカルの人びとの好意的な語りや価値づけが付与されており、テイヤム実践者としての自尊心を高める格好の材料となっている。彼らの自宅の壁には、自らが担ったテイヤム神の写真が額に入れて飾られ、小売店が制作したテイヤム神の写真入りのカレンダーが掛けられている（写真2―6）。自分の担ったテイヤム神の写真が掲載された新聞の切り抜きなども大切に保管され、なかにはこれらの写真を使って自らの名刺を作成する者もいる（写真2―7）。テイヤム実践者の身体を介して現れるテイヤム神は、印刷メディアによってそのイメージが再生産され、ローカルの人びとによる価値づけと共にテイヤム実践者たちのもとへと還元されている。それは、彼らの自尊心を高めるだけでなく、自己と神霊を同一視する機会を生活世界にまで拡張させるものでもある。

テイヤム祭儀は、印刷メディアを通じた表象だけでなく、音楽や映像媒体を介しても広く発信されている。祭儀で唱えられる祭文や太鼓の演奏は、ケーララの民俗音楽を集めたカセットテープやCDのなかに収録され流通している。なかには、次章で詳述するムッタッパン神のように、神霊の讃歌が入ったCDも販売され、人気を集めているものもある。(43) それらに収録されている曲は、インド国内で広く歌われているバジャン（*bhajan*）という宗教的な献身を歌った声楽曲の一形式［田中 二〇〇八］とは異なり、ポピュラー音楽のメロディーに合わせてムッタッパン神を讃える歌詞がつけられたものである。

インドやパキスタンのムスリムが謡う宗教讃歌のカッワーリー（*Qawwali*）の研究に長年従事している民族音楽学者のR・B・クレシは、録音技術の発展が宗教音楽の脱文脈化に大きな影響を与えていると論じる。(44) 彼女は、宗教音楽がカセットテープやCD化されることによって、もはや儀礼的出来事としてコミュニティが共有していた聴覚経験はなくなり、聴者は互いにあるいは実践者と交流することのない、匿名の個人になってしまったと批判する［Qureshi 1995］。これに対して、テイヤム祭儀と関連する音楽ソフトは、個人で消費されるだけでなく、神霊を祀る祠や州外の都市部で暮らすマラヤーリー移民コミュニティ内の催しなどの公共の場でも繰り返

写真 2-6　テイヤム実践者宅に飾られた写真付きカレンダー（カンヌール市内、2011 年 3 月）

写真 2-7　ムッタッパン実践者の名刺（カンヌール市内で収集、2006 年 12 月）

し利用されている。いわば、こうした音楽ソフトが祭儀という非日常空間を醸成し、移民先においてローカリティを再編する手助けになっているのである。

テイヤム祭儀自体の模様も、視聴覚メディアを通じて人びとに届けられている。ラジオでは、長時間にわたって詠唱されるマカン・テイヤム神の祭文の場面が中継放送され、テレビのニュースやケーララの文化を紹介する衛星放送の番組では、祭儀のハイライトとなる神霊の顕現の模様が映し出されている。ペルンカリヤータム大祭の場などでは、櫓を組んでカメラ位置を確保するテレビ局の撮影クルーの姿が複数みられ、彼らが撮影した映像がテレビだけでなく、後日、寺院運営委員会の名のもとにＶＣＤとなって販売される。最近では、州政府観光省もケーララの民俗芸術に関する映像製作に力を注いでおり、テイヤム祭儀に関するＤＶＤも販売されている。こうした商品は、州内はもとより国内の大都市部にある大手ＣＤショップなどで陳列されている[45]。一連の視聴覚メディアによるテイヤム神の表象と関連商品の流通は、テイヤム祭祀の大衆化という新たな位相をもたらしている。

祭儀の場に顕現するテイヤム神を撮影することは、これまで新聞社やテレビ局の専売特許であった。わたしが調査をはじめた二〇〇二年頃はカメラを手にする参拝者はごく僅かであった。ところが、経済発展による恩恵やガルフ出稼ぎ移民からの送金による生活水準の高まりによって、ローカルの人びとの間にも高機能な携帯電話やスマートフォン、デジタルカメラやビデオカメラなどが普及している。近年の祭儀の場では、こうしたデジタル機器を手にした参拝者たちがテイヤム神を撮影する光景がごく当たり前にみられる。

デジタルカメラやビデオカメラなどの情報発信を支える技術機器の大衆化は、国家が選別した情報を一方的に国民へ伝達する状況から、誰もが情報発信者になれる可能性をもつ状況への移行を容易にしている［池亀 二〇一〇：一〇］。ウェブ上にはテイヤム祭祀に関する情報がそこかしこに溢れている。参拝者や外国人旅行者が撮影した画像や映像は個人で消費されるほか、ソーシャル・ネットワーキング・サービス（以下、ＳＭＳ）やブログなどに掲載され、舞踊的身体技法が行われる場面だけを抽出した映像が動画共有サービスのYou Tubeに多数投稿されている。また、CGショップに持ち込まれて加工処理され、そのイメージが祭儀の告知看板や寺院のホームページに再利用されるだけでなく、宗教的文脈以外のさまざまな形に流用されている。これらの表象は、観光や文化イベントにおいて、テイヤム神の「展示的価値」だけが強調される事象と同質のものといえる。

日常の生活世界においては、菓子店のショーウインドの装飾にはじまり、銀行や家電用品店、写真店やレストランなどの宣伝看板にテイヤム神のイメージが利用されている。二〇〇九年には、「変貌するカンヌールの顔」というPRコピーとともに、テイヤム神の顔を掲載した不動産業者の広告看板がカンヌール市街の幹線道路沿いに掲げられていた[46]（写真2―8）。あるいは結婚式のアルバムには、本来、ワニヤー・カーストの人びとが祀るムチローットゥ・バガヴァティ神のデジタル加工された写真が挿入され、同カーストではない新郎新婦へ祝いのメッセージが記されている。これらの表象には、ダルシャンとしての宗教性を引きずりつつも祭儀との連続性はみられず、脱文脈化されたテイヤム神のイメージだけが配役されている。そこには、民俗的なるものやローカリティの再生産が起こっている。

写真 2-8　テイヤム神の化粧顔が使われた不動産会社の広告看板（カンヌール市内、2009 年 8 月）

メディアを介したテイヤム神の多元的な表象には、「記号」として消費されている側面がある。文化人類学者の川村清志が主張するように、メディアとは単に伝達手段や経路あるいは表象の形式に留まるものではない［川村 二〇〇一：六七五］。これまで祭儀の場と活字メディアによる流通、認知の過程によって消費されていたテイヤム神は、近年では複数のメディアを通じてその姿が多元的に再生産されている。それらは、ローカルの人びとのテイヤム

写真 2-9　テイヤム神を模した菓子店のショー・ウインドー（カンヌール市内、2006 年 3 月）

祭儀に関する認識のあり方や思考体系の変換を促す契機となりうる［cf オング一九九一］。

本章の冒頭で紹介した、数種類のチョコレートの包装紙を使って、ショーウインドにテイヤム神を表した菓子店の店主（四〇代後半の男性、ヒンドゥー教徒）は、次のように述べている（写真2—9）。

「うまくできてるだろ？……。テイヤムは、衣装や化粧がアートじゃないか、パフォーマンスもあるしさ。カンヌールを代表するものだし、俺たちの文化なんだから宣伝に使ったって構わないだろ。そこらじゅうに看板だって立ってるし、パンフレットに使ってる奴だっているじゃないか[47]」。

この店主によれば、カンヌール県で人びとの注目を集めるには、「ナショナルな」文化遺産とされるカタカリよりもテイヤム神が最適であるという。テイヤム祭儀は「アート」であり、何よりも「われわれの」文化であると彼は語る。クルップによる「アート」という価値づけは、ローカルの人びとの間にも広く浸透している。政治や芸術の文脈において頻繁にみられるテイヤム神のイメージの流用や多様なメディアを通じた表象は、菓子店の店主が行った行為をある意味で正当化してしまう。著作権などの民俗メディアの使用に関する制限の不在と芸術的表現の自由の権利は、テイヤム祭儀のような民俗メディアの表象を無制限に拡張させ、本来の文脈から逸脱した状況を生み出した。さらに、テクノロジーの発達とコンピューターや印刷といった複製技術による大量生産によって、今日ではテイヤム神のイメージが日常の生活世界の至る所に溢れ、繰り返し再生産されている。

こうした表象の流通は、一方では若者たちが携帯電話の待ち受け画面にテイヤム神の写真を保存したり、バスやオートリキシャの車内に祀ってその「ありがたみ」を日常的に享受しているように、祭儀以外の個人的な空間における信仰を活発化させている［Inglis 1999; 三尾 二〇〇三］。それは、宗教的シンボルに空間的な流動性を与えているだけでなく、階層の流動性をも同時に強めている［Babb 1995: 3］。

他方、テイヤム神のイメージは、加工修正されて脈絡の異なる文脈へと流用されている。これまで祭儀の文脈において、実践者を介して身体化されたテイヤム神は、異なるメディアを通じて他者によって操作され、異なる文脈に流用され、ときには別の意味づけを付与されながら表象されてもいる。活字や印刷物、ＣＤやＤＶＤの媒体は簡単に長い距離を運ぶことができ、また安価に再生産され、多くの消費者へ広めることができる。こうした表象は、大量生産されながら市場へと流通し、祭儀という場に限定されることなく自由に閲覧され、個人によって保存または消費されている。

くわえて、身体外の媒体によって具象化されたこれらの表象は、テクノロジーの発達によって容易に転化しうるものとなっている。そこには、実践者たちの意向や権利が問われることなく、儀礼的側面や信仰の位相は陰をひそめ、視覚的要素だけが誇張されている。テイヤム祭祀の今日における知名度を支えているのは、この文化を伝える表象のグローバルな流通に他ならないのである。

四　電子メディアと神霊を介した新たなネットワーク

これまでみてきたように、現代社会における宗教的リアリティは、宗教的実践の場だけでなく、日常の生活世界のなかでメディアによって支えられている比重が高まっている。一九九一年の経済自由化以降、経済発展が進むインドでは、新しいメディア技術が生活世界や宗教の文脈においても急速に普及している。たとえば、衛星放送のチャンネルではヨーガ指導者による宗教番組が人気を集めたり、宗教歌ＣＤやＶＣＤなどが市場に数多く流通したり、さまざまな教団のホームページ上では教祖や聖者をダルシャンできるようなコンテンツが開発されている［Copeman and Ikegame 2014: 井田 二〇一四、竹村 二〇〇八］。新しいメディア技術の発展は、現代インドのにおける宗教のあり方を大きく変え、かつ既存の宗教文化を大いに活性させているのである。

印刷メディアの普及や衛星放送番組の多チャンネル化がインドの宗教文化に与えた影響については、すでに多くの研究者が指摘している。[48] たとえば、文化人類学者の中村忠男は、一九八〇年代後半から九〇年代初頭にかけて、『ラーマーヤナ』や『マハーバーラタ』といったヒンドゥーの叙事詩が国民文化としてテレビ放映されたことは、今日のヒンドゥー教のありように大きな変化をもたらしたと述べている［中村 一九九八］。というのも、直接的な因果関係をもたないとはいえ、当時のインド社会において繰り広げられていた、暴力的な宗教対立の事象とテレビの中の物語が奇妙な平行関係を示していたからである。一方、宗教文化に影響を与えたメディアのなかでも、電子メディアほど急速に普及したものはこれまでなかったであろう。旧不可触民階層の身体を介して現れるテイヤム神は、電子メディアという新しいコミュニケーション媒体と接合することで、その表象がどのように修正、加工され、人びとの間で流用されているのだろうか。

社会学者の吉見俊哉は、一九世紀末以降、電話からコンピューター・ネットワークに至るまでの諸メディアによって発展していく場所性に依存しない情報空間の拡大には、電信によって切り開かれた同時的な情報空間を、やがて諸メディアが高次化し、複合化させていく過程があったと論じる［吉見 一九九六：一二二］。テクノロジーの急速な発展は、一度に表象化しうる情報の質量を飛躍的に向上させ、それらの大量複製や生産をますます容易にさせている。さらに、情報格差は存在するものの、インターネットやスマートフォンなどの普及は、こうしたウェブ上の膨大なイメージや情報を地方の田舎町からでも瞬時にアクセスまたは世界中へ発信することを可能にしている。以下、本章の最後に、一般的なウェブサイトとFacebookに代表されるSNSの一つであるOrkutと呼ばれるものに焦点をあてて、電子メディアとテイヤム信仰とのつながりについてみていくことにする。

ケーララに関する一般的なウェブサイトには、文化的パフォーマンスに関わる情報が数多く掲載されている。それらの主流を占めるのは、カタカリやカラリパヤットゥ、あるいはアーユルヴェーダなどである。テイヤム祭祀は、他の民俗芸術や儀礼などに比べて高い頻度で現れ、「ケーララの民俗芸術」「ドラヴィダ文化」「宗教的豊かさ」などの象徴として語られるだけでなく、「エキゾチック」な文化的実践としてローカリティとより密接に結びついて表されている[49]。テイヤム祭祀に関するこれらの表象は、観光産業が牽引する形で発展している。ここでも、印刷メディアと地続きのつながりがみられ、「マラバールの神秘」や「エキゾチック」といった語り口とともに、ローカリティを創出する象徴としてテイヤム神が表されている。

こうした電子メディアによるテイヤム祭祀の表象には、マラヤーリー移民との密接なつながりもみてとれる。テイヤム祭祀に特化したウェブサイトが初めて開設されたのは、マラヤーリー出稼ぎ移民が数多く暮らすガルフであった。異国で暮らす移民たちのなかには、現在暮らしている土地ではなく、むしろ故郷とのつながりの維持を求めている人びとがいる。彼らは、お互いのためだけでなく、離れた故郷とを結ぶネットワークを発展させるための手段として、インターネットを活用している［Helland 2007: 957］。

テイヤム祭祀とインターネットとのつながりに着目したV・ディネーシャンによれば、テイヤム祭祀に関する最初のウェブサイト[50]は、テイヤム祭儀の盛んなパイヤヌール市近隣出身のドバイで会計士として働く男性によって二〇〇〇年に創設されたという。彼は、身近にいたマラヤーリー出稼ぎ移民たちが同郷であったことから、単身で出稼ぎにやってきた自分たちと故郷とのつながりを維持するために、また異国で暮らす寂しさをまぎらわすために

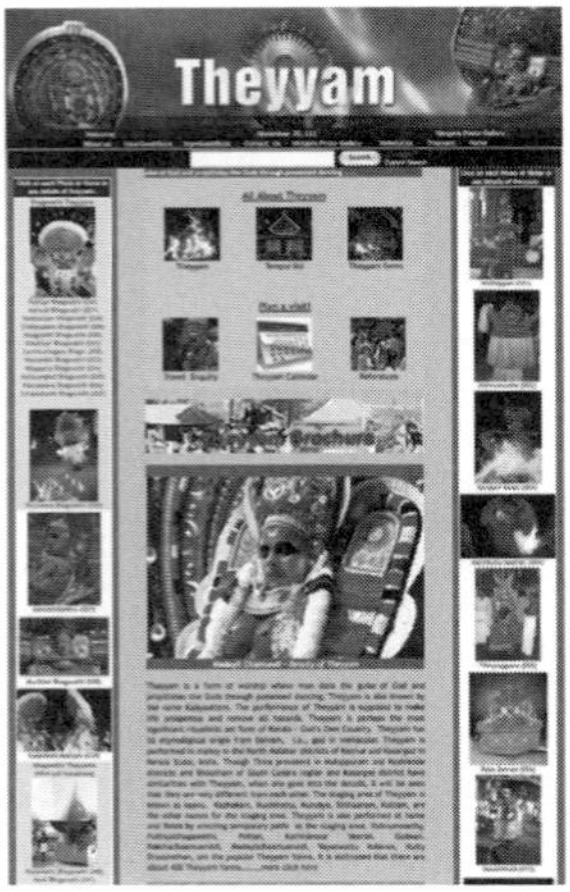

図2-6　テイヤム祭祀に特化したウェブサイト（2010年11月3日閲覧）

出身村のウェブサイトを創設した。やがて、創設者自身がテイヤム祭儀の愛好家であり信者でもあったことから、テイヤム祭祀に特化したサイトがつくられた［Dinesan 2009: 203］（図2―6）。

テイヤム祭祀に特化したサイトでは、テイヤム祭儀は「アート・フォーム」として語られ、「保存すべきもの」として位置づけられている。各サイト内で記述されている情報は、第一節であげたクルップの書籍によるものがほとんどである。[51] とりわけ、一九八六年に州政府が発行した『テイヤム』［Kurup 1986］は、テイヤム祭祀に関する州政府の「公式な見解」として実体化し、インターネット上で頻繁に引用または転載されている。「アート・フォームとして保存すべきである」［Kurup 1986: 54］というクルップの言葉がそのまま転用されているように、活字メディアにおいて語られたテイヤム祭祀に関する意味づけが、電子メディアの世界へとそのまま引き継がれているのである。

テイヤム祭祀に関連するウェブサイトのなかには、ローカルの文脈からガルフで暮らすマラヤーリー移民コミュニティへ向けて発信された情報もある。カンヌール市内に位置し、ムッタッパン神を祀るチャラードゥ・ムッタッパン寺院の運営委員会は、寺院の周知だけでなく資金集めを目的に、同寺院のホームページを二〇〇九年に開設した。[52] この運営委員会は、寺院と隣接する空き地の購入をここ数年来画策し、資金集めに奔走している。彼らは、近隣で暮らすヒンドゥー教徒や寺院参拝者の親族のなかに、ガルフへ出稼ぎに行っている者が多くいることを勘案し、マラヤーリー移民コミュニティに向けたパンフレットを作成して送付したり、開設したホームページのなかに銀行の口座名を呈示して、彼らから寄付金が送金されることを期待している。

インドでは、二〇〇〇年以降、ブログやSNSが活発になっており、なかでもGoogleが提供するOrkutと呼ばれるものが人気を集めている。二〇〇四年にサービスが開始されたOrkutは、Googleのアカウントを持っていれば、プロフィールを作成するだけで誰でも簡単にコミュニティを作成し、参加することができる。二〇一一年時において、Orkutの言語環境は英語のほかヒンディー語、マラティー語、テルグ語、タミル語、ベンガル語、マラヤーラム語の使用が可能である。ポピュラー・カルチャーを研究するうえでその存在を無視することはできない、と文芸批評家のP・K・ナーヤルが主張するように、SNSやブログは、今日のインターネット文化の最もポピュラーな位相の一つであり、若者たちにとって地域的・地理的・社会的障害をこえる「新たなマスメディア」や「新たな社会空間」となっている［Nayar 2009: 208］。

Orkutには、テイヤム神の名を冠したコミュニティが多数存在する。なかでも、登録者数が最も多いのは、〈パラッシニカダヴ・シュリ・ムッタッパン（*Parassinikadavu Sree Muttappan*）〉というムッタッパン神に関するコミュニティである。二〇一一年一〇月時のOrkutにおいて、ケーララの文化的パフォーマンスに関するコミュニティを検索すると、カタカリが一四六、クーディヤーッタムが六、パダヤニが四三、ムディエットゥが三に対して、テイヤムは八〇、ムッタッパンが一二三ある。数あるテイヤム神のなかでも、ムッタッパン神のコミュニティが突出している。これは、ムッタッパン神が特定の土地や祠に限定された神霊ではないことに要因があると考えられる。第三章で詳述するが、ムッタッパン神は、今日、カンヌール県内において最も頻繁に祭儀が行われているテイヤム神である。パラッシニカダヴとは、カンヌール市郊外にあるムッタッパン神を祀った祠の名称であり、ムッタッパン信仰の巡礼地として人気を集めているところである。

二〇〇六年に開設された〈パダッシニカダヴ・シュリ・ムッタッパン〉は、二〇一一年一〇月時で七〇四四人の登録者をもつコミュニティである。登録者のなかには、ローカルの人びとだけでなく、州外の都市部や海外で暮らすマラヤーリーも数多く含まれている。登録者の居住地は、州外ではバンガロール（現ベンガルール）が四七八、チェンナイが二二九、ムンバイが二二七、デリーが九三に分かれ、国外ではアラブ首長国連邦が三二四、ドバイが二五二、カタールが一七二、バハレーンが一六七、オマーンが一六七、クエートが一五八、サウジアラビアが四三である。(53)

Orkutのムッタッパン神を冠する各コミュニティでは、コミュニティの紹介欄のなかで、ムッタッパン神が反カーストや反社会階層を表す神霊である旨を強調する記述がなされている。たとえば、〈ムッタッパン寺院（Muthappan Temple (Parassini)）〉では、「パラッシニカダヴ・シュリ・ムッタッパン寺院は、どこにもみられない最も異端なヒンドゥー神を祀っている。神霊の好物は、供物の椰子酒と魚であり、それは、信仰を統治し支配するブラーミンが拒むものである」と記されている。前述した〈パラッシニカダヴ・シュリ・ムッタッパン〉のコミュニティでは、「パラッシニカダヴ・シュリ・ムッタッパン・マダップラは、ケーララのなかで、最も有名な巡礼地の一つである。……社会のすべての人びとを惹きつけ、宗教、カースト、国籍にかかわりなく、〈全世界が一つの家族である〉という本質を浸透させている」と記載されている。(54)

これらのテイヤム祭祀に関するSNSやブログでは、登録者から好意的なコメントが寄せられている。また、祭儀の模様を記録した音楽、動画、写真などが投稿され、そのリンクも掲載されている。なかには、ムッタッパン神の歴史や神話、概説などを書き込む登録者もみられ、クルップの書籍が出典としてあげられている。

こうしたインターネットでの情報ネットワークの構築は、ガルフで暮らす出稼ぎ移民やムンバイやデリーなどのマラヤーリー移民コミュニティにとって、故郷とのつながりや社会関係を維持または再編する機能を果たしている。それは、出稼ぎ先での疎外感や故郷のケーララに対するノスタルジアを埋め合わせ、〈マラヤーリー〉というアイデンティティを再認識する機会をもたらしてもいる。またOrkutにおいて、ムッタッパン神が反カーストや反社会階層の象徴として表されている背景には、異郷の地で暮らす移民者たちが直面している過酷な労働条件や雇用主との関係、差別など現実社会に対する異議申し立てがあると考えられる。

現代インドでは、電子メディアが宗教の新しいコミュニケーション媒体の位相を顕著に表している。宗教的指導者（グル）たちは、インターネットを積極的に活用して情報を発信し、ヒンドゥー教団体のウェブサイトでは、プージャ（礼拝儀礼）奉納が可能なだけでなく、有名な聖地や神像、聖者などをダルシャンすることができたり、聖なるガンジス河の水を購入することもできる[Helland 2007; Mallapragada 2010; Scheifinger 2009]。しかし、テイヤム祭祀に関していえば、こうしたインターネット上ならではの即時性に流れるのではなく、二〇〇〇年代に入ってから、国内の大都市で暮らすマラヤーリー移民コミュニティ内でムッタッパン祭儀が活発に行われるようになったり、二〇〇八年以降ではガルフでも祭儀が毎年奉納されているように、人びとが直接的な霊的交流、現代インドの宗教を論じる三尾稔の言葉をかりれば「生の神聖的存在」[三尾 二〇〇三：五八]との交流を求めていることを示唆している。言い換えれば、テイヤム祭祀と電子メディアとのつながりや新たに生成されたネットワークの構築の動きは、宗教経験の「脱埋め込み」を促す側面をもち、それはテイヤム信仰と祭儀奉納の脱領域的な広がりを促進し、祭儀を担うテイヤム実践者たちの活動領域をローカルから国内外へとさらに拡張させる契機にもなりうるものであるといえるだろう(55)。

五　小括

テクノロジーの発達によって、多様なメディアが社会の隅々にまで重層的に拡がる現代社会において、「民俗」または「民俗的なるもの」を表象するテイヤム祭儀は、宗教的文脈といった場所性に依存することなく、そのイメージがさまざまな文脈で流用されている。旧不可触民階層が霊媒となって顕在化するテイヤム神は、異なるメディアを介して繰り返し再生産され、そのイメージが人びとの生活世界のなかに溢れている。本章では、テイヤム信仰とメディアとの錯綜する関係を概観し、口承と印刷メディアといった二項対立の議論によるのではなく、印刷メディア、民俗メディア、視聴覚メディア、電子メディアと分節化することで、個々の特質とその表象を明らかにしてきた。それは、テイヤム祭儀に対する人びとの価値づけの複合化やメディア経験の近代化を探る道筋でもあったといえる。テイヤム祭儀という民俗メディアは、現代ケーララの文化、社会的文脈において、一方では伝統的な実践者が担う信仰実践としてローカルの人びとの間で存続しており、他方では多種多様なエージェンシーや個人によって表象されている位相が同時に存在しており、両者の相互作用が多層化している。後者における主体（州政府観光省、共産党勢力、芸術家、個人など）はメディア・テクノロジーと接合し、イデオロギーや思考にもとづいてその表象が導かれている。それらは、テイヤム祭儀を支える社会的基盤が変容する今日において、直接または間接的にテイヤム実践者たちに影響を与えている。

言語学者のＷ・Ｊ・オングは、メディアの変容を表現手段の変化という点にとどまらず、思考や記憶の様式、世界観を根底から変えてしまう構造的な契機となることを論じている。彼は、メディアの発展過程は口承的（oral）、書記的（chirographic）、活字的（typographic）、電子的（electronic）という四つのモードが積み重なってきたものであると主張し、言語表現のテクノロジーと社会の集団的思考がどれほど深く結びついているのかを論証した［オング一九九一］。オングが示したメディア文化の四層に対して、吉見は機械的な複製メディアにもとづくもの／複製メディアにもとづかないもの（複製性／一回性）という横軸と、文字に依存するもの／文字に依存しないもの（文字性／身体性）という縦軸で整理している（図２―７）。

本章を通じてテイヤム祭儀とメディアとの関係を明らかにしてきたように、ここで吉見が示している口承から書記や活字へ、さらには電子へという変容過程は、一方が廃棄されて他方へ移るといった発展階段論的な過程ではなく、一方に他方が重なっていく積層的な過程といえる。口頭伝承されていた祭文は実践者や研究者たちによって記録され、研究者が価値づけたテイヤム祭儀に関する記述はインターネット上に氾濫し、かつ不特定の利用者によって再提示されている。文字の文化のなかには口承の文化が、電子の文化のなかにも文字や口承の文化が保持され続けているのである［吉見 一九九六：二二］。もともと祭儀という一回性の場において、旧不可触民階層の身体を介して顕現するテイヤム神は、多様なメディアと接合することで複写または複製可能な身体外的媒体へと変容し、場所性に依存することなくグローバルな文脈において繰り返し鑑賞、消費されている。そこには多様な主体と祭儀に対する価値づけが附随している。

テイヤム神の多様な表象や人びととの多元的なつながりは、時代的な背景と無縁ではなく、かつ政治的・経済的・社会的変化とが合流した結果といえる。そして、テイヤム祭祀という民俗文化の表象のアリーナは、ダイナミックな文化生産の磁場であり、たえず生成や変転を繰り返している。もともと信仰という生活世界に埋め込まれていたテイヤム神は、民俗芸術として外向けに表象されるようになったことを契機に、操作する主体が多様化し、表象行為も複雑化、高度化するようになったのである。

現代社会における文化は、国民国家とグローバルに浸透する資本主義経済市場という二つの要因に規定されながら、「資源」として生成され、利用される側面を孕んでいる。テイヤム神は、祭儀に顕現するだけでなく、民俗芸術や観光資源として利用され、他者によって物語られ、かつ演じられることによって再提示されてもいる。また、その表象が「商品」として流通すると同時に、「抵抗」のシンボルとし

図2-7　メディア変容の積層構造

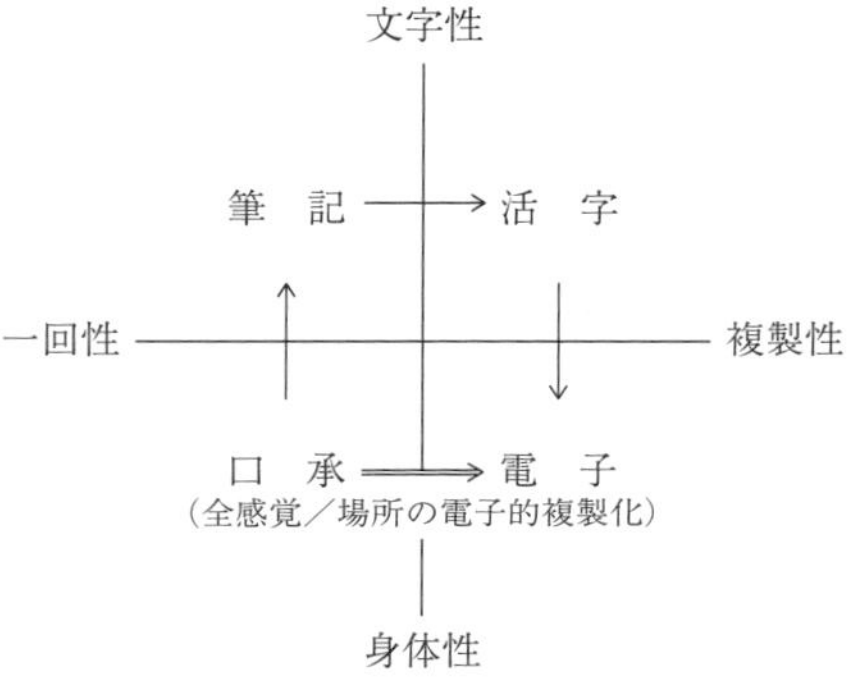

※［吉見1996］より転載

て再配役されてもいる。メディアを介したテイヤム祭祀に関するこうした表象のアリーナは、吉見の言葉を借りれば、さまざまな戦略と媒介、操作と被操作、支配と対抗という重層的なせめぎあいの場なのである［吉見 一九九六：四三］。

こうした今日的状況のなかで、テイヤム実践者たちは、われわれと同じように、ラジオやテレビからコンピューター・ネットワークに至るまで、電子的な情報技術と日常的に接触する、情報化された環境のなかで生きている。しかしながら、彼らは、外部世界におけるテイヤム神の表象に対して、主体的、直接的に関与することができず、祭儀を実践する以外、資本主義経済市場のネットワークとリンクする手段を持っていない。彼らは、政治的な動きをみせることがないまま、祭儀以外における実践や表象の権利、いうなれば「資源化」をめぐる力学の舞台において、主役の座を奪われているのである。こうした状況のなかで、テイヤム実践者が現況をいかに認識し、語り、そして主体的に対応しているのか、次節では、彼らの日常生活の空間からそれらを掬い上げる作業を試みる。

註

（１）［*The Hindu*, October 20, 2004, "Palm-leaf manuscripts to be digitalised", http://www.hindu.com/2004/10/20/ sto-ries/2004102015940300.htm（二〇一一年四月二二日閲覧）］。
（２）人類学者のＣ・ペニーによれば、イギリス植民地統治下のインドでは、カーストと部族を記録する目的で、「科学的」というレッテルのもと写真術の組織的な活用が進められたという。そして、それが被写体の身体に符号化された外面的な特徴を文化・政治的特徴の指標とみなす、実証主義者たちの分類システムの形成をもたらしたと彼は論じる［Pinney 1990］。
（３）シヴァ神の妃であるパールヴァティー（別名、ドゥルガー）が恐ろしい形相をとった際の呼称。
（４）パンチャーヤット（*Pañchāyat*）は、インドの地方自治単位である。その基層には、数か村を単位とするグラム（村落）・パンチャーヤットがあり、その上にブロック（郡）、さらにディストリクト（県）がそれぞれ組織される。
（５）クルップの他には、Ａ・Ｋ・ナンビアールやＲ・パヤナーッドゥといった研究者たちがあげられる。
（６）二〇〇五年一二月一八日、Ｋ・Ｋ・Ｎ・クルップへのインタビューより。

(7)　たとえば、一九七四年には、カルナータカ大学が主催した国際セミナーの場にテイヤム神を「出演」させている。

(8)　同大会に「出演」したテイヤム実践者の一人によれば、一〇〇数体のテイヤム神のうちで「本物の」実践者が担ったのは一〇数体であり、残りはデリーで集められた「臨時の者」であったという（二〇〇五年六月六日、バーラクリシュナン・ペルワンナーンへのインタビューより）。

(9)　その後も、テイヤム神はさまざまな文化イベントに登場している。近年では、「テイヤム祭」と題するセミナー公演（二〇〇五年、ニューデリー市）やカイラリ・カラ・サンガム（Kirali Kala Sangam）が主催した芸能祭（二〇〇六年、タミル・ナードゥ州チェンナイ市）、州政府機関（Kerala Institute for Research Training & Development Studies of Scheduled Castes & Scheduled Tribes; KIRDAS）が主催した民俗芸能音楽祭（二〇〇七年、エルナクラム市）などに出演している。

(10)　同小冊子は、二〇〇〇年に第二版が出版され、同様に一万部発行されている。

(11)　たとえば、父親や母方おじから祭儀の実践を受け継いでいないレジィーシュ（仮名二一歳、ワンナーン・カースト）は、実践グループに属しながらも祭儀に関する知識をヴィシュヌ・ナンブーディリの本から学んでいる。

(12)　マラヤン・カーストのある若者は、ワークショップの後半において、知識人たちによって刷り込まれる価値づけに対して、自分たちが受け継いでいるものとの異を唱えた。なお、ワークショップの参加者には修了書と手当の三〇〇〇ルピーが配られた。

(13)　グローバリゼーションやテクノロジーが伝統的な身体文化にどのような影響を与えているのか、また先住民族や少数民が外部世界へ彼らのアイデンティティを主張する際に、身体文化をいかに利用しているか、といった現代的問題を論じるF・ヒューフリーランドらの研究［Hughes-Freelan and Crain 1998］は、本節の問題意識の素地となっている。

(14)　文化人類学者の三尾稔によれば、ダルシャンに最も近い日本語は「見ること」である［三尾二〇〇三：三八］。ケーララでは、同様の意味でダルシャナ（*darśana*）という言葉も広く用いられている。

(15)　ローカルな商品の生産と愛用を奨励する運動。一九〇五年のイギリス植民地当局によるベンガル分割への反対を契機として、一九〇八年まで行われた広範な民族運動の一形態をさす［内藤一九九二：三九〇］。

(16)　一九八八年には、日本でも日印の文化交流事業としてインド祭が半年間にわたって開催され、国内の各地においてインドの古典舞踊やそれまであまり知られていなかった地方の民俗芸能などが積極的に紹介された。パリ、ロンドン、ニューヨーク、ワシントン、ロサンジェルスなどの著名な劇場で行われたインド祭りは、インドと欧米諸国との間はもとより、インドと一九六〇年代以降にイギリスやアメリカにわたったインド人移民たちとのつながりをも構築した［竹村二〇一五］。

(17)　一九四二年に組織されたＩＰＴＡは、カルカッタ（現コルカタ）の左翼系反ファシスト作家芸術家協会の同盟としてはじまったものだった［Richmond 1973: 323］。

(18) パレードへの参加の是非をめぐっては議論がある。[*Outlook India*, Feburary 16, 2009, "Theyyam Must Not be Dragged to Strees", http://www.outlookindia.com/news/prinitem.aspx?65411（二〇一四年七月一三日閲覧）]。

(19) こうしたパレードに参加するテイヤム実践者たちは、祭儀で用いる装束や化粧法とは異なる形で「テイヤム神」を表象している場合が多い。テイヤム実践者たちが左翼思想に傾倒している者が多いことは事実だが、その一方で、彼らは必ずしも思想的に賛同してパレードに参加しているとは限らず、「出演料」を目当てに依頼を受けている場合も多くみられる。

(20) ポッタン（*pottan*）とは、目の見えないあるいは耳の聞こえない人を意味し、転じて愚か者を表す言葉としても用いられる。ポッタン・テイヤム神は、プラヤ・カーストとマラヤン・カーストのテイヤム実践者によって担われる。

(21) [*The Hidu*, Manglore, Feburary 20, 2007, "Focus on folklore"]。古賀は、テイヤム神の舞台公演に関するコミュニストとフォークロリストたちの論争に注目し、両者の言説から祭儀の保存をめぐる政治的イデオロギーの錯綜した状況を論じている［古賀 二〇〇四：一七五―一七八］。

(22) 二〇〇五年八月七日、アヌラグ・ナンビアールへのインタビューより。

(23) 同作品はケーララ州内とデリーでヒンディー語版が上演されている [*The Hindu*, Metro Plus Kochi, December 6, 2004, "All the world is stage", http://www.hindu.com/mp/2004/12/06/stories/2004120600680200.htm（二〇〇五年七月二五日閲覧）]。

(24) 監督ジャヤラージ（Jayarraj）、主演スレーシュ・ゴビ（Suresh Gobi）、マニュ・ワリアー（Manju Warrier）、音楽カイタプラム（Kaithapram）、一九九七年公開（マラヤーラム語）。この作品において、主人公のテイヤム実践者を演じたケーララの人気俳優であるスレーシュ・ゴビは、公開年の国民映画賞主演男優賞（National Film Award for Best Actor）を受賞している。

(25) 監督プリヤナンダナン（Priyanandanan）、主演ムラリ（Murali）、ヴィニィートゥ・クマール（Vineeth Kumar）ほか、音楽カイタプラム・ヴィシュワナンダン（Kaithapram Viswanathan）、二〇〇六年公開（マラヤーラム語）。この作品は、公開年の国民映画賞最優秀作品賞（National Film Award for the Best Feature Film）に選ばれている。

(26) ウィットルにパフォーマンスの実践を教授したマラヤン・カーストのテイヤム実践者によれば、カラリパヤットゥを教えるような感覚でレッスンを行ったという。彼は、レッスン終了後、ウィットルから数万ルピーを受け取っている（二〇〇五年一一月二四日、バブ・パニッカールへのインタビューより）。

(27) かつてケーララにみられた着衣規制については［小林 一九九九］が詳しい。

(28) 二〇〇五年一〇月一六日、カラマンダラム・ヴァナジャへのインタビューより。

(29) 興味深いことに、一九八〇年代にはこうした出来事が起こったにも関わらず、今日、観光や商業的文脈、あるいはインターネット上における表象のなかで最も頻繁に流用されている神霊は、数あるテイヤム神のなかでもムチローットゥ・バガヴァティ神である。

（30）サンギータのあるトリシュール市は、ケーララの文化の街と称されるほど、文化、芸術機関が多数存在する。ケーララ文学協会が一九五八年に州都のトリヴァンドラム（現ティルバナンタプラム）から移転し、一九六二年には、ケーララ美術協会（Kerala Lalitakala Akkadami）が設立されている。パニッカールは、こうした環境のなかで、研究者や芸術家たちと盛んに交流を深め、互いに影響し合いながら作品を創作していったと語る（二〇〇五年七月二三日、カヴァラム・ナーラヤーナ・パニッカールへのインタビューより）。

（31）二〇〇五年七月二四日、カヴァラム・ナーラヤーナ・パニッカールへのインタビューより

（32）本書では、インターネット、ウェブサイト、電子メール、携帯電話を総じて電子メディアと呼ぶ。

（33）観光や文化イベントに出演するテイヤム実践者グループは、化粧を簡略化したり、装束の一部を変えるなどして、本来の祭儀の文脈とは異なる「テイヤム神」を意図的に表している。

（34）芸術・文化イベントや観光産業におけるテイヤム神の舞台出演については［竹村二〇〇七b］を参照されたい。

（35）人類学者の山下晋司は、文化の資源化を規定している場として、ミクロな日常実践とともに国家と市場をあげる。文化資源は、国家の文化政策として管理され、商品として世界中に売買されていると指摘する［山下二〇〇七］。本書では、文化資源の概念をディマジオの議論［Dimaggio 1991: 134-135］に依拠する。彼は、ブルデューの文化資本の概念をさらに発展させ、文化資源が特定の場面において有用な象徴的な知識、モノ、制度のすべてを含むと述べ、それはどのような社会的コンテクストでも現れるものであり、社会的階級とは直接的な関係をもたないものと位置づけている。

（36）両イベントの会場となった、コリコーッドゥ県コリコーッドゥ市郊外に位置する高級リゾート・ホテルのカダヴでは、二〇〇三年のイベントをきっかけにして、宿泊客を対象としたテイヤム公演を定期的に行っている。祭儀以外の文脈において、テイヤムの定期的公演が行われているのはこのホテルだけである。施設内の野外ステージで催される同公演には、テイヤムのほかカラリパヤットゥやモヒニヤーッタムが上演される。入場料は無料で、観客の多くは州外や海外からの観光客で占められている。

（37）［*OutLook Traveller*, November 2006, "The List: Best of Kerala"］を参照。

（38）［*Lonely Planet*：India (11th edition), 2005, p.928］を参照。

（39）二〇〇五年一〇月二三日、コスタマラバーリのオーナーへのインタビューより。

（40）海外の旅行代理店が企画した祭儀鑑賞ツアーに関しては、［*The New Indian Express*, October 10, 2002, "Bowled over by the beauty and heritage of North Malabar"］を参照。

（41）［*The New Indian Express*, March 4, 2013, "Theyyam to be webcast live", http://www.newindianexpress.com/cities/thiruvananthapuram/

article1487524.ece（二〇一三年八月二〇日閲覧）」を参照。

(42) 二〇〇七年時では、ちらし一枚のデザインが五〇〜一〇〇ルピー程度で受注されていた。

(43) こうした商品は、ムッタッパン神の巡礼地として有名な寺院やカンヌール市内のオーディオ店で販売されている。二〇〇九年時の価格は、ＶＣＤが一〇〇ルピー（約二〇〇円）である。こうした商品は、ローカルの人びとはもちろんのこと、州外の大都市に住むカンヌール出身者などにも人気がある。

(44) 一九八〇年代までのインドの音楽産業に関する代表的な研究には、Ｐ・マニュエル［Manuel 1993］がある。彼は、音楽産業が、一九七〇年代までのカセットが普及する以前の時代とカセット普及後に大きく分けられると述べ、インドにおける本格的なポピュラー音楽産業は、経済の自由化と情報の自由化が同時進行にするようになった一九八〇年代以降に形成されたと論じる。

(45) 州政府観光省は、近年、ケーララの文化的パフォーマンスに関するＤＶＤ（一枚四九五ルピー）を数多く発売している。これまでに発行されたもののほとんどは、カタカリやクーディヤーッタムなどの古典芸術と呼ばれるものであるが、民俗芸術と位置づけられる分野からは、テイヤム祭儀が唯一ＤＶＤ化されている。

(46) この広告はもともとフランス人写真家によって撮影されたものが流用されたものであり、写っているテイヤム実践者がその著作権や名誉棄損を訴えて裁判に持ち込んだケースとなった。またその後にも、タミル人の映画監督による作品『*Uttama Villain*』において、同イメージが流用されていると騒動が巻き起こってもいる。

(47) 二〇〇六年九月一〇日、カンヌール県カンヌール市内の菓子店主へのインタビューより。

(48) たとえば、［Babb 1995; Inglis 1999; Smith 1995; 井上 一九九九、三尾 二〇〇三］を参照。南アジアの宗教文化の変容とメディアとの関係については［Babb and Wadley 1995］、現代的なメディアの受容動向については［Banaji 2010］が詳しい。

(49) たとえば、（http://www.keralatourism.org/、http://www.ekeralatourism.com/index.html、二〇一一年一〇月一日閲覧）がある。二〇一一年一〇月時に、検索エンジン（Google の画像）を使ってケーララの他の民俗芸術と比較すると、パダヤニが六九四〇件、ムデイエットゥが四五三〇件に対して、テイヤムは三万八六〇〇件の画像が検出された。

(50) 同サイトは、現在（http://www.vengara.com/theyyam/index.html、二〇一〇年一二月二日閲覧）に変更されている。同サイトの開設以後、同じくガルフで働く別のグループによって、テイヤム祭祀に関するウェブサイトがいくつか開設されている。たとえば、（www.mathil.com、www.begara.com、www.kozhummal.freeservers.com、二〇一〇年一二月二日閲覧）などがある。

(51) たとえば、（http://www.theyyam.8m.com/, http://www.mysteryoftheyyam.com/, http://www.theyyam.org/pages/home.asp, http://www.kaliyattam.com/ 二〇一一年一〇月一日閲覧）などがある。

(52) （http://chaladsreemuthappan.com, 二〇一〇年一二月二日閲覧）。同サイトは、二〇一一年以降、再編のために閉鎖中である。

（53）（http://www.orkut.com/Main#Community?cmm=17283603 二〇一一年一〇月一日閲覧）。

（54）（http://www.orkut.com/Main#Community?cmm=19346826 二〇一一年一〇月一日閲覧）。そのほかに、「パラッシニ・カダヴ・シュリ・ムッタッパン」（Parassini Kadavu Sri Muthappan）では、「ムッタッパン・テイヤムのパフォーマンスの間、パフォーマーは椰子酒を飲むだけでなく、それを聴衆にもふるまっている。つまり、ムッタッパンは、寺院の境内に酒を持ち込むことを認めることで、寺院の規範を〈破っている〉のである」と記されている（http://www.orkut.com/Main#Community?cmm=21063895 二〇一一年一〇月一日閲覧）。

（55）「脱埋め込み」という概念については［ギデンズ 一九九三］のモダニティ論に依拠している。ギデンズは、「脱埋め込み」という概念を用いて、社会関係を相互行為のローカルな脈絡から引き離し、時空間の無限の広がりの中に再構築することを意味している。

●第二部　神霊を生きる「不可触民」たちの今日の姿

第三章 「稼ぐこと」
――グローバル時代における伝統的職業の新たな位相

数日前から「英語の履歴書を作ってくれ」とジェイに頼まれていた。先日、カンヌール駅で偶然見かけたビジネスマンのS氏から、仕事を紹介してもらうためだという。午前中、バスで二〇分ほど離れたS氏宅へジェイと出かけた。ドバイでビジネスをしている実業家といわれるだけあって、自宅はかなり大きなものだった。周囲は柵でおおわれ、入口には二メートル近い鉄門がそびえ、門番が二人立っていた。敷地内には二階建ての大きな家屋と乗用車が三台並んでいた。案内されたリビングは広く、光沢のあるマーブルのタイルが一面にはられていた。S氏が現れると、ジェイは少し畏まって相手を「サー」と呼び、自己紹介をはじめた。会話はほんの一〇分ぐらいで終わり、履歴書を渡してその場を後にした。帰りのバスのなかで、ガルフ行きが本気なのかジェイに聞いてみた。（二〇〇二年九月五日、フィールドノートより）

はじめに

テイヤム祭儀の主体であるテイヤム実践者たちは、彼ら旧不可触民階層の伝統的職業であるその役割を世襲的に担っている。これまでの研究では、テイヤム実践者という集団として一括りに語られてきたが、彼ら一人ひとりはどのような思いでその役割を担い、いかなる生を営んでいるのだろうか。本章では、テイヤム実践者個人に焦点をあて、彼の実践活動を「生業」という視点から捉え直すことで、これまで照射されることがなかった個人の生活世界を描き出す[1]。そして、経済発展による社会・生活様式の変容やガルフ（中東湾岸諸国）で働く出稼ぎ移民がもたらすグローバルな資本の流入によって祭儀が再活性化する今日の状況が、テイヤム実践者個人の実践活動にどのような影響を及ぼしているのか、テイヤム実践者を取り巻く社会、経済的状況の動態を考察することで、伝統的職業を担う人びとの社会的世界の変容を明らかにする。

第一節では、テイヤム実践者として活動するジャヤナンダ・ペルワンナーン（以下、ジェイ）の生活状況や彼のライフヒストリーを描き出す。続く続く第二節でテイヤム祭儀とカネをめぐる状況について検討する。第三節では、近年テイヤム神のなかでも最も頻繁に祭儀が行われているムッタッパン信仰の現代的な動向を詳述する。第四節では、ムッタッパン信仰の隆盛に伴うジェイの実践活動の変転に着目し、経済状況の変化や社会とのつながり方、他の実践者たちとの関係性の変容を考察する。結果として、伝統的職業であるテイヤム祭儀の実践が豊かな生活を営む「仕事」として確立している実態が示され、その「仕事」を維持するためのテイヤム実践者個人の状況依存的な戦略が明らかになる。

一　ガルフへの出稼ぎ

1　二階建ての新しい家

わたしが本章冒頭のフィールドノートを記した二〇〇二年当時、ジェイは二八歳で独身だった。彼は、父親のカルナーカランが主神の役割を務めるいくつかの祭儀に助手兼テイヤム実践者として携わり、親戚筋にあたる二つのグループにも同じような立場で関与していた。とりたてて有名なテイヤム実践者というわけではなく、祭儀を実践する機会も特別多くはなかった。祭儀のほかに仕事もなく、多くのテイヤム実践者と同様、祭儀による収入だけで生計を営むのは困難な経済状況にあることが窺えた。

ジェイと父母の三人が暮らす当時の住まいは、瓦屋根の小さな平屋住宅だった。住居の横には汲み上げ式の井戸があり、裏の勝手口の先には小さな庭と沐浴用のトタン小屋が建っていた。住居は伝統的な建築様式のため窓が少なく、室内全体の印象は暗かった。八畳ほどの部屋が居間を含めて三つあり、その一つは彼の部屋で、なかには一メートル四方の小さな祭壇が置かれていた。家具はベッドと鉄製の衣装棚のみで、裸電球が一つ吊されていた。床はコンクリートのままで、壁のペンキは経年によってかすれ、天井は梁がむき出しだった。居間には蛍光灯が一本灯り、電話はなく、白黒の小さなテレビとプラスチック製の椅子が数個置かれていた。近隣にはガルフで働く夫や息子からの送金によって建てられた大きな家がみられるが、ジェイたち家族の住まいは経済的な豊かさを感じさせるものではなかった。わたしはこうした彼らの暮らしぶりを垣間見ながら、「不可触民」と「貧困」という言葉を安易に結びつけて捉えていた。

当時のジェイは、「両親に楽な生活をさせたい」という思いから、収入の安定した職につくことを強く望んでいた。だが、高学歴でもなければ優れた専門能力を持つわけでもない彼は、思うような仕事を見つけることができずにいた。将来に対する漠然とした不安を抱え、自らの境遇をわたしに愚痴り、日本での仕事の斡旋を求めてきた。このような状況のなかで、彼は実業家に履歴書を渡したのであり、その本心はガルフへの出稼ぎをまんざら軽い気持ちで考えていたわけではなかった。

二〇〇五年六月、長期調査を始めるにあたってジェイ家を訪れたわたしは、前述の様子からは想像できないほど立派に様変わりしていた彼らの住まいに驚愕した。同年の四月に完成した新居はコンクリート製の二階建てで、一階には吹き抜けの居間、両親の部屋、祭壇のある部屋、台所、トイレ兼沐浴場があり、二階にはわたしが間借りすることになった八畳ほどの部屋とその倍は十分にあるジェイの部屋の他にベランダが二つあった。二階の廊下やベランダは祭儀に使う装束や小道具などであふれていた。壁は一面に白いペンキが塗られ、ガラス窓も至る所にはめ

写真 3-1　新築されたジェイ家宅（ムンダヤーッドゥ村内のジェイ家宅、2005 年）

写真 3-2　改築後のジェイ家の台所（ムンダヤーッドゥ村内のジェイ家宅内、2009 年）

られているため、家屋内全体に明るい印象をうけた。各部屋には蛍光灯が一本と白熱電球が二個つけられ、天井には扇風機も設置されていた。わたしの滞在期間中には、ジェイの結婚を機に家具が新調されたほか、床は淡い橙色のタイルが貼られ、各部屋には扉もつけられた[2]（写真３―１）。

　マラヤーリーの多くが長年の蓄財を惜しげもなく住宅の新改築に費やすように、ジェイ家も熱心に住居の改装に励んでいる。長期調査を終えた後、二〇〇八年に訪問した際には、汲み上げ式の井戸にモーターが完備され、沐浴所や台所に取り付けられた蛇口をひねれば水が出るようになっていた。ベランダには黒のタイルと装飾を施した柵がつけられ、家族や来客が座って団欒できる空間ができていた。二〇〇九年の訪問時では、台所が一部改修され、プロパンガスを使うコンロと冷蔵庫が設置された（写真３―２）。裏庭には家事作業がしやすいように屋根がつけられ、食器を洗うための水道もひかれていた。居間には衛星放送の番組を映す最新の薄型液晶二四型テレビが置かれ、甥たちがチャンネル争いをする家族憩いの場になっていた[3]。

　ジェイ家の生活環境は、わたしが彼らと知り合った二〇〇二年から現在までに大きく変化している。ところが、ジェイの生業は変わらずテイヤム祭儀の実践者であり、新たな仕事についたわけでもなければ、ガルフへの出稼ぎも実現していない。一家は、もっぱらジェイと彼の父親が祭儀で得る収入だけで生計をたてている。つまり、ジェイは、彼のカーストの伝統的職業であるテイヤム実践者という役割を続けながら、多くの出稼ぎ移民たちが夢見るような新築の家を手に入れたのである。

テイヤム実践者の誰もがジェイ家のような暮らしをしている訳ではない。かつてのジェイ家のような、平屋建ての小さな住宅で生活するテイヤム実践者は現在でも数多く存在する。それならば、ジェイ家の生活環境を大きく変えた要因とは何なのか、彼の生活環境や社会的立場はどのような経緯で変化したのか。それらを明らかにするために、次にジェイとテイヤム祭儀との関わりについてみていくことにする。

2　ジェイのライフヒストリー

わたしがジェイと知り合った二〇〇二年から現在に至るまで、彼の生活環境やテイヤム実践者としての立場は大きく変容している。ここでいう立場とは、社会的、経済的、さらには実践者グループ内のすべてを含み、それらは彼の実践活動と相互関係にある。ジェイの社会的世界の変化を明らかにするためには、彼がこれまでテイヤム祭儀とどのように関わってきたのかに触れておく必要がある。

ジェイは一九七四年四月、カンヌール市内から南東へ車で一時間ほどのところにあるエーチュール村の母方タラワードゥ（合同制大家族の屋敷）にて、ワンナーン・カーストである父カルナーカランと母カビラとの間に第二子（長男）として誕生した。彼には、数歳違いの姉と妹がいる。一家は、カンヌール市内から南東へ車で二〇分ほどのムンダヤーッドゥ村落にある住居に長年暮らしており、現在は父母、ジェイ夫妻、子供二人が一緒に住んでいる。自宅の周りには、姉家族と父方おばの家族が居を構えている(4)（図3―1）。

ジェイの父方祖父は、近隣で有名なテイヤム実践者であった。彼はカースト差別が厳しかった時代に、祭儀の場

図3-1　ジェイ家周辺の見取り図

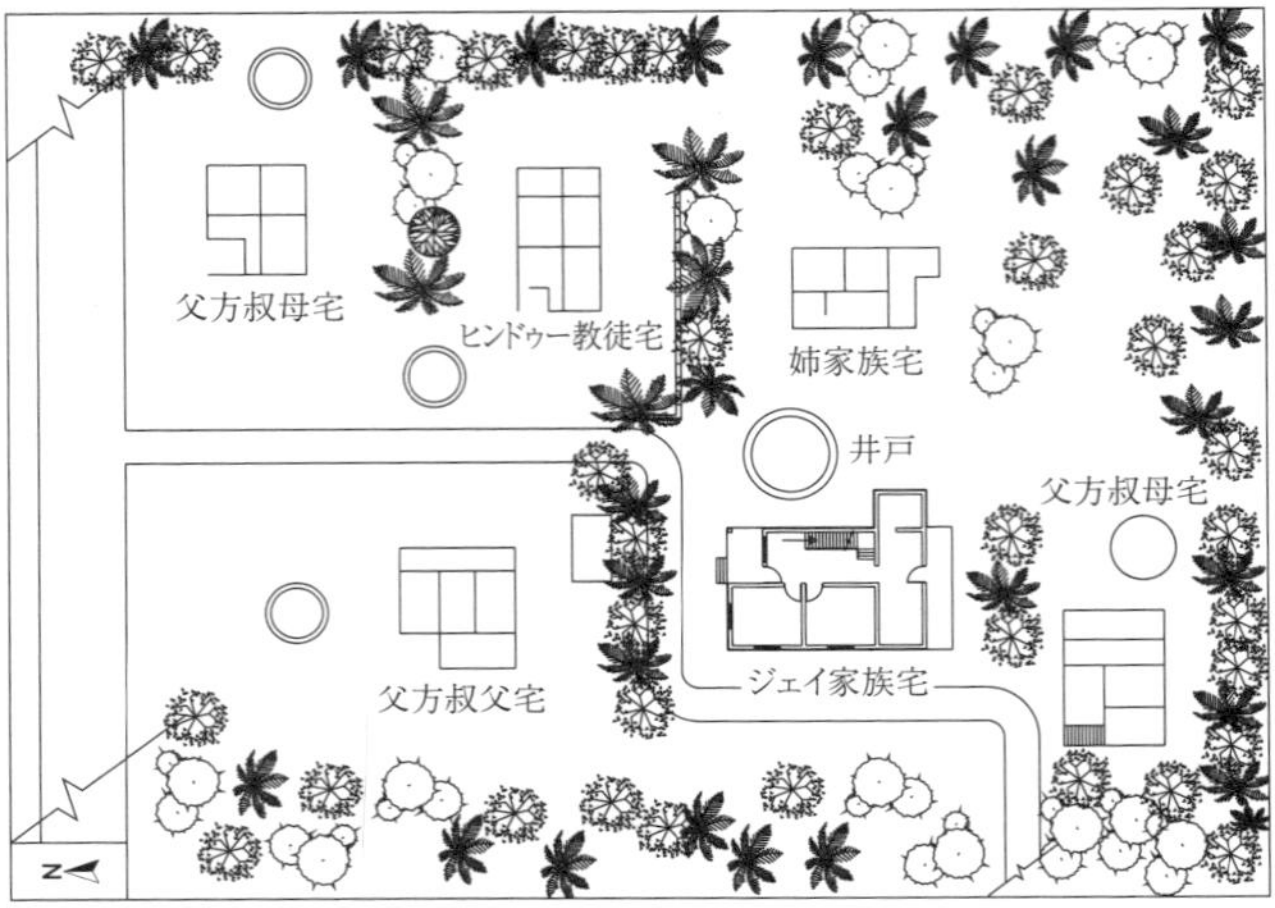

で高カーストの隣に座って談笑するなど、地主や高カーストの人びとと親密な関係をもっていた。ジェイたち家族をはじめ、近くに住む親族たちが所有する土地は、彼が購入したものである。また、ジェイの父が保持する祭儀の実践権利も、彼がカネを払って他のグループから譲り受けたものである[5]。母方親族内にはテイヤム実践者はみられず、ワンナーンの伝統的職業の一つである民俗医療（アーユルヴェーダ）の医師が複数いる（第一章参照）。

ジェイは、幼い頃から祖父に手を引かれて、祭儀の場に足を運んでいた。彼が九歳のときに祖父が他界すると、その後は父親の助手の役割を担うようになった。テイヤム祭祀のシーズン中には学校を休むこともあったが、教師たちからは何の咎めもなかったという。学校では、高カーストのクラスメートから彼のカースト名である「ワンナーン」と揶揄されたりしたが、カーストに関わらず仲の良い友人とは好きなテイヤム神の真似をして遊んでいた。半面、友人であっても彼らの自宅を訪れた際には、その家族から差別的なふるまいを受けることがしばしばあった。

テイヤム実践者のなかには、テイヤム実践者の父やおじをもち、かつ幼少よりテイヤム祭儀に携わる過程で、カルコダテやオーナッタールと呼ばれる門付け儀礼の実践を経験している者がいる。ジェイの幼い頃は、父親がテイヤム実践者として活動をはじめてからまだ日が浅かったため、彼はこの儀礼を行っていない。また、幼少から少年期にかけて、基礎的な身体づくりを目的にカラリパヤットゥ（武術）を習う者も少なからずいるが、ジェイは習得していない。

一〇歳から一二歳のころ、ジェイは自宅近くにあるシュリ・エラヤヴォール・バガヴァティ寺院（*Sri Elayōvur Bagavathi Kśhetram*）のそばで、ヒンドゥー至上主義団体のＲＳＳ（民族奉仕団）が開催していたシャーカー（*shākhā* 支部またはその活動）に週一回程度通っていた。シャーカーでは、歩行訓練やレスリングなどの身体訓練を行ったり、『ラーマーヤナ』を読誦したりして楽しかった、と彼はその思い出を語る。しばらく通っていたが、当時、ＣＰＩ（Ｍ）（インド共産党マルクス主義派）の熱烈な支持者であった父親によって強制的にやめさせられてしまう。(6)

祭儀で主神の役割を担う父親とは対照的に、一〇代の頃のジェイは、遊び半分の気持ちで祭儀会場に足を運んでいた。助手をしているうちに装束や装飾の作り方、祭儀の手順などは自然に覚えていったが、彼にとって祭儀の場は、同級生と夜遅くまで話ができる楽しみの空間に他ならなかった。と同時に、ナーヤル・カーストのタラワードゥ内で行われる祭儀では、住居のベランダにさえ触れることが許されず、敷地の外に座って食事をとるなど、カースト・ヒエラルキーを明確に意識させられる場でもあった。

テイヤム実践者の経験をもつコーマスも指摘するように［Komath 2003］、テイヤム実践者の多くは高等教育を受けていないが、ジェイは一九八九年から一九九一年にかけて近隣にある短期大学に通っている。彼は、ケーララの多くの学生と同様、入学後すぐに左翼系のＳＦＩ（Students Federation of India インド学生連盟）の集会に顔をだすようになった。最終学年の時には、同組織の大学実行員会の主要メンバーとなり、共産党の集会やデモへ積極的に参加していた。祭儀には引き続き助手として関わっていたものの、会場内で好みの女の子を見つけることに夢中だったと彼は笑いながら語る。また祭儀自体をとくに気にかけたこともなく、テイヤム実践者になろうと本気で思ったことはなかったと当時を振り返る。

そんなジェイだが、テイヤム実践者として祭儀を担う機会が訪れる。短大在学時の一九九〇年、父親が長年にわたって主神の役割を担うカンヌール市郊外のトーッタダ村にあるコッタンガル・タラワードゥ（ティーヤ・カースト）の祠において、ワイナーットゥ・クラヴァン神のヴェッラータム（未完全な状態のテイヤム）をはじめて担うことになった。これは彼自身が望んだことではなく、祭主のカーラナヴァン（タラワードゥの男性最年長者の意）が次の世代に祭儀を継承できるよう、ジェイにその役割を与えた経緯があった。当時のことを鮮明に記憶している彼は、祭儀の前は不安が募って身体が震え、祭儀を実践している間は頭飾りで首が痛く、装束で思うように身体が動かず窮屈で仕方なかったという。その後の一九九二年には、近隣の祠でムッタッパン神のヴェッラータムも初めて行っている。

ＳＦＩの活動に夢中になり、学業が疎かになっていたジェイは、最終学年時に成績不振から大学を中退した。その後の二年間は、日雇いで井戸掘りの仕事を続けたが、満足な収入を得ることはできなかった。また、溶接コースに通って資格を取得してみたものの、相変わらず安定した職に就くことはできず、しばらくの間、ムスリムの友人と共に石鹸などの日用品を売る訪問販売をしていた。思うような仕事に恵まれず、十分な収入を稼ぐことができなかった彼は、友人の影響もあってガルフへの出稼ぎを考え始めた。その一方で、一九九四年頃から父親が担う祭儀のほかに、親戚筋にあたるイリヴェリ村とタラッシェリ市内の二つのグループにも助手として加わるようになっていた。

親戚筋とはいえ、他の実践者グループへ参加したことは、祭儀に対する意識の変化をジェイにもたらした。彼によれば、それまで惰性的に祭儀に関わっていたが、他のグループの実践を目にするうちに、「自分なりのテイヤム神のスタイルを確立したい」という欲求や意識が芽生えていったという。(7) それは、必ずしもテイヤム実践者というアイデンティティの確立やテイヤム実践者として生きるという意志によるものではなく、むしろ神霊を担うこと自体への憧れの方が強かったようである。訪問販売の仕事でカンヌール県内のあちこちを訪れていた彼は、仕事先の近くで祭儀が行われる度に足を運び、他のテイヤム実践者による祭文（トーッタム）の唱法や舞踊的身体技法（カラーシャム）、託宣（ワーチャール）の話法などを観察するようになった。また、自分が関わる祭儀の場では、父親や親戚グループが担うテイヤム神の実践を熟視して学ぶようになり、次第にいくつかのテイヤム神を任されるようになっていった。

二〇〇〇年に入ると、父親のカルナーカラン（当時五七歳）は完全に引退したわけではないものの、ムッタッパン祭儀に関する依頼は、徐々にジェイが引き受けるようになった。自宅近くにあるムッタッパン神を祀る祠では、それまで毎月の変わり目の日（シャンカラマム）に父親が祭儀を実践していたが、世代交代を求める祭主の意向でジェイが担うようになった[8]。また、それまで父親の日課だった祭壇への朝晩のプージャ（礼拝儀礼）を率先して行い、近くのヒンドゥー寺院にも毎日参拝するようになった。これらの宗教的実践は、テイヤム祭祀に対する彼の信仰心を育んでいくことになった。ここで強調しておくべきことは、彼が祭儀への関与を深めていった背景には、父親の手助けをしたいという思いや自分なりの実践スタイルを確立したいという欲求、あるいは依頼者からの要望があった反面、祭儀以外の仕事を見つけることができない厳しい現実があった点である。

わたしがジェイと知り合った二〇〇二年当時、彼は数年後に実現するであろう結婚を意識しはじめていた。そして、結婚資金が必要であることを認識し、再びガルフへの出稼ぎを思い悩んでいた。ところが、知人の実業家による説得とムッタッパン神を祀る別の寺院での定期的な祭儀の依頼が舞い込んだことでガルフ行きは取りやめになった。その後、彼のもとには、少しずつだがムッタッパン祭儀の依頼が増えるようになり、彼のテイヤム実践者としての知名度も徐々に上がっていった[9]。

ムッタッパン実践者として活動範囲を広げていくなかで、ジェイは、二〇〇四年一二月に自宅近くのムッタッパン神を祀る祠において、優れたテイヤム実践者の地位を表すペルワンナーンの称号を得た。以後、外出の際には、ペルワンナーンであることを示す金の腕輪を右手にはめ、腰布を必ず身にまとい、身なりや振る舞いに気を配るようになった。また、毎日、朝晩に訪れるヒンドゥー寺院において、バラモンや高カーストの寺院管理委員会のメンバーらと交流を深めるようになっていった。彼らからは、宗教的実践や知識を学ぶだけでなく思想的な影響も受けるようになり、ヒンドゥー教至上主義を唱えるＢＪＰ（インド人民党）を支持するようにもなった。

ムッタッパン祭儀の依頼が増えるにつれ、ジェイはそれまで助手兼テイヤム実践者として関与していた二つの親戚グループの実践活動に参加することが難しくなっていった。彼らの祭儀に姿を見せないこともしばしばあり、グループ・メンバーとの関係は徐々に悪化していった。結果として、二〇〇四年には、親族をめぐるトラブルと彼自身の悪評を「流された」ことから、二つの親戚グループとの関わりを断ってしまった。[10] 以後、彼は、父親と父方従弟（二〇〇九年以降は甥）の三人からなる個人グループだけで活動している。

わたしが長期調査を行った二〇〇五年から二〇〇七年の間、ジェイのもとにはムッタッパン祭儀の依頼が数多くきていた。二〇〇五年一〇月には、同じカーストでパッピニシェリ村出身の女性と結婚したものの、家庭での時間はとれず、多くの日々をムッタッパン祭儀の実践で忙しくしていた。[11] 祭儀の依頼は、ローカルな文脈だけでなく、タミル・ナードゥ州のコインバトール市やカルナータカ州のマディケリ市などの他州からもあり、とくに、マハーラーシュトラ州のムンバイ市では、二〇〇六、二〇〇七、そして二〇〇九年以降は毎年祭儀を行っている。また、二〇〇九年には、州中部のエルナクラム市内にあるアイヤッパン神[12]（*Ayyappan*）を祀るヒンドゥー寺院の年次祭礼に招聘されて祭儀を行った。二〇一〇年にはガルフのバハレーン、翌年にはドバイで暮らすマラヤーリー移民コミュニティからの依頼を受け、祭儀のために渡航している。

ジェイの実践活動は、年を追う事にムッタッパン祭儀の依頼が増え、その範囲は州内外へと拡がっている。こうした影響は他のテイヤム祭儀にも及ぶようになり、祖父、父と三代にわたって継承しているワイナーットゥ・クラヴァン神の祭儀は、父親から受け継いだ祠だけでなく、別の地域からも依頼を受けるようになった。彼の活動は一年を通じてムッタッパン祭儀を中心に行われるようになり、現在ではムッタッパン神とワイナーットゥ・クラヴァン神以外の依頼は断っている。(13) 彼の実践活動は一家を支えるのに十分な収入をもたらすほどになっている。

二　テイヤム祭祀とカネ

インド社会では、伝統的な祭儀や芸能の多くがパトロン・クライアント関係のもと、特定のカースト集団によって維持されてきた。しかしながら、藩王国の解体や土地改革制度の実施、市場経済の浸透や交通網の設備、さらには急速な社会変化によって、旧来の地主や士族たちがパトロンとしてあり続けることが困難になり、祭儀や芸能の基盤を支えてきた庇護者が消滅しつつあることが従来の研究において指摘されている [cf. Erdman 1985, 1992]。

これまでにわたしが出会ったテイヤム実践者たちのなかには、「祭儀による収入だけで生活するのは難しい」と語る者が少なくない。彼らは、テイヤム祭祀のシーズンが終われば、日雇いの肉体労働に従事したり、裁縫やタバコ製造、オートリキシャの運転手といった仕事に就いて生計をたてている。かつて「踊る宝石（*nrttakaramtam*）」と賞され、その名を世に残した故カンナン・ペルワンナーンは、一九八〇年代当時、テイヤム実践者たちの窮状を次のように訴えている。

「テイヤム・アートとアーティストに未来はない。衰退し、消滅しかけの状態になっている。今の社会では、祭礼に一万ルピーも費やすのに、アーティストにはたった一〇ルピーしか渡さない。社会変化と近代化は、このアートと信仰に悪影響を及ぼしている。芸術フォームとして、保護や奨励をするべきだ」[Kurup 1986: 54]。

もともとテイヤム実践者たちは、祭儀を主催する王族や土地の領主、あるいはナーヤルなどの高カーストのタラワードゥと封建的な相互関係を持っていた。彼らは一九六〇年代頃まで、高カーストが所有する祠や寺院で祭儀を行うかわりに、生米、布、椰子油、ココ椰子の実、バナナなどと少額の現金を受け取っていた。[14] また、日々の生活が困窮すれば高カーストの家を訪れ、食料や衣類などを分け与えてもらっていた。いうなれば、テイヤム実践者たちの生活は、貧しいながらも高カーストによって保護された一面をもち、高カーストたちは、祭儀とその実践者たちを経済的に支援する役割を負っていた。

ところが、一九六〇年代後半からケーララでは共産党勢力が推進した土地改革が始まり、大地主の土地の大半は州政府に没収された。それまで土地による収益で生活や宗教的活動を維持してきた高カーストたちは、土地を失ったことから資力を失っていった [Radhakrishman 1989]。その影響から祭主たちの資金繰りは困難となり、祭儀の開催を見合わせる祠や寺院がみられるようになった。また、高カーストとテイヤム実践者たちとの関係も変容し、祭儀を通じて得られるものは僅かながらの現金と生米のみとなり、テイヤム実践者たちが祭儀以外に食料や仕事を得る機会もなくなっていった。

テイヤム祭祀を取り巻く現在の状況は、故カンナン・ペルワンナーンが訴えた時代と比べて大きく変化している。テイヤム実践者たちが受け取る報酬[15]も高額になり、あるマラヤン・カーストの実践者は過去と現在の状況を次のように述べている。

「僕の父親は、普段は日雇い労働者だったけど、シーズン中はテイヤム実践者をやっていたよ。最近じゃあ、テイヤムは日雇いよりも多く金を稼げるようになったんだ。いいシーズンのときには、経費を引いても月に一万ルピーぐらいにはなるけれど、昔の稼ぎはわずかなもので、たった一〇ルピーと一晩分の生米が入った袋だけだったんだ」[Dalrymple 2009: 42]。

祭儀後、参拝者たちが立ち去った祠や寺院では、テイヤム実践者たちと祭主との間で報酬をめぐる交渉や言い争いがしばしば繰り広げられる。祭主側であるタラワードゥの成員や寺院の運営委員会メンバーらは、「あいつらは金額が少ないといつも文句をいう」「カネをもらいすぎている」「祭儀をビジネスにしている」と語り、テイヤム実践者たちの要求や報酬の高騰化を非難する。

これに対して、テイヤム実践者たちはこうした批判を苦々しく思っている。確かにかつてと比べて祭儀の報酬は増えたものの、彼らの誰もがそれに満足しているわけではない。祭儀の規模が年々拡大するなかで、祠はきれいに整備されたり再建され、派手な電飾で飾られている。祭儀の合間にダンス公演やカラオケ・ショー、花火や爆竹などの余興が催されることもしばしばあり、参拝者には祝いの食事（アナンダナム）などがもてなされている。また、祭儀の開催を名目に近隣住民や参拝者から寄付を募る祠や寺院も見受けられる。その一方で、テイヤム実践者たちが負担する装束の修繕や新調費、装飾に用いる消耗品、交通費や助手の手当など、祭儀に関わる諸経費が高騰し、生活全般の物価も上がっている。こうした事情から、テイヤム実践者たちは多額のカネが祭儀のために使われているにも関わらず、自分たちの報酬に反映されないことに憤りを感じており、その不満をたびたび口にする。

テイヤム祭祀が再活性化しているなかで、テイヤム実践者の生活は必ずしも豊かになっているわけではない。かつてのように高カーストが生活の手助けをしてくれることはなく、シーズンが終われば、前述したマラヤン・カーストの若い実践者も日雇いで井戸掘りの仕事に就いている。コーマスは、祭儀の合間の余興には数万ルピーを費やすにも関わらず、テイヤム実践者へは五〇〇ルピーさえ渡そうとしないと祭主らを批判する。また、近年頻繁に開催されるワークショップやセミナーの場において、政治家たちがケーララの民俗芸術としてテイヤム祭儀の価値を雄弁に語るのとは裏腹に、テイヤム実践者コミュニティの社会経済的な発展に対しては何一つ行動を起こさないと糾弾し、テイヤム実践者たちの生活が現在でも困窮している状況を訴えている(16)［Komath 2005: 19-20］。

テイヤム実践者たちの社会経済状況に関するコーマスの主張は一方で正しく、また他方では今日の実態を十分に説明しているとは言い難く、彼らを集団として固定化してしまう問題を孕んでいる。なぜなら、前述したジェイのように、近年テイヤム実践者のなかには、テイヤム祭祀のシーズンを問わず一年を通じてムッタッパン祭儀の依頼を受け、その収入だけで十分な生活を営んでいる者が現れており、テイヤム実践者たちを集団として一括りに捉えることはできないからである。急速な経済発展のもと、生活様式の多元化と消費行動が活発化する現代インド社会において、生活環境の変化を経験している人びとは決して少なくない。旧不可触民階層のジェイがカーストの伝統的職業であるテイヤム祭儀の実践を通じて、十分な経済的利益を得ている現状がここにはある。

三　テイヤム祭儀の脱領域的な拡がり

前節で示したように、ジェイの生活環境や経済状況の変化とムッタッパン祭儀は密接に関係している。本節では、近年著しい興隆をみせているムッタッパン信仰に焦点をあて、祭儀の概要や歴史的背景、信仰が脱領域的に拡大している近年の動向などを素描すると同時に、ガルフ出稼ぎ移民がもたらす資本がテイヤム祭祀へ流入している実態をムッタッパン祭儀の事例から明らかにする。

1　ムッタッパン祭儀

四〇〇以上あるといわれるテイヤム神のなかでも、ここ一〇数年来、最も頻繁に祭儀が行われているものがムッタッパン神（*Muthappan*）である。ムッタッパンとは、「祖父」「年輩者」「父親の兄」を意味するムーッタ・アッパン（*Mūtta Appan*）に由来するといわれ、狩猟や貧しい人びとの守護神、あるいは人びとを災いや不幸から守る神霊として信じられている［Kannan 2007: 20; Gabriel 2010: 44］。テイヤム祭儀の多くは、一〇月から翌年六月の祭祀シーズンに特定のカースト寺院やタラワードゥの祠において行われるが、ムッタッパン神は、いつでも、どこでも、だれでも祈願奉納ができる、可動性に富む開かれた神霊である。とりわけその可動性は「ここ一〇数年来で著しく高まっている」[17]と引退した古老のテイヤム実践者たちが語るように、近年、ムッタッパン信仰は州内外や国外で暮らすマラヤーリー移民コミュニティにまで拡大している。

　ムッタッパン神は、俗にティルワッパナ（*Tiruvappana*）と呼ばれ、ヴィシュヌ神を表すプラリマラ・ムッタッパン（*Pulalimala Muthappan*）と、ヴェッラータム（*Vellāttam*）と呼ばれ、シヴァ神の化身とされるナムバラ・ムッタッパン（*Nambala Muthappan*）という二つの形態からなる[18]（写真3―3）。祭儀は、ヴェッラータムだけを奉納する場合と、ティルワッパナとヴェッラータムの両方を奉納する場合がある。もっとも、近年盛んに行われている祭儀では、費用との兼ね合いからヴェッラータムだけを奉納する場合が圧倒的に多くみられる。

写真 3-3　左：ティルワッパナ、右：ヴェッラーダム（ムンダヤーッドゥ村内ムッタッパン・マダップラ、2007 年）

　祭儀の中心的な担い手は、自らの身体にムッタッパン神を呼び降ろすテイヤム実践者とその助手であり、ティルワッパナはワンナーンとアニユーッタン（ヴェーランのサブ・カースト）、

写真 3-4　左：テイヤム実践者、右：神官のマダヤン（カンヌール市内チャラードゥ・ムッタッパン寺院、2006 年）

ヴェッラータムはワンナーンだけがその役割を実践する権利を持っている。しかしながら、最近ではアニユーッタンもヴェッラータムを実践するようになっている。その他に、太鼓などの楽器を奏でるサンギータ[19]、神官のマダヤン（*maṭayan*）またはその助手のアル・マダヤン（*aru maṭayan*）[20]、祠内の灯芯ランプに毎日火を灯すプージャリ（*pūjari* プージャーをする人）がいる。祭儀の当日、テイヤム実践者とマダヤンは精進潔斎を実践するが、サンギータたちにはそのような規範がみられない。プージャリは日常的に菜食であり、またはそうあるべきであると考えられている。

ヴェッラータム祭儀の次第は次の通りである[21]。はじめにテイヤム実践者が上半身裸で赤の腰布だけをまとい、右手に矢をもった姿で神官の横に立つ。次に、祭文（ワラヴィリ）を唱え、自らの身体に神霊が降りることを身ぶりと共に祈願すると、神官から供物の生米などを受け取る（写真3—4）。その後、一端控え場所に戻り、ターメリックの粉で顔と上半身に化粧を施し、さらにテイヤム神の装束のなかでも基本となるものを助手の補助のもとで身にまとう[22]。装束が整うと、太鼓の伴奏が鳴りはじめる。テイヤム実践者は祠の横あるいは裏側に立ち、炭を用いて目の周りを黒く色づけ、マリーゴールドの花や野草、銀細工などが装飾された頭飾りをつける。そして、手渡された鏡に映る自分の姿を確認すると、神官が彼の前に立ち、弓と矢を手渡して祈りを捧げる。このとき、神霊が実践者の身体に具現化されたと考えられている。

ムッタッパン神は、右手に持った矢を前に動かしながらゆっくり歩みを進め、参拝者が待ち受ける祠の前にその姿を現す。その後、助手と共に祠に向かって祭文（トーッタム）を唱え、御神体として祀られている鉄剣を神官から受け取ることで神霊の力をさらに体現化する。参拝者の前に顕現したムッタッパン神は、太鼓の音色が鳴り響くなか、神話を再現するパフォーマンスを繰り広げる。それらは、沐浴をしたり山を徘徊する身ぶりや猪の象徴とされるココ椰子の実を射貫くしぐさなどであり、太鼓のリズムに合わせて定型化したステップを踏み、弓や鉄剣を操る（写真3―5）。

ムッタッパン信仰の根幹をなすのは、祭儀の場における神霊の憑依と託宣（ワーチャール）である。一連の場面が終わり、ムッタッパン神が祠の前に置かれた聖なる椅子（ピーダム）に座ると、参拝者たちは託宣を求めてムッタッパン神に詰め寄るように列をなす。ムッタッパン神は、接見する参拝者から幾ばくかの賽銭を受け取り、彼らの手に花びら[23]（*pushupam* プシュパム）を渡して祝福し、託宣を与える。参拝者からの賽銭は、祭儀の場や依頼した祭主の経済状況に左右される。ローカルの人びとは、数ルピーから一〇ルピー程度の少額をムッタッパン神に手渡すのに対して、ガルフからの出稼ぎ帰りの者や州外の都市部で暮らす親族などは五〇ルピーや一〇〇ルピー札を握りしめ、ムッタッパン神の託宣に耳を傾ける者も多くいる。ムッタッパン神は、ときおり祠内に灯された灯芯ランプの炎を見つめながら、参拝者一人ひとりの悩みに耳を傾け、託宣を与える（写真3―6）。

写真 3-5　ムッタッパン・ヴェッラータムのパフォーマンス（カンヌール市内チャラードゥ・ムッタッパン寺院、2006 年）

参拝者たちがムッタッパン神に打ち明ける相談事は、親族間の争いごとや不幸にはじまり、結婚や出産、試験合格や就職、病気治癒やガルフへの出稼ぎ祈願など多岐にわたる。彼らのなかには、ムッタッパン神が語る託宣に感極まって涙を流す者や、自らが抱える問題を言い当てられ、呆然とする者がいる。たとえば、わたしがジェイの担った祭儀で目にした光景は

写真3-6　参拝者に託宣を与えるムッタッパン・ヴェッラータム（カンヌール市内レイルウェイ・シュリ・ムッタッパン寺院、2007年）

次のようなものである。

その男性（五〇代、ナーヤル・カースト）は州南部のティヴァナンタプラム出身で、親族の結婚式に参列するためカンヌールにやってきたらしい。彼はムッタッパン神から祝福と託宣を得ると、目をきょろきょろとさせながら周りの参列者に『信じられない』と繰り返し語っていた。……目が合ったので、自己紹介をすると、その男性は一方的にムッタッパン神の託宣が当たっていることを説明してくれた。「わたしは医者だが、こんなことは信じられない。……ムッタッパンが言ったことは全て当たっている。……どうして誰も知らないような私の親族のことがわかるんだ」（二〇〇五年一〇月二九日、フィールドノートより）。

ムッタッパン祭儀に参列する参拝者の多くが「ムッタッパン神に尋ねれば、必ず答えをくれる」と語るように、ムッタッパン信仰が隆盛する背景には、ムッタッパン神が告げる託宣の的確さとその神秘性が大きく影響している。

祭儀の途中、ムッタッパン神はときおり助手を呼びつけて、供物（*painkutti* パインクッティ）の一つである酒を要求する。[24] バラモンが司祭を務めるヒンドゥー寺院では、ミルクやギー（または椰子油）、蜂蜜、ココ椰子などが神々への供物として捧げられるのに対して、酒肉を好むムッタッパン神には椰子酒や干し魚が供えられる。最近では、ブランデーやラム酒、ガルフからの出稼ぎ帰国者たちがもたらす外国産ウィスキーなども頻繁に献げられている。供物の酒瓶を手にしたムッタッパン神は、男性参拝者を呼びつけて、プラサーダム（お下がり）という名目で彼らに酒を振る舞い、冗談を交えながら一緒に酒を酌み交わす。男性参拝者のなかには、このプラサーダムを目当てに祭儀へやってくる者も少なからずいる。ケーララでは人目につく場所での飲酒をよしとしない風潮があるなかで、ムッタッパン祭儀は、公然と飲酒ができる場なのである。[25] また、ムッタッパン神自ら大量の酒を飲むことも珍しくなく、とくに個人宅で行われる祭儀では、酒臭い息を荒らげながら託宣を与えるムッタッパン神の姿を見かけることがたびたびある。なかには、呂律が回らないほど「酩酊」してしまうムッタッパン神もみられ、その影響から問題も生じている。

託宣が一通り終わると、再び太鼓の甲高い音色が祭儀空間を包み込む。ムッタッパン神は聖なる椅子から立ち上がり、神官から鉄剣を受け取ると、太鼓のリズムに合わせてカラーシャムを行った後、頭飾りにつけられた花びらや野草をちぎり、参拝者に配ったり彼らに向けて投げたりする。祭儀は神霊を送り出す場面に移行し、太鼓の演奏がクライマックスに向けて一段と激しさを増す。ムッタッパン神は、石台の周りを時計回りに三度回った後、祠を背にして右斜め前方上を見つめ、花びらを撒いて身ぶりと共に祈りを捧げる。そして、寺院関係者に囲まれるなか、頭飾りについた花びらや野草をちぎって辺りに撒きながら聖なる椅子の周りを三度回り、自らの手で頭飾りを外す。この行為によって、テイヤム実践者の身体から神霊が抜け出ていく。参拝者たちは神官の導きで祠の前に集い、祠内に向かって生米を投げ、御神体として祀られている神像に祈りを捧げる。その後、参拝者たちはムッタッパン神の功徳を得ようと、聖なる椅子に置かれた頭飾りに触れ、装飾に使われている花びらや野草を手に取って帰路につき、祭儀が終わる。

2　ムッタッパン信仰の歴史的背景

ムッタッパン神は、現在、低カーストのティーヤを中心に、カーストや宗教の隔たりなく多くの人びとの間で信仰されているが、もともとは西ガーツ山脈の山間に暮らす指定トライブのアディヤン（*Adiyan*）の人びとが信仰する

写真 3-7　クンナットゥールパーディにある祠（クンナットゥールパーディ、2005 年）

神霊であった㉖［Gabriel 2006; Kannan 2007; 古賀二〇〇四］。アディヤンとは「最初にいた人」を意味し、ムッタッパン信仰の発祥地とされ、カンヌール市内から西へ七五キロ離れたサヒャドリ山に位置するクンナットゥールパーディ丘（*Kunnattūrppāti*）にもともと居住していた人びとをさす。彼らは狩猟を主とした生活を営み、狩猟の神としてムッタッパン神を祀っていた㉗。

クンナットゥールパーディの頂では、毎年、マラヤーラム暦のグヌ月（一二〜一月）二日からマカラム月（一〜二月）二日にかけての一か月間、毎晩ムッタッパン祭儀が行われる。祠の関係者によれば、祭儀期間中には州内外から三万人以上の参拝者が訪れるという㉘。祭儀会場となる頂には、ムッタッパン神が瞑想していたとされる土で作られた洞穴がある。洞穴の外側は、乾燥した椰子の葉で覆われ、なかには御神体として石が祀られている（写真3—7）。アディヤンの者がこの洞窟を覆うようにして祠を作ったことから、ムッタッパン神を最初に祀った祠（マダップラ）ともいわれる。洞穴の西側には、ムッタッパン神が降臨する、膝上ほどの高さに積み固められた土の台座がある。祭儀では、アディヤンが神官を担い、彼らの代表者がムッタッパン神へ弓や鉄剣を渡す役目を務める。この担い手は、ムッタッパン神話にも登場するチャンダンという名で呼ばれる。

クンナットゥールパーディでは、前述したプラリマラ・ムッタッパンとナンバラ・ムッタッパンのほか、プディヤ・ムッタッパン（*Puthiya Muthappan*）、プランカーラ・ムッタッパン（*Puthiya Muthappan*）、ナードゥワーリィ・ムッタッパン（*Nāduvāli Muthappan* またはナードゥワーリッシャン・デーヴァン）の五体が祀られている。また、ムーランペッタ・バガヴァティ（*Mūlampeṯra Bhagavati*）と呼ばれ、ムッタッパン神が来る前から当地にいたといわれる森の女神（*Vanadēvata*）

も祀られている。五体すべてをムッタッパン神と位置づけることはできるが、クンナットゥールパーディでは、プラリマラ・ムッタッパンのことをムッタッパン神と呼んでいる。

クンナットゥールパーディを管理するのは、高カーストのナーヤナール（*Nayanār* ナーヤルのサブ・カースト）である。一族の長であるクニラーマン・ナーヤナールによれば、彼らの祖先がクンナットゥールパーディに移住したのは、今からおよそ六〇〇年ほど前であるという。その後、ナーヤナールが森を含む辺り一面を支配しただけでなくムッタッパン神の祭祀権をも手中に収めたことから、ムッタッパン神は、アディヤンのほかにナーヤナールやブラーミンなどの高カーストにも祀られるようになっていった。[29]

ナーヤナールの後に移り住んだブラーミンは、当地にシヴァやヴィシュヌ信仰をもたらした。その影響から、ムッタッパン神はシヴァ神やヴィシュヌ神の化身として解釈されるようになり、神話の形成にも大きな影響が及んでいった[30]［Gabriel 2010］。たとえば、ムッタッパン神の祭文（*kalikkappāttu*）のなかに、子宝を願うブラーミンの女性が川辺に置き去りにされた赤子（ムッタッパン）をみつけ、息子として大切に育てたという話があるのはその一例である。また、クンナットゥールパーディで行われる祭儀の初日には、バラモンによってガナパティホーマム（*ganapatihomam*）などのヒンドゥー儀礼が行われている。[31] アディヤンが祀っていた土着の神霊であるムッタッパン神は、土地の支配者であるナーヤナールやブラーミンの権威づけのもとでヒンドゥー化され、その信仰が彼らの間にも拡がっていったのである［Kannan 2007］。

ムッタッパン神を祀る祠のなかで最も有名なものに、カンヌール市から北東へ約三〇キロ離れたワラパッタナム川の沿岸に位置する、パラッシニカダヴ・マダップラ（*Paraśśinikatavū Madappura*）がある。パラッシニカダヴへは、各方面から毎日何本もの路線バスが運行されており、容易にアクセスすることができる。バス停から祠までの道のりには、ムッタッパン神の関連商品を陳列する土産物店や飲食店などが立ち並び、巡礼地としての雰囲気を醸し出し

写真 3-8　パラッシニカダヴ周辺（パラッシニカダヴ、2006 年）

ている。境内は、州内外から訪れる多くの参拝者でいつも賑わい、彼らは無料で配給されるプラサーダム（お下がり）のチャイと茹で豆を食しながら、ムッタッパン神の顕現を待ちわびている。祭儀が毎日奉納されていることに加え、カンヌール市の中心地から車で三、四〇分という交通の利便性や宿泊施設の完備などが要因となって、パラッシニカダヴは、ムッタッパン信仰の巡礼地として大きな発展を遂げてきた（写真3―8）。祠の関係者によれば、毎日少なくとも三〇〇〇人以上の参拝者が訪れるといい、敷地内に設けられた会場では、昼になると参拝者に食事が無料で配給される。現在ある祠を覆うコンクリートの建物は、雨でも祭儀が行えるようにと一九七五年に建立されたものである。

パラッシニカダヴを管理しているのは、ティーヤ・カーストのクンヌメール家である。当家の伝承によれば、森を彷徨っていたムッタッパン神が、ある日クンナットゥールパーディから矢を放ったところ、その矢がパラッシニカダヴの横を流れるワラパッタナム川に落ちたという。川の近くで暮らしていたターリー・ペルワンナーンは、急に魚が大量に採れるようになったことを訝しく思い辺りを見渡すと、川の底に神秘的な矢が落ちているのが目に留まった。彼は、早速、この土地を所有するクヌンメール家の家長に報告すると、家長の命令で占星術師が呼ばれた。占星術師は、川に神霊が顕現していることを告げ、その神霊を祀るよう助言した。以後、この地に祠が建てられ、ムッタッパン神を祀るようになった、と言い伝えられている。(32)

パラッシニカダヴでは、カンニ月（九～一〇月）三〇日からトゥラーム月（一〇～一一月）八日の期間以外は、毎日、早朝にティルワッパナとヴェッラータム、夕方にはヴェッラータムの祭儀が奉納されている。パラッシニカダヴ祠には、一般の参拝者だけでなくテイヤム実践者たちも訪れている。たとえばジェイの場合、祭儀の依頼が減ったり託宣がうまくできなくなると、ムッタッパン神からの祝福と託宣を受けるためにパラッシニカダヴを訪れている。

パラッシニカダヴで祭儀を担うのは、ワンナーン・カーストのクンダティィル家に属するペルワンナーンに限られている。[33] 彼らは、パラッシニカダヴ以外に祭儀を担うことができない取り決めになっているが、実際には、ムッタッパン信仰の隆盛に伴い、デリーなどに出かけて祭儀を行っている。最近では、この問題が顕在化し、パラッシニカダヴの最高権威者であるマダヤンが州外で祭儀を行った者を出入り禁止にする宣告をしている。

今日、ムッタッパン神は、カンヌール県の支配カーストであるティーヤの人びとを中心に、州内外で暮らす多くのマラヤーリー・ヒンドゥーの間でカーストの隔たりなく祀られている。[34] また、テイヤム実践者たちによれば、祭儀にはムスリムの男性が参列したり、彼らがムッタッパン神に託宣を求めることさえあるという。民俗学者のK・K・カルナーカランは、かつてブラーミンの社会的地位が高く、他のカーストとの接触が厳格に避けられていた時代に、ムッタッパン神は狩猟をしたり、低カーストのティーヤの人びとと仲良く酒を飲んだりしたことから、低カーストや部族民の間でムッタッパン神が守護神として祀られるようになったと述べる[35] [Karunakaran 1985b: 217]。その後、ムッタッパン信仰が時代とともに山間部から低地へと拡大していくなかで、ティーヤの人びとはムッタッパン神を祀る祠を所有するようにもなった。第一章でも述べたように、一九六〇年代後半から共産党勢力が推し進めた土地改革によって大地主であった高カーストたちの土地の大半が没収された。そして、彼らは資金不足から寺院を管理運営することが困難になり、州政府に管理を委ねたり、祠の権利を手放していた。こうした背景のなかで、土地改革後、経済力を身につけたティーヤの人びとは、土地と共にそれまでナーヤルらが支配していたテイヤム祭祀の権利をも手にするようになったのである [Ashley and Holloman 1982]。

３　ムッタッパン神を祀るマダップラ

「バス停ごとにムッタッパン神が祀られているよ」とローカルの人びとが冗談半分で語るように、ムッタッパン神を祀る祠はカンヌール県を中心とした州北部のほか、隣接するカルナータカ州のマンガロール市やマディケリ市まで広範囲にわたって散在している。引退したテイヤム実践者たちによれば、とりわけ過去一〇数年の間には数多くの新しい祠が建立され、また古い祠の再建もなされているという[36]。

ケーララのヒンドゥー社会を論じる社会人類学者の小林勝は、ケーララにおいて低カーストの人びとが高カーストと同じような宗教的実践の場を手に入れたのは、二〇世紀後半、それも多くは一九八〇年代以降のことであると指摘する。なかでも一九九〇年代以降に起こった寺院建設ラッシュには、ラージーヴ・ガンディー政権以降の経済自由化の影響が大きく及んでいると強調する［小林二〇〇四：四四］。ムッタッパン神を祀る祠に関しては、小林の指摘するように経済発展による恩恵もさることながら、ガルフからの資本の流入も大きな要因として考えられる。最近では、ムンバイやデリーといった州外の大都市部でも祠を建立する動きが活発化しているほか、マレーシアのジョホール・バルでもムッタッパン神を祀る祠が建てられている。これらの祠は、総じて一般的にマダップラ（*madappura*）と称されている[37]。

ムッタッパン神話によれば、クンナットゥールパーディの南東に位置するプラリマラ山（*Puralimala*）には、マダップラが三〇八とポディッカーラム（*potikkālam*）が一〇八あるといわれるが、その多くはすでに滅びている。ポディッカーラムとは、もともとティーヤやワンナーン・カーストの者が自宅の敷地内にムッタッパン神を祀った場所のことをさす[38]。現在では、正式な祠を建立するまでの建物や祭儀の場で簡易につくるものに対しても、ポディッカーラムと称することがある。

再建または新たに建立された祠には、タントリ（*tantri* ナンブーディリ・ブラーミンの司祭の中でも最も権威のある者）によって、神霊の力（シャクティ）を祠に入魂する儀礼（*kavil kayaral*）が行われる。祠が建立されてから一年目は、ブラフマー神を表すアンディッタラ（*Andittara*）とシヴァ神を表すヴェッラータムが奉納される。その後、三年目にはヴィシュヌ神を表すティルワッパナとヴェッラータムが奉納され、正式にマダップラと称されるようになる。しかしながら、現在ではこうした実践が厳密に守られているわけではなく、祠を建立すると直ぐにティルワッパナを奉納して、マダップラと称するものが散見される。また、他のテイヤム神を祀る祠でも目につくように、サンスクリット語で「寺院」を意味するクシェートラムや、「神の居る土地、場所」を意味するデーヴァスタナム（*dēvastanam*）と名称を変える所も増えている。祠の中には、ムッタッパン神の御神体として鉄剣や矢が祀られており、近年ではパラッシニカダヴの影響をうけて、ティルワッパナとヴェッラータムの真鍮製の偶像を祀るマダップラが増えている（写真3—9）。

　いつ、どこで、誰でも奉納することができるムッタッパン祭儀の可動性は、ムッタッパン神を祀る祠の建立にも当てはまる。ムッタッパン神は特定の祠や土地とのつながりをもたないために、祠を建立する際の明確な規範が存在しない。そのため、祠建立の是非が占星術師に尋ねられはするものの、個人の意志やコミュニティの総意によって、自由に祠を建てることができる。[39] なかには、ローカルの政治状況や宗教間の対立を契機に建立されたマダップラも存在する。たとえば、ディネーシャンは、一九九〇年代後半にカンヌール県の北部でヒンドゥーとムスリムとの間で土地の所有をめぐる騒動が起こった際、その渦中において突如ポディッカーラムが建てられた事例を報告している［Dinesan 2009］。わたしが長期調査の際に参与観察したチャラードゥ・パニッカイル・シュリ・ムッタッパン・クシェートラム寺院（*Calāḍi*

写真 3-9　祠内に祀られたムッタッパン神像（カンヌール市内チャラードゥ・ムッタッパン寺院、2006 年）

されている。

Panhikkayil Sri Muthappan Kshetram、以下、チャラードゥ・ムッタッパン寺院）は、次のような経緯のもとで二〇〇三年に建立

事例三—一

チャラードゥ・ムッタッパン寺院運営委員会の秘書であるサージャンさん（仮名、ティーヤ・カーストの四〇代男性）やその他の運営委員会のメンバーが寺院誕生についての経緯を語ってくれた。二〇〇〇年頃から、近隣のヒンドゥー教徒たちの間で、誰からともなくムッタッパン神を祀る祠の建設話が持ち上がった。ある日、会社を経営しているサージャンさんの提案によって、代表者数名が占星術師のもとを訪れた。占星術師は、近くの池（現在の祠内にあるもの）とその隣にある藪をさし、その池が一〇〇年以上前からあるもので、藪には蛇が住んでいるといい、ここに「神がいる」と鑑定した。占星術師の話をうけ、サージャンさんを含めた近隣の者たちは、ムッタッパン神を祀る祠をこの地に建立することを決めた。池と藪は、別の土地で暮らす初老の女性（ティーヤ・カースト）が所有する私有地であったが、「祠建立の目的ならば」とその土地が寄贈された。二〇〇二年に池と藪の敷地を整備し、翌年には、祠を建立してティルワッパナを奉納した。以後、この地は、チャラードゥ・ムッタッパン寺院と呼ばれるようになった（二〇〇六年二月二五日、フィールドノートより）。

チャラードゥ・ムッタッパン寺院は、カンヌール市の中心部から三キロほど離れたチャラードゥ村落内のT字路の角に位置し、その敷地はおよそ二〇メートル四方ほどである（写真3—10、図3—2）。毎朝夜明け前の五時頃、拡声器からムッタッパン神の讃歌が鳴り響くなか、近所に暮らすプージャリのスニル（仮名、ティーヤ・カーストの四〇代男性）によって祠内の灯芯ランプに火が灯され、プージャが行われる。同様の儀礼は夕方にも行われ、近隣に暮

らす住民たちや通勤帰りの人びとが集う交流の場となっている。寺院の敷地内には、ムッタッパン神のほかにグル、グリガン、ナーガを祀る場所が設けられている。祠の建物は煉瓦とコンクリートで造られ、屋根の部分には伝統的な装飾（キンプルシャム）とムッタッパン神を模した彫刻が施されている。祠の中には、向かって右側にティルワッパナ、左側にヴェッラータムの真鍮像が祀られ、その前には灯芯のランプ台と犬の置物、後ろには赤を基調に金色の刺繍が施された布が掛けられ、ムッタッパン神が手にする鉄剣、弓、矢が置かれている。寺院の運営は、秘書のサージャンを中心とした五一人の委員会メンバーによって行われており、その多くはティーヤ・カーストの男性である。寺院建立にかかった経費は、すべて寄進によって賄われている。

この寺院の近隣には映画館があることから、祭儀が行われる際には映画鑑賞帰りに訪れる家族連れや若者たちが多くいる。毎年二月下旬に行われる年次祭には、参拝者にふるまわれる食事が三〇〇〇人分用意される（写真3―11）。夜には、カラオケ・ショーや花火なども行われ、近隣住民にとって楽しみな行事の一つとなっている。カンヌール県内に数あるマダップラのなかでも、この寺院は祭儀を頻繁に奉納している一つである。(40)

写真3-10　チャラードゥ・ムッタッパン寺院の祠（カンヌール市内チャラードゥ・ムッタッパン寺院、2007年）

図3-2　チャラードゥ・ムッタッパン寺院の見取り図

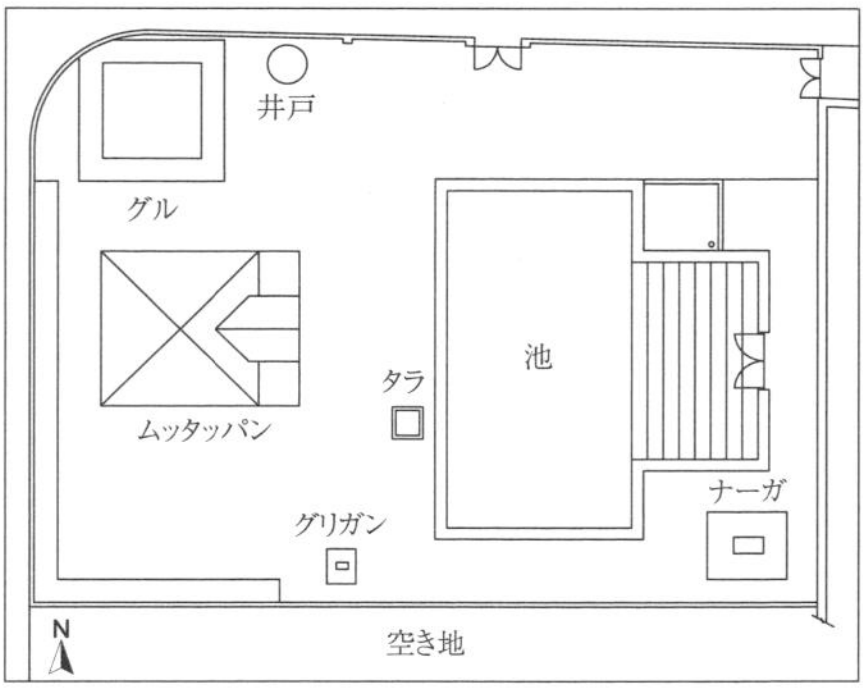

チャラードゥ・ムッタッパン寺

写真 3-11　チャラードゥ・ムッタッパン寺院の年次祭の様子（カンヌール市内チャラードゥ・ムッタッパ寺院、2007 年）

院は、ムッタッパン祭儀の奉納以外にもローカルの慣習やヒンドゥーの行事にならったさまざまな活動を行っている。カルッカダガム月（七月〜八月）には、毎夕、敷地内に子どもや女性たちが集まって『ラーマーヤナ』の読誦を行ったり[41]、マラヤーラム暦で新年の繁栄を祝うヴィシュ（*Visu*）やガネーシャ神の誕生を祝う祭礼[42]（*Ganesh Chaturthi*）なども行っている。二〇〇六年からは、毎年三月前後に常連の参拝者を募り、州内外のヒンドゥー寺院を訪れる巡礼ツアーにも出かけている。最近では、印刷メディアや電子メディアを使った広報活動も盛んに展開しており、第二章で述べたように、寺院のパンフレットを大量に作成してガルフへ送付したり、公開しているウェブサイト内に銀行の口座番号を掲載するなどして、州外で暮らすカンヌール出身者からの寄付金を募る活動を行っている。運営委員会のメンバーや近隣住民らが「われわれの寺院（*nammude ambalam*）」と語るように、この寺院は村落内のコミュニティ寺院として、彼らの生活世界の重要な位置を占めている。

4　ムッタッパン信仰の現代的位相

わたしがジェイの実践活動に同行していた期間中、彼が依頼をうけた祭儀は個人宅でのムッタッパン祭儀が圧倒的に多く、それは現在においても同様である。個人が特定のテイヤム神へ祈願したりその望みが成就した際にテイヤム神を家に招いて祭儀を執り行うことは、ムッタッパン神にだけみられるものではない。祈願奉納が行われるテイヤム神にはムッタッパン神のほか、裁判に強い神として人気があるカトゥヴァヌール・ヴィーラン神、マラヤンの実践者が担うグリガン神やポッタン神などがある。これらのなかでも、カンヌール県内において最も人気を集めているのがムッタッパン神である。

もともとムッタッパン祭儀は、テイヤム祭祀のシーズン中にマダップラや寺院で年に一度あるいは数回程度の頻度で行われていた。ところが、国内の経済成長による恩恵やガルフなどの海外で働く移民労働者がもたらすグローバルな資本の流入によって、一〇数年前からその頻度が著しく増えていった。とく出稼ぎを望む者たちのなかには、ガルフへの出稼ぎ機会をムッタッパン神に祈願したり、渡航時の安全や滞在先での仕事の成功を祈ったり、帰国した際には祈願成就の御礼を行ったりして、ムッタッパン祭儀を頻繁に奉納する姿が確認できる[43]。こうした背景から、ムッタッパン祭儀はテイヤム祭祀のシーズンを問わず奉納されるようになり、祭儀の場もマダップラだけでなくホテルやショッピングモール、レストランや経済力のある個人宅などでも盛んに行われるようになっていった。

ムッタッパン祭儀が個人宅で行われる理由は多岐にわたる。なかでも、ジェイが受けた依頼のなかで最も多かったのは新築祝いである[44]。カンヌール県は州南部と比べて観光資源が乏しく、主な産業である繊維産業やタバコ製造も十分な雇用を創出できずにいる。そのため、人びとは仕事を求めて故郷を離れることが多く、近年では州内で二番目に多くの移民労働者を出している地域として知られる[45]（第一章第一節参照）。ガルフを中心とした国外への移民労働者の数が増加したことと比例するかのように、カンヌール全域では住宅建築がブームとなり、土地価格も高騰し続けている。県内にはコンクリート製の豪華な二階建ての住宅が散在するようになり、こうした住宅のなかにはガルフ・マネーのもとに建てられたものが数多くあり、村落内で暮らす人びとの羨望の的となっている。それらのなかでも、ヒンドゥーの家族が暮らす住宅では、新築祝いの目玉としてムッタッパン祭儀が盛んに行われている。祭儀の終わりには、ムッタッパン実践者からヴェッラータムの頭飾りが祭主に手渡され、祭主ら家族はこれを魔除けとして新居の玄関先に吊し、ムッタッパン神の庇護のもと家庭が安泰でいられるよう願う。

いつ、どこで、誰でも奉納することができるムッタッパン祭儀は、経済的余裕さえあれば、日頃の悩みを解決する一つの手段となりうる。それだけでなく、親族や近隣住民、関係者などが招待される個人宅や店舗などでの祭儀では、自らの社会的地位や経済力を顕示しようとする祭主側の消費行動もみえ隠れする。

ムッタッパン祭儀を個人宅で行う際には、多種多様な供物と品物が用意される(46)（補足資料参照）。訪問客をもてなすためのチャイ（ミルクティー）や菓子、果物や食事のほかに、神霊への供物でありかつ男性訪問者の「期待」を満たすためのラム酒やブランデーといったアルコール類も数本用意される。とくに、出稼ぎ移民の一時帰国者が祭主を務める場合には、外国産のウィスキーが自慢げに振る舞われる。また、彼らのなかには、ムッタッパン神の託宣に満足すると、祭儀後に親族や近隣住民がいる前で時計やシャツといったガルフの土産物をムッタッパン実践者に贈る者もいる。彼らはこうした行為を通じて自らのガルフでの成功を表し、自分がいかに富を得ているのかを誇示しようとする。ムッタッパン祭儀は、出稼ぎ移民や経済力を身につけた人びとにとって消費財となり、かつ「顕示的消費」［ヴェブレン二〇一二］を示す絶好の機会となっているのである(47)。

経済力をもつ人びとが寺院へ莫大な寄進をしたり、宗教実践を頻繁かつ盛大に行う様相は、インド社会においてよくみられる光景であり、むしろそのように期待されている。ムッタッパン神に祈願したことで物事が上手く運んだ者、出稼ぎの機会を得た者や出稼ぎを終えて帰国の途についた者たちは、祈願成就の御礼に祭儀を再び奉納している。こうしたなかで注目すべき点は、出稼ぎ移民の一時帰国者のなかには別の目的で祭儀を奉納する者がみうけられることである。

事例三―二

チャラードゥ・ムッタッパン寺院で、ムッタッパン祭儀が行われた。祭儀を奉納したのは、近くに住むプラヴィーさん（仮名、当時三〇歳、ティーヤ・カーストの男性）である。昨年からドバイへ出稼ぎに出ている彼は、もともと信仰心が篤く、出稼ぎに行く前は寺院運営委員会のメンバーであり、祭儀では必ず見かける人物だった。一時帰国中の彼は、祭儀を奉納した理由を「出稼ぎの機会を与えてくれたムッタッパン神に感謝を表すため」と語った。……プラヴィーさんの話を聞いていると、祭儀奉納には別の理由も含まれているようだ。彼は、祭儀の奉納が「近所の人びととの関係をよくするのに役立つ」という。「出稼ぎ者が帰国したら、親戚や近所の人びとから何らかのものを期待されるだろう。でも、みんなに贈り物を買うわけにはいかないよ。だからといって贈り物を渡さず何もしなければ、出稼ぎがうまくいっていないと噂されるんだ」と彼は語った。親戚や近所の人びとが参加できるムッタッパン祭儀を奉納することで、彼は、そうした人びとの「期待」に応えたのだ（二〇〇七年二月二四日、フィールドノートより）。

「ドバイにはすべてがある」と現在の状況を誇るプラヴィーは、今の生活があるのはムッタッパン神のおかげだと語る[48]。ガルフ出稼ぎ移民たちがもたらすカネは、マラヤーリーの間で不均等に配分され、ケーララ社会における経済的な格差を拡大させてきた。出稼ぎ移民とその家族たちは、出稼ぎによって得たカネをもっぱら住宅の新改築、車、家電製品といった個人消費に費やしている。プラヴィー家でも、彼が一時帰国をした際には、新車の中型バイクと家電製品などが新調されている。一家にとってムッタッパン祭儀の奉納は、信仰や消費財としての側面をもつと同時に、経済的な格差をねたむ親族や知人あるいは近隣住民との摩擦が生じることを回避し、彼らの「期待」に応える消費の代替としての意味合いをもっているのである。

さらに、ムッタッパン祭儀の奉納は、地域社会とのつながりを再構築する場を提供してもいる。ガルフへの出稼ぎは夫や息子が単身で渡航する場合が一般的であり、年老いた親や妻、子どもたちはケーララに残って生活している。カンヌール市街のスーパーマーケットなどでは、子ども連れのその妻たちが大量の日用品を買い込む姿をよく見かける。とくに、ガルフへの出稼ぎの夫をもつ通称「ガルフ妻」たちは、近隣住民や村落社会からいくぶん距離をとって生活する傾向にあり、村落内において孤立し、そのため顕在化しにくいものの不調和や軋轢が生まれることがある。[49] プラヴィー家の場合も同様に、近隣のチャラードゥ・ムッタッパン寺院での集まりや地域社会との接点を彼が担っていたために、彼の出稼ぎ以降、残された母親や妻と村落社会とのかかわりは以前よりも少なくなっている。ムッタッパン祭儀の奉納は、プラヴィー家にとって、一方では出稼ぎによってもたらされた豊かさを誇示する手段であり、他方では個人的な宗教的経験をもたらすだけでなく、地域社会とのつながりを再編する手立てにもなっているのである。

「住宅建設ブーム」と土地や物価の高騰など、ケーララ社会に大きな影響を及ぼしているガルフ出稼ぎ移民がもたらす資本は、新築祝いや祈願奉納という形で、テイヤム実践者たちに新たな祭儀の機会を提供している。共産党勢力が推し進めた土地改革の影響によって祭主である高カーストの経済力が弱まり、祭儀の継承や存続が危ぶまれていたテイヤム祭祀は、出稼ぎ移民という新たな「パトロン」を獲得したことで、再活性化の道を歩んでいる。[50] そこには、現世利益を得ようとする人びとの心情と共に、豊かさを顕示するような消費行動がテイヤム祭儀の文脈に反映している。すなわち、近年のムッタッパン祭儀が活発に行われている背景には、ガルフへの出稼ぎという人の外部への流出と送金というカネの内部への流入、さらには出稼ぎをもたらす、あるいはもたらした祭儀奉納という宗教的実践へのカネの流用が、相互に関係をもちながら同時に生起しているのである。

くわえて、ムッタッパン信仰の隆盛は、ローカルの文脈だけに留まらず、州内外にも拡がっている。テイヤム神がローカルの文脈を超えた場に姿を現すのは、決して珍しいことではない。これまでにも、共産党の政治集会や観光イベント、海外での劇場公演といった宗教的文脈を逸脱した場に、テイヤム神はたびたび「出演」している。しかしながら、ムッタッパン神の場合には、ローカルを離れた場においても、宗教的文脈にもとづく祭儀が行われている点に特徴がある。

もともとケーララからの移住者が多く住むカルナータカ州のマディケリ市やタミル・ナードゥ州のコインバトール市にくわえ、二〇〇〇年代に入ってからは、国内の経済成長や交通網の発展を背景にして、デリーやムンバイ、チェンナイといった大都市に居住するマラヤーリー移民コミュニティの間でも祭儀が活発に行われ始めている[51]。こうしたマラヤーリー移民コミュニティで行われる祭儀には、カンヌール県出身以外のマラヤーリーや当地で生まれたマラヤーリー二世のほかに、当地のローカルの人びとも含まれており、彼らの間にもムッタッパン信仰が浸透しつつある様子がうかがえる[52]（図3―3）。また、こうしたコミュニティでは、マダップラを建立する動きもみられ、すでにいくつかの祠が存在する。なかでも、二〇〇四年にムンバイ市郊外のヴィラー地区（Virar）に建立されたシュリ・ムッタッパン寺院（Shree Muthappan Temple）は活発な動きをみせており、二〇一一年時では月に一度祭儀を奉納している。

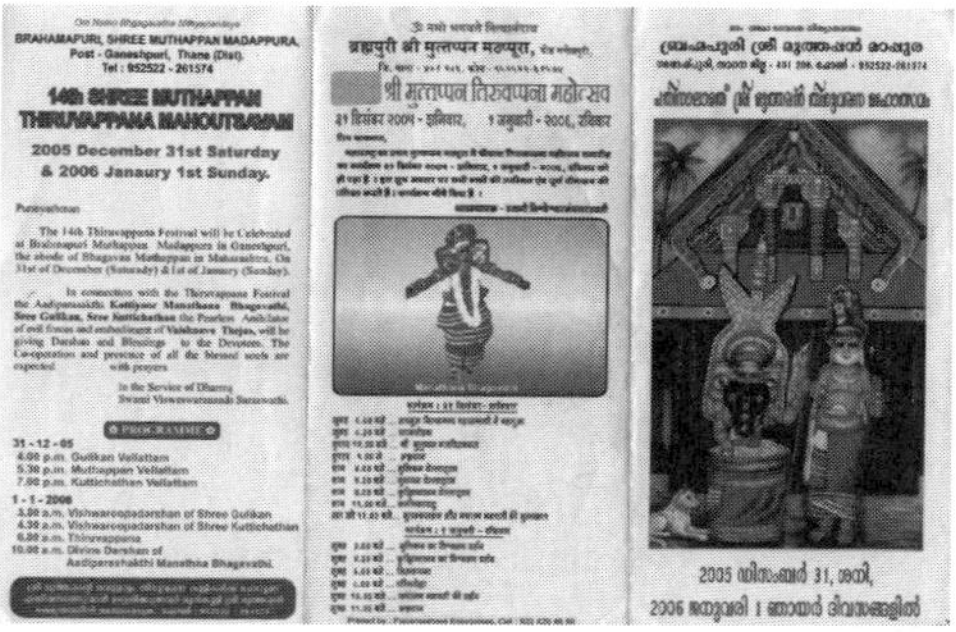

図3-3　ムンバイで行われたムッタッパン祭儀のパンフレット（ムンバイ・タナ地区で収集、2005年）

最近では、ケーララからの出稼ぎ移民労働者たちが数多く住むガルフを筆頭に、マレーシアやシンガポールにまでその信仰が拡がっている。ドバイのマラヤーリー移民コミュニティでは、二〇〇八年以降、ムッタッパン祭儀が毎年奉納されており、祭儀の実践者がカンヌールから招聘されている[53]。二〇〇九年にはバハレーンやオマーンでも祭儀が行われたほか、マレーシアのジョホール・バルではムッタッパン神を祀る寺院が建立され、年次祭やイベントが行われている。二〇一二年には、シンガポールでもムッタッパン祭儀が奉納され、その翌日には同じ実践者たちがジョホール・バルに移動して、同様の祭儀を行っている。

現代インドにおける宗教文化の変容過程を論じる三尾は、交通手段の発達により人の移動が容易になったことで、出稼ぎや移住に伴う形でローカルな儀礼や祭礼が都市部で突然行われはじめ、急速に人気を集めていると述べている［三尾 二〇〇三：四二］。ムッタッパン祭儀の興隆には、汎ヒンドゥー的な拡がりの兆しは窺えるものの、その信仰がグローバルに拡大しているというには留意が必要である。なぜなら、現段階における祭儀の脱領域的な広がりは、ローカルな神霊信仰が移民コミュニティのなかで「再埋め込み」され、北部出身以外の人びとをも取り込みながら「マラヤーリーの慣習」として、移民先の文脈に浸透しつつあるのが実態だからである。

ムッタッパン祭儀のように、特定の実践者や霊媒に憑依する神霊に対して、参拝者が相談ごとをもちかけて解決を図るという宗教的実践は、インド国内において広くみられる行為である。伝統的な規範や慣習が希薄化する大都会、あるいは海を越えた異国のイスラーム社会において他者の顔色をうかがいながら暮らすマラヤーリー移住者たちにとって、ムッタッパン祭儀は個人的な悩みを解決するだけでなく、人びとを集めて親交を深める場を提供し、マラヤーリーとしてのつながりやアイデンティティを確認する絶好の機会をもたらしている。(54) そこには、信仰実践の場として、ムッタッパン祭儀や祠を中心としたマラヤーリー移民コミュニティを発展させる契機をつくると同時に、個人的な宗教的経験と社会とのつながりが再編されている。

しかしながらこうした見解は、現在のムッタッパン信仰の興隆をみる限り、正しくもありまた不十分な理解ともいえる。もともとムッタッパン祭儀を含むテイヤム祭祀は、ケーララの州北部に暮らす人びとの間で、長きにわたって宗教的かつ社会的生活の中心を占めてきた。祭儀は、家系の出自や起源、村落社会のカースト関係や王権を構成要素とするローカリティを生産／再生産し、人びととの生活世界に重要な意味を与えてきた。これに対して、州外の都市部やガルフのマラヤーリー移民コミュニティで行われるムッタッパン祭儀の場における人びとの経験は、そうした村落社会の構造に規定され絡め取られている個を儀礼的に再確認するというよりはむしろ、神霊との交流において、村落やカースト、移民コミュニティといった共同体に束縛されない個の確認へと向かうベクトルもうかがえるからである。[55] この点において、ムッタッパン神とその祭儀はマラヤーリーたちの移動や経済活動と常に寄り添い、彼らと故郷とを結びつけながら、移民社会を生きようとする個人の祭礼として生まれかわりつつあるのかもしれない。

四 信仰の隆盛がもたらす経済的恩恵と社会的世界の変容

テイヤム祭祀と実践者との関わりは、祭儀の場だけに焦点をあてるのではなく、それをめぐるさまざまな環境や社会、経済的側面を常に配慮しながら検討する必要がある。テイヤム祭祀に関する経済活動は、大きく三つに分類することができる。第一には伝承を受け継ぐテイヤム実践者たちの生業としての経済活動、第二には祭儀を実践するための諸経費としての経済活動、第三には祭儀を主催する側の運営に関する経済活動である。これら三つの経済活動は互いが密接に関連しあうものである。本節では、テイヤム実践者という伝統的職業を彼らの生業、すなわち生計活動として捉え直し、ムッタッパン祭儀が隆盛するなかで、ムッタッパン実践者のジェイを取り巻く社会環境の変化と彼個人の実践活動の変容や適応戦略との相関関係を探究し、祭儀の隆盛が実践者の社会的世界に与えた影響を明らかにしていく。

1 「出稼ぎ」から「ムッタッパン神」へ

ケーララからガルフへ渡る出稼ぎ移民はムスリムが多数を占めている、というのは一般的な認識だが、ヒンドゥーやクリスチャンも決して出稼ぎに消極的なわけではない。二〇〇四年の移民調査によれば、宗教別にみたケーララからの移民者の数はムスリムが八〇・四万人（四三・七％）と半数近くを占めるものの、ヒンドゥーが五七・三万人（三一・二％）、クリスチャンが四六万人（二五・％）にのぼる［Zachariah and Rajan 2009: 40］。ジェイの生活世界をみてもガルフへの出稼ぎは他人事ではなく、自宅の近隣には出稼ぎに行った夫や息子からの送金によって建てられた新築の大きな家がいくつかみられ、近所に暮らす同世代のヒンドゥーの友人のなかには二〇〇五年以降、三人の高卒者がガルフに出かけている。また、自宅の向かいに住んでいた父方従弟はわたしが長期調査を行う数年前からサウジアラビアで働いているし、裏の家で暮らす父方従妹の結婚相手は二〇〇五年の結婚を機にドバイに渡り、助手として数年間祭儀に関与していた義弟は二〇〇七年からバハレーンで仕事に就くなど、ガルフへの出稼ぎはジェイにとっても身近なことである。(56)

前述したように、わたしが出会った当初、ジェイは多くのマラヤーリー男性と同様にガルフへの出稼ぎを思い悩んでいた。彼にとってテイヤム祭儀に関わることはあくまで片手間のことであり、伝統的職業とはいうものの生活を営むための「仕事」としては捉えていなかった。

ジェイがはじめてガルフ行きを考えたのは、短大を中退してから数年たった頃であった。満足な働き口を見つけることができなかった彼は、ムスリムの友人であるカビール（仮名）と共に訪問販売の仕事をしていた。やがてその仕事がなくなると、カビールの勧めでガルフへの出稼ぎを決意した。仕事とビザを斡旋する仲介業者の手数料と渡航費用を合わせた五万ルピー（約七万五〇〇〇円）をカビールから借りると、ムンバイに出かけてパスポートを取得した。カビールの口利きもあってドバイでの働き口を得たが、ビザが発行されるのを待つ間、両親に反対されたことから出稼ぎを断念した。

ジェイが出稼ぎを思い悩んだ二度目は、わたしが彼と出会った二〇〇二年頃である。当時の彼は、父親が主神を担う祭儀に助手兼テイヤム実践者として関与する傍ら、二つの親戚グループにもテイヤム実践者として参加していた。また、近隣のマダップラでも月に一度ムッタッパン祭儀を行っていた。祭儀以外に仕事はなく、彼の収入は一家を支えるには十分なものではなかった。そのため、彼はわたしに日本で仕事が見つけられないか頼んできた。具体的な将来設計を思い描けないまま結婚を意識する年齢になった彼は、結婚資金を蓄えるために再び出稼ぎを考え始めた。そんな折、ドバイでビジネスを展開する人物にカンヌール駅で偶然会ったため、自分を売り込むことにした。履歴書を渡して仕事の斡旋を待ったものの、結局、その人物から連絡がくることはなかった。

ガルフへの出稼ぎを悩んでいた時を前後して、ジェイには、その後の生活に大きな変化をもたらす二つの出来事が起きている。一つは、大物実業家と親密な関係を築いたこと。もう一つは、第二節で述べたチャラードゥ・ムッタッパン寺院にて、祭儀を定期的に行うようになったことである。

ジェイは、親戚グループがマヒ市内の祠で行う祭儀に一九九四年から関わっている。この祠の祭主を務めるのは、マヒ市の酒類業界で名の知れたプラディーヴァン（仮名、ティーヤ・カーストの五〇代男性）である。[57]二〇〇〇年、祭儀のためにプラディーヴァンの祠を訪れたジェイは、親族内に病を患っている者がいることを耳にした。そこで彼は、母方親族にあたるアーユルヴェーダの医者をプラディーヴァンに紹介したところ、診察を受けた後直ぐに体調が回復したという。また、プラディーヴァンの娘が膝を悪くした際も、親戚筋の別の医者を紹介すると、同じように短期間で病状が回復していった。

テイヤム実践者と祭主との関係性は、かつてのように祭儀以外の文脈において仕事の世話や経済的支援を受けるわけではないけれども、カースト・ヒエラルキーにもとづく権力的な上下関係が維持されたままであることが少なくない。そのため、両者が祭儀以外の文脈において親密な関係を築くことは稀である。しかしながら、ジェイの場合、前述の出来事がきっかけとなって、彼はそれまでのテイヤム実践者と祭主という間柄以上の関係をプラディーヴァンと持つようになった。毎日、朝晩の寺院参拝を欠かさず行い、プラーナ（古譚）などを読み始めていたジェイと、信仰心が篤く、寺院への寄進を惜しみなくするプラディーヴァンとの間では、自ずと信仰やヒンドゥー教徒のあり方について多くの話題が共有されていった。そんななかで、ジェイのガルフ行きをめぐって一つの出来事が起こった。

二〇〇二年のある日、出稼ぎを思い悩んでいたジェイは、出会って間もないわたしを連れてプラディーヴァンのオフィスを尋ねた。訪問の建前はわたしにプラディーヴァンを紹介することであったが、ジェイの本心にはガルフ行きの相談や何かしら仕事の紹介を得られるのではないかという期待が含まれていたことをわたしは後に聞かされた。小柄で穏やかな顔つきのプラディーヴァンは、われわれが挨拶を終えるやいなや、ジェイの気持ちを察したかのように彼の顔を見て「ガルフに行きたいのか？」と問い質し、冗談半分ながらもコイントスでガルフ行きを即断するよう迫った。と同時に、彼はガルフへ出稼ぎに行った人びとの生活がどのようなものか、その現実をジェイに語り始めた。

プラディーヴァンの説得が功を奏し、ジェイはカンヌール市に残ってテイヤム祭儀を続けることをプラディーヴァンと約束した。その際に、プラディーヴァンは「どうしても金に困ったら、いつでも支援するから」とジェイに言葉をかけた。その後、実際にジェイが新居建設や結婚式の準備などで現金を必要とした際、プラディーヴァンは約束通り一〇数万ルピー（約二〇万円前後）をジェイに渡している。大物実業家からのお墨付きに安心したのか、ジェイはプラディーヴァンからの引き留めにあって以降、出稼ぎの話題を口にすることがなくなり、彼自身も出稼ぎを考えなくなったという。

この頃、ジェイは、カンヌール市内でビジネスを展開する実業家のシャシィ（仮名、ティーヤ・カーストの五〇代男性）とも出会っている。ジェイは、二〇〇〇年より朝は近所のエラヤヴォール・バガヴァティ寺院へ出かけ、夕方はバスで一〇分ほどのところにあるチョーヴァ・マハーデーヴァ・クシェートラム寺院（*Chovva Mahadeva Kshetram*）へほぼ毎日参拝に通っている。両寺院は共にバラモンが司祭を務めるヒンドゥー寺院である。歴史学者のＳ・メノンによれば、ケーララでは長きにわたってバラモンが司るヒンドゥー寺院に不可触民が入ることを禁じてきた。州北部でも実質的に不可触民たちの寺院参拝が可能になったのは、一九四七年にマドラス寺院入場法が制定されてからのことである［Menon 2003: 405］。それゆえ伝統的な慣習として、テイヤム実践者がバラモンの司るヒンドゥー寺院へ毎日参拝することはない。

ある日、ジェイはいつものようにチョーヴァ・ヒンドゥー寺院の境内で祈りや瞑想に集中していると、シャシィから声をかけられた(58)。この寺院を運営する委員会の主要メンバーであるシャシィは、役職柄毎日のように寺院を訪れていた。境内で一時間以上祈りを捧げるジェイの姿をたびたび目にしていた彼は、数日前に知人宅を訪れた際、偶然にもジェイが実践するムッタッパン祭儀に立ち会うことになった。祭儀の場で真摯に振る舞うジェイの姿に好印象をもった彼は、後日、境内でいつも通り祈りを捧げているジェイに声をかけ、以後、二人は親睦を深めていった。現在ではジェイが個人的な悩みをシャシィに相談するほど親密な間柄となり、彼の結婚の際には準備資金として二〇万ルピー（約三〇万円）を借りるなどの経済的支援も得ている。また、シャシィの口利きによってムッタッパン祭儀の依頼を得たり、同寺院で宗教的行事が行われる際には、一般の参拝者とは異なる関係者席に案内されるなどの特別な待遇も受けている。

神霊を具現化するテイヤム実践者たちの誰もが、ジェイのように寺院参拝を毎日行っているわけではない。まして大物実業家や政治家などと友好関係を構築している者はごくわずかである。彼らの多くは教育レベルが低く、収入が安定した別の仕事に就くための手立てを持ちえていない。祭儀の場では高カーストを含む参拝者から敬われる彼らだが、日常生活においては、「だらしない」「酒飲み」といった言葉で蔑まれることがしばしばあり、顕在化しにくいもののカースト差別も根強く残っている。それゆえ、ワンナーンの人びとの間では、伝統的職業以外の職に就く者が圧倒的に多くみられる。

プラディーヴァンとシャシィに共通しているのは、同じカーストであるというだけでなく、信仰心が篤く、ヒンドゥー寺院の活動やテイヤム祭儀へ積極的に関与している点にある。そして、彼らがジェイを懇意にしている理由とは、祭儀の場における真摯な態度や毎日朝夕に寺院参拝を続ける敬虔さといった、信仰に関する彼の振る舞いや実践にある。こうしたジェイの振る舞いを敬う語りは、参拝者からも耳にする。近隣のマダップラを管理するナンビアール・カーストの親族の一人でニューヨークに在住するモハナン（仮名、四〇代男性）は次のように述べる。

「ジェイはわれわれのマダップラをとても大切に想ってくれている。……祭儀にはいつも真剣に取り組んでいて、私はそれがとても気に入っているんだ。彼には信仰心があるし、祭儀についてよく勉強している。テイヤッカーラン（テイヤム実践者）のなかにはカネのために祭儀をやっている奴がいっぱいいるからね[59]」。

ジェイは自らの意思で通い始めた朝晩の寺院参拝を通じて、ナンブーディリ・ブラーミンの司祭や高カーストに属する寺院関係者らと交流を深め、宗教的教養や社会的ふるまいを身につけていった。司祭の助言のもとに祭儀前の食事を整え、教授をうけたマントラを黙読し、紹介された古典の書物などを詠唱している。他のムッタッパン祭儀の場では、供物のアルコールを大量に飲酒するムッタッパン神や祭儀後に呂律が回らない実践者を見かけることもあるが、ジェイは祭主や参拝者に対して礼節をもって会話することを常々心がけており、祭儀では供物の酒を「飲む」ふりをするものの実際にはほとんど飲酒をしていない。こうした宗教的心性にもとづく彼の日常的営為と祭儀における実践や振る舞いは、祭儀の場や生活世界の文脈において、他のテイヤム実践者にはみられない人間関係を構築することにつながっていった。それは、もともとローカルな文脈においてカースト・ヒエラルキーのもとに成立していたテイヤム実践者と祭主という関係性とは異なり、祭儀の文脈に限らない新たな「パトロン」を獲得する手立てにもなったのである。

ジェイの生活環境を変えるもう一つの出来事は、前述したチャラードゥ・ムッタッパン寺院において、定期的に祭儀を担うようになったことである。同寺院は、二〇〇二年に祠を建立して以来、祭儀を時々行っており、その度ごとに実践者が入れ替わっていた。ある時、ジェイが担う祭儀を目にして好印象を得た寺院関係者は、その様子を寺院運営委員会のメンバーに伝えた。早速、彼らは次の祭儀をジェイに依頼した。祭儀当日、ジェイの振る舞いはもちろんのこと、祭文の詠唱、身体技法、託宣といったテイヤム実践者としての力量を見極め、さらには参拝者たちの一様に満足した様子を目にした運営委員会のメンバーは、ジェイを寺院専属のムッタッパン実践者にすることを決めた[60]。その際には占星術師にも意見を求めており、「ジェイが祭儀を担うことを神霊も喜んでいる」と鑑定されたという[61]。

チャラードゥ・ムッタッパン寺院では、当初、ジェイを「マッスル・ムッタッパン神」と呼び、彼の筋肉質の身体と、リズムに合わせて素早く巧みに繰り広げるカラーシャムの技量を称賛していた。カンヌール市街に立地するチャラードゥ・ムッタッパン寺院には、交通の利便性もさることながら、人気の映画館が近隣にあるため、週末の祭儀になると多くの参拝者が訪れている。こうした参拝者たちのなかには、ジェイが具現化するムッタッパン神の託宣に満足すると、祭儀後に個人祈願の奉納をジェイに依頼する者や、自宅で祭儀を奉納する際にジェイを呼ぶ者が現れるようになった。なかにはジェイの噂を聞きつけ、別の地域から祭儀にわざわざ訪れる者もみられた。それまでは月に一度、自宅近くのマダップラで祭儀を担うほか、ときおり近隣住民から依頼を受ける程度であったジェイのもとには、この寺院に関わり始めてからカンヌール県内の至る所から祭儀の依頼が舞い込むようになった。また、同寺院においても、近隣住民やその親族を含む人びとからの依頼が増え、祭儀が頻繁に奉納されるようになった。たとえば、二〇〇七年時には、少なくとも月三、四回、多いときには週二回以上祭儀が行われた。ジェイが同寺院で祭儀を担い始めてから、ジェイは同寺院以外からの依頼者を増やし、同寺院でも人びとが祭儀を祈願奉納する機会が増えていったのである。

言うまでもなく、祭儀機会の増加はジェイの経済状況を大きく好転させるに十分な要因となった。二〇〇五年時、彼は近隣のマダップラで毎月一度行う祭儀において、祭主からの報酬三五〇ルピー（約五三〇円）と参拝者から二〇〇～四〇〇ルピー程度の賽銭を手にしていた。[62] 一方、チャラードゥ・ムッタッパン寺院では、寺院側から五〇〇ルピーを受け取り、参拝者からの賽銭の総額五〇〇～一二〇〇ルピー程度を、寺院側とジェイが一対二の割合で分けていた。[63] 同寺院での祭儀は近隣のマダップラよりも頻繁に行われ、なおかつそこでの祭儀をきっかけに個人宅での祭儀の依頼を広範囲から受けるようになった。個人宅では、一〇〇〇～一五〇〇ルピーを報酬として受け取り、さらに参拝者からの賽銭も得ている。くわえて、ローカルな文脈を超えた州内外の場で祭儀が行われる際、これらの報酬は二倍から一〇倍ほどに跳ね上がる。祭儀機会の増加は、ジェイ家の生活水準を大きく上昇させることにつながった。

ムッタッパン実践者として活躍しているジェイについて、ジェイ家宅の近隣にあるマダップラでアル・マダヤンを務めるプラガーシュ（仮名、五〇代男性）は、「誰がこんな立派なテイヤッカーランになると思ったかい。……最初は身体も細くて不安だったけど、見ろよ、今の姿を」[64]と語る。これまでみてきたように、ジェイは、カーストの伝統的職業であるテイヤム実践者という役割を主体的に受け継いだわけではなかった。短大を中退し、満足のいく職に就くことが出来なかったことから、ガルフへの出稼ぎを思い悩んでいた彼は、状況依存的にテイヤム祭儀への関与を深めていった。しかしながら、父親からムッタッパン祭儀を引き継いだことを機に、彼は自らヒンドゥー寺院へ毎日通い、寺院関係者や高カーストの人びととの交流を通じて、徐々に宗教的教養や振る舞いを身につけるようになった。こうした宗教的営為は、彼の後ろ盾や彼の立場を保証する「真正性」となって、他のテイヤム実践者にはみられない人間関係を構築し、定期的な祭儀奉納の機会を得る要因となったのである。

テイヤム実践者のなかには、カネのために観光産業や各種の文化イベント、舞台公演といった近代的な産業構造のなかでテイヤム神を担う者がいるけれども、ジェイは信仰にもとづく祭儀の文脈だけで一家を支える十分な収入を得ている。月のスケジュールはムッタッパン祭儀の予約で構成され、生活空間においては家電製品が充足された二階建ての家で、物質的かつ経済的に豊かな生活を送っている。ガルフへの出稼ぎを思い悩んでいた彼のもとには、カンヌールを中心に州内外から祭儀の依頼がくるようになり、ついにはガルフで暮らすマラヤーリー移民コミュニティから招聘され、祭儀を行うまでになった。彼は、状況依存的ながらも自らの宗教的心性と営為に支えられる形で、ムッタッパン実践者としての地位を確固たるものとしたのである。

2　祭儀の機会をめぐる実践者間の軋轢と新たな相互扶助

ムッタッパン祭儀の隆盛によって、ムッタッパン祭儀の担い手たちはかつてないほど経済的恩恵を受けている。なかでも最も多くの報酬を手にしているのはムッタッパン実践者である。ムッタッパン祭儀の隆盛は、ジェイのように特定のムッタッパン実践者の経済状況を大きく好転させた反面、テイヤム実践者コミュニティ内に祭儀の利権をめぐる軋轢や亀裂を生み出す契機となった。ジェイを取り巻く状況からそれらを明らかにしていこう。

ジェイはムッタッパン祭儀の依頼が増えるにつれ、ムッタッパン祭儀を優先し、親戚グループの活動を二の次にするようになっていった。予め親戚グループが担う祭儀の日であることがわかっていても、依頼があればムッタッパン祭儀を引き受け、グループが行うテイヤム祭儀には遅れていくようになった。会場には夜中に現れ、割り振られたテイヤム神を担った後、翌朝には別のムッタッパン祭儀のために早々に引き上げる光景もしばしばみられた。ときには、ムッタッパン祭儀が長引いたり、祭儀後の交通手段がうまく確保できなかったことから、グループが担

表 3-1　祭儀に関するムッタッパン神と他のテイヤム神の比較

	ムッタッパン神	テイヤム神
担い手	ワンナーン アニューッタン	ワンナーン、マラヤン、ヴェーランなど
時期	一年中	10 月下旬～ 6 月初旬
場所	特定されない 州内外の広範囲で奉納	神霊を祀る祠・寺院 州北部に限定
拘束時間	半日（ティルワッパナを奉納する際は、翌日正午頃まで）	多くは 2 ～ 3 日
助手の数	1 ～ 2 名	3 ～ 5 名
化粧	テイヤム実践者自身、一部は助手	助手
実践	軽装 身体的負担が少ない 簡易なパフォーマンス 託宣の重視	重量ある衣装（巨大な頭飾りや松明） 長時間の祭儀による身体的負担が多い 武術や燃え盛る炭山を飛び越える等 アクロバティックなパフォーマンス
報酬	寺院 350 ～ 800 ルピー 個人宅 700 ～ 2,000 ルピー＋参拝者からの賽銭	一体のテイヤム神に対して、800 ～ 4,000 ルピー＋参拝者からの賽銭
その他	特になし	祭儀前の精進潔斎（厳密ではない）

うテイヤム祭儀の会場へ到着するのが遅れ、ジェイが担うはずのテイヤム神を代理の者が行う事態も生じた。こうした状況が何度となく続いたことで、ジェイと親戚グループとの関係はぎくしゃくしたものとなっていった。

ムッタッパン祭儀を優先するジェイの行動を理解するためには、ムッタッパン神と他のテイヤム神の祭儀の特徴について比較検討する必要があるだろう。表３―１はムッタッパン神と他のテイヤム神の実践に関する比較を表したものである。報酬額は二〇〇六年時におけるカンヌール県内の相場を記している。ジェイが二〇〇六年に行ったワイナーットゥ・クラヴァン祭儀は、二夜三日の日程で行われた。祭儀では、重い装束に身を包んだワイナーットゥ・クラヴァン神が燃え残った炭山を蹴り飛ばし、参拝者を祝福するために約一二時間連続で居続けた。それゆえ、翌日への身体的負担が大きく、毎日続けることは極めて困難である。祭儀後にジェイが祭主から受け取った報酬は三〇〇〇ルピー（約四五〇〇円）であり、そのうちの八〇〇ルピーがグループのメンバーであるラジィーヴァンに、五〇〇ルピーがウニに手渡された。そのほか、荷物を運ぶためにチャーターした車の費用に三〇〇〇ルピー、花などの雑費に二〇〇ルピーかかり、計一八〇〇ルピーの支出があった。残り一二〇〇ルピーと参拝者からの賽銭がジェイと父親の取り分となる。装束の修繕費や新調費などの支出があった際には、助手よりも取り分が少ない場合もでてくる。

対照的に、ムッタッパン祭儀で拘束される時間は半日程度である。昼過ぎから準備をし、祭儀自体は夕方からはじまり、遅くとも夜一〇時頃には終了する。身体的負担は少なく、翌日に再び祭儀を行うことも可能である。二〇〇六年にジェイが個人宅で行ったムッタッパン祭儀では、祭主から一二〇〇ルピーを報酬として受け取り、参拝者からの賽銭の総額は四五〇ルピーであった。父親と共に祭儀に行けば、助手に手当を払う必要はなく、ほぼワイナーットゥ・クラヴァン祭儀と同額のカネを手にすることができる。

ムッタッパン祭儀は、時期と場所を問わずいつでも行われる。時間的拘束が短く、少人数での活動が可能であり、かつその実践内容は身体的負担の少ないものである。報酬は助手への手当を差し引いたとしても、他のテイヤム祭儀に費やす日数を勘案すれば、決して引けを取らない。またローカルな文脈を超えた州内外で行われる祭儀では、五〇〇〇から数万ルピーが報酬として支払われており、参拝者からの賽銭を合わせるとかなりの高額を手にすることができる。一例をあげると、ジェイが二〇〇八年一二月に州中部のエルナクラム市内にあるアイヤッパン寺院の年次祭礼の場で行った祭儀では、実行委員会から一万ルピーを報酬として受け取り、参拝者からの賽銭の合計は一万六〇〇〇ルピーにのぼった。夜行列車で移動したため、約二日を要したとはいえ、彼は一度の祭儀で二万六〇〇〇ルピー（約三万九〇〇〇円）を手にしたのである。それは当時、地元の大学講師の初任給を上回るものであった。

このような今日的状況のなかで、ワンナーンのテイヤム実践者たちの間では、ムッタッパン祭儀がカネを稼ぐ「いい仕事（*nalla joli*）」であることが認識されている。[65] 彼らはムッタッパン祭儀の依頼を待ち望み、なかには自らが担ったムッタッパン神の写真を掲載した名刺を作成して、祭儀後に寺院関係者へ配る者さえいる。ムッタッパン祭儀の依頼が増えはじめたジェイが、ムッタッパン祭儀に特化した活動を望むようになっていったのも頷ける。彼はその思いを次のように語った。

「ムッタッパン神だけにしたいんだ。もちろん、アッチャン（父の意。カルナーカランを指す）のワイナーットゥ・クラヴァン神は続けるよ、それは別だからさ。……他のテイヤム神はもうやりたくない。ムッタッパン神だけにしたいんだ。……ムッタッパン神はいい稼ぎになるから」[66]。

ムッタッパン信仰の興隆にともない、近年ではムッタッパン神に特化した活動をする、あるいはそう願うテイヤム実践者が現れている。ジェイがムッタッパン神を優先する理由は親戚グループのメンバーも十分に理解している。しかしながら、親戚グループ内では、彼だけにムッタッパン祭儀の依頼が偏ることへの嫉妬や彼らのグループよりも自己を優先する彼の態度に対して徐々に不満が高まっていった。ある日、わたしが彼らの祭儀に一人で訪れた際、「ジェイはこないのか？　どうせムッタッパン神だろ。あいつはいつも……」とメンバーが皮肉る場面がみられた。やがて、彼らはジェイに直接批判の言葉を浴びせるようになった。親戚グループのなかには、ジェイの他にもムッタッパン祭儀のために遅れてきたり、途中で祭儀の場を後にする者がいる。ジェイの場合、その頻度が徐々に高くなっていったことが問題となったのである。

二〇〇五年、ぎくしゃくしていたジェイとグループとの関係は、親族に対する口論をきっかけにしてさらに悪化することになる。結果として、ジェイは親戚グループとの関わりや彼らとの親戚づきあいを断ち切ってしまった。現実的にも、ムッタッパン祭儀の依頼が増えたことで、二つのグループが担う祭儀に参加することはもはや困難な状況になっていた。

テイヤム実践者たちは、もともと親族を中心としたゆるやかなグループを形成し、相互扶助的な関係で活動を維持してきた。一つのグループや集団としての活動単位も大きく、以前は五～一〇数名いたといわれる。たとえば、かつてはジェイの父親がワイナーットゥ・クラヴァン神の祭儀を担う日の早朝になると、親戚グループのメンバーら四、五名がジェイ宅に集まって祭儀の準備をし、準備を終えると彼らが率先して荷物を持って祭儀会場へ出かけていった。彼らが祭儀を行う際には、ジェイが彼らの自宅を訪れて準備を手伝っていた。装束の貸し借りも行われ、彼らは互いを補い合う形で実践活動を続けていた。

ところが、テイヤム祭儀が再活性化している近年では、個々のグループは自らの活動に忙しくなり、他のグループの手助けに関与することが難しくなってきた。祭儀自体の依頼数は増え、活動範囲も拡大し、さらにはムッタッパン祭儀を行う者も増えたことから、グループはかつてより細分化され、一つのグループは二～四人程度の小規模で構成されるようになった。祭儀の会場によっては、担うことが出来ない神霊が祀られている場合もあり、一つの祭儀を親族関係のない二、三の異なるグループが一緒に行う場合も見られるようになってきた。

こうしたグループの小規模化は、ムッタッパン祭儀を担う上で障害となるものではない。他のテイヤム神と比べ、ムッタッパン祭儀では特別な化粧を必要としないため、ムッタッパン実践者が自ら顔の化粧を施している。身体に描く模様も複雑ではないため、太鼓奏者の補助を介せば一人で行うことも可能である。装束も特別に準備するものはなく、頭飾りは実践者が祭儀の会場で当日作っている。つまり、ムッタッパン祭儀は、複数の助手を必要としないため、少人数単位で祭儀を実践することができるのである。テイヤム祭儀の再活性化とムッタッパン信仰の隆盛による祭儀の増加は、結果として、相互扶助にもとづく大人数のグループを、少人数化した個別グループへと変化させることにつながった。助手の数が少ないほど個人が得る報酬はより多くなることから、ムッタッパン祭儀の活動をするテイヤム実践者たちは、二、三人の少人数単位で動くことが多く、なかでもよくみられるのは父子やおじと甥の組である。

親戚グループへの関与を断ったジェイは、その一方で他のムッタッパン実践者と友好的な関係を構築し、それを維持しようとしている。その理由は、ムッタッパン祭儀の依頼を数多く受けるようになるにつれ、スケジュールの都合上、彼の生活環境を大きくかえる契機となったチャラードゥ・ムッタッパン寺院からの依頼を断らざる得ない事態が起こっていたからである。

ジェイが担うムッタッパン祭儀の段取りは、すべて父親のカルナーカランが仕切っている。(67) カルナーカランは依頼を受けた順に予定を埋め、たとえチャラードゥ・ムッタッパン寺院からの依頼であっても、すでに同じ日に祭儀を受けていればそちらを優先している。ただし、彼のなかには、寺院よりも報酬の多い個人宅での祭儀を優先したい心情も見え隠れする。チャラードゥ・ムッタッパン寺院の祭儀に関する責任を負っているジェイは、自らが担当できない場合は代わりの者を探して、その穴埋めをする必要に迫られる。(68) しかしながら、同寺院が求めるような技量の優れたテイヤム実践者は、同じように祭儀の依頼が入っていることが多く、スケジュールを確保することが難しい。また、親戚グループとはすでに関係を断っているため、彼らに助けを求めることはできない。そこでジェイは、目星をつけたムッタッパン実践者には日頃から祭儀の機会を与えるようになった。いうなれば、ジェイは義務としての贈与関係や相互扶助関係を意味しない、非互酬的な「貸し」をつくっているのである。

具体的に詳しくみてみよう。ティルワッパナの祭儀ではムッタッパン実践者が二名必要となる。それらはティルワッパナとヴェッラータムの担い手であり、前者は後者に比べてかなり報酬が高い。本来ならば、依頼を受けたジェイがティルワッパナを担うはずだが、彼は自ら報酬の低いヴェッラータムを担当し、目星をつけた別のムッタッパン実践者にティルワッパナの役割を担わせている。あるいは、ムッタッパン祭儀の依頼が重なった際には、技量の優れた別のテイヤム実践者を紹介し、彼が祭儀の機会を得られるように便宜を図っている。これに対して、ジェイは、便宜を図ったテイヤム実践者から相互補助的に祭儀の機会や見返りを得ているわけではない。ジェイはチャラードゥ・ムッタッパン寺院の祭儀で代理が必要な場合に、以前の「貸し」を担保に祭儀の依頼を再度承諾してもらうよう交渉している。つまり、ジェイは技量の優れたムッタッパン実践者と個人的な関係を築き、祭儀の機会を与えた「貸し」に対して、さらなる祭儀の機会（祭儀の代理）を承諾させるという形で、祭儀の「マネージメント」をするようになったのである。

インドにおける芸能実践者たちは、藩王国や土地の地主、有力カーストなどと「パトロン・クライアント」関係を何世代もの間緊密に維持してきた。ところが、藩王国の解体や土地改革、資本主義経済の浸透や観光化の影響、さらには都市中産階級による芸能の「消費」などによって、これまでの伝統的な二者間の関係が解体されている。その一方で、ムッタッパン信仰の隆盛においてみられるように、ガルフ出稼ぎ移民などの「新たなパトロン」が誕生したことで、実践者コミュニティ内の実践機会をめぐる力学や関係性が変容している。[69]

くわえて、最近では祭儀の利権をめぐって新たな問題も生じている。ムッタッパン祭儀の担い手たちに支払われる報酬額は年々増加している。二〇〇九年時、カンヌール市内のマダップラ祠での祭儀の報酬に変化はなかったが、個人宅では、一二〇〇～二〇〇〇ルピー程度に値上がっていた。二〇一一年には、個人宅での祭儀において三〇〇〇ルピーを受け取るムッタッパン実践者がいた。さらに二〇一四年においては、ジェイが個人宅の祭儀を依頼された場合、五〇〇〇ルピーをその報酬として祭主に求めている。このように報酬が高騰している背景には、経済発展にともなった物価の上昇にくわえて、ジャンマーリが要求する手当の値上がりが影響している。

ムッタッパン祭儀の隆盛にともない、祭儀の利権をめぐってテイヤム実践者たちだけでなくジャンマーリの動きも活発化している。第一章で述べたように、近代化の過程においてテイヤム実践者コミュニティのなかでも、祭儀の実践を継承しない者が増えていった。しかしながら、彼らが有する祭儀の実践に関する領域的な権利は相続され、現在でも維持されている。たとえ祭儀の実践が世襲的に途絶えていても、領域的な権利をもつジャンマーリは祭儀の場に参列し、その手当を受け取っている。長期調査の期間中、わたしが参列したムッタッパン祭儀や他のテイヤム祭儀において、ジャンマーリが受け取った祭儀の手当は一〇〇～二〇〇ルピー程度であった。しかしながら、ムッタッパン祭儀がますます隆盛している現在、二〇一四年時ではジャンマーリが五〇〇～一〇〇〇ルピーを要求するようになっている。なかには、ジャンマーリとしての収入だけで生活を営むものまで現れているという。彼らはムッタッパン祭儀が頻繁に行われることを熟知しており、自らが有する権利の領域内において個人宅を含めて祭儀が行われた際に、自らの権利に対する手当をムッタッパン実践者に求めている。仮に従わない場合には裁判に持ち込む者もみられ、ムッタッパン実践者はジャンマーリの要求に応えざる得ない状況になっている。すなわち、ジャンマーリが有する領域内における実践の権利が文化資本として利用されるようになったのである。

３　「仕事」の確立と神霊の「日常化」

「ムンダーヤッドゥ村のムッタッパン神のジェイだけど……」。電話口でこう名乗るジェイは、現在、その名が広く知れ渡ったムッタッパン実践者の一人である。二〇〇七年時では、多いときには週四、五回、月平均では少なくとも一〇回以上、ムッタッンパン祭儀を行っていた。これはテイヤム祭祀のシーズンに限ったものではなく、彼は年間を通じてムッタッパン神という役割を担い続けていた。祭儀が度重ったことから、一時は身体的疲労がピークに達し、依頼を断って休みを取らざるを得ない状況さえ生じていた。日常生活においても時間的余裕がなく、妻と外出したり友人たちと交流する機会を持つことができないほどであった。

ジェイは、ムッタッパン祭儀を初めて行った際に購入した、すでに穴だらけの鞄を現在でも修繕しながら大切に使っている。祭儀へ向かう際には身なりを質素に整え、時にはわざわざ裸足で出かけることもある。そんな彼の姿とは対照的に、二〇〇七年における彼の月収は、同世代の大学講師の月給一万三〇〇〇ルピー（約三万円）を上回り、年収に換算すると二〇万ルピー以上を「稼いでいた」。それは決して「低所得」に分類されるものではなかった。[70]彼の生活世界の内実は、住居を新築してからも増改築を続け、テレビや冷蔵庫といった家電製品を充足するなど、かつてとは比べられないほど物質的・経済的に豊かなものとなっている。

十分な収入を得ることができず、社会的にも卑下されることが多かったテイヤム実践者という伝統的職業は、ジャイにとって豊かな生活を営むことを可能にする「仕事」へと転換した。ガルフ・マネーの流入とムッタッパン信仰の隆盛は、職にあぶれていたジェイという旧不可触民階層の若者に、カーストの伝統的職業を担うことで経済力の高まりと生活水準の上昇をもたらした。それはグローバル資本が流入する現代インド社会において、マイノリティが伝統的職業に対する偏見や差別から逃れるために、新しい職種を探したり改宗したりするベクトルとは対極の位相にあり、伝統的職業が家族を十分に養う「仕事」として確立しうることを示している。ジェイは、カネを稼ぐ手段としてムッタッパン祭儀を行っていることを否定しない。ただし、観光の文脈で祭儀を行ったり、政治や文化イベントのステージに出演したりすることとは距離をおく。また、テイヤム実践者のなかには、ビジネス・カードを作って祭儀の機会を得ようと祭儀後に配って「営業活動」をする者もいるが、彼はそのようなことはせず、毎日朝晩のプージャや寺院参拝を欠かさず行い、時間があれば古典を読んで知識を高めようとしている。

ワンナーンのテイヤム実践者の誰もがジェイのように、特定の祠でムッタッパン祭儀を定期的に行っているわけではない。彼の宗教的心性と営為が祭儀の機会を獲得する手立てとなり、またそうした日常的実践が祭儀の場における祭主とのやりとりや参拝者への託宣にも反映している。その結果、彼の振る舞いや神霊としての託宣力に満足した人びとが彼に祈願奉納を依頼している。つまり、伝統的職業という文化資源によってもたらされた彼の実践活動は、あくまで宗教的文脈にもとづくものであり、ムッタッパン神の「商業化」とは幾分異なっているのである。

ムッタッパン祭儀の隆盛は、ジェイの経済力を高めただけでなく、彼自身の社会的世界をも大きく変化させた。とくに、自宅近くのマダップラにおいて、ペルワンナーンという称号を授与されたことと、日常の生活空間において彼に対する人びとの対応や振る舞い、あるいは関係性に変化がみられるようになったことは、テイヤム実践者としての彼の立場や彼の社会的世界を理解する上で重要なものである。

第一章で述べたように、ワンナーンの優れたテイヤム実践者には、土地の支配者や王族、ブラーミン、祭主であるタラワードゥの年長者などからペルワンナーンという称号と金の腕輪が贈られる。ジェイは二〇〇四年にペルワンナーンの称号を得て以来、その名に見合う振る舞いをするよう心がけている。それは、テイヤム実践者として生きることを決意した、覚悟の証と言い換えられるかもしれない。以前は外出時にたびたびスラックスを着用していたが、称号を得てからは伝統的な腰布を必ず身につけて出かけるようになった。また、外出時には、祭儀に訪れた参拝者に、いつ、どこで、出会ったり見られたりするかわからないため、立ち居振る舞いにも気を配るようになっている。アルコールなどを買う必要がある場合には、友人や助手の者を買い出しに行かせ、自らが購入している姿をみられないようにしている。テイヤム祭儀の場においては、主神を担う機会が多くなり、自らが中心的な実践者であるという自覚も芽生えている。

ジェイの社会的立場の変化は、彼に接する人びとの態度からも如実に表れている。たとえば、祭儀に向かうバス停までの道のりでは、必ずといっていいほど誰かから声がかかり、日常の相談事をされるようになった。バスに乗れば、ジェイの祭儀に参列した人が席を譲ってくれるようになり、街角ではジェイに挨拶をしようと近寄ってくる男性が、膝まであげた腰巻きを正しい位置に戻し、礼節をもって接する光景がみられるようにもなった。こうしたやりとりは、ジェイの自尊心を満たすものとなっている。

さらに、ムッタッパン祭儀の奉納をきっかけとして、彼は祭儀以外の文脈においても、人びとと親密な関係を構築している。近年、チャラードゥ・ムッタッパン寺院近くに暮らす人びとや、祭儀をたびたび奉納している信者のなかには、彼の自宅の電話や携帯電話に日常的に連絡をしてくる者が現れている。彼らは祭儀の場だけでなく、日常の生活世界においてもジェイに悩み事を相談し、祭儀で得られるようなある種の助言を求めている。こうした要望は、必ずしもケーララのローカルな文脈に限るものではない。その一例をあげよう。

事例三―三

午前中、ベランダでジェイと話していると、彼の携帯電話が鳴った。電話の相手は、出稼ぎのためにドバイで暮らす若者であり、ジェイが昨日行った祭儀の主催者であった。彼は、自らはドバイにいながら、カンヌール市内にある実家に送金して、ムッタッパン祭儀を自宅で奉納したのである。彼は、電話口で昨日の祭儀の様子をジェイに尋ねていた。……ジェイは、ムッタッパン神が語った託宣の内容や家族の状況を彼に伝えはじめた
（二〇一一年九月一〇三日、フィールドノートより）。

電話の主のアヌー（仮名、当時二五歳、ティーヤ・カースト）は、短大卒業後、カンヌール市内の自動車会社で勤務していた二〇一〇年に、兄の計らいでビザを取得してドバイへと渡った。体格が大きな彼は、知人の進めるままに身辺警護の専門訓練コースを履修し、その後、高級ショッピングモール内の警備やドバイに訪れる著名人のボディガードの仕事に就いた。仕事自体は順調なものの、マラヤーリーの上司による嫌がらせや給料の未払いといった問題に苦悩していた彼は、ムッタッパン祭儀を奉納することで状況が改善されることを望んだ。

ジェイによれば、アヌーのように電話をかけてくる信者は、二〇一四年時において州内外やガルフを含めて一〇

数名いるという。なかにはジェイがドバイで行った祭儀の場に訪れた参拝者で、祭儀後に主催者から彼の携帯電話の番号を手に入れたという者もいる。彼らは祭主として自宅やマダップラでジェイが担う祭儀を何度か奉納しており、再び祭儀を奉納する可能性をもった人びとである。ジェイは、こうした人びとを「常連の信者（*sthiram bhakthan*）」と呼び、祭儀の場では彼らに時間をかけ、彼らが問題を解決できるような託宣を与えるなど特別な計らいをしている。

常連の信者たちは、日常生活においても神霊の存在を明確に切り離すことなくジェイと接している。彼らは何か問題が起こるとジェイに電話をかけ、何かしらの助言を求める。ジェイは彼らの相談を聞き、祭儀の場でムッタッパン神が発する声や語り口とは幾分異なる日常的な口調で、しかしながら祭儀の場でムッタッパン神が語るような内容の助言を彼らに与えている。祭儀の場でのダルシャン（謁見）を介した神霊と信者との個を主体とするつながりや関係性は、携帯電話を介して日常かつグローバルな生活世界にまで拡大し、ひいては出稼ぎ移民労働者と故郷をも結び付けている。

アシュレイは、テイヤム祭儀の場において社会の最下層に位置するテイヤム実践者にはナンブーディリやナーヤルなどの高カーストから最大の敬意が払われ、日常のヒエラルキーの逆転が生じると論じた［Ashely 1979: 112］。また、祭儀での地位の逆転は、旧不可触民階層の彼らの自尊心を喚起させる手助けになるとも述べられている［Damodaran 1998, 2008; Komath 2003］。だが、こうした地位の逆転や自尊心の喚起は、祭儀を終えた瞬間にもろくも崩れてしまう。祭儀後のローカルの文脈では、依然としてワンナーンやマラヤンという「不可触民」の位置づけがついてまわる。とりわけ、年配世代のテイヤム実践者たちやタラワードゥの年長者たちからは、こうした状況が顕著にうかがえる。

ジェイの場合、自宅近くのマダップラで行う祭儀は、カースト・ヒエラルキーを否応なく意識させられる場である。祭主のラージャンは、ジェイの父親が主神の役割を担ってきたタラワードゥの一員である。そのため、ラージャンが所有するマダップラは、ジェイや家族にとって、カースト・ヒエラルキーの延長線上に位置づけられるものである。たとえば、カルナーカランは祭儀の場でラージャンとやりとりを交わす際、カースト間の上下関係が厳格だった頃に不可触民たちが高カーストを呼称する際に用いた「タンブラン（*thamburan*）」という言葉を用いる。また、彼の祠で行われるムッタッパン祭儀に訪れる参拝者の多くも、ラージャンの親族であるナンビアールである。祭儀が終われば、彼らにとってジェイは、近所で暮らす「ワンナーンのジェイ」に他ならない。

他方、チャラードゥ・ムッタッパン寺院の運営委員会のメンバーや寺院の近隣住民、さらには「常連の信者」たちの間では、ジェイに対して「われわれのムッタッパン神」というある種の誇りを含む位置づけがなされている。ジェイは、彼らのなかでは何よりもムッタッパン神の実践者である。それは、ジェイに対する彼らの親しみと尊敬を込めた振る舞いからもみてとれる。たとえば、チャラードゥ・ムッタッパン寺院での祭儀を終えたジェイのもとには、夕食のもてなしを申し出る家族が毎回見受けられる。帰宅時には、ジェイを送るために、寺院運営委員会のメンバーの一人がオートリキシャを準備して待っている。ジェイの結婚式と披露宴では、同メンバーが数多く駆けつけ、さまざまな仕事を手伝っていた。あるいは、同メンバーと参拝者ら家族が一緒になった巡礼バス・ツアーには、ジェイと彼の妻が主賓として招かれ、参加者と一緒に楽しいひとときを過ごしている。

ムッタッパン信仰と祭儀の隆盛は、ジェイの生活環境や社会的世界を大きく変容させた。それは、単に伝統的職業を担うことで得る経済的利益だけでなく、旧来のカースト・ヒエラルキーとは異なる人間関係や社会的な場を構築することにもつながった。また、祭儀奉納が日常化するにつれ、「神霊を担う」という自尊心を長期的に維持させるようにもなり、定期的に祭儀を奉納する寺院の関係者や参拝者との交流を通じて、こうした自尊心を満たす出来事が身の回りに起こるようにもなった。それは、ジェイがテイヤム実践者という「仕事」を通じて、新たな社会的立場を築き上げた結果でもあり、テイヤム実践者たちの社会的流動性が一様でないことを示すと同時に、グローバル化が進む現代インド社会において、伝統的職業をとりまく新たな位相を示している。

五　小括

本章では、ムッタッパン祭儀の実践者としてその名が知れたジェイを事例に、ムッタッパン信仰の隆盛が彼の生活環境にどのような変化をもたらしたのか、その動態を微視的に論じた。とくに、ムッタッパン祭儀と経済との関係を、経済波及効果などの市場メカニズムではなく、テイヤム実践者の社会的世界の文脈から捉え、彼らが生計活動を維持し、それを発展させるためにどのような選択をしてきたのか、という点から解明することを試みた。

職業として芸能技芸集団の経済的側面に注目するとき、いくつかの研究がその指針を与えてくれる。岩手県の山伏神楽について論じる民俗学者の神田より子は、「神楽をやっている人たちは、昔から白い米の飯を食べられたんだよ」という地元の老女の言葉を糸口に、神楽集団の経済的な利益とそれにまつわる利権争いを明らかにした［神田一九九〇］。タミル・ナードゥ州のカーリヤーッタムを考察したA・ラーマナーダンは、芸能と実践者の日常生活との関係性をライフヒストリーから論じ、カーリヤーッタムを実践することの利益が単に経済的なものだけでなく、社会的地位や尊厳の獲得にもつながっていることを指摘した［Ramanathan 2000］。一方、テイヤム実践者個人の社会的地位の上昇を考察した古賀は、他のテイヤム実践者に比べて経済的に豊かであり、人びとから敬意を払われ、社会的地位も高いテイヤム実践者の故カンナン・ペルワンナーンの地位向上の要因として、実践に関する知識と技量、民俗医療の医師としての信頼、クルップら研究者の奨励による文化イベントへの出演と「アーティスト」としての評価を挙げている［古賀二〇〇四］。

これらに対して、本章が検討したことは、国内の経済発展やガルフ出稼ぎ移民がもたらすグローバルな資本を背景にした、ムッタッパン祭儀の隆盛に伴うテイヤム実践者個人の社会的世界の変容である。ムッタッパン信仰の隆盛は、ジェイの生活環境を大きく変える要因となった。満足な職に就くことができず、出稼ぎを思い悩んでいた彼は、父親からムッタッパン祭儀を引き継いだことを機に、自らヒンドゥー寺院へ毎日通い、宗教的教養を身につけていった。そうした宗教的営為は、彼の後ろ盾となり、他のテイヤム実践者にはみられない友好関係を大物実業家と築き、特定の寺院や祠で定期的な祭儀奉納を担う機会を得ることへとつながっただけでなく、その活動の場が州外や国外にまで拡がっていった。現在の彼はスケジュールが祭儀の依頼で埋まり、一家を支えるのに十分な収入を祭儀の報酬から得ている。また、自らの宗教的心性と営為に支えられる形で、ムッタッパン実践者としての地位を確固なものにもしている。ジェイの生活世界における出来事や宗教的実践がムッタッパン祭儀の文脈に影響を与え、ムッタッパン祭儀の隆盛がジェイの生活環境を変化させる要因となる相互作用が明らかになった。

二〇〇六年二月、ジェイは、依頼をうけてムンバイ市内郊外にある住宅街の一角でムッタッパン祭儀を行った。祭儀を無事終えて、帰路の駅へ向かうバスの車内において、彼は次のように語った。

「俺は幸せだと思う。緑に囲まれてて、家は建てたし、広い庭もある。出稼ぎにいかなくても、十分な生活ができている。しかも、こうしてムンバイにだって来てるんだし……」（二〇〇六年二月一三日、フィールドノートより）。

ムンバイでの祭儀を主催したのは、インド国内で有名なホテルの一つである、リーラ・ホテル・グループ（オーナーはカンヌール出身のヒンドゥー教徒）で働く州北部出身のマラヤーリー従業員コミュニティであった。狭い間取りのマンションで、家族とともに暮らしている彼らの生活を垣間見たジェイは、バスの車外に広がるムンバイのスラム街を眺めながら、ケーララでの自分の生活と出稼ぎ移民たちのそれを結びつけていた。ローカルの人びとが憧れる州外の大都市において祭儀を行った彼は、出稼ぎ移民たちの現実の姿に直面し、自分自身の生活環境を顧みる機会を得たのである。かつては自らもガルフへの出稼ぎを思い悩んでいたが、状況依存的に伝統的職業を継承し、かつその実践に十全的に関与するなかで、ムッタッパン信仰の興隆が彼自身の経済状況や生活環境を大きく変化させた。それだけでなく、ムッタッパン信仰の隆盛と拡がりによる影響は、彼の精神的な部分をも充足させている。社会的尊厳を高め、ローカルの社会における彼の立場は大きく変化し、参拝者からは個別に相談をうけ、彼らと新たな関係性を築くようにもなっている。それは、彼の自尊心を高めることにもつながり、彼自身の生活自体に満足感を与えることにもなった。

ムンバイから帰宅した翌日、ジェイとカルナーカランは、いつも通りにムッタッパン祭儀に朝から出かけていった。二人が帰宅したのは夜一〇時過ぎだった。帰宅後、ジェイはいつものように祭壇の前で床にひれ伏し、祭儀が無事終わったことを祀られている神々に報告した。そして、祭儀の機会を得られたことに感謝し、参拝者たちが彼の託宣に満足できるよう祈りを捧げ､再び祭儀の機会が得られるよう願った。わたしは「今日の祭儀はどうだった?」と彼らに尋ねた。祭儀の場で口にした酒でほろ酔い加減のカルナーカランは、マラヤーリーたちが否定的な意味や良くない状態を表す際に用いる、手の指先をはじく身ぶりを何度もしながら、「今日はラクシィミー神に見放されたよ」と苦笑いした。その日の「実入り」はあまり多くなかったのである。

ムッタッパン神を「ダルシャン」すること、すなわち、ムッタッパン神から託宣を拝受することは、神霊と参拝者個人が一対一という関係性のなかで問題を解決していく、カウンセリング的な働きを含んでいる。その行為は、村落や親族といった伝統的な社会的関係やその道徳的な規範に必ずしも規定されているわけではない。また、宗教的シンボルが大衆をナショナリスティックに、さらにはヒンドゥー至上主義へと煽動していくような、現代インド社会においてこれまで指摘されてきた事象とも異なるものである。むしろその行為は、急速な経済発展を背景に、社会環境や生活様式が急変するなかで、現代社会を生きる人びとが新たに抱える社会的不安を解消したり、消費社会化の浸透による個人的な欲望を追求する営為といえる。その位相は、インドにおける宗教の現代的な役割を考える上で集団内の多様な個に注目する必要性を示唆している。

こうした人びとの多様化する要望に対して、本章が述べてきたのは、現代インドの宗教的文脈で語られるグルのようなカリスマ的指導者の活動[71]ではなく、旧不可触民階層の若者がカーストの伝統的職業であるローカル神の霊媒という役割を通じて応えている姿であり、その宗教的実践によって一家を支え、過去とは比べられないほど社会・経済的に豊かな生活を送るまでになった個人の生のありようである。

註

（1）　ダラムサラに拠点を置く、チベット難民社会の芸能集団を考察した文化人類学者の山本達也は、「ひととしてのディアスポラ」という視座のもとで、集団内の個人を照射し、芸能実践に携わる自らの姿勢や自分たちが体現するナショナリズムに一体化できず、居心地の悪さや葛藤を覚える一人の演者とのやりとりを内在的な視点から詳述している［山本 二〇一三］。本章の目論見は山本の視座と相通じるものである。

（2）　新居はおよそ四〇万ルピー（約六〇万円）かかり、家族の貯金と知人からの借金を合わせて支払われた。ジェイはこの借金を二年で返済している。また彼は、二〇〇九年には妹家族のために平屋住宅を建築し、その費用二〇万ルピーを支払っている。

（3）　一家は、住居の改築を少しずつ行っている。その理由をジェイに尋ねると、経済的問題もさることながら、一度にすると目立ってしまうし、「祭儀で稼いでいる」という噂が広まってしまうと彼は説明する（二〇〇八年八月一〇日、ジャヤナンダ・ペルワンナーンへのインタビューより）。

（4）　近くに住む親族のなかで、以前は父方おじ（チャンドラン）と父方おばの長男（ウニ）がジェイのグループに関与していたが、仲違いをしてからグループを離れている。父方おじ一家は、二〇一一年三月に土地と家屋を売却し、タラッシェリ市に移住している。

（5）　祭儀の実践権利は、必ずしも売買の対象になっているわけではない。ジェイの祖父が「やり手」なテイヤム実践者であったことから、こうしたことが可能であったと考えられる。

(6) 前章でも述べたように、テイヤム実践者のなかには、カースト・ヒエラルキーや社会・経済的な不平等の是正を訴える左翼系のCPI（M）を支持する者が多い。カルナーカランは、ジェイが生まれる数年前までCPI（M）の活動に熱中していたが、生活に困窮したことから、テイヤム祭儀へ関与するようになった。現在では、表だって左翼的思想を支持する活動や言動はみられない。

(7) J・レイヴとE・T・ウェンガーは社会的な活動に参与することを介して学習される知識や技能の習得実践を状況的学習と位置づけた。彼らによれば、アイデンティティは、行為者が知識や技能を次第に習得していく過程と表裏一体となって形成されるという［レイヴ&ウェンガー 一九九三］。ジェイのなかでも、自分がグループの一員であるという意識が芽生えたと同時に、自己のスタイルへの欲求が生じたと考えられる。

(8) 長年、ガルフで仕事をしていたラージャン・ナンビアール（仮名、六〇代男性）は、帰国後、母親から受け継いだ土地にムッタッパン神を祀る祠を再建し、祭主となって月に一度祭儀を行うようになった。彼は、「カルナーカランのやり方（託宣の内容等）は古くさい」といい、ジェイに祭儀を担うよう求めた。

(9) この頃、ジェイは、海外公演を頻繁に行うアリコードゥ村の実践者グループから加入の誘いを受けた。このグループは、カンヌール県内で最もその名が広く知られており、かつてカルナーカランが祭儀に関する知識や技芸を学んだクニラーマン・ペルワンナーン（仮名）の息子を中心に活動している。ジェイは、同グループが文化イベントや舞台公演に頻繁に出演していることや、カルナーカランが記した祭儀の詳細に関するノートを、彼らが執拗に読みたがったことに不信感を覚えたため、グループ加入の誘いを断った。

(10) 二〇〇四年の一時期、ジェイは原因不明の体調不良になり、約二か月間入院していた。ムッタッパン祭儀の実践による疲労の蓄積と考えられるが、彼は病気の原因を探るため、占星術師のもとを訪れた。占星術師は、親族内にジェイのことをよく思っていない人がいるといい、その人物から災いをもたらす呪いがかけられており、悪い噂が流されていると鑑定した。

(11) 妻方の親族内にテイヤム実践者はいない。ただし、妻の母方おじがタラッシェリ市内でテイヤム祭儀を模倣した託宣を行う宗教的職能者（ナーヤル・カーストの男性）の活動に深く関与している。

(12) アイヤッパン神は、女性に変身したヴィシュヌ神とそれに惑わされたシヴァ神との間に生まれたとされるケーララのローカル神である。州南部には、アイヤッパン神の巡礼地として有名なシャバリマラ寺院がある。アイヤッパン信仰とその巡礼については、［Osella and Osella 2003b; 古賀 一九九七］が詳しい。

(13) ジェイがこれまで担ったテイヤム神は、ポーディ神、カールナバル神、ヴェリヤ・タンブラーティ神、エリオット・バガヴァティ神、プリヨール・カンナン神、グルッカル神、バプーラン神、ワイナーットゥ・クラヴァン神、ムッタッパン神など一五種類近くにのぼる。彼が最も得意とするのはバプーラン神で、女神を表すテイヤム神は苦手であるという。

(14) 古賀によれば、米の量は伝統的に定められており、ヴィシュヌムールッティ神、チャームンディ神、バガヴァティ神の実践者には、二一イダンガリ（*itangali* 一イダンガリは約一キログラム）の米が与えられるという［古賀二〇〇四：一〇三］。

(15) 祭儀の実践を終えたテイヤム実践者たちに祭主から渡されるカネをコール（*klu*）という。人びとがテイヤム神をダルシャンする際に渡すカネは、賽銭を意味するダクシナ（*dakshina*）といわれ、祠や寺院内に設置されている寄進箱は、バンダラム（*bhandaram*）と呼ばれる。収入を表す言葉はヴァルマーナム（*varumnam*）、会社などの勤め人が得る給与はシャムバラム（*sambalam*）、肉体労働者が手にする日当はコーリ（*kli*）といわれる。本書では、テイヤム実践者たちが祭主から受け取るカネを「報酬」、参拝者から受け取るカネを「賽銭」、テイヤム実践者グループ内で配られるカネを「手当」と表記する。

(16) ケーララの他の文化的パフォーマンスの状況をみるならば、D・ダウガーティは、クーディヤーッタムという芸能自体の名声とは裏腹に、実践者たちの生活が困窮し、グループを維持するには海外公演以外に選択の道がないと主張する［Daugherty 2000］。P・ザリィリィは、土地改革の影響によってパトロンを失ったカタカリの実践者たちが、観光産業に身を投じ、リゾート・ホテルでのディナー・ショーに出演することで、実践機会や生活環境を維持していると論じる［Zarrilli 2000］。

(17) 二〇〇九年八月一三日、クニラーマン・ペルワンナーン、バブー・ペルワンナーン、ラージャン・ペルワンナーンへのインタビューより。

(18) ムッタッパン神には、狩猟の伴をする一匹の犬が常に寄り添っている。そのため、ムッタッパン神を祀る祠では、御神体の横に真鍮製の犬の像が祀られている。また、祭儀の場では、人びとがむやみに追い払ったりしないため、野良犬が集まってくることが多い。

(19) サンギータはマラヤン・カーストの男性が務める。使用される楽器は、テイヤム祭儀と同様である。編成は、祭儀の規模や祭主の意向に応じて変動する。小規模なものは、チェンダ（太鼓）二名とクルム・クラル（管楽器）一名からなり、多いときには一〇名前後の編成を組むこともある。

(20) マダヤンとアル・マダヤンは、ティーヤ・カーストの男性が務める。彼らは、伝統的職業としてその役割を世襲的に継承しているわけではなく、個人の意志によって熟練のマダヤンから知識を学んだ後、アル・マダヤンとして活動する。その後、祠や寺院の関係者によって、マダヤンとしての知識や実践を十分に備えていると判断されると、アル・マダヤンには金色の柄の入った赤い腰布と金の腕輪が授与され、祭儀の場でティルワッパナから剣を受け取り、マダヤンとして認知される。

(21) ヴェッラータムの祭儀は、テイヤム実践者が一名と助手が一、二名、サンギータが三～五名、マダヤンあるいはアル・マダヤンが一、二名程度で構成される。ティルワッパナが奉納される際には、さらにテイヤム実践者が一名と助手が一、三名加わり、神官はマダヤンが担うことになる。他のテイヤム祭儀とは異なり、ムッタッパン祭儀は、神官を含め少人数で遂行することができる。

(22) ムッタッパン神の装束は、他のテイヤム神と同様に赤を基調としている。ティルワッパナは、ワリヤ・ムッタッパン（大きいムッタッパンの意）とも俗称される。一メートルほどの頭飾りには、アレカ椰子の木を削って魚の形を模した土台に、赤（または橙）・金・銀・黒のペーストが施されている。目は銀の装具で被い、口には黒い髭をつけ、腹部には赤の斑点模様が描かれる。ヴェッラータムは、老人の姿を表し、別名チェリヤ・ムッタッパン（小さいムッタパンの意）とも呼ばれる。ヴェッラータムは、ティルワッパナより小さな頭飾りを用い、藁で形作った芯の上からアーユルヴェーダの薬として用いられるトゥルシィーやトゥンバ、ジャマンティ（*Jamanti* マリーゴールド、キンコク科コウオウソウ属、学名 Tagetes）の花、蛇や三日月の形をあしらった銀細工が飾り付けられる。目は煤で黒く塗られ、口には白い髭をつけ、腹部には大きな三日月の模様が描かれる。ティルワッパナの化粧は助手が行うのに対して、ヴェッラータムの場合は、そのほとんどをテイヤム実践者自身が行う。ムッタッパン祭儀の隆盛にともない、テイヤム実践者たちの間では、装具や装飾、化粧に対する美的意識が以前よりも高まっている。引退したテイヤム実践者たちによれば、化粧は以前よりも丁寧に行われ、装飾も派手になっているという。また、祭儀の増加によって収入が増えたことから、装具の補修は頻繁に行われ、頭飾りにはパヤヌール市内などで購入された銀細工の装飾品が多用されている。

(23) かつては、トゥンバ、チェキ、チュンカムの三つの花びらが用いられていたが、現在ではジャマンティ、トゥンバ、トゥルシィーなどが主に使用されている。

(24) 供物は、茹でた皮付きひよこ豆、干し魚、乾燥したココ椰子の実のスライス、米粒を平打ちしたフレーク、椰子酒、ココ椰子の実の六つからなる。

(25) ケーララは、国内でもアルコール消費量が最も高い州の一つである。最近の報告では、ここ数年のアルコール消費量の著しい増加が指摘され、その主な理由として、ガルフで働く出稼ぎ移民からの送金により、自由に使える現金が増えたことがあげられている［*India Today*, September 10, 2009, "State: In a Drunken State"］。

(26) ムッタッパン信仰の歴史的背景については、［Gabriel 2006, 2010; Kannan 2007; Panicker 2003; 古賀二〇〇四］を参照。

(27) アディヤンは、当地に住む唯一のトライブであり、エローラン、ムーットラン、カッラーイコッディ、プッラーイッコディ、ヌーッターッドゥッケーンという五つのイッラム（家）からなる［Kannan 2007］。

(28) 二〇〇六年一月一〇日、クンナットゥールパーディ・ムッタッパン寺院の事務所関係者へのインタビューより。祭儀会場を少し離れた茂みには、酒盛りの後の空き瓶が無数に散乱している。一〇数年前には、ムッタッパン神からのお下がりの酒を飲んだ参拝者の一部が泥酔し、祭儀に支障が生じる騒ぎがあった。以来、ウィスキーやブランデーを供物として捧げることが禁じられている。

(29) 二〇〇六年一月一〇日、クンナットゥールパーディ・ムッタッパン寺院の事務所関係者へのインタビューより。祭儀の場では、ナーヤナールの優位性がみてとれる。プラリマラ・ムッタッパン神がはじめに祝福するのはナーヤナールである。次に、チャンダン（アディヤン）、アニューッタン、ペルワンナーン、そして一般の参拝者へと順に祝福が与えられていく。アニューッタンがペルワンナーンの上位に位置づけられている点については、本書巻末の補足資料にあるプラリマラ・ムッタッパン神の言い伝えを参照。

(30) 土着の神がヒンドゥー神として取り込まれる際には、インド学者のD・D・シュルマンがタミル・ナードゥ州の例を報告するように、シヴァ神が地方の女神と結婚するというものがある［Shulman 1980: 176］。ケーララでは、ヴィシュヌ神とシヴァ神の息子となったアイヤッパン神がある。

(31) 古賀は、初日の祭儀において、ムッタッパン神が四段階になって現れることから、ヒンドゥーの四住期（アーシュラマ）を模倣したものであると指摘する［古賀二〇〇四：一三六］。

(32) 古賀によれば、クンナットゥールパーディとパラッシニカダヴには、歴史的に深い結びつきがあるという。パラッシニカダヴの周辺の村は、チュラリ王国に属し、ナーヤナールの支配下にあった。それゆえ、以前は、クンナットゥールパーディでの祭礼が終わる二日前から、人びとが川魚、椰子酒、ムッタッパン神の頭飾りに使う花、神官が身にまとう絹の布などをもって、パラッシニカダヴからクンナットゥールパーディへ行進していった［古賀二〇〇四：一三八］。

(33) 二〇〇九年時では、祭儀の担い手は、ペルワンナーンが二〇名前後、伴奏者九名、マダヤン一名、アル・マダヤン二名からなり、メンバーが入れ替わりながら祭儀を担っている。

(34) その他には、鉄道局組合が管理する祠もある。有名なものには、カンヌール市の中心に位置し、カンヌール駅の横に建つレイルウェイ・シュリ・ムッタッパン・クシェートラム寺院がある。詳しくは、別稿［竹村二〇一二a］を参照。

(35) ティーヤ・カーストの人びとは、ムッタッパン神をカースト神として祀っている。パラッシニカダヴでは、結婚式や子供に最初の米飯をあたえる儀礼（*cōrūn*）を行うために、家族連れでやってくるティーヤの人びとを頻繁にみかける。

(36) 二〇〇九年八月一三日、クニラーマン・ペルワンナーン、バブー・ペルワンナーン、ラージャン・ペルワンナーンへのインタビューより。

(37) ムッタッパン神を祀る祠は、もともとはマダプッラと称されていた。マダとは洞窟や洞穴、プラは小屋や小さな家を意味する言葉が、転じてマダップラといわれるようになったという［Kannan 2007］。

(38) チャッカ（ジャックフルーツ）やチェンムパカム（*Chempakam* クレン科キンコウボク、学名 Michelia champaka）の木の下に石が置かれ、その上に灯芯ランプがのせられたものをさす。

(39)　これに対して、テイヤム神は特定の土地と密接な結びつきをもつため、新たに神霊を祀ったり、祠が建立されることはない。例外としては、①カールナヴァル（タラワードゥの年長者）が他の土地や寺院、祠などを訪れた際にその土地の神霊がついてきたと判断された場合、②親族内でトラブルや不幸が連続したことから占星術師が呼ばれ、それまで放置または消滅していた祠を復興するよう示教された場合、③古くなった祠を再建する場合、④タラワードゥ自体の移住によって、それまで祀っていた神霊を移動させる必要がある場合のいずれかである。

(40)　同寺院では、二〇〇六年から二〇〇七年にかけて平均すると週一度祭儀が行われていた。二〇〇九年には、少なくとも週一度、ときには週二度祭儀が奉納され、二〇一一年には、毎週金曜日と日曜日にヴェッラータムの祭儀が奉納されている。その他に、カンヌール県内でムッタッパン祭儀が活発に行われているマラップラ祠は、タレチョーワ、アラヴィル、カンナーディパランバ、パピニシェリ、タラッシェリにある。

(41)　かつてケーララでは、米の収穫前で雨期にあたるカルッカダガム月に貧困と飢えに苦しんでいたといわれる。そのため人びとは、ラーマ神の足もとにひれ伏し、供物をささげ、『ラーマーヤナ』を唱えて、身と心を清めたと言い伝えられている。

(42)　ヒンドゥー教の神名の一つであり、ガナパティとも呼ばれる。シヴァ神とパールヴァティの息子とされ、身体は人間だが象面を持つ。ガネーシャ神は、あらゆる障害を取り除く力を持つといわれる。

(43)　ガルフ在住のマラヤーリー移民のなかには、ムッタッパン寺院や祠に莫大な寄進をする者がいる。カンヌール市郊外には、こうした個人の寄進によって建立されたムッタッパン寺院がいくつか存在する。

(44)　たとえば、カルナーカランのグループが二〇〇六年三月から四月にかけて実践したムッタッパン祭儀のなかで、新築祝いは約四割を占めていた（補足資料参照）。

(45)　二〇〇七年に関する統計では、カンヌール県の人口が二四一万二三六五人に対して同県出身の移民労働者の総数は二五万四〇〇〇人であり、ケーララ州出身の移民労働者数の一三・八%を占めている［Zachariah and Rajan 2009: 104］。

(46)　個人宅での祭儀では、参拝者に食事がもてなされる。食事は菜食とは限らず、ケーララの代表的な料理である魚カレーが出されることもある。近年の傾向では、チキン・ビリヤーニ（鶏肉の炊き込みご飯）がもてなされることが多い。また、二〇〇七年時には、祭儀の担い手たちへの報酬には三〇〇〇～四〇〇〇ルピー（約四五〇〇～六〇〇〇円）が必要であり、その他の諸経費を合わせると、個人宅でヴェッラータム祭儀を奉納する際、少なくとも一万から一万五〇〇〇ルピー程度の費用がかかる。なかには、家族だけが参列する小規模の祭儀もあり、その場合には五〇〇〇から七〇〇〇ルピーほどの費用で賄われている。こうした費用は、実践者への支払い額の高騰が進み、値上がっている。

(47)　類似する事例として、州南部のヒンドゥー寺院で行われるクティヨーッタムと呼ばれる供犠に関して論じたオセラらは、ガルフへの出稼ぎをもとに経済力を高めたイーラワー・カースト（ティーヤの別の呼称）の人びとがパトロンとなって儀礼を隆盛させている実態を報告している［Osella and Osella 2003a］。

(48)　プラヴィーは、カンヌール市内において、一時帰省中の在外マラヤーリーや観光客を対象にしたフリーランスのドライバーをしていたときに、ドバイで事業を展開するカンヌール出身の男性と仕事を通じて知り合い、その男性の口利きでビザの手配や仕事の紹介を受けて二〇〇六年にドバイへ渡った。以来、彼はマラヤーリーの上司のもとで会計係の助手として働いており、二〇〇八年には従弟を呼び寄せて仕事の世話もしている。二〇一一年にはカンヌールで結婚式をあげ、現在はドバイの知人家族宅の一部屋を間借りした単身生活を続けながら、稼いだカネをケーララの家族のもとに送金している。

(49)　一二〇万人に及ぶとも言われる「ガルフ妻」のなかには、独立して社会的な活動領域を急速に拡張してる者もみられ、その一方で夫との関係に問題が生じ、離婚が増えている［*The National*, July 10, 2010, "The Gulf Wives of Kerala", (http://www.thenational.ae/arts-culture/the-gulf-wives-of-kerala 二〇一一年一一月二五日閲覧)］。ムッタッパン祭儀とガルフとのつながりに関しては別稿［竹村二〇一四］を参照。

(50)　文化人類学者の池田光穂は、グアテマラ高地のインディヘナ社会を事例に、アメリカへ渡った移民労働者たちの送金が住宅の新改築や商売を始めるきっかけをつくり、定期市の隆盛や民芸品産業の成長に貢献したことを論じている［池田一九九七］。

(51)　一九九二年に、ムンバイ市郊外に位置するタナ市（Thana）に建立されたブラハマプリ・シュリ・ムッタッパン・マダップラは、その先駆けといえる。州外でのムッタッパン祭儀にたびたび招聘されているマラヤン・カーストの太鼓奏者たちによれば、ムンバイが五つ、デリーが一つ、ハイデラバードが一つ、マディケリが二つ、マンガロールが一つマダップラがあり、チェンナイやコインバトールでも祠建立の動きがみられるという。

(52)　二〇〇三年以降、マラバールとムンバイ〜デリー間を結ぶ列車の運行が拡充されたことで、以前よりも祭儀の担い手たちを招聘しやすい環境が整った、と主催者側は語る。州外で行われる祭儀では、マラヤーラム語とローカル言語の二種類が用いられており、祭儀の案内ちらしなどは両方が記載されている。

(53)　出稼ぎ移民としてドバイで働く知人によれば、二〇〇八年に行われた祭儀は、運動場のような野外空間で行われた。会場では、駐車料、入場料、ダルシャン料（神霊から託宣をうける費用）が個別に徴収されたことから、「ビジネスでやってるんじゃないか」といった批判が聞かれた。それでも、ムッタッパン神の託宣を求める参拝者の列が長時間に渡って続き、祭儀は午後一一時近くまで続いたという（二〇一一年八月一二日、スジット・ナンビアールへのインタビューより）。

(54)　ここでいうアイデンティティとは、社会学者のS・ホールのアイデンティティ概念に基づいている。ホールは、「決して単数ではなく、さまざまでしばしば交差していて、対立する言説・実践・位置を横断して多様に構成される」、「根源的な歴史化に伴うものであり、たえず変化・変形のプロセスのなかにある」［ホール二〇〇一：一二］ものとしてアイデンティティを捉えている。

(55) ドバイで三〇年以上暮らすカンヌール市出身のモハナン（高カースト）によれば、近年のドバイで行われるムッタッパン祭儀では、移民コミュニティの結束を強化するような主催者の働きかけは敬遠され、参拝者たちはもっぱら仕事上の問題ばかりを神霊に相談しているという（二〇一三年三月二四日、クリシュナ・モハナンへのインタビューより）。

(56) 二〇〇八年のリーマン・ショックや二〇〇九年のドバイ危機の影響から、最近では、ガルフからの帰国者が急増しはじめている。出稼ぎ移民の帰国動向については、［Zachariah and Rajan 2011］が詳しい。

(57) プラディーヴァンは、複数の酒類販売店とバーを経営する実業家であり、マヒの酒類業界の大物といわれる。彼は、信仰心の篤い人物としても知られ、タラワードゥが祀るテイヤム祭儀の主催だけでなく、カルナータカ州のモーカンビカをはじめ多くの寺院に寄進を行っている人物である。

(58) シャシィは、州北部で手広くビジネスを展開する人物である。彼もまた、信仰心が篤い人物として知られ、チョーヴァ・ヒンドゥー寺院へ多額の寄進をし、運営にも深く関わっている。同寺院の敷地内では、誰もが彼に近寄ってきて挨拶をするほど、寺院関係者やローカルの人びとの間では、一目置かれている人物である。

(59) 二〇〇五年八月二九日、モハナン・N・ナンビアールへのインタビューより。

(60) 第一章で触れたが、それぞれの地域には、ムッタッパン神を含むテイヤム祭儀の実践権利をもつ、ジャンマーリ（実践権利の保有者）の男性が存在する。チャラードゥ・ムッタッパン寺院がある地区のジャンマーリはクマール（仮名、ワンナーン・カーストの四〇代男性）である。同寺院側は、クマールがジャンマーリとして高い報酬を要求したために対立し、祭儀に関する権利をすべてジェイに任せるようになった。ジェイは、クマールに対してジャンマーリとしての手当を支払っていない。

(61) 二〇〇五年七月二二日、サージャン・Nへのインタビューより。

(62) カンヌール市を中心としたカンヌール県内における二〇〇六年時の報酬額の相場を例にみると、ヴェッラータムの祭儀の場合、テイヤム実践者の報酬は、祠での奉納が三五〇～五〇〇ルピーに対して、個人宅では一〇〇〇～一五〇〇ルピーであった。同様に、サンギータには一五〇～三〇〇／三五〇～五〇〇ルピー、マダヤンへは四〇〇～六〇〇／五〇〇～一〇〇〇ルピーが報酬として支払われている。ローカルな文脈を越えた州内外で行われる祭儀では、こうした報酬は二倍から一〇倍に跳ねあがる。参考までに、二〇〇六年当時、同地域において日雇いの肉体労働者（クーリー）が手にする日当は、一〇〇～一五〇ルピー程度であった。また、小学校の教員の月給は、六〇〇〇ルピーであった。

(63) 報酬のほかに、テイヤム実践者たちは、参拝者たちがムッタッパン神に手渡す賽銭（ダクシナ）を受け取っている。これは、マダップラによってその配分が異なり、多くは一対一あるいは二対一の割合でテイヤム実践者と祠側の両者で分配される。なかには全額をテイヤム実践者または祠側が受け取る場合もある。個人宅の祭儀ではテイヤム実践者が全額を受け取る。

(64)　二〇〇七年二月一二日、プラガーシュへのインタビューより。

(65)　テイヤム実践者たちによれば、カンヌール県北部（パイヤヌール市以北）とカーサルゴードゥ県の辺りでは報酬額が減り、タラッシェリ市などのカンヌール県南部では、参拝者個人からの賽銭額が増えるという。そして、彼らのなかでも、パラッシニカダヴのテイヤム実践者は別として、個人宅やローカルの文脈以外の場で祭儀を実践する者がより多くの収入を得ている。

(66)　二〇〇五年八月二九日、ジャヤナンダ・ペルワンナーンへのインタビューより。

(67)　長期調査の期間中、同じ日に祭儀の依頼が重なる事はしばしば見られた。その際には、カルナーカランとジェイが各々別の祭儀に行くことで対応していた。

(68)　チャラードゥ・ムッタッパン寺院の関係者は、テイヤム実践者の力量を常に見極めている。最近では、日々のスケジュールが忙しくなったジェイにかわって、彼が紹介する別の実践者が祭儀を行うこともしばしばある。彼らは代役の者の力量を見定め、満足できない時にはジェイに以後呼ばないよう伝えている。

(69)　近代化やグローバル化の過程におけるインドの芸能の現代的諸相については、［Chakravorty 2008; Charsely and Kadekar 2006; 鈴木 2008］が詳しい。

(70)　すこし前のデータではあるが、参考として収入別階層分類を示す。NCAER（National Council of Applied Economic Research）の二〇〇二年のデータによると、「下流」とされるのが年収三万五〇〇〇ルピー以下で人口の三六・五七％を占める。「中の下」は三万五〇〇一から七万ルピーで三四・二〇％、「中流」は七万〇〇〇一から一〇万五〇〇〇ルピーで一五・四四％、「中の上」は一〇万五〇〇一から一四万ルピーで七・一〇％、「上流」は一四万以上で六・六九％とされる［Fernandes 2006: 82］。今日では、物価の上昇が著しく、年収一四万ルピーでも上流とはいえないだろうが、ジェイの年収を当てはめると、少なくとも中流以上に属していることは間違いない。

(71)　南アジア社会において、宗教的なカリスマ性を帯びた聖者（グル）が、世俗社会のなかで大きな役割を果たす事象は、日常的なものといえる。複数の宗教性が同時に存在しつつ交錯する現代インドでは、多数のグルたちが入り混じり、さまざまな発言や行動によって社会を牽引している。現代インドにおけるグルの動向については［Copeman and Ikegame 2014; 井田 二〇一四］を参照。

第四章 「受け継ぐこと」——祭儀の活性化とカースト意識の再編

今日は、近くのマダヤン・マダップラでムッタッパン祭儀があった。いつものように、ジェイがムッタッパン神を担い、アッチャン（父の意。カルナーカランを指す）が助手を務めた。近所ということもあって、アクショイ（ジェイの甥。当時一二歳）がやってきた。以前からテイヤム祭儀に興味を持っているアクショイは、祭儀の場にいることが嬉しいようで、化粧や衣装付けなどの手伝いを何かとやりたがっていた。……祭儀が終わり、ジェイの身体からムッタッパン神の装束を取り外していると、アクショイも見よう見まねで手伝い始めた。片付けが終わり、荷物をまとめて帰宅の準備を整えると、祭主のラージャーン（ナンビアール・カースト）がジェイを呼んで、祭儀の報酬を渡した。その後、順にマダヤンと太鼓奏者にも報酬を渡していった。最後に、彼はアクショイを呼んで、カネを渡そうとした。するとジェイがすかさず割って入った。「カネは渡さなくていいです。カネ目当てで祭儀へ来るようになるから……。」（二〇〇七年二月二五日、フィールドノートより）

はじめに

これまでに本書は、テイヤム祭祀に関する議論の場を生活世界の地平に拡げ、メディアとの複合的な結びつきや神霊の多元的な表象、実践者を取り巻く社会・経済的状況や彼らの社会的世界の変容について考察してきた。それらは、今日のテイヤム祭儀を規定する外在的な諸条件への再検討を意図してもいた。

テイヤム祭儀の行程には、実践を遂行するためのさまざまな供物やプージャ（礼拝儀礼）はもとより、テイヤム実践者による「トーッタム（祭文を唱える）」「カラーシャム（ステップを踏む）」「ワーチャール（託宣を語る）」といった個別的な身体技法と話法が重要な役割を担っている。これら一連の実践に着目すると、そこには近代化やグローバル化の影響や社会状況の変化による変容がうかがえる。また、実践者たちの心情や価値観においても世代間の差異がみられ、それらは現在の実践に反映しているだけでなく、彼らのカースト意識とも結びついている。本章では、テイヤム祭儀の「現在」を実践レベルに足場を置いて主題化し、祭儀を規定する外在的な諸条件が実践レベルにいかなる影響を及ぼしているのか、祭儀を遂行する上で実践者たちが重視する内在的な諸要素とその変容を微視的に考察する。そして、テイヤム祭儀に関する三世代の実践者の価値観とその相違を検討しながら、伝統的職業に対する彼らのカースト意識の変容を明らかにする。

第一節では、ムッタッパン信仰の隆盛にともない、若年層の実践者たちが実践のアリーナへ参入している近年の動向を論じる。第二節では、テイヤム祭儀の伝承と祭儀の基盤となる民俗的世界について、学校教育の影響と聴衆の存在という観点から検討する。第三節では、祭儀の実践そのものがいかに社会状況に呼応する形で変容しているのかをテイヤム実践者側の視点に依拠して考察する。第四節では、カルナーカラン、ジェイ、アクションの間における祭儀に対する価値づけやカーストに対する意識の再編を検討する。結果として、本章では、テイヤム実践者というカーストの伝統的職業を受け継ぐ旧不可触民階層の人びとの今日の生のありようと世代間における彼らのテイヤム祭儀に対する価値づけや思いの差異が明らかになる。

一　若手実践者たちの参入とその影響

これまで述べてきたように、近代化や教育の浸透、共産党勢力が推進した土地改革などの影響のもとで、伝統的職業を引き継ぐ者が減少した一九七〇年代から八〇年代にかけて、テイヤム祭儀はローカルの研究者たちの間で「消滅の危機」［Kurup 1986; Nambir 1989］とさえ叫ばれていたが、インド経済の急速な発展やガルフ出稼ぎ移民がもたらすグローバルな資本の影響のもとで現在では著しく隆盛している。祭儀の規模は年々拡大し、それまで数十年以上行われていなかったペルンカリヤータム大祭の祭儀が復活し、祠や寺院の再建も顕著にみられる状況が続いている。またムッタッパン信仰が活性化していることから、祭儀の機会はかつてと比べて格段に増えており、ワンナーンの若者たちは、彼らの伝統的職業が豊かな生活を営むための「仕事」になりうることを認識している。本節では、テイヤム祭儀の再活性化とともに顕在化している若年実践者たちの参入と彼らがもたらす問題について明らかにする。

1 助手になった甥のアクショイ

ジェイの甥のアクショイは、カンヌール市の郊外にある単科大学で化学を専攻する一九歳の学生である。[1] マラヤーリーの若者たちの間で拡がる消費文化の動向を論じる人類学者のR・ルコセは、低カーストの若者たちは大量消費とファッションによって互いを評価し合っており、彼らの間で新たな消費者アイデンティティが生成されていると指摘する[2]［Lukose 2005］。アクショイも他の若者たちと同様、ファッションに興味をもっている。毎朝鏡の前で髪型を入念に整え、ズボンを腰まで下ろし、流行のシャツを羽織って、DIESEL のコピー商品のデイバッグを背負いながら学校に出かけていく。二〇一〇年時にわたしがジェイ宅を訪問した際、彼は初めて手にした多機能で高価な携帯電話を自慢げに語っていたが、二〇一四年には最新のスマートフォンに買い換えられていた。そのなかには、自分や友達、テイヤム神の写真が数多く保存されているほか、流行りのマラヤーラム映画や最新のボリウッドの歌がダウンロードされている。また、多くの友人の電話番号も登録されており、彼らとのとりとめのない会話や、Facebook や WhatsApp でのやりとりを楽しんでいる。誰にスマートフォンを買ってもらったのかと尋ねると、彼はムッタッパン祭儀の手当を貯めて買ったといい、貯金も六〇〇〇ルピー（約九〇〇〇円）ぐらいはあると自慢げに語った。アクショイのこうした装いやふるまいは、近頃の学生と何らかわらず、ケーララでごく当たり前にみられるものである。

アクショイは、幼い頃から祖父のカルナーカランやジェイが担うテイヤム祭儀に興味を示していたが、彼の関心は神霊をダルシャンすることよりも、むしろ祭儀自体やジェイの実践を見ることに注がれていた。ジェイが近所のマダップラでムッタッパン祭儀を行う際には、弟のヴァイシャクを引き連れてその様子を見にやってきたし、わたしが祭儀の実践とその意味についてジェイに尋ねている際には、横に座って話を聞いていた。祭儀の場で撮影した写真をコンピューターに取り込んでいるときなどは、必ず部屋にやってきて、それらの写真をみながら化粧や衣装の違いなどを口にし、その意味や作り方などをわたしやジェイに尋ねてきた。また、もともと芸能的なものに関心を抱いていたアクショイは、日常生活においても映画の挿入歌を歌ったり、タブラー（*tabl* 北インドで最も一般的な一面太鼓）を叩く真似をしながら、ターラ（拍節）を刻んだりすることがよくあった。一〇歳を過ぎた頃には、誰に習うわけでもなく自然とチェンダのリズムを口ずさんだり、わたしが撮影した祭儀の映像をみながら、演奏に合わせて椅子や机など辺りにあるものを指で叩いたりするようになっていた。

二〇〇七年二月、アクショイは、祖父のカルナーカランから許しを請い、カルナーカランが最も重視しているコッタンガル・タラワードゥの祠で行われるワイナーットゥ・クラヴァン祭儀にやってきた。当時小学生だった彼は、夜通し行われる祭儀に興奮してはいたものの、夜が更けるころには実践者グループの控え場所で寝入っていた。その後も、アクショイは、近隣で行われるワイナーットゥ・クラヴァン祭儀やムッタッパン祭儀にたびたび顔をだすようになっていった。わたしを含めたグループのメンバーらは、見よう見まねで装束の片付けをするアクショイに対して、子供の気まぐれな手伝いぐらいの認識しかなく、またそのような扱いを彼にしていた。冒頭のフィールド

写真 4-2　カルナーカラン・ペルワンナーン（ムンダヤッードゥ村内カルナーカラン自宅、2014 年）

写真 4-1　ムッタッパン祭儀で助手を務めるアクショイ（カンヌール市内チャラードゥ・ムッタッパン寺院、2014 年）

写真 4-3　ジャヤナンダ・ペルワンナーン（ムンダヤッードゥ村内チャラードゥ・ムッタッパン寺院、2006 年）

ノートを記した場面でも、カルナーカランが助手として祭儀に参加しており、アクショイは暇つぶしにやってきたと捉えられていた。

ところが、二〇〇九年のテイヤム祭祀のシーズンを前にして、ジェイのグループの主要な助手であったウニがカルナーカランとのいざこざからグループを離脱したことで、アクショイは助手として本格的にグループの祭儀に関与することになった。二〇一四年現在、彼はジェイのグループにとってなくてはならない助手であり、仕事の分量や役割はカルナーカランよりも上である。カルナーカランの教えのもとで、ムッタッパン神の祭文などを習得した彼は、祭儀の場で装束や片付けの手助けをするだけでなく、太鼓奏者の演奏に合わせてイラッターラム（小型シンバル）を奏でたり、祭文を詠唱する際にはジェイと共に歌い、太鼓役も担うようになった（写真4―1）。大学がある時期は学業を優先するものの、週末や祝日、休みの日などになると、ジェイの祭儀に助手として参加している[3]。以前は殺風景だった彼の部屋には、ムッタッパン神の写真やそれらの写真をあしらったカレンダーが掛けられ、それまで普段身につけることがなかった腰布も率先して着るようになっている。

アクショイは、ジェイのグループだけでなく、シャヌ・ペルワンナーンなど他の若手実践者たちからの誘いをうけて、彼らのムッタッパン祭儀や他のテイヤム祭儀にも助手として参加している。二〇一一年時、アクショイが他のグループの祭儀に助手として関与した際の手当は、三〇〇～五〇〇ルピー（約四五〇～七五〇円）ほどであったが、二〇一四年には五〇〇～八〇〇ルピーほどに上がっており、ときには一〇〇〇ルピー以上受け取ることもあるという。大学生の小遣いとしては十分といえるこれらのカネは、交際費のほかスマートフォンやノートパソコンを購入するための資金となっている。二〇〇七年の祭儀の場では子供扱いされていた彼は、わずか数年の間で、「役立つ」助手として複数の実践者グループに関与し、手当を受け取る立場に成長したのである。

アクショイがテイヤム祭儀に関与することについて、彼の両親の間では意見に相違がみられる。アクショイの母スミダ（四四歳、カルナーカランの長女）は、信仰心が篤く、毎朝夕バコ製造の仕事に出かける際には必ず祭壇へ祈りを捧げる人物である。彼女は、「健康な身体でなければテイヤム神を担うことはできない」とアクショイに言い聞かせている。そして、「ちゃんと学んでいない、いい加減なテイヤム実践者になれば、誰もかまってくれないよ」と説き、「テイヤム祭祀は文化であり儀礼芸術であって、何よりわたしたちの伝統的仕事なんだから、真面目にしっかりと学びなさい」と諭している。

これに対して、父親のサッティヤ（五三歳、パピニシェリ村出身）は、熱心な共産党（ＣＰＩ（Ｍ））支持者で、パンチャーヤット支部に頻繁に出入りする人物である。サッティヤは、数年前まで共産党関連の活動に熱をいれるばかりで仕事が長続きせず、わたしが滞在していた頃は手持ちのカネがなくなると、ジェイやカルナーカランから借りるなどしていた。当時は、ジェイがムッタッパン祭儀の依頼で忙しくなりはじめた頃であり、そんなジェイの姿と父親の振る舞いをつぶさにみていたアクショイは、ある日祭儀の準備を手伝っていたわたしに、「お父さんもおじさん（ジェイ）のムッタッパン祭儀についていけばいいのに。ラジィーヴァンおじさん（母方おじ）だって手伝いに来てるんだから。……手伝えばお金だってもらえるのに」[4]とつぶやいた。

サッティヤは、ヒンドゥーの神々に対する信仰心を持たず、テイヤム祭祀をくだらないものでカーストの悪しき慣習と位置づけている。彼の母方おじはテイヤム実践者であり、彼の母方のタラワードゥの近隣ではテイヤム祭儀が行われているけれども、彼自身が興味を示すことはない。また彼の本心は、子供たちがテイヤム祭儀に足を運ぶことを望んでいない。サッティヤは、「まず勉強しなさい。それでも時間があれば祭儀に行ってもいい」とアクショイの行動を渋々許している。現在彼は、カンヌール市内にある卸問屋で倉庫管理の仕事に就いており、一定の収入を得るようになっている。妻方家族の敷地内で暮らす彼にとって、義父や義弟がテイヤム実践者であり、かつその仕事で彼らが豊かな生活を営んでいる手前、子どもが祭儀に関わることに正面切って反対することはできない心情がうかがえる。

経済自由化以降の国内の経済発展による影響のもと、テイヤム祭儀は、アクショイが幼少の頃から徐々に再活性化の色合いをみせてきた。二〇〇〇年代に入ってからは、ガルフ出稼ぎ移民がもたらすグローバルな資本の影響からムッタッパン祭儀が著しく隆盛し、祠や寺院だけでなく自宅でも頻繁に祭儀が奉納されるようになった。州外のマラヤーリー・コミュニティからも祭儀奉納を依頼する動きが活発になり、ムッタッパン実践者たちがムンバイやデリー、ガルフやシンガポールなどへ渡航するまでになっている。また、わたしのような外国人研究者や旅行者が祭儀の場を訪れることも珍しくなくなり、彼らは祭儀の模様を熱心に写真やビデオに収め、ブログやFacebookなどのサイトにそれらを掲載している。アクショイはジェイの実践活動を通して、こうしたテイヤム祭儀をめぐる今日的な状況、すなわち、カーストの伝統的職業を担うことの正の側面をつぶさに見ながら育ってきた。

アクショイらの世代は、生活世界においても、テイヤム祭祀に関する多様な表象に囲まれて育ってきた。カンヌールでは、祭祀シーズンになると、市街の至るところでテイヤム神の写真が掲載された祭儀開催の告知看板やちらしを目にする。それらによって、シーズン到来の雰囲気が高められる。文化イベントやさまざまなフェスティバルの場では、テイヤム神が登場するのはもはや定番となっており、学校対抗の青年芸術祭などにも実践者の子どもたちが扮するテイヤム神が姿をみせる。日々の新聞やテレビ番組にもテイヤム祭儀が取り上げられ、インターネット上には、祭儀の動画を含むテイヤム神の表象で溢れている。また、こうした動画や画像を、人びとは携帯電話やスマートフォンに保存したりしている。なかには、待ち受け画面をテイヤム神の画像にしたり、テイヤム神のステッカーを貼るなどして、神霊のありがたみを得ようとする者もみられる。アクショイのような若者たちは、こうしたメディアや文化産業と多元的に接合した、テイヤム神の表象に満ちた世界で日々の生活を送っているのである[5]。

テイヤム祭儀をめぐるこのような現在の状況のなかで、祖父のカルナーカランと比べて、カースト・ヒエラルキーを日常的に感じる経験がほとんどなく育ったアクショイは、テイヤム祭儀をどのように位置づけているのだろうか。別の言い方をすれば、経済自由化政策に転換された一九九一年以降、生活様式の変化や消費社会化が拡がりはじめた社会のなかで日々を過ごし、幼い頃から衛星放送の多様なテレビ番組に慣れ親しみ、マラヤーラム語だけでなくヒンディー語の映画や音楽を日常的に視聴する若者たちの世代がテイヤム祭儀に抱く価値づけは、カルナーカランやジェイの世代と同じなのだろうか。異なるのであればいかに違うのだろうか。

グローバル化が浸透する現代社会においては、もはやいかなる文化的パフォーマンスも、当該社会の民俗的世界観によって十全に保証されているとはいいきれない状況を迎えている。テイヤム祭儀に関するこれまでの構造主義的なアプローチでは、グローバル化の影響をうけた今日の祭儀の実相やアクショイら若年実践者たちの心情や価値観を汲み取ることはできない。本章では、テイヤム祭儀の「現在」を実践レベルに依拠して主題化し、祭儀を担う実践者たちが重視する規範や価値づけといった内在的な諸要素とその変容を明らかにしていく。

2 若年実践者たちが引き起こす問題

前章で述べたムッタッパン信仰の隆盛は、テイヤム実践者コミュニティのなかでもとくにワンナーンの実践者たちに経済的な豊かさをもたらしていると同時に、ワンナーンの若者たちが実践フィールドへ安易に参入することを誘発してもいる。その結果、近年ではテイヤム祭儀に関する伝承過程や実践レベルにおける影響が現れ、さまざまな問題が顕在化している。その具体的な位相を明らかにしていこう。

現役のテイヤム実践者のなかには、学業になじめず学校をドロップアウトした者が少なからずいる。またジェイのように、満足のいく職に就くことができず、仕方なく祭儀に携わるようになった者も見受けられる。これまでの研究では、旧不可触民階層の伝統的職業であるテイヤム実践者という役割が、彼らの間で主体的に継承されているかのように述べられてきた[Kurup 1983; Jayarajan 2008; Komath 2005]。しかしながら、実際には他の仕事に就けないために、やむをえずその役割を担っている者もみられ、積極的というよりはむしろ状況依存的に祭儀に関与している者が多い(6)。そのため彼らは、ほかに安定した仕事がみつかれば祭儀に関わることを止め、仕事を失えば再び祭儀に戻ってきたりする。また、古賀も指摘するように、彼らのなかには自分の子供には祭儀の継承を希望せず、収入の安定した別の仕事に就かせたいと願う者が多く、たとえば、優れたテイヤム実践者としてその名を世に残した故カンナン・ペルワンナーンの子孫は、誰一人テイヤム祭儀を継承しておらず、銀行やコンピューター関連の会社に務めている[古賀二〇〇四]。

ところが、ムッタッパン信仰の隆盛にともない、伝統的職業であるテイヤム祭儀は彼らにとって豊かな生活を営むための生計手段となり、「稼げる仕事」という新たな位相を提供した。ムッタッパン祭儀を実践する機会は頻繁に訪れ、祠や寺院だけでなく、自宅やオフィス、レストランやホテルといったさまざまな場所から祭儀の依頼がもたらされるようになった。それまで伝統的職業だけで生活を営むのが困難であった彼らのなかには、ジェイのようにムッタッパン祭儀だけで十分な収入を得るようになり、かつこれまで以上の社会的な尊厳を手に入れるようになった者も現れた。

ムッタッパン祭儀をとりまく近年の動向は、ワンナーンの若者たちの間でも十分に理解されており、彼らがテイヤム祭儀の実践フィールドへ足を踏み入れるのに十分な動機づけとなっている。実際に近年の祭儀のアリーナでは、ワンナーンの若年実践者が増えている。彼らのなかには大学を卒業した者や、父親やおじが祭儀の実践者ではない者もみられ、親戚筋を頼って実践者コミュニティに加わっている。

こうした若者たちは、はじめに手伝いとしてムッタッパン祭儀に関与する。助手の役割は装飾作りや装束の着付けのほか、祭文の詠唱や祭儀中のムッタッパン神の補助、賽銭の管理といった身体的な負担が少ないものであり、翌日には別の祭儀に参加することも可能である。彼らは携帯電話を通じたネットワークを構築しており、助手といえどもカルナーカランやジェイたちの世代よりも広い可動域で実践活動に携わっている。二〇一一年時、多少の経験を積んだ彼らが助手として祭儀に関わると、三〇〇〜五〇〇ルピー（約四五〇〜七五〇円）のカネを手当として受け取っていた。同時期において、井戸掘りや煉瓦運びなどの肉体労働者の日当は二〇〇〜四〇〇ルピーであり、二〇代前半の若者が小売店で働く際に手にする月給は三〇〇〇〜六〇〇〇ルピーといわれた。つまり、助手たちは、たった数時間の祭儀で日雇いの肉体労働者と同額かそれ以上のカネを手にしているのである。

若年層の失業率が高いケーララ社会において、ムッタッパン祭儀の隆盛は、旧不可触民階層であるワンナーンやマラヤンのなかでも、学歴が低く、特別な資格を持つわけではない若者たちに、助手という割のいい仕事の機会を与えている。インド経済の発展にともないＩＴ産業などの文脈では、親の月収の数倍のカネを手にする大卒の子供たちが消費文化に浸り、欧米の生活様式を積極的に取りいれている一方で、家族関係の軋轢や結婚に対する価値観の相違による問題を抱えていることが報告されている［Mcmillin 2006; 西村 二〇〇六］。ムッタッパン祭儀の場合は、学歴を必要としない彼らの伝統的職業を担うことによって、親世代よりも経済的に上昇することが可能になっている。たとえばアクショイが一か月間、祭儀に助手として関わると仮定した場合、彼が手当として得るカネは両親の月収を上回るものである。アクショイが三万ルピー以上するスマートフォンやそれ以前にノートパソコンを手にできたのも、過去数年間に助手としてムッタッパン祭儀に関与した手当による。ムッタッパン祭儀に携わる若年層の助手や実践者たちは、こうした経済的恩恵を享受している半面、祭儀の実践をめぐっていくつかの問題を生じさせてもいる。

現在のムッタッパン祭儀について引退したテイヤム実践者に話を聞くと、「最近の若者はちゃんと学んでいない」とたびたび口にする。彼らの間では、テイヤム祭儀の伝承が著しく脆弱していることが危惧されている。近年、祭儀に関わる若年層を対象に、装束の作り方や化粧の仕方、祭文などを教授するワークショップがたびたび開かれているのも、こうした年配世代がもつ危機感が反映されているものといえよう。若年層の実践をめぐる具体的な事例をみてみよう。

ジェイの父方従弟であるウニは、二〇〇三年頃からジェイのグループに助手として関与するようになった。二〇〇七年二月、彼はジェイが毎月祭儀を担う近隣の祠でムッタッパン神のヴェッラータムを実践する機会を得た。彼は祭文やカラーシャムなどの内容について、事前にカルナーカランやジェイに教えを請うことなく祭儀の当日を迎えた。わたしが祭儀後自宅に戻ったカルナーカランにウニの実践について聞くと、彼は間髪を入れずに辛辣な言葉を口にしはじめた。

「あいつは何一つ学んじゃいない。まじめにやろうとしない。……助手をやってたから自分は何でも分かってると思ってるんだよ、あいつは。でも、ちゃんと学んじゃいないんだよ。トーッタムはまともに歌えてなかったし、カラーシャムだって太鼓の音に合ってない。まったくひどいもんだよ、口だけだ、あいつは。……誰が恥をかくんだ、わたしだろ(7)」。

こうした若年実践者の祭儀の実践をめぐる問題は、ムッタッパン祭儀に限らず、他のテイヤム神の祭儀においても現れている。近年、テイヤム祭儀に関わる若年層のなかには、十分な学習経験をもたないまま、テイヤム実践者として活動する者がいる。ムッタッパン神の実践は、複雑な身体技法を伴わないため、身体技法上の特別な訓練を必要としない。それゆえ、他のテイヤム神よりも短い学習期間を経て実践機会を得ることがある。それだけでなく、テイヤム祭祀の隆盛によって祭儀の需要が増えている現在では、彼らが他のテイヤム神を実践する機会を得ることもそれほど難しいことではなくなっている。このような状況のなかで、祭儀の場では未熟な若年実践者たちが引き起こした問題が目につくようになっている。わたしが参加した祭儀の場で起きた出来事を例にあげよう。

事例四―一

二〇〇六年二月三日から五日にかけて、カンヌール市トーッタダ村のコッタンガル・タラーワドゥにて、ワイナーットゥ・クラヴァン神を主神とするテイヤム祭儀が行われた。……この祭儀は、カルナーカランとジェイにとって、メンバーの人選について考え直さざるを得ない状況をもたらした。……二日目の祭儀の途中で、タラワードゥ側からクレームがあり、祭儀を中断する事態になった。原因は、グル・テイヤム神の託宣である。

カラーシャムを終え、ピーダム（椅子）に座って参拝者のダルシャンを受けていたグル・テイヤム神は、あまり多くを語らず、参拝者に十分な託宣を与えなかったのである。タラワードゥの男性成員は、「グルなのにどうして何も言わないんだ。……先祖が何も語らないなんておかしいじゃないか。」「あいつはだめだ、やめさせろ」と騒ぎ立てた。祭儀は、一時間以上中断し、カルナーカランらとタラワードゥ側で話し合いがもたれた（二〇〇六年二月六日、フィールドノートより）。

グル・テイヤム神をダルシャンした四〇代のタラワードゥの男性成員は、タラワードゥの祖先または師であるはずの神霊が、タラワードゥの起源や歴史、タラワードゥの家族たちの悩みに対して明確な託宣を語らないことに不満を顕わにした。参拝者のダルシャンが一通り終わると、太鼓の演奏が激しく鳴り響くなか、グル・テイヤム神は頭飾りを外して実践者の身体から抜け出ていき、テイヤム実践者は控えの場所に戻った。その後、グル・テイヤム神の実践者を連れてきたクリシュナン・ペルワンナーンとカルナーカランの二人を中心に、タラワードゥの成員と話し合いがもたれ、祭儀は一時中断した。タラワードゥ側は、グル・テイヤム神を担った実践者の技量を問題視し、以後、彼を祭儀の場に呼ばないよう宣告した(8)。

テイヤム実践者側の観点によるならば、グル・テイヤム神の実践は身体技法上に見せ場があるわけでなく、類似するカディヴァヌール・ヴィーラン神よりもカラーシャムが容易で、武器を使った身ぶりをする必要もない。それゆえ、祭儀の場では、グループ内でも経験が浅い若年実践者に担わせる傾向にある。他方、祭主のタラワードゥ側にとって祭儀の場は、自らの出自やタラワードゥの歴史を再認識し、アイデンティティを再確認する機会である。それは、一年に一度、祖先が人びとの前に顕現し、自分たちの悩みを解決してくれる場でもある。そのため、タラワードゥの祖先として祀られているグル・テイヤム神の託宣は彼らのなかでも重要視されている。

ここには、実践者グループ側が意図する実践上の勘所と神霊が持っている特徴や役割に対する祭主側の期待のずれを読み取ることができる。もちろん託宣を十分に習得していれば、こうした問題が生じることはなかったはずである。グル・テイヤム神を担ったのはワンナーンの一九歳の若者で、祭儀の経験が浅い実践者であった。以前はジェイの親戚筋グループであるタラッシュリ市のグンドゥ（四〇代）がこの役割を担っていた。彼の冗談を交えながら語る託宣は、タラワードゥの人びとにも親しみをもたれていたが、ジェイがグンドゥらのグループとの関係を断ったことから、別の者に託さざるを得ないことになり、結果としてこのような問題が生じてしまった。

アシュレイは、テイヤム実践者たちが祭儀を担うにあたって、事前または祭儀当日に近隣住民から祭主ら家族にまつわる逸話や噂話を収集していることを報告している［Ashley 1979］。ジェイも同様に、さまざまな情報をタラワードゥの親族や祭儀会場の場、日常生活における会話などから収集している。これに対して、にわか仕込みの若年実践者はこうした情報を知る由もなく、また情報を収集するだけのネットワークも構築していない。そのため託宣の際に重要な知識や情報が不足しており、参拝者を満足させる内容を告げることができないのである。

別の事例をみてみよう。次の事例は、アクショイが同世代の友人であるマラヤンの実践者から聞いた話をまとめたものである。

事例四―二

二〇一一年六月、ケーララ州と隣接するカルナータカ州南部のマンガロール市内において、あるマラヤーリーの自宅でムッタッパン祭儀が行われた。祭儀を担ったのは、カンヌール県内でもムッタッパン神を祀る祠として有名なＲ寺院で祭儀を実践するＳ・ペルワンナーンの息子のＭである。Ｍは祭儀において酒を飲み過ぎたのか、かなり酔っていたという。祭儀後、装束を着替えるために人目につかない祭主宅の裏に移動した際、Ｍは近づいてきた祭主の妻に抱きついた。たまたまその現場を目撃した祭主は、激怒して彼を蹴り飛ばした。怒った祭主から詰め寄られたMは、報酬を得ることなく、その場を後にしたという。アクショイによれば、Mは普段から酒やタバコを好み、彼が担うムッタッパン神はよく酒を飲むという（二〇一一年九月一二日、フィールドノートより）。

カルナータカ州マンガロール市には、ムッタッパン信仰と歴史的な結びつきをもつマダップラが駅の横に存在する。同市はケーララ州と隣接することから、マラヤーリーが多く住む地域であり、ムッタッパン信仰が盛んな地としても知られている。この出来事は、マンガロール市というカンヌール市から離れたところで起きたことから、カンヌールの人びとの耳にはあまり届いていない。しかしながら、テイヤム実践者たちや太鼓奏者たちの間では、だれもが知る噂話となっていた。

問題を起こしたのは一八歳のテイヤム実践者であり、父親の名声のもとで早くからムッタッパン神の実践者として活動する機会を得た人物である。アクショイやマラヤンの太鼓奏者によれば、彼がムッタッパン実践者として本格的に祭儀を担うようになったのはここ二、三年前からである。有名なムッタッパン実践者を父にもつ彼には、祭儀の依頼や何がしかの見返りを求めて言い寄ってくる者が数多くいる。そんな彼に対して、マラヤンの太鼓奏者たちは「あいつは映画スター気取りだった」と揶揄する。

ムッタッパン祭儀に関わることは、飲酒の機会を多く持つことを意味している。カルナーカランは、最近の若年実践者たちが一〇代前半から酒を飲み始めていると警告し、彼らの実践レベルにおける力量や祭儀の場における酒に酔った振る舞いを問題視する。(9) 新たに参入した若年実践者たちは、祭主や参拝者たちの期待に応えなければ、祭儀の機会を得ることは難しい。とくに男性参拝者の期待のなかで大きな割合を占めるのはアルコールの配給と消費である。

前章で述べたように、ムッタッパン祭儀では、椰子酒のほかにラム酒やウィスキーが供物として供えられる。祭儀の場では、テイヤム実践者はもちろんのこと、助手であっても神霊からのプラサーダム（お下がり）として、何の咎めもなくそれらの酒を飲むことができ、それは男性参拝者たちも同様である。デリーやムンバイといったコスモポリタン化した大都市とは異なり、ケーララでは人目のつく場所での飲酒をよしとしない風潮がある。まして未成年者となればなおさらである。ところが、ムッタッパン祭儀は、神霊からのプラサーダムという名のもとで、公然と酒が飲める場なのである。

問題を起こした若年実践者も、一〇代前半からムッタッパン祭儀に助手として関わっており、現在では祭儀の場以外でも酒やタバコを嗜むようになっている。たとえ若年とはいえ、テイヤム実践者であれば祭儀の報酬として一〇〇〇～二〇〇〇ルピー（約一五〇〇～三〇〇〇円）ほどのカネを手にする。彼らのなかには、学校をドロップアウトして祭儀のフィールドに入ってきたものも多くいる。こうした若者たちは、祭儀で得たカネを友人との交際に費やし、酒やタバコを一緒に楽しんでいる[10]。

祭儀の場において、テイヤム実践者たちが直接または間接的に引き起こす問題は、今に始まったことではなく、以前から生じていた。ただし、それらは実践上の失敗といえる類のものが主であった。アシュレイの報告にそってまとめると、カンヌール県タリッパランバ地区のクッティコル村で行われたテイヤム祭儀において、プリカンダン神のヴェッラータムが行われていた最中に、ヴェッラータムの下半身部分の装束がほころび、脱げ落ちてしまう騒動が起きた。その後も何度となく装束がほつれ、ついにはテイヤム実践者が気絶してしまった。テイヤム実践者を椅子に座らせ、何とか祭儀を続けることになったが、前例のない出来事のために占星術師が急遽呼ばれた。鑑定の結果、原因はプージャリの一人が穢れていたためであると結論づけられた［Ashley 1993: 123-127］。

わたしが長期調査をしていた二〇〇六年には、カンヌール駅近くの祠で行われたテイヤム祭儀において、腰回りに八つの松明をつけたカンダーカルナン神の腰蓑に火が引火して装束が燃え広がり、神霊を担ったテイヤム実践者が病院に運ばれる事態が起きた。この出来事は翌朝の新聞にも掲載された。後日、テイヤム実践者コミュニティの会話はこの話題でもちきりとなり、事故の因果関係やタラワードゥの問題なのか、実践者の問題なのかを問う語りが繰り広げられた。

二つの事例は、共に祭儀でのアクシデントに関するものであり、テイヤム祭儀の伝承との直接的な因果関係はみられない。これに対して、先に挙げた事例では、知識や技量あるいは祭儀の場における振る舞いといった実践者たちの伝承や実践と密接に結びつく形で問題が生じている。ムッタッパン信仰の隆盛やテイヤム祭祀の再活性化は、ワンナーンを中心とした若年層の祭儀への参入を誘発しただけでなく、学習過程の不十分な若年実践者たちを祭儀のアリーナに難なく出し、結果として実践レベルにおけるさまざまな問題を引き起しているのである。

二　左翼思想と近代教育の影

本節では、学校教育やローカルの慣習が、今日の祭儀の場にいかに影響を及ぼしているのかについて、とくに祭儀の場に参列する聴衆と社会変化に着目して考察する。

1　学校教育と文化的パフォーマンスの関係

インド独立後の一九五六年、言語に基づく州編成が行われ、それまで三つに分かれていた地域は、マラヤーラム語を母語とするケーララ州として成立した。翌年には、はじめての州議会選挙が実施され、インド共産党（ＣＰＩ）

が議席の過半数を占めた。こうして議会制民主主義にもとづいた、世界ではじめての共産党単独州政権がケーララに誕生した。E・M・S・ナンブーディリパッドを首班とする共産党政権は、矢継ぎ早にさまざまな社会改革の法案を提出していった。

一九六九年に施行された土地改革法は、その後のケーララ社会の構造を大きく変えるものであったが、それ以前にも、影響を与える法案がいくつか通過していた。一九五七年、ナンブーディリパッド政権は、初等教育の教科書の変更を発表し、翌年、その導入を行った。それは、「すべての全体主義政府にとって共通にみられる手法であり、厳格にシラバスを支配することによって、生徒たちの精神を支配者のイデオロギーの虜にさせるものだと」と非難されるものであった［Lieten 1977: 9］。

引退した古老のテイヤム実践者たちの記憶をたどると、この教科書が導入された頃と時を同じくして、学校の授業でサンスクリット語や『ラーマーヤナ』などを教えなくなったという。ある六〇代後半の引退したテイヤム実践者は次のように語る。

「昔は、学校でサンスクリット語の読み書きがあったし、詩の朗読なんかもやったもんだよ。『ラーマーヤナ』を読んだりしてなぁ……。共産党政権ができてから、そんなことを学校で教えなくなったんだよ(11)」。

同様の語りは、七〇代の引退した複数のテイヤム実践者たちからも聞かれた。彼らによると、こうした教育の影響がテイヤム祭儀に顕著に表れているという。学校教育のカリキュラムの一部として存在していたサンスクリット語の詩や物語のクラスが、共産党勢力の政策のもとで別の科目に切り替えられてしまったことで、子供たちは古典的教養を身につける機会を失ってしまった。今日、祭儀に訪れる参拝者たちの多くは、こうした教育環境のなかで育った人びとなのである。[12]

さらに、ある古老のテイヤム実践者は、「昔は、学校でも慣習を教えたもんだよ。最近じゃ、そんなことをしないだろ」と語る。ケーララでは、マラヤーラム暦のカルッカダガム月（七月中旬から八月中旬）には、朝晩に自宅で『ラーマーヤナ』を唱和するという慣習が古くからある。これは、かつてケーララでは、米の収穫前で雨期にあたるカルッカダガム月は貧困と飢えに苦しんでいたといわれ、人びとはラーマ神の足にもとにひれ伏して供物をささげ、『ラーマーヤナ』を唱えて、身と心を清めたと言い伝えられている。

ここ二、三〇年の間、ケーララではこうした慣習を実践する家庭は減少し、『ラーマーヤナ』などの物語は、テレビドラマを通じて触れる程度になっている。そのため、若い世代のなかには、『ラーマーヤナ』などに代表される叙事詩やプラーナ（古譚）を理解しているものが少ないと古老のテイヤム実践者たちは述べる。

くわえて、近年では、ガルフへの出稼ぎなどを見据えて、英語を教授語とする中学や高校に通う子女が増えている [Zachariah and Rajan 2009]。ミッション系が多くを占めるこうした学校では、ヒンドゥー的伝統に関する教養を教えることは少なく、生徒たちの中にはマラヤーラム語の読み書き能力に乏しい者さえみうけられる。つまり、プラーナなどの古典的な教養を十分に身につけずに成人を迎えた人びとにとって、祭儀の場で神霊が唱える祭文や託宣などに含まれる物語や逸話、歴史にもとづく教訓などは理解しづらいものとなっているのである。教育カリキュラムやシステムが変遷したことは、祭儀を支える参拝者に大きな影響を及ぼす結果を招き、それは、実践者たちが伝統を身体化する度合いに変化を生じさせる要因にもなっているのである。

他方、教育の発展は、ローカルの人びとの意識にも大きな影響を与えている。教育の普及による親世代の意識の変化や土地改革にともなった職業選択の自由がさらに加速されたことによって、テイヤム祭儀の実践を継承してきた不可触民の人びとのなかには、身体的、経済的そして社会的地位の低さを理由に、伝統的職業とは別の仕事に就く者が増えていった。その結果、一九七〇年代以降、祭儀を継承する者が徐々に減っていったのである。また、現役のテイヤム実践者の中にも、子供には別の仕事につくことを希望している者が少なくない。父世代のテイヤム実践者たちは、子どもの学業を優先させる傾向が強く、かつてのように幼少から祭儀の場へ参加させて、観察や手伝いを通じた学習過程を子供たちに経験させている親は数少なくなっている。

日本の民俗芸能における伝承過程に注目した小林は、今日の学習者が「稽古以前の稽古」をかつてほど十分に積んでいないことを指摘する［小林 二〇〇四］。この指摘は、テイヤム祭儀の文脈にも当てはまる。子供たちが祭儀の場を経験する機会が以前よりも少なくなっただけでなく、子世代の実践者たちは、実践者になるための技や知識を十全に身につけるための基盤となる実践者グループ内での経験、レイヴらの言葉を借りれば、「正統的周辺参加」(13)［レイヴ&ウェンガー 一九九三］の経験が父世代の実践者とくらべて乏しいことがうかがえる。たとえば、実践者グループに関与することで経験的に習得する化粧法や装束作り、裁縫や太鼓奏法などを十分に身につけている者は少なく、役割が個別化されていることから、祭儀に関する技や知識を総合的に習得した者が減っている。近年、父世代の実践者たちが中心となって、ムガッテルトゥ（化粧）や装束作りなどに関するワークショップを度々開催しているのは、彼らがこうした状況に危機感を募らせているからであり、彼らは次世代への伝承に尽力しているのである。

2　新しい聴衆、新たな祭儀形態の誕生

共産党政権が推進した学校教育のカリキュラム変更や、伝統的慣習の希薄化によって生じたローカルの人びとの古典的教養の不足は、一九七〇年代末からすでに現れていたようである。民俗学者のJ・L・ハンドゥーは、祭文が難しすぎて理解できないと不平をいい、細部にわたる解説をつけない限り分からない、と愚痴るローカルの人びとの様子を報告している［Handoo 1978: 68］。

現在の祭儀の場は、たとえ多様なメディアがテイヤム祭祀に関する「知識」を日常の生活空間で繰り返し再生産していても、テイヤム神が語る神霊の起源譚や伝統的な託宣の内容を理解できる者は決して多くない。それゆえ、テイヤム祭儀は、何よりも神霊が目の前にいてダルシャンするという事実と、神霊の力を確信できるようなある種の能力への期待、たとえばアクロバティックなパフォーマンスや参拝者の悩みを言い当てる託宣など、さらには神霊の姿やパフォーマンスを審美的観点から眺める「まなざし」などが強まるようになったと考えられる。こうした期待や「まなざし」に応えるように、テイヤム実践者たちは、積み重なった木々が燃え盛る焚火を飛び越える実践を強調したり、装束に銀細工や華美な飾り付けを多用したりしている。テイヤム祭儀は、より一層「スペクタクル」になっているのである［Kennedy 2009］。

テイヤム実践者たちの間では、祭儀を実践するうえで少なくとも「こうしなければならない」「こうするべきである」あるいは「こうしたほうがよい」といったような、単純ではあるけれども明瞭な規範意識のようなものが存在する。西アフリカのカメルーンにおける仮面パフォーマンスを考察した文化人類学者の佐々木重洋は、「よい」託宣パフォーマンスの条件とは、属する社会の人びとの審美眼にかなう、こまやかな身体技術上の修練が必要とされ、結果的にみれば何度も観衆を沸かせたもの、すなわち、観衆のパフォーマンスへの参与がより高かったものであると分析している［佐々木　二〇〇〇：二八二―二九〇］。佐々木が述べる託宣パフォーマンスの条件には、身体技法上の側面と、観客を巻き込む共感という側面が含まれていることがわかる。ここでいう共感とは、舞踊美学の領域で議論されている「身体の共感ないし共振」という視点と相通するものである。

美学者の尼ヶ崎彬は、いかにして身体パフォーマンスが観客にとって意味をもちえるのかという享受もしくは伝達に関する問題について、「他者の身体の意味作用は、自己の身体を媒介として、身体的に（悟性をかいさず）感得されうる」［尼ヶ崎　一九八八：一〇］とし、「われわれは舞踊家の高いジャンプに感嘆するが、もし彼が鋼線で吊られていればどれほど飛翔が大きくともさほど感銘は受けないであろう。前者はわれわれの肉体の共振の限界を超えており、後者は超えていないからである」［尼ヶ崎 一九八八：一〇―一二］と指摘する。尼ヶ崎によれば、パフォーマンスを行う演者とそれを見る観客の間には、このように身体を通した共振が起こりえる。つまり、演者のパフォーマンスが肉体の共振の限界を超える如何によって、それを見る観客が深い感銘を得るかどうかが左右されるというのである。

こうした共感や共振の議論と関連して、芸能の解釈学を展開する小林康正は、芸能にまつわる言説に着目し、それらについて「身体技法に近い評価」と「身体技法から遠い解釈」という二つの枠組みを提示している［小林 一九九三：二〇五］。小林は、前者を演技の巧拙や特徴づけといった具体的、個別的な所作と結びついて、それを離れては存在しえないものとし、後者を個別の身体技法そのものとは直接的に結びつくことは少なく、むしろ芸能が存在する基盤全体に関わるような意味を提供するものと位置づけた［小林 一九九三：二〇五―二〇六］。

尼ヶ崎や小林の考察は、テイヤム祭儀の実践に対する参拝者たちの期待や「まなざし」を考えるうえで有益である。テイヤム祭儀の場では、小林のいう「身体技法に近い評価」の語りを参拝者から頻繁に耳にする。それらは、必ずしも十分な形で言語化されているとは限らないが、「素晴らしい」「いいテイヤム神」「美しいテイヤム神」といった抽象的な言葉で表現されている。いくつか例をあげよう。

「カルナータンのワイナーットゥ・クラヴァン神は動きが本当に優雅で素晴らしい。……他のワイナーットゥ・クラヴァン神はあんな風にできない」（五〇代男性、ナンビアール・カースト）。

「ジェヤータンのムッタッパン神は誰にも真似できない足さばきだよ。動きが素早いしね。……最近じゃあムッタッパン神はどこでもみられるけど、いいムッタッパン神のパフォーマンスはそんなに多くないよ」（三〇代男性、ティーヤ・カースト)。

「祭儀が終わるころになるととても悲しくなります。だってワイナーットゥ・クラヴァン神の美しい姿とパフォーマンスが終わってしまうんだから」(二〇代女性、ティーヤ・カースト)。

これらの語りが示すように、参拝者たちは祭儀の場で繰り広げられるテイヤム神のパフォーマンスに対して審美的要素を含む評価を与えている。あるいは、アクロバティックな技を実践する神霊に対しては、「あのグリガン神(一〇メートルほどの長さの頭飾りをつけた神霊)はすごい。回転の速さが驚くほど速い」「あのプリヨール・カンナン神の側転は軽やかだ」「カンダナール・クラン神があんな火の中を飛び越えるなんて」と語られるように、「スペクタクル」に対する共振を含んだ何らかの評価をしている。重層的な装束を身につけたテイヤム神が繰り広げる実践上の困難さや身体的限界に対して、参拝者から何らかの評価が与えられるとき、そこには尼ヶ崎のいう「肉体の共振の限界」が左右されている。言い換えれば、自己の身体能力の限界を超えた神霊に対して、人びとは感銘をうけそれに評価を与えているのである。そして、これらの評価は、具体的なテイヤム実践者個人に対して向けられたものであり、彼らの実践活動に影響を及ぼし、祭儀の依頼や報酬額が増える形で彼らに反映されている。(14)

他方で、テイヤム祭儀の実践に対する「身体技法から遠い解釈」の語りはどうだろうか。かつて、祭主やタラワードゥの関係者たちは、テイヤム実践者が祭儀を十全に実践しているか、技や知識を十分に習得しているかどうか、彼らの古典的教養にもとづいて判断することができた。参拝者たちも同様に、祭儀の場においてテイヤム実践者が示す知識に感銘をうけていた。古賀は、かつて活躍したテイヤム実践者に関する村人の語りを紹介している。

「ペルワンナーンのテイヤムは素晴らしかった。ペルワンナーンはテイヤム神話やトーッタム（祭文）全てを知っていて、博識だった。それに比べて今の若いテイヤッカーラン（テイヤム実践者の意。）は何も知らず、ただ踊っているだけだ」［古賀　二〇〇〇：五六］。

こうした村人の語りは、裏を返せば、参拝者たちも祭儀の実践自体を理解できる、あるいはテイヤム実践者の力量を評価できる古典的教養が身についていたことを意味している。祭儀の場には、具体的な身体技法とは関連しないけれども、祭儀を成立させるためには必要不可欠な要素に対する評価というものが存在し、それは評価する側の古典的教養と密接に関わっていたのである。

しかしながら、現在ではこうした「身体技法から遠い解釈」を語ることができる祭主や参拝者が少なくなっている。いまの祭儀の場では、祭文や託宣の内容を理解できるわけではなく、より「スペクタクル」なものを求める「新しい聴衆」が誕生している。近年のテイヤム祭儀について、芸術家のＡ・Ｋ・ナンビアールは次のように批判する。

「テイヤム祭儀において、個々のパフォーマーの技量が他の者と比較されることはこれまで決してなかった。また、どんな不審の要素もなかった。しかし、現代社会においては、かつて祠や寺院に集まった信者たちは祭儀に参加せず、見物人として存在している。さらに、祭儀にはスポンサーを得た演劇やダンスが付随するようになっている」［Nambiar 1999: 38］。

ナンビアールの発言は、一見するとテイヤム祭儀における参拝者たちが見物人へと変化したことによって、祭儀自体が「観客の評価を内在する芸能」［橋本　一九九五］へと変容したという、「儀礼から芸能へ」という従来の議論を暗示するかのようである。しかしながら、現在の参拝者のすべてがナンビアールのいう「見物人」であるとは限らない。彼らのなかにも、祭儀への「自発的な、そしてしばしば熱狂的な参与」［田中 一九八九］をする者はいる。むしろ、ムッタッパン祭儀の場が多様な場で隆盛しているように、急激な社会・生活環境の変化のなかで不安からの逃避や自らの欲望を満たすための現世利益の手段として、個人に反映される形で祭儀自体が増加している。人びとが直接的に聖なる存在と交流を経験しようとする動きはより一層強固なものとなっているのである。

また、近年のテイヤム祭儀の場では、「新しい聴衆」が誕生しているだけでなく、祭儀の形態にも新たな動きがうかがえる。すでに述べたように、ガルフへの出稼ぎは、ケーララの社会、経済、政治、宗教といった生活世界のさまざまな分野に何らかの形で影響を与えており、テイヤム祭祀もその例に漏れることはない。ガルフ出稼ぎ移民がもたらす資本は、テイヤム祭儀の形態自体にも変化をもたらしている。その一例をみてみよう。

事例四—三

近くにあるN家（ナンビアール・カースト）のタラワードゥの祠で、例年通り、ワイナーットゥ・クラヴァン神を祀る祭儀が行われた。……二夜三日かけて行われる祭儀の初日夜、トーッタムが唱えられた後、ジェイが担うワイナーットゥ・クラヴァン神のヴェッラータム（未完全な状態のテイヤム）が登場した。このヴェッラータムは、ムンバイで暮らすタラワードゥの親族によるネルチャ・コッラム（祈願奉納）によって執り行われたものだった。……翌日夜、再びネルチャ・コッラムによって、ウニが担うヴェッラータムが現れた。これは、タラワードゥの別の親族で、ガルフの出稼ぎから一時帰国していた者が前日の祭儀の模様を目にし、ネルチャができることを聞きつけて行ったものだった。……結局、今回の祭儀では、ネルチャによって、ワイナーットゥ・クラヴァン・ヴェッラータムが三度奉納された。もともと登場する予定であったヴェッラータムが現れたのは、二日目の深夜二時を回ってからだった（二〇〇七年二月一九日、フィールドノートより）。

ムッタッパン神やポッタン・テイヤム神などの一部を除いて、テイヤム祭儀は、特定の日に特定の祠や寺院で行われるものであり、祀られている神霊は一年に一度、その祭儀の場に顕現する。ところが、近年カンヌール県内で行われるテイヤム祭儀では、ガルフへ出稼ぎに行った者や州外の大都市部で暮らす親族による祈願奉納（ネルチャ・コッラム）がたびたび行われるようになり、祭儀の場には同一のヴェッラータムが複数回行われたり、同じヴェッラータムが一度に複数登場したりするようになっている。なかには同じテイヤム神が一度に複数現れることさえある。先の事例の祠では、祈願奉納を希望する親族が増えたことから、翌年以降、わざわざ別の日を設け、同一の祭儀を年に二度行うようになっている。前章のムッタッパン祭儀の動向でもふれたように、ガルフへの出稼ぎなどで経済力を高めた人びとは、タラワードゥの支援をすることで祭儀の活性化に貢献しているだけでなく、ヴェッラータムの祈願奉納という形で祭儀の新たな形態を生み出すエージェンシーにもなっているのである。

共産党勢力が推し進めた教育改革、あるいは近代化や経済発展に伴った生活様式の変化による影響からともない、古典的教養やローカルの慣習を身につけていない人びとが増えたことで、現在の祭儀の場ではより審美的で「スペクタクル」なものを求める「新しい聴衆」が現れている。また、出稼ぎ移民や大都市在住の中間層という新たな「パトロン」のもと、祭儀自体が活発になるなかで、顕示的な消費の側面を含んだ祈願奉納によって、祭儀形態の変容も起こっている。テイヤム祭儀の「現在」は、メディアの発達による祭儀の大衆化や「新しい聴衆」の誕生にともなうスペクタクル化の進展と、現世利益を希求した参拝者の個別で直接的な信仰経験の追求や豊かさを顕示する競争的な消費行動という位相が、同時にかつ複合的に存在しているのである。

三 実践レベルにおけるテイヤム祭儀の「現代性」

テイヤム祭儀の行程には、祭儀を遂行するための知識の他に、「トーッタム（祭文を唱える）」「カラーシャム（ステップを踏む）」「ワーチャール（託宣を行う）」といった、身体技法と話法が重要な役割を担っている。本節では、祭儀の実践そのものが、いかに現代の社会状況に呼応する形で変容しているのかをテイヤム実践者側からの視点をもとに考察する。なお、祭儀の変容に関する実態は、わたしが調査をしていたカンヌール市およびカンヌール県南部において確認できたものを記している。

1 「現代化」するテイヤム祭儀

引退した古老のテイヤム実践者たちは、今日の祭儀では①日程、時間の調整、②神霊と参拝者の距離、③神霊のありようや立ち居振る舞いなどに変化がある、と強調する。これらの変化は、祭儀を見つめる参拝者のまなざしの変容、すなわち前述した「新しい聴衆」の存在と無関係ではない。祭儀がもつ意味を十全に理解するためには、実践者のみならず、参拝者をも含んだ全体的な祭儀の場において重層的に生成する、多義的な意味づけに目をむける必要があるのはいうまでもない[14]。そこで、本節では祭儀の実践レベルにおける「現在」の位相を参拝者や社会状況、生活世界との相互作用から検討していこう。

現在のテイヤム祭儀にみられる変化には、第一に時間の調整やスケジュールに関するものがある。これまでの慣習では、祭儀は占星術師によってマラヤーラム暦に沿った日時が鑑定され、平日に関わりなく執り行われていた。しかしながら、近年では人びとの生活様式の変化が祭儀の日程に影響を及ぼすようになっている。祭主のなかでも高カーストのタラワードゥの成員たちは、カンヌール県から離れた州内外の大都市で暮らしている者が少なくない。彼らのなかにはIT企業などで専門職に就く者も多く、その生活様式はコスモポリタン化した傾向が顕著にみられる。[15] 頻繁に帰省することがない彼らは、オーナム祭やテイヤム祭儀といった特別の祭礼時にだけタラワードゥに集まってくる。そのため、祭主側はタラワードゥの成員が集まりやすいように、祭儀を週末の金曜日から行うスケジュールに固定するようになっている。[16]

祭儀の行程自体もタラワードゥ側からの要望に応じる形で進められている。州外の都市部など遠路からくる親族者たちは、帰路の日時や列車の時間帯が決まっていることが多い。そのため、彼らのスケジュールを考慮して、祭儀の終了時間が祭主側からテイヤム実践者に明確に告げられる。それまで夜中に行われていた祭儀の行程も、時間的に調整するよう指示され、祭儀自体も短縮されるようになった。かつては、三日間かけて行われていたものを二日間に短縮し、金曜日の夜にはじまって日曜日の午後に終わるスケジュールで調整されるようになった。

タラワードゥ側から、日程の短縮と行程の時間調整を求められているテイヤム実践者たちは、祭儀を遂行するなかで祭文を簡略にしたり、託宣時間を短くするなどして応じている。前述したように、現在の祭儀では、学習過程が不十分な若年実践者だけでなく、参拝者のなかにもサンスクリット語や古典的教養を身につけていない者が多い。そのため、多くの参拝者たちは、祭儀で唱えられる祭文の内容を理解することができない。カルナーカランは、かつてはタラワードゥの年長者たちが祭文をじっくりと聞いて、テイヤム実践者の力量を見極める場面がみられたと懐古するが、現在ではタラワードゥの成員のなかでも古典的教養や祭儀に関する知識を持つ者は少なく、なかにはあるタラワードゥ関係者のように、「祭文は何をいっているかわからないんだからなくてもいいだろう」と祭文を省略ないしは短くするよう要求する者もいる。[17] テイヤム実践者グループは、学習過程が不十分な若年実践者が担う神霊の祭文を簡略するなどして、タラワードゥ側が求める時間調整を行っている。

その一方で、テイヤム祭儀の規模が年々拡大するなかで、祭儀自体はますます余興を含むスペクタクル化の傾向が強まっている。祭儀自体が短縮化される半面、経済力のあるタラワードゥのなかには、祭儀のプログラムにダンスや歌などのステージを盛り込むところもある。この点について、あるタラワードゥ関係者は次のように説明する。

「祭儀は毎年同じ内容です。だから、参拝者を飽きさせないよう、色んなプログラムを盛り込まないと、人びとは参拝に来てくれません。ダンスや歌のステージは祭儀の合間をぬって行っています。……昔は娯楽が何もありませんでしたから、人びとはこぞって祭儀にやってきたものです。今では、テレビや映画、インターネット、車、さまざまな楽しみがあります。祭儀だけが楽しみであった時代とは違うんです[18]」。

また、タラワードゥ側からは、「パフォーマンス」の部分に時間を割いて欲しいという要望もある。ある四〇代のテイヤム実践者によれば、以前は二〇分程度で終えられていたカラーシャムは、リズムや動きのパターンが変化しないまま、時間だけが延長されるようになっているという。祭文を理解できない聴衆にとって、祭儀の重要な要素は、「スペクタクル」と「託宣」である。そのため、実践者たちは同じカラーシャムを複数回行ったり、祠の前を何度も行き来したり、あるいは時間を延ばすために動きを遅くするなどして対応している。

第二に、テイヤム神と参拝者との距離や接触の仕方にも変化が現れている。テイヤム神は祭儀の場において、ダルシャンを求める参拝者にターメリックの粉や灰、花びらを渡して、祝福と託宣を与える。その際、参拝者は賽銭をテイヤム神に手渡し、自らの悩みを打ち明けて助言や託宣を求める。この託宣の場面には、テイヤム実践者たちの世代間で異なるカースト意識が神霊の振る舞いに反映している。

第一章で述べたように、かつてケーララには、ティーンダル制（空気の穢れ）が存在し、穢れは直接触れるだけでなく、空気によっても伝染すると考えられていた。そのため低カーストの者は高カーストの者から一定の距離を保たなければならないという規範があったほど、カーストの階層化が厳格に守られていた。その後、二〇世紀前半に低カーストを中心に展開されたカースト運動や、州政府誕生後の共産党勢力の拡大によってカースト差別は是正されてはいる。しかしながら、カースト・ヒエラルキーを経験し、カースト関係を意識する年配のテイヤム実践者たちは、祭儀の場で高カーストの祭主に特別の敬称を用いたり、参拝者に託宣を与える際には彼らの身体に触れないよう意識していた。とくに参拝者が女性の場合にはなおさらである。

これに対して、若年層の世代、すなわち、一九九一年の経済開放政策前後に生まれたような一〇代後半から二〇代前半の若いテイヤム実践者たちの間では、カースト・ヒエラルキーの意識が希薄化している。彼らは高カーストへ特別の敬称を用いるわけでもなく、男女やカーストを問わず身体接触に対する意識が低い。彼らが担うテイヤム神の多くは、託宣を与える際に参拝者の手を握ったり、身体に直接手を置いたりする。なかには、女性の参拝者を抱き寄せたり、男性参拝者を強く叩いたりする。

こうした若年実践者たちの振る舞いは、社会構造や生活様式の変化、さらには左翼的思想や教育の影響をうけた参拝者たちのカーストに対する意識変化にも支えられる形で、概ね好意的に受け入れられている。また、カルナーカランが「若い女性たちがムッタッパン神に近づいてくるようになった」「彼女たちは神霊に触れてもらうことを望んでいる」と変化の実態を語るように、参拝者自身も神霊との触れ合いを求めるようになっている。

この点について、あるテイヤム実践者は、世界的に有名な宗教的指導者が参拝者の心理に影響を及ぼしているという。ケーララには、旧不可触民階層出身で女神の化身として崇拝されているマーター・アムリターナンダマイー・デーヴィ（通称アンマ）という女性の宗教的指導者がいる。(19) 彼女はケーララやインド国内だけでなく、世界各地へダルシャン・ツアーを行うほどその名が世界中に知れ渡っており、日本にも何度か訪れている。彼女を有名にしているのは、「抱擁の母」と称されるように、ダルシャンの際に参拝者一人ひとりを抱きしめて祝福と癒やしを与えることにある。こうした彼女の宗教的実践がテイヤム祭儀にやってくる参拝者たちの心理や神霊との関係性に影響を及ぼしているというのである。

ところが、こうした神霊と参拝者との身体接触はしばしば問題を引き起こしている。とくに、若年実践者のなかには、女性参拝者への過剰な身体接触がもととなって、祭儀終了後に祭主者側から何らかの処罰をうける者がみられる。カルナーカランは、「若い奴らは、女の子たちの後ろに父親やおじがいたりするのに気づいていないんだよ。ときには、ムッタッパン神の後ろに立ってることだってあるんだ」という。第一節では、酒に酔ったムッタッパン実践者の事例を取り上げたが、飲酒に限らず若年実践者たちの実践をめぐってはこうした問題がしばしば生じている。祭儀での振る舞いを十分に理解していない、と言えばそれまでだが、社会的規範や高カーストに対する用心のなさが、祭儀においてこのような問題を巻き起こしているのである。

第三に、神霊の身体性を象徴する実践や様相にも顕著な変容を確認することができる。テイヤム神は祭儀の場で常に足を震わせ、足の甲にかけたチェルンブ（鈴の入った真鍮製の装具）を鳴らし続けている。チェルンブは重く、足への負担も大きい。それは、テイヤム実践者たちの足の甲にチュルンブの着用によってできた瘤がみられるほどである。年配世代のテイヤム実践者の間では、このチェルンブを鳴らし続けることがよいとされ、それは神霊が顕現していることの表れだと彼らはいう。それに対して、若年実践者にはこうした意識を持つ者は少なく、チェルンブもときおり鳴らす程度である。[20]

個々の神霊には怒りや老いといった神話にもとづく特徴や性格が存在する。テイヤム実践者はそれらをカラーシャムや立ち居振る舞いの際に表すことが求められるが、若年世代は身体能力を誇示するアクロバティックなパフォーマンスだけを強調する傾向があり、神霊による特性が失われている。また、十分な学習過程を経ていない彼らのなかには、神霊を担う上で必要な基礎体力を備えていない者が多くいる。そのため、第一章で述べたような、学習過程における厳しい訓練を受けていない彼らにとって、腰を落としてカラーシャムを行ったり、背筋を伸ばし上体を安定させた状態で長時間を維持することは難しい。こうした若年実践者が担うテイヤム神を見ながら、引退した年配世代の実践者たちは伝承の脆弱化を痛感しているのである。

くわえて、神霊の見た目にも変化がみられる。繰り返しになるが、神霊の装束や装飾には、以前は色彩や材料、採取法に規範がみられたが、今日では市場で購入したものが自由に用いられている。[21] 装具の装飾には銀細工が多用され、色彩もかつてより華美になり、神霊の審美的要素がより一層強調されている。

２　簡略化する託宣

テイヤム神は、祭儀の場において、祝福を求める参拝者たちに託宣[22]（ワーチャール）を与える。ムッタッパン祭儀でも多くの時間が費やされるのは託宣である。わたしが参与観察した祭儀の場では、聖なる椅子（ピーダム）に座ったテイヤム神の横に、託宣の順番を待つ参拝者の長い列がよく見られた。[23]

個々のテイヤム神には、それぞれ特有の託宣の「語り方」がある。たとえば、女神のムチローットゥ・バガヴァティ神やカナンガードゥ・バガヴァティ神は甲高く風変わりな女性の声色で、クッシェトラパラン神やヴェータカルマカン神は低く力強い男性の声色で託宣を語る。ムッタッパン神やワイナーットゥ・クラヴァン神は、祖父が孫に語りかけるような穏やかで優しい口調の託宣を発する。こうした特徴がテイヤム実践者たちの間では留意されている。

託宣は、土地の支配者や王族、あるいは特別の階層に属する人びとに対して、それぞれ異なった言い回しで語られる。託宣のなかには、タラワードゥやナンブーディリ・ブラーミンの家、カーストの伝統的職業といった事柄に関する情報も含まれている。たとえば、テイヤム神がコーラッティリ王家やナンブーディリに託宣を語る際には、ケーララの起源などがよく述べられる。また、託宣は、亡くなった祖先に関することや彼らの生活からの体験によるものも含まれている［Kannan 2007: 68］。

テイヤム実践者は、託宣をするにあたって、こうした言い回しを記憶さえしておけばよいというわけではない。現在の祭儀の場では、参拝者がテイヤム神にさまざまな相談事をもちかける。それらに対応するためには、テイヤム実践者はあらかじめ多様な情報を入手しておく必要がある。ジェイは、託宣を語るうえで重要なこととして、父親のカルナーカランから言い聞かされた次の言葉を覚えている。

「アッチャンは、こう言ったんだ。『祭儀では多くの人がお前を見ているんだ。何千という目がな。そのことを忘れるなよ。自分の二つの目で多くを観察しろ。彼らがどんな顔をしているのか、年齢、背格好、身なり、振る舞い、できる限り観察するんだ。それを託宣に役立てるんだ』」(24)。

また、祭儀の途中では、助手のウニやラジィーヴァンが装束のほつれなどを直す際に、テイヤム神の背後から祭主やタラワードゥ関係者などの重要な人物が到着したことを耳打ちして、彼らの称号やプライベートに関する情報を知らせている。神霊はこうした重要人物の出自を知っているはずであり、もし彼らのことを祭儀で言及しなければ、祭主は怒りを顕わにするとジェイは説明する。

アシュレイらも同様に、マラヤン・カーストの実践者から託宣にまつわる聞き取りを行っている。彼らのインフォーマントであるテイヤム実践者は、祭儀の日の朝、会場近くに早く到着して、祭主となる人びとやカースト寺院に関する情報、当該地域の噂話や問題などを密かに収集する。テイヤム実践者は参拝者がテイヤム神に託宣を求めた際、こうした情報を利用することで、「神霊が全知なる存在である」ということを参拝者たちに再認識させていると述べている［Ashley and Holloman 1990: 137］。

ワンナーン・カーストのテイヤム実践者たちが用いる託宣は、『マハーバーラタ』やプラーナ（古潭）、あるいはその土地に伝わる話などから多く抜粋される。テイヤム実践者たちは、これらの形式化された託宣を数多く習得しなければならない、またはすべきであると考えられている。しかしながら、現在の祭儀を観察する限り、世代間によって託宣の内容にはかなりの差異がみうけられる。とくに、若年実践者たちの間では、簡素化した託宣を用いる傾向が顕著にうかがえる。

いくつかの例をみてみよう。ここでは、便宜上、従来の託宣の形式を用いるテイヤム実践者が年配層に多いことから、それらを父世代と位置づける。一方、簡略化した託宣を使うテイヤム実践者が若年層に多く見られることから、子世代と記して区別する。

事例四―四　自宅の改築や新築を願う参拝者に対する託宣

ここ一〇数年、ガルフを中心とした国外への移民労働者の数が増加したことと比例するかのように、カンヌール全域では住宅建築がブームとなっている。祭儀の場では新居を願う参拝者からの依頼が多く寄せられ、その際に告げられる託宣は次のようなものである。

（父世代）

建築の神であるマヤンが黄金に輝くイントラプラスタムの地を造り上げたように、ムッタッパン神が家の建設を完成させよう。

（子世代）

敬虔なる信者よ、住宅の竣工を望んでいるのか？　ムッタッパン神が側にいて手助けしよう。

父世代が語るイントラプラスタムとは、『マハーバーラタ』の中でパーンダヴァ兄弟（主役である五人の兄弟）によって統治された王国の首都のことをさす。子世代の実践者の語りには、プラーナなどに関連する言葉はみられず、対話形式による励ましの言葉が述べられている。

事例四—五　学校での試験の成功を願う参拝者に対する託宣

学歴社会化が進む現代インドにおいて、若者たちが神霊に依頼する内容の多くは、試験でよい成績をとることや大学に無事合格することなどである。祭儀では、子どもにかわって母親がこうした依頼することもよくみられることである。彼らには次のような託宣が告げられる。

（父世代）
学びのはじまりの時期の間、アムバットゥオンヌ・アクシャラリ・ヴァニデヴィは、お前の舌に宿り、知らない知識を得ることでお前を守るだろう。

（子世代）
敬虔なる信者よ、試験での成功をムッタッパン神が与えよう。

父世代が語るアムバットゥオンヌ・アクシャラリ・ヴァニデヴィとは、学問と芸術を司るヒンドゥー神のサラスワヴァティー女神が化身した姿である。現地語のマラヤーラム語には五一の文字があり、この女神がこれらの文字を生み出したとされることから、五一を示す現地語のアムバットゥオンヌに女神の名前がついている。これに対して、子世代が語る託宣は、プラーナやヒンドゥー神話の知識がなくても理解できるものである。

事例四―六　病を患っている参拝者への託宣

参拝者のなかには神霊に病気の治癒を願う者も多くいる。たとえば、カンヌール駅の横に位置し、地元の鉄道局組合が管理しているレイルウェイ・シュリ・ムッタッパン寺院では、身体の部位を模した小さなプレートが用意されている。病を患っている参拝者は患部のプレートをムッタッパン神に渡して治癒を祈願する。治癒祈願をする参拝者に対して神霊は次のように応える。

（父世代）
お前は、金を計るための壺を持っている。ワイナーットゥ・クラヴァン神は、お前に塩を計るためにこの壺を使わせはしない。
（子世代）
敬虔なる信者よ、ワイナーットゥ・クラヴァン神があらゆる病の苦しみからお前を救おう。

これらの事例をみるかぎり、父世代と子世代の託宣の内容を比較した際、子世代の託宣が簡素化しているのがはっきりとわかる。子世代の託宣には、それまでに受け継がれてきた『マハーバーラタ』やプラーナといった古典からの名称や逸話、ローカルの言い伝えなどの部分が含まれず、信者への語りかけと対話形式の文脈に沿った語り方がなされている。いうなれば、子世代の実践者は、わかりやすく簡単な託宣を用いているのである。[25] こうした託宣の語り方は、学習するまでもなく実践することができる。つまり、子世代の実践者は、父世代たちが習得した託宣を学ぶことなく、あるいは学ぶ必要のないまま祭儀で託宣を語ることができるのである。こうした託宣の変容には、いくつかの要因が考えられる。

託宣が簡素化した第一の要因は、繰り返しになるがテイヤム実践者および参拝者たちの古典的教養の低下や欠如にある。カルナーカランなどの父世代の実践者たちによると、テイヤム神の託宣を理解する上では、『ラーマーヤナ』や『マハーバーラタ』、プラーナといった古典に関する素養が不可欠であるという。当然、託宣を与える実践者たちにもそのような知識が求められる。カルナーカランやジェイの場合には、毎朝祭壇にプージャを行った後、古典書の一部を朗読し、理解に務めている。しかしながら、カルナーカランも訴えるように、子世代の実践者たちや参拝者たちのなかには、古典的教養を十分に身につけていない者が多い。たとえ子世代の実践者が父世代の託宣を学んで習得したとしても、参拝者が理解できないのであれば、簡易な言葉を用いた託宣で語らざるを得ないのが今日の実態である。このような状況が生まれた背景には、前述したように、ムッタッパン信仰の隆盛によって祭儀自体の数が増え、若年層の実践者たちが十分な学習過程を経ないまま祭儀へ参入する機会を得ていることと、ローカルの慣習の希薄化や学校教育のカリキュラム変化が影響している。

第二に、生活様式の変化にともなった祭儀の時間調整が託宣の簡素化に関係している。本節のはじめでも述べたように、祭儀は現代の社会生活に適応する形で、かつてよりも時間が短縮されている。テイヤム神が顕現する頃合いはある程度時間的な調整がなされ、祭主であるタラワードゥの成員からは、「×時までには終わるように」といった要求がテイヤム実践者側に伝えられている。

その一方では、ムッタッパン信仰の隆盛によって、祭儀自体が増えただけでなく、日常的に神霊に相談する参拝者の数も増えている。自らの問題をムッタッパン神に相談することが日常化している参拝者たちは、本来は祝福だけを行うテイヤム神にも悩みを打ち明けるようになりはじめた。その影響から、ムッタッパン祭儀に限らず、他のテイヤム祭儀の場においても託宣に時間がかかるようになったのである。祭主側は、供物や寄付金、お布施などをする参拝者を無下にするわけにもいかず、このような事態を考慮して、託宣の時間を短くするようテイヤム実践者に求めている。つまり、参拝者が多くなった分だけ、より簡単な託宣を語る必要がでてきたのである。

また、多様化する参拝者の要望を把握してそれらに応えるべく、テイヤム実践者たちは、個々の参拝者たちが語る文脈にそった語り口で託宣をしなければならなくなっている。ジェイは、「参拝者たちはいろんな問題を相談してくるんだ。彼らは、意味の分からない難しい言葉やプラーナの物語なんか求めていないんだ。自分の問題を解決してくれる助言をテイヤム神に求めてくるんだよ」と説明する。そこでは、個々の神霊の「語り口」は希薄化し、より対話形式の託宣が用いられるように変化しているのである。祭儀の場にみられる託宣の変容とは、一方では若年実践者の参入による伝承の脆弱化と学習不足によって生じた結果であり、他方では現代社会に生きる人びとの多様な生活様式や指向に適応させたテイヤム実践者たちの営為によるものなのである。

このような状況のなかで、ジェイは、最近、父世代の託宣の手法を積極的に取り入れようとしている。引退した古老のテイヤム実践者のもとを訪れて、古い託宣のスタイルを教えてもらえるよう伺いをたてたり、カルナーカランが記した祭文に関する記録を熱心に読み直したりしている。年齢的に中堅の実践者となった彼は、若年実践者たちの参入によって、ムッタッパン祭儀のアリーナがますます競争化するなかで、彼らとの差異化を図るために、あえて「伝統色」を強めることで自らの正統性や特異性を高めようとしているのである。

3　活動範囲の拡大とその影響

テイヤム実践者たちは、特定の地域や祠で祭儀を実践する権利（アヴァガーシャム）を持っていることは既に述べた。

その権利を領域的に区分しているものがチェルジャンマムであり、その保有者は、通称、ジャンマーリと呼ばれている。およそ村落内の地区ごとにワンナーン・カーストやマラヤン・カーストのジャンマーリがそれぞれ一人いる。

テイヤム実践者を引退した古老たちによると、マラバール地域内では、一九六〇年代頃までカーストの伝統的職業を継承する者が数多くいたという。ところが、社会構造の変化や近代化の過程において、カースト・ヒエラルキーを批判する左翼イデオロギーの浸透や伝統的職業とは異なる職に就くことが容易になり、テイヤム実践者の子供たちのなかには、祭儀を継承せずに別の仕事に就く者が増えていった[26]。結果として、一九八〇年代以降、テイヤム祭儀を受け継ぐ若年実践者の数が徐々に減少していき、ジャンマーリの権利が実践者から寡婦や祭儀の実践を継承しなかった息子あるいは甥に受け継がれるようになっていった[27]。

図4-1　寺院の分布

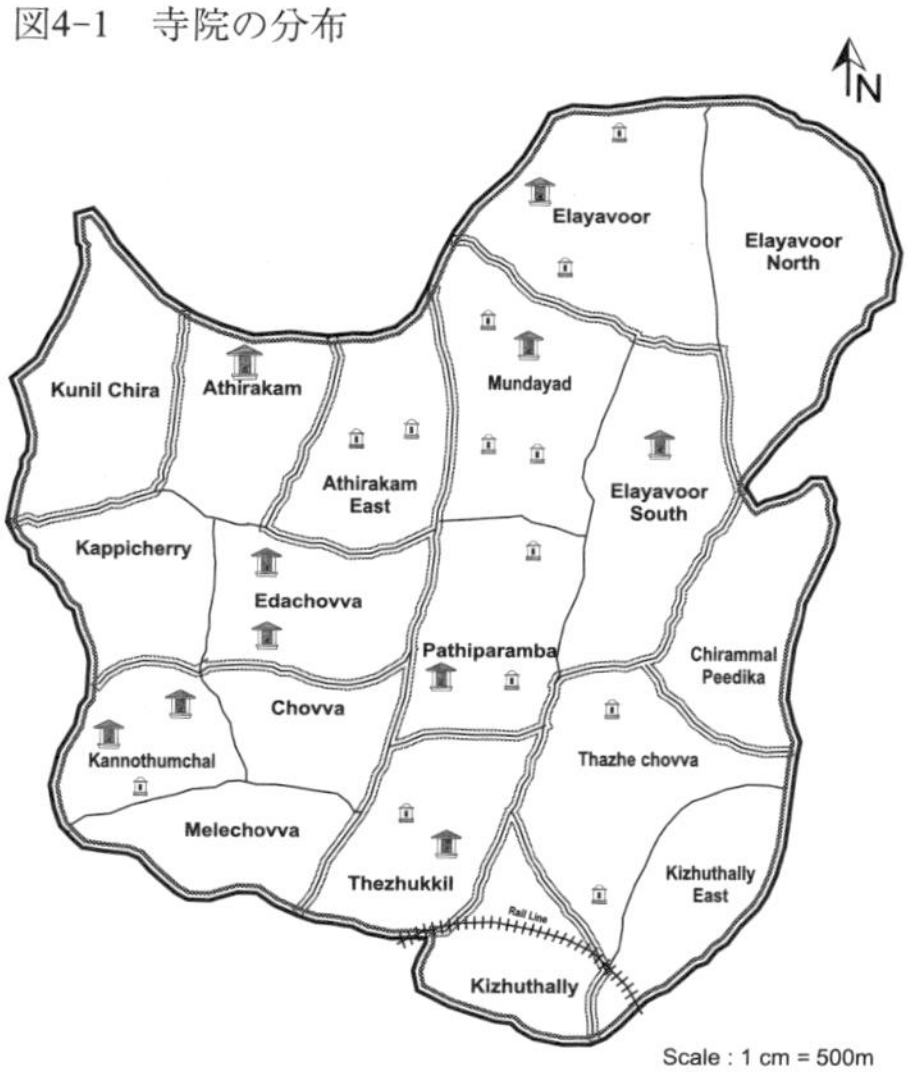

図4―1は、カルナーカラン一家が暮らすエラヤヴォール地区の行政区（グラマ・パンチャーヤットゥ）におけるテイヤム神を含むヒンドゥー寺院の分布を表したものである。祠の印は、テイヤム神が祀られているカーヴやスタラムを示している。赤枠は、ジャンマーリの権利領域を表している。エラヤヴォール地区内では、ワンナーン・カーストとマラヤン・カーストを合わせて一三人のジャンマーリが存在する。そのうち、現役のテイヤム実践者は三人で、息子や甥が祭儀の実践を継承している者が一人、祭儀を継承していない者が九人である。つまり、地区内の約七割のジャンマーリの家系には祭儀の継承が途絶えているのである。

ジャンマーリは、権利を保持する領域内で祭儀が行われるときには必ず参列することになっている。それは、祭儀を継承していないジャンマーリでも同様である。祭儀の場では、祭主や祭儀を担ったテイヤム実践者から心付け（一〇〇〜二〇〇ルピー）のほかに、生米やココ椰子の実などがジャンマーリに手渡される。また、テイヤム実践者がムッタッパン祭儀で自らの地区以外の個人宅を訪れる際には、当該地区のジャンマーリに祭儀を担う伺いをたてる。[28]カルナーカランがムッタッパン祭儀の依頼者にわたす祭儀の準備品リスト（補足資料参照）をみても、ジャンマーリに連絡するという旨が記されているように、権利を保持していない者が異なる地域に行く際には、当該地域のジャンマーリと接触することが慣習となっている。[29]個人宅で行われる祭儀の場合でも、ジャンマーリは同様に祭儀へ参列し、祭主やテイヤム実践者から心付けを受け取る。

もともとテイヤム実践者たちは、権利をもつローカルの地区内において祭儀を実践していたが、現在ではその実践活動の領域がかつてと比べて広範囲に及んでいる。その理由には、①テイヤム祭儀の活性化によって祭儀自体の頻度が増えたこと、②一九八〇年代以降、実践者の数が減少したことによって、他地域からも祭儀の依頼がくるようになったこと、③祭主たち自ら地域に関係なく「優れたテイヤム実践者」を選ぶようになったこと、④ムッタッパン祭儀の隆盛によって、ワンナーンのテイヤム実践者はローカルの地区に関係なく、脱領域的に個人宅での祭儀を行う機会が増えたこと、などがあげられる。

こうしたなかで、テイヤム実践者とジャンマーリとの関係性に摩擦や軋轢が生まれはじめている。最近、祭儀を継承していないジャンマーリのなかには、ジャンマーリとしての権利を主張し、報酬を要求する者が現れている。マラヤン・カーストのテイヤム実践者たちの間では、ジャンマーリが報酬の一部を受け取る慣習が以前からみられた。マラヤンの実践者グループは、ワンナーンのそれと比べて親族関係のつながりが薄く、メンバー構成が流動的である。グループはある程度固定されてはいるものの、リーダーを中心に祭儀ごとに随時編成されている。カルナーカランと同じ領域内でマラヤンのジャンマーリを務めるヴィノーダン（仮名、四〇代）は、権利を有する領域内でムッタッパン祭儀が行われると、自身のグループのメンバーに声をかけて参加を呼びかける。二〇一一年時において、彼が祭主から祭儀の報酬として受け取った額は、太鼓奏者一人あたり五〇〇ルピー（約七五〇円）である。彼は、その内の一五〇ルピーを受け取り、残りの三五〇ルピーをメンバーに手当として渡している。個人宅でのムッタッパン祭儀の場合、太鼓奏者は少なくとも彼を含めて三人必要となる。彼は、自らの報酬五〇〇ルピーとメンバーからの取り分三〇〇ルピーの計八〇〇ルピーを手にしている。マラヤンのジャンマーリは、グループのメンバーや他の演奏者たちとの間でこのような慣習を実践している。

マラヤンのジャンマーリが行うこうした慣習を、最近では、祭儀を継承していないワンナーンのジャンマーリが模倣するようになっている。二〇〇五年の調査時には、ワンナーンのジャンマーリがこのような「コミッション」をとることは耳にしなかったが、二〇一一年では、祭儀を継承していないワンナーンのジャンマーリたちが彼らの権利として五〇〇ルピーを要求したり、テイヤム実践者の報酬を自らがはじめに受け取り、そこから実際に祭儀を担った実践者に配分しようとしたりする者がみられるようになった。

こうした祭儀を継承していないジャンマーリのしたたかな戦略は、ムッタッパン祭儀の隆盛による若年実践者たちの参入と無関係ではない。ムッタッパン祭儀が「稼げる仕事」であることを察したワンナーンの若者たちが実践フィールドに参入してきたことで、ムッタッパン祭儀のアリーナは競争が激しくなっている。そのため新たに参入した若年実践者のなかには、他の実践者や一般的な相場よりも安い報酬で祭儀を引き受けたり、ローカルのジャンマーリに接触して祭儀の便宜を図ってもらおうとしたりする者がいる。彼らにとってジャンマーリとは、祭儀の機会を提供してくれる人物であり、たとえジャンマーリが報酬を要求しても、多少の額ならば文句を言わずに受け入れているのである。

図4-2　2005年におけるジェイの実践活動の範囲

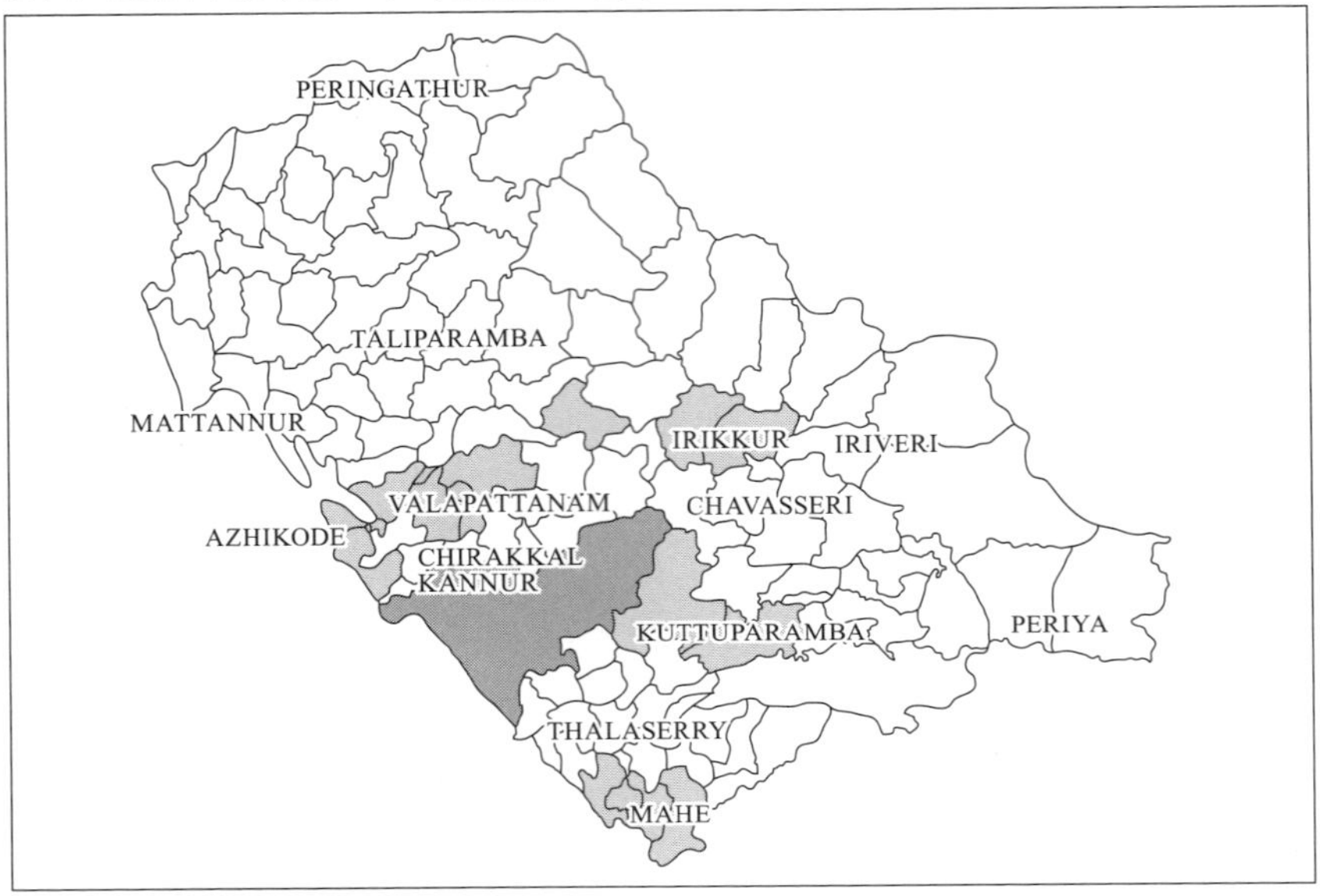

若年実践者たちは、祭主やジャンマーリとの交渉力を身につける機会がないまま、実践活動に関与している。彼らのなかには、ジャンマーリのいいなりになってしまう者までいる。対照的に、テイヤム実践者のなかには、こうした「コミッション」を要求するジャンマーリのいる地域では祭儀を請け負わない、という者もみられる。ジェイの場合は、ジャンマーリとの問題を避けるために報酬額を上げたり、ジャンマーリの影響が及ばないよう祭主と交渉したりしている。

テイヤム実践者たちの活動範囲が拡大したことによる影響は、ジャンマーリの問題だけでなく、実践レベルにおいてもみられるようになった。図４—２は、二〇〇五年の祭祀シーズンにジェイが実践活動を行った地域を表したものである。濃い部分は、カルナーカランから受け継いだ実践地域および祠のある地区である。淡い部分は、彼が二〇〇五年において、ムッタッパン祭儀とワイナーットゥ・クラヴァン祭儀を行った場所である。

この図から明らかなように、カルナーカランは、住居のある地域を中心に限られた範囲内で祭儀を行っていたのに対して、ジェイはより広範囲にわたって祭儀を行っている。さらに、二〇〇五年には、タミル・ナードゥ州のコインバトール市やカルナータカ州のマディケリ市などの州外で祭儀を担っている。その後もカンヌール県内の実践地域を拡大させる傍ら、隣接するコリコードゥ県やワヤナード県、州中部のエルナクラム県、さらには州外のムンバイ市や中東のドバイなどで行うなど、彼の実践活動はますます拡大している。

交通や情報手段の発達によって人びとの往来が活発になったことで、祭主であるタラワードゥや寺院の関係者たちは、「よい実践者／いいテイヤム神」を求める指向が一層強くなっている。祭儀の実践者を地区内のジャンマーリに固定することなく、「よい実践者／いいテイヤム神」を他の地域から呼び寄せることは現在ではごく当たり前にみられることである。反面、こうした実践地域の拡大は、祭儀の実践レベルにおいて、新たな問題を引き起こしている。ジェイが担ったワイナーットゥ・クラヴァン祭儀の模様から検討しよう。

事例四―七

ワイナーットゥ・クラヴァン・ヴェッラータムのパフォーマンスの際、チェンダのリズムとヴェッラータムのカラーシャム（ステップなどの舞踊的身体技法）がかみ合わなかった。いつもの太鼓グループに比べて、演奏技術が劣っているのは明らかだった。互いに合わせようと何度も試みているようであったが、タイミングがずれていた。しびれを切らしたワイナーットゥ・クラヴァン・ヴェッラータムは、地面を蹴って鈴の入ったチュランブ（足首から甲にかけての装具）を何度か鳴らし、太鼓奏者たちに注意を促した。そして、彼らの方に向き、彼らの目をみながら、ゆっくりと地面を踏んでチュランブを鳴らしながらカラーシャムをはじめた。一緒にリズムを合わわせさせようとするのがみてとれた（二〇〇六年三月一八日、フィールドノートより）。

カンヌール県のアリコードゥ村落内のカーヴで行われたこの祭儀は、ジェイにとってはじめての場所であった。祭儀の依頼がきた経緯は、タラワードゥの関係者（ティーヤ・カースト）が別の場所でジェイが担った祭儀を目にし、自分たちの祠にもこのワイナーットゥ・クラヴァン神を呼びたい、と願って関係者を説得したというものだった。タラワードゥ側は、テイヤム実践者をローカルの文脈に関わりなく広範囲から選出している。他方、太鼓奏者のグループは、ローカルのジャンマーリを中心に構成されるのが一般的である。それは、他の地区から呼ばれたテイヤム実践者がときに初めて顔を合わせる太鼓奏者と共に祭儀を担うことを意味している。

テイヤム神の種類が四〇〇以上あるということは前述したが、テイヤム実践者たちの間では、それらが大まかに類型化され認識されている。地域によって祭文や名称、装束の部分などに多少の違いはあっても、ある特定の種類に当てはめることは可能である。しかしながら、演奏技法に関しては、彼らは自分たちのグループや地区内の慣れ親しんだものは理解しているものの、領域外の他のグループの演奏スタイルについては把握していない。そのため、先の事例のようなことがしばしば起こっているのである。別の事例をみてみよう。

事例四―八

タラッシェリ市内の個人宅でムッタッパン祭儀が行われた。ジェイは初めて訪れる地区である。……ヴェッラーラータムは、チェンダをあざ笑うかのように、カラーシャムのスピードを速めていく。ヴィークがヴェッラータムのカラーシャムについていいけない。イラッタータラム（シンバルの一種）は、叩くのを止めてしまった。……ヴェラーッタムもカラーシャムのスピードを落とし、太鼓奏者のリズムに合わせるようになった（二〇〇六年一二月四日、フィールドノートより）。

祭儀を終えて帰宅したジェイは、太鼓奏者の技量がいかにひどかったかを家族に愚痴り、わたしにその様子を伝えるよう促した。ジェイの母親は「ヴィノーダンじゃなければね」とわたしに返答した。

ジェイは、ムッタッパン祭儀に関して多くの実践経験を積んでいる。彼の実践の場でよく見かけるのは、同じ地区内でマラヤン・ジャンマーリを務める前述したヴィノーダンである。ヴィノーダンは、太鼓奏者としての実力がテイヤム実践者コミュニティ内において広く認められている人物である。同じ地区内ということから、ジェイの実践は、ヴィノーダンによって鍛え上げられたといっても過言ではないほど、両者は祭儀を共に担う機会を多くもっている。

個人宅で行われるムッタッパン祭儀の場では、両者による掛け合いがしばしばみられる。ヴィーク・チェンダを叩くヴィノーダンが通常のターラ（拍節）とは異なるパターンを即興的に叩くと、他のチェンダがそれに呼応して太鼓を激しく打ちならす。それは、ときにヴェッラータムのカラーシャムの動きを崩そうと意図して行われるものでもある。ヴェッラータムは、この変化に対応しながら、さらに足さばきを速めたり、身体を切り返して別の方向にステップを踏むなどして、ヴィノーダンに返答する。

こうしたテイヤム実践者と太鼓奏者による即興的な掛け合いは、参拝者たちの間では明確に意識化されることがないものの、祭儀の場ではたびたびみられる光景であり、見せ場といえるものである。もちろん、こうした掛け合いは、同じ地区内に居住していることから、両者の間にはすでに培った実践に関する音楽的了解があり、実践に関する間合いなどにも互いに慣れ親しんだものがあるからに他ならない[30]。ここで重要なこととは、ジェイにとってこうした掛け合いが彼に祭儀の「満足感（*samthrupthi*）」を与え、祭儀の「喜び（*āswadanam*）」として捉えられているという点である[31]。ジェイは次のように語る。

「やっぱり、ヴィノーダンのチームとやるときは楽しみだよ。……いつもムッタッパン祭儀をしてるからカラーシャムを適当にやってしまうことだってあるよ。タケ（筆者）だってわかってるだろ、この前の祭儀みたいに。ヴィノーダンたちとはチェンダを合わせることがうまくできるし、ときどき違うパターンでするときもあるからね。それが楽しみだし、やって満足感も得れるよ。だって、他のテイヤム実践者ではできないだろうからね」（二〇〇六年一二月六日、フィールドノートより）。

新たに訪れる祭儀の場では、太鼓奏者とのこうした即興的なやりとりがみられることはあまりない。先の事例のように、ジェイが担うヴェッラータムが太鼓奏者に仕掛けてみても、太鼓奏者の技量が追いつかない、あるいは応じないという場合がよく起こっている。もちろん、こうした例は逆もまたしかりである。このような祭儀の場では、満足感をえることができないとジェイは語る。つまり、彼は祭儀という宗教的文脈の場において、実践レベルでは「楽しさ」を求め、感得し、そこから満足感を得ているのである。

ジェイの場合、こうした太鼓奏者への仕掛けやカラーシャムの足さばきが彼のテイヤム実践者としての評価につながっている。前述したように、太鼓演奏者たちはテイヤム実践者と比較すると活動範囲が広く、グループの構成も流動的である。彼らは、さまざまな地域で実践を行っており、テイヤム実践者に関する情報も数多く持っている。たとえば、祭儀の場では、彼らの間で「A地区のムッタッパンは……」「あのテイヤム実践者のカラーシャムは……」「祭文がうまいのは……」といった会話がやりとりされている。

テイヤム実践者に対する評価は、こうした太鼓奏者たちのネットワークによって広められてもいる。たとえば、先の事例の場合は、ジェイのムッタッパン神としてのカラーシャムの速さに太鼓奏者たちはついていけず、ステップの細かさにヴィーク・チェンダがかみ合わないことがあった。後に、こうした様子と彼に対する評価がマラヤン・グループを通じて語られ、別のマラヤンの太鼓奏者からジェイの耳にも届いてくる。

現在、伝承されているムッタッパン祭儀の祭文や神話を再現した身体技法は、多少のはやりすたりを踏まえたとしても、テイヤム実践者の間で地域による大きな差はほとんどない。もちろん、個々の実践者たちの間では、ステップの踏み方やスピードなどに差異は存在する。これに対して、太鼓の伴奏に関しては、基本のリズムパターンがあるとはいえ、その奏法や間の感覚にはグループごとに大きな差異がある。それは、ムッタッパン実践者にも明確に感じられる差である。ジェイが実践地域を拡大し、個人宅など初めての土地で祭儀を行う際には、ローカルの太鼓奏者と調和がとれないことがしばしばある。その際には、ムッタッパン神は、チュランブを使って自分が慣れ親しんだリズムを踏み鳴らし、太鼓奏者にリズムをあわせさせる。あまりにひどい場合には、託宣の際に彼らを揶揄することもある。[32]

テイヤム実践者たちの活動領域の拡大は、報酬をめぐるジャンマーリたちのしたたかな戦略を生み出す要因となっている。それだけでなく、慣れ親しんだ太鼓奏者や初めて出会う太鼓奏者と実践を共にしながら、即興的なやりとりを通じて祭儀の実践レベルにおける「喜び」をテイヤム実践者に与える／失わせている。また、そうした実践をめぐる技量の差異が実践者の評価を生み出す契機にもなっているのである。

四　伝統的職業を継承する世代間の差異

テイヤム祭儀へ向かう、カルナーカラン、ジェイ、アクショイたち三人の姿は、テイヤム実践者たちの現在の姿を考える上で象徴的である。カルナーカランは、独立解放運動や社会改革を推進した共産党員たちの如く、白の長袖シャツを肘までまくり上げ、白の一枚織の腰布を膝まであげて巻いている。ジェイは、現代のマラヤーリー人男性が正装した際の典型ともいえる、色や柄のついた長袖の市販のシャツを身につけ、白やクリーム色の二枚織の腰布をまく。アクショイは、若者たちが集うファッション・ショップで購入した柄の入った派手なシャツに、明るい橙色の腰布をくるぶし下までさげて巻き付けている。衣類の着こなしの違いが象徴するのは、テイヤム祭儀というカーストの伝統的職業を受け継ぐ旧不可触民階層の人びとの世代間にみられる、祭儀に対する意識や価値観の違いである。本章の最後に、彼らの実践活動に関わったわたしと彼らとの関係性を示しながら、三人の間にみられる祭儀の捉え方やカースト意識の差異を検討していく。

長期調査の期間中、わたしはカルナーカランのグループと多くの時間を共にしていたが、ときおり別の地域で行われる祭儀に一人で足を運んでいた。当時は、現在ほどローカルの人びとの間にスマートフォンやデジタルカメラが普及していなかったため、わたしが調査用に使っていた撮影機材は、わたしだけでなくカルナーカランにも役立っていた。彼は、他の地域でワイナーットゥ・クラヴァン祭儀が行われる際には、わたしに祭儀を見に行くよう促し、衣装やカラーシャムの様子を記録してくるよう求めた。わたしが祭儀から帰宅すると、記録した映像を見にわたしのところにやってきて、他のグループの活動を映像から観察していた。わたしが祭儀に関する事柄を彼に尋ねている一方で、わたしは彼に他の実践者たちに関する情報を与えるインフォーマントの役割を担っていたのである。

現役を引退したカルナーカランは、ジャンマーリまたはグループのリーダーとして祭儀の場に足を運んでいる。「引退したら、多くの人はテイヤム実践者を相手にしなくなるもんさ」と寂しく語る彼は、祭儀の場において、タラワードゥや寺院関係者と穏やかな口調で自らを謙るように会話をする。それは、彼の振る舞いを通して、息子の将来に影響を与えないようにするためだという。彼はこう口にする。「ジェイは仕事をもっていないだろ。このままいつまでテイヤム祭儀をしてられるのかわからないし、心配なんだよ。この先どうやってあいつが暮らしていくのか」。

カルナーカランは、テイヤム実践者というものを「仕事」として捉えていない。あくまでカーストの伝統的な役割として位置づけている。彼は、長年にわたりローカルたばこの製造と縫製の仕事を往き来しながら家族を養ってきており、息子にも定職に就くことを望んでいる。彼自身、テイヤム実践者になる前には、彼の父親から賃金労働の仕事に就くよう何度も言われたという。彼曰く、当時の一家の生活は苦しいものであり、その日食べる米さえままならない日があったほどであった。テイヤム実践者であった彼の父親は、「テイヤム祭儀に関わったらまともな暮らしはできなくなる。学校に行って勉強して、ちゃんと職に就いてからでないとだめだ」とカルナーカランを言い聞かせ、祭儀に付いてくることさえ許さなかったという。それゆえ、カルナーカランがテイヤム祭儀に本格的に関与したのは、彼の父親が体調不良になって祭儀が担えなくなってからであり、その時彼は二九歳だった[33]。現在では、彼自身もまた、息子のジェイに別の定職につくことを求めている。カルナーカランは、どのような心情でこれまでテイヤム祭儀と関わってきたのであろうか。

「テイヤム祭儀は仕事じゃない。たしかに、昔もカネはもらったが、ほんのわずかなもんさ。昔は金が目的じゃなかった。尊厳や評判をえることが望みだったんだ。祭儀をすることで祠内のなかで尊敬されることが目的だった。そのためにできることっていえば、トーッタムやカラーシャム、ワーチャール、祭主への態度なんかを熱心に学ぶことだけさ[34]」。

カースト・ヒエラルキーが残っていた時代、カルナーカランにとってテイヤム祭儀は、地域のなかで尊厳や自尊心を獲得することができる唯一の手段であった。日常的にカースト差別をうけることがしばしばあったなかで、彼は、高カーストの家々を回って祭儀の機会を得られるよう嘆願すると共に、祭儀における実践上の知識や技量を向上させていた。また、祭主への態度にも留意し、高カーストたちに対して尊敬を含む特別な呼称で呼んでいた。「祭儀の場で彼らを尊敬し、いたわり、そして、普段でもそのようにふるまうこと。そうすることで祭儀の機会をえることができる」とカルナーカランは強調する。彼のこうした祭主への態度は、若手実践者のなかにはほとんどみられず、むしろ彼らの間では高カーストへ媚びた従属を意味し、否定的に捉えられている。

カルナーカランによれば、かつての祭儀は信仰心（*vishuwasa*）に基づいていたが、最近ではカネ目的で行われているという。彼は、若年実践者たちには信仰心がなく、自分たちのことばかりを考え、祭儀を守ろうという意識、つまり彼らに受け継がれた伝統を守ろうという意思がないと批判する。

「わしらの世代の者は、カーヴのことを考えるんだよ。カーヴを守らねばならん。受け継がれてきたものをね。途絶えさせちゃいかん。（略）。先祖から受け継がれてきたものを、たとえ困難であっても、それを維持する努力をして、先祖を満足させねばならん[35]」。

かつての祭儀の場や実践者グループのなかには、カルナーカランのような年配者が存在し、若年実践者たちを指導していた。現在では、こうした古老のテイヤム経験者がごくわずかになっている。その理由には、前述したように、一九七〇年代から八〇年代にかけての共産党イデオロギーの浸透や教育の発達によって、親が子供に伝統的職業を継がせないようになり、祭儀を継承する者が減っていったことがあげられる。かりにいたとしても、若者たちは聞く耳をもたないとカルナーカランは語る。なぜなら、年配実践者たちは、若者たちが求める、あるいは彼らの思うとおりに祭儀をさせないからだという。

カルナーカランは、最近の実践者たちは参拝者の要望に応えない限り、祭儀の機会を得ることが難しい、と指摘する。テイヤム実践者たちは、祭主や参拝者が喜ぶような実践をするようになり、その変化は託宣などに顕著に表れているという。かつて存在していた祭儀における規範はくずれ、祭儀は一種の楽しみとなってしまったと彼は悲観する。

「最近じゃあ、祭儀が余暇（*vinodam*）になってしまってるよ。ビジネス（*sambradayam*）にすっかりなり変わってしまった。酒のもてなしのあるお祝いだったりね（略）。昔は、神霊の前では、誰も大きな声でしゃべろうとしなかったもんだよ。神霊の言葉を聞こうとしてね。今じゃあ、酒を求めてやってきて、神霊にくだらないことを尋ねて茶化そうとする。テイヤム実践者でさえも、祭儀を気にしなくなってるんだよ」[36]。

三〇代からテイヤム祭儀に関わって以来、カルナーカランは、三七年間、ワイナーットゥ・クラヴァン神を担い続けてきた。二〇〇六年二月、彼が数年前にペルワンナーンの称号を得たコッタンガル・タラワードゥでのワイナーットゥ・クラヴァン祭儀の初日、彼はタラワードゥに到着すると、いつものように御神体が置かれた屋敷内の部屋に足を運んだ。そして、部屋の一角に祀られた石をみた瞬間、感極まって涙を流し始めた。この年、彼はタラワードゥ側から引退を婉曲的に勧められており、その現実を受け止めていた。彼は、自らが尊厳を得る手立てを失おうとしていたのである。

カルナーカランは、長年にわたってワイナーットゥ・クラヴァン神の実践を身体化し続けてきた。彼にとってワイナーットゥ・クラヴァン神になることは、カーストの伝統的職業というだけでなく、彼自身のアイデンティティそのものだったといえるだろう。前述のコッタンガル・タラワードゥの祠では、カルナーカランが来ると多くの人びとがやってきて彼に声をかけた。なかには、心付けとして五〇ルピーや一〇〇ルピーを手渡すものもいた。彼らは、「僕の小さい頃からカルナーカランはここでワイナーットゥ・クラヴァン神を行ったきた。われわれにとって彼は家族以上の存在なんだ」と語った。まさにカルナーカランは「特別な存在」なのであり、人びとから尊敬の念をもって接されていた。

しかしながら、現在、こうした尊敬のまなざしの多くは、現役の実践者であるジェイに向けられている。祭儀という自己の尊厳を得る場、すなわち神霊になることを通じて得ていた自尊心を失ってしまったカルナーカランは、「ワンナーンのカルナーカラン」となってしまったのである。ところが、カルナーカランは、祭儀を担うことが出来ない寂しさを口にしながらも、自らの尊厳や地位が決して失われたのではないと語る。それは、次の世代、つまりジェイに受け継がれているのであり、そのことに彼は満足しているという。彼はこれが「カーヴを守る」「先祖から受け継いだものを守る」ということだと語る。

わたしの長期調が終わりにさしかかっている頃、カルナーカランとジェイは、わたしの調査を手伝ってくれたカンヌール大学の院生のシャシィを家に招いて慰労会を開いてくれた。その時、カルナーカランは次のように語った。

「われわれのジャーティ（伝統的職業）のことを、こうしてタケ（筆者）が日本からわざわざ調べに来ているのに、マラヤーリーの研究者は何をしているんだ、……なあシャシィ。ステージや集会にはテイヤム神をしょっちゅう引っ張り出すくせに、われわれの生活には見向きもしない……テイヤッカーラン（テイヤム実践者）に年金を支払うって政府は言ってるが、一部の者だけじゃないか。わたしだってずっとカーヴを守ってきたんだ[37]」

カルナーカランが受け継いだ伝統的な役割は、次の世代にどのように伝えられているのだろうか。別の言い方をすれば、現役の世代にとって、現在のテイヤム祭儀はどのようにとらえられているのだろうか。

わたしは、長期調査の期間中、ジェイと多くの時間を共に過ごした。彼が結婚する前までは、毎晩、わたしが使っていた部屋で祭儀の写真をみながら、テイヤム祭儀について色々なことを語り合った。ときには、わたしが彼の実践について、たとえば発声法や呼吸法が他の実践者と比べて十分に身についていないなどと指摘し、彼にアドバイスすることもあった。また、わたしが地元のヨーガ教室に通い始めると、彼も一緒になって自宅で行うようになり、祭儀を続けていく上での身体のケアに対する意識も彼は持ち始めた。わたしというメディアは、彼にとって自らの伝統的役割を相対化する機会をもたらし、善し悪しはあれど、自己のパフォーマンスや祭儀全般に対する多角的な視点を彼に提供したのである。

「ムンダヤーッドゥ村のムッタッパン神のジェイだけど」と電話口で名乗るように、ジェイは、ムッタッパン神の実践者としてその名が広く知られている。彼は、父親から受け継いだ実践地域だけでなく、カンヌール県内の広い範囲でムッタッパン祭儀とワイナーットゥ・クラヴァン祭儀を実践し、かつ祭儀の依頼をうけて州内外の都市部や海外にまで足を運んでいる。他の仕事につくことはなく、祭儀による収入だけで一家を支えている彼の生活は、父親の時代からは想像できないほど豊かなものとなっている。

ジェイはテイヤム実践者としていまを生きている。しかし、彼がテイヤム祭儀への関与を深めていった経緯は、これまで述べてきたように状況依存的なものであり、多くのマラヤーリーの若者と同様に、一時はガルフへの出稼ぎも思い悩んでいた。彼は、ムッタッパン神を祀る祠での祭儀を父親から引き継いだことを契機に、自らヒンドゥー寺院へ毎日通い、バラモンらとの交流や古譚書の読書などを通じて、宗教的教養を身につけていった。そうした彼の信仰心に裏打ちされた宗教的営為は、彼の後ろ盾となり、他のテイヤム実践者にはみられない大物実業家との友好関係を構築させ、特定の寺院や祠で定期的な祭儀奉納を担う機会を彼に与えた。それらはまた、彼の社会・経済的立場を上昇させる大きな要因となり、彼自身の自尊心を高めることにもつながった。ある日、父親から引き継いだ祠で祭儀を担うことについて、彼はこう口にした。

「ニライットゥ・タラワードゥの人たちは、俺のことをずっと「ワンナーンのジェイ」として扱ってきた。彼らは、俺がいつでも彼らの望むとおりに、ワイナーットゥ・クラヴァン祭儀を行うと思っているんだ。……でもいま俺は、たくさんの所から祭儀の依頼を受けるようになっている。アッチャン（父の意）から受け継いだ祠であっても、彼らが高慢な態度をとるなら、祭儀を引き受けないよ。いつだって断れる立場にあるんだ[38]」

本書の冒頭のエピソードで記したように、数年前の彼は、自らのカーストの伝統的職業を受け継ぐことに苛まれ、祭儀で負った怪我の痛みに耐えきれず、その苦しみを家族に当たり散らしていた。ところが現在では、その伝統的職業が彼の社会的階層性を高める手段となり、彼を高カーストたちと交渉する立場に押し上げているのである。

国内の経済発展やガルフ出稼ぎ移民によるカネの恩恵という外在的要因は、ムッタッパン信仰の著しい隆盛をもたらし、職にあぶれていた旧不可触民階層の若者であるジェイに、テイヤム実践者というカーストの伝統的職業を豊かな生活を営むための「仕事」として確立させた。彼はカネを稼ぐための手段として、ムッタッパン祭儀を担っていることを否定しない。それは、必ずしも彼自身が信仰心を失っていることを意味するわけではない。彼は、毎日朝夕、祭壇へプージャをし、ヒンドゥー寺院の参拝をも欠かさず行っている。また、観光や文化イベント、舞台公演や政治パレードといった場でテイヤム神を担うことをよしとしない。彼は、テイヤム実践者という役割を生計手段として捉える一方で、祭儀に対する信仰心を持ち続け、よりよい実践者になろうと受け継いだ伝統と真摯に向き合っている。

ジェイは、ムッタッパン祭儀で州内外や海外を訪れるようになってから、自分が変わったという。彼は、祭儀で訪れた当地で暮らすマラヤーリーたちのさまざまな生活環境や彼らの生きる営みをつぶさにみるたり、彼らの悩みを聞いているうちに、自らの社会・経済的立場や生活環境を自省するようになっていった。現在では、テイヤム実践者として生きる今日の生活に満足しており、誇りも持つようになっている。

他方で、祭儀の継承ということを考えた際、ジェイの語り口は少し変化する。アクショイが祭儀に関与するようになり、彼自身も六歳の息子をもつ父親であることから、最近では、次世代への継承ということを彼は少しずつ考えるようになりはじめている。

「俺はいまの生活に満足している。でも子供には選択肢を与えてやりたい。強制はしない。子供がなりたければテイヤム実践者になればいい。ただし、勉強はさせる[39]」。

現代ケーララ社会において、テイヤム祭儀というジェイたちの伝統的職業は、よりよい生活を送るための文化資源という位相を彼らに提供し、豊かな生活を営むための手段となっている。しかしながら、ジェイが子供の教育に意識を向けているのは、彼自身が大学を中退して、満足な仕事に就くことができなかった経験があるからであり、「仕事」としている祭儀が決して安定した生活をもたらすわけではないことをよく認識しているからに他ならない。彼が知人の紹介で投資を行ったり、土地を買って転売することを考えているのも、現在の生活が決して永続されるものではないことを理解しているからである。

二〇〇九年のドバイ・ショック以降、ガルフへ出稼ぎに出た多くのマラヤーリーたちが帰国の途についている近年、ムッタッパン祭儀の隆盛にも陰りが生じ始めている。祭儀の場において、ガルフ出稼ぎ帰国者たちの悩みや不安を耳にする彼は、その問題が近い将来自らの生活に影響することを察し、漠然とした不安を抱きながら日々を過ごしている。

わたしがカルナーカラン家に滞在していた当時、アクショイは小学校低学年だった。彼はわたしが来た日をはっきりと覚えているといい、「学校から帰ってきたら、今日から日本人が住むからって、アッチャーチャン（祖父の意）が言ったんだ」とその時の様子を振り返る。彼は、わたしの持ち込んだ機材やノートパソコンを物珍しそうにいじったり、撮影したテイヤム神の写真をみたり、ときにはわたしのベッドで一緒に寝たりしていた。現在では立派な助手に成長している彼にとって、わたしは「おじ」であると共に、彼らの伝統的職業に理解を示す仲間といえるのかもしれない。

大学に通うアクショイは、カルナーカランのグループに関与するようになってから五年がたっている。ジェイやカルナーカランが使う橙色の腰布よりもかなり明るい色合いを好むアクショイは、踝まで布をさげて身につける彼のスタイルをジェイにやじられると、「これがチェットゥ（*chethu*）なんだって！」と言い返す。チェットゥとは、オセラやルコセも指摘するように［Lukose 2005; Osella and Osella 1999］、男子の若者たちの間で「かっこいい」、「おしゃれ」といった意味合いで使われる俗語である。祭儀の文脈に、このような身のこなしや感覚を持ち込んでいるアクショイにとって、伝統的職業に関わりはじめた理由とは何なのだろうか。

アクショイは、高校時代に学校の成績がクラスで上位に入る生徒であった。彼は、将来、コンピューター・エンジニアになりたいという夢を持っており、現在は大学で化学を専攻している。同時に彼は、ムッタッパン祭儀はやりたいともいう。わたしがその理由を尋ねると、彼は次のように語った。

「アンクル（わたし）、テイヤムはカタカリなんかの『ステージ』と違うんだよ。あれは誰でもできる。でも、テイヤムは『アヌシュターナム（宗教儀礼）』なんだよ。特別なんだ。しかも、僕たちにしかできないものだから。……だからムッタッパン神をしてみたいんだ[40]」。

アクショイにとって、テイヤム祭儀は「アヌシュターナム（*anuṣṭhānam* 宗教儀礼）」として位置づけられている。それゆえ特別であり、さらに彼らのカーストの者にしかできないということが重要視されている。つまり、彼のカーストと結びつく伝統的職業が、彼のなかでは「特別なもの」として肯定的に捉えられているのである。こうした彼の語りや思考には、彼が成長してきた過程において、ジェイがテイヤム実践者としてその名を世間に広めていったことが十分に影響しているはずである。しかし、それだけではなく、彼が助手として五年間、祭儀に関わっている間に彼自身が経験したことにも大きく左右されている。

アクショイのスマートフォンのなかには、彼が「友人」と語る数多くの名前が登録されている。それらのなかには、名前の後ろに括弧付きで土地名が記されている者が多くいる。彼に尋ねると、祭儀の場で知り合った人たちであり、土地名は祠やタラワードゥの名称だという。助手として祭儀の場に参加した際、彼のもとには祭主となるタラワードゥの親族をはじめ、近隣に住む同世代の若者たちが近寄ってきて声を掛ける。アクショイによると、彼らは学校の友人とは異なり、アクショイに対して少し羨むような態度で接してくるという。

テイヤム祭祀の再活性化によって、祭儀の規模は年々拡大している。すでに述べたように、シーズンになれば、市街の至る所で祭儀の告知看板が掲げられ、新聞には祭儀の模様を映した写真が掲載される。若者たちにとって、テイヤム祭儀の場は祝祭の場であり、その場に実践者側として関与しているアクショイは、ある種の羨望の対象となっているのである。

祭儀の場における若者たちとの交流は、アクショイにとって、自分が特別であることを意識させるものであり、彼の自尊心を高める契機になっている。カースト・ヒエラルキーを日常的に経験することのない彼にとって、祭儀の場とは、彼が特別な存在であることを意識化される場と言える。それは、ワンナーン・カーストという彼自身のアイデンティティの肯定的な面が認識される機会といえる。

ジェイによれば、アクショイは、祭儀に本格的に関わるようになってから、祭儀に関することを真剣に学んでいるという。すでに、アクショイは、カルナーカランからムッタッパン神の祭文を教授されている。彼はそのことについて次のように語る。

「アンクル、ムッタパンのカラーシャムはもう覚えたよ。見て覚えたんだ。……トーッタム（祭文）は、ヴィシュ・ナンブーディリの本を読んだけど、自分たちが行っているものとは全然違うし、わかってないいんじゃないかな。……僕は、アッチャーチャン（祖父の意）のノートを見て覚えたよ[41]」。

カルナーカランやジェイによると、アクショイは音楽的感性に優れ、チェンダ（太鼓）のリズムを把握するのが得意であり、チェンダの演奏にも強い興味を示している。という。現在、ムッタッパン祭儀の場では、彼は太鼓を叩きながらジェイの後に続いて祭文を唱えている。装束の着付けの仕方や化粧法も習得している彼は、カルナーカランのグループにとってなくてはならない助手である。そんな彼に対して、カルナーカランは、「ジャーティのことを覚えなさい」と諭している。

「アッチャーチャンは僕にこういったんだ。『いいかい、アクショイ。しっかり勉強しなさい。そして、テイヤム神を行いなさい。テイヤム祭儀は、われわれのジャーティの仕事なんだ。だから、テイヤム祭儀を学ばねばならん。われわれの慣習を忘れちゃならん。もし、地位の高い身分につくことができても、われわれの伝承するコッタンガル・カーヴの事を忘れちゃならんぞ。いいかい、アクショイ。お前は、いつかあそこでテイヤム神をしなきゃならんのだから』ってね[42]」。

テイヤム祭儀に関わる三世代の人びとの語りには、祭儀を通じて何かしらの自尊心や社会的尊厳を獲得していることが共通してみられる。またそれを求めて祭儀を担っている部分がある。「豊かな生活を送るためには別の仕事に就け」とカルナーカランが父親から言い聞かされたテイヤム祭儀は、ジェイの世代では豊かな生活を営むための手段となっている。さらに、アクショイの世代では、一九七〇年代以降、その実践を受け継ぐことを拒まれていたカーストの伝統的職業であるテイヤム祭儀が、彼らにしか担うことが出来ないという「特別なもの」として肯定的に捉えられている。

祭儀の実践レベルが時代背景や社会状況に応じて変容するように、テイヤム祭儀を担う人びとの心情や価値観も時代と共に移り変わっている。テイヤム祭儀の実践を受け継ぐということは、彼らの間に継承されている伝統を自らに身体化させる営為にほかならない。彼らは社会的に構築されたテイヤム祭儀の実践の場を通じて、自らの位置を確認しながら、自己の生のあり様を追求しているのである。

五　小結

本章では、現代ケーララ社会の動態や祭儀を取り巻く巨視的な位相と、彼らの生活世界や経済活動、社会とのつながりといった微視的な要素が、いかに彼らの知識や技芸のレベルと密接に関わっているのかを主題化した。具体的には、テイヤム祭儀の実践レベルにおける「祭文を唱える」「ステップを踏む」「託宣を語る」といった内容とその伝承が、どのような要因によって変容し、今日、人びとの間でどのように経験されているのか、身体技法の実践レベルの動態を人びととの生活世界との関係性のなかから実証的に検討した。

これまでの研究では、神霊の動作分析［高橋 二〇〇八］や表象に関する議論［Ashley 1993; Dinesan 2009; Tarabout 2005; 古賀 二〇〇四、竹村 二〇〇七］が展開されているものの、動きや意味の分析にとどまり、実践レベルと社会変化がどのような相互作用にあるのかを論じていない。橋本は、民俗芸能を形成している内在的な諸条件を検討する際、「演技の民俗誌」という概念を用いて演技を習得する／させる過程に焦点をあてている［橋本 二〇〇六］。本章では橋本の視点を拡大し、実践者たちの心情や価値観にも注目した。

テイヤム祭儀などの文化的パフォーマンスを規定している諸条件を考察する際には、単純に民俗的世界観の所産や近代化の過程における伝統の再編としてのみ論ずるのではなく、対象にまつわる錯綜した光景を描写することが今日では求められる。テイヤム祭儀という伝統的な文化的パフォーマンスを受け継ぐ実践者たちの身体および実践を担う意識のありかたは、「現在」もしくは資本主義的構造から無縁ではない。祭儀の基盤をなす民俗的世界観がもはや十全に機能しない今日、テイヤム祭儀の実践者たちと同時代に生きるわれわれを徹底的に規定する「現在」の側から、テイヤム祭儀のありようを見定める必要があるのではないだろうか。

芸能実践のさまざまな変化を取り扱うこれまでの研究では、何らかのコンテクストの変化や実践様式の差異化、あるいは上演の変化との相関関係を問題としてきた。しかしながら、それらの変化は、文化産業やメディア、イデオロギーや社会、政治状況と接合することによって生じる新たな価値観やコンテクストの中で、実践の技と知識が変化したために起こっているものである。留意しなければならないのは、社会的文脈を強調するあまり、単純な文脈主義や近代主義に陥ってしまい、対象そのもののあり様、すなわち、神霊の身体性の核となる身体技法の態様とその変化にいかにせまるのかという議論がなおざりにされてしまうことである。

田辺は、サバルタンが日々の関係性のなかでカーストなどの「伝統的」アイデンティティを再定義し活用していく過程に肯定的意義を見出している［田辺 二〇一〇］。田辺の立場には賛同するが、テイヤム祭儀の実践を伝統的職業としてきた人びとを、テイヤム実践者という集団として捉えることは、集団内部の多元性を覆い隠してしまう危険性を伴っている。本章が明らかにしたように、テイヤム実践者たちの祭儀に対する価値づけは世代間で異なり、祭儀への関わり方や心情にも差異がみうけられる。テイヤム祭儀をとりまく社会的、政治的、経済的諸側面をつながりとしてとらえ、経済自由化以前から進行していた社会変化と今日の変化を連続的な地平で理解し、その動態を個人の視点から再考することが求められるのである。

テイヤム祭儀をめぐる実践レベルの変化は、人びとの生活様式や価値観とも呼応しながら、現代ケーララ社会における「不可触民」階層の家族や人間関係のあり方とも連動している。それはまたグローバル経済とも密接に結びついている。

二〇一一年九月、ジェイのもとには、ガルフのドバイから祭儀奉納を依頼する問い合わせがあった。カルナーカランは、今後のことを考慮して、アクショイに助手としてドバイへ行かせるべく、彼にパスポートを取得するよう指示した。かつて「不可触民」と位置づけられたカーストに属する若者は、伝統を受け継ぐことで、今、世界を股にかけようとしている。

註

（1）インドの教育制度は、初等教育（Primary：六〜一一歳、一〜五学年）、前期中等教育（Middle 一二〜一四歳、六〜八学年）、後期中等教育（Secondary, Higher Seconday 一五〜一八歳、九〜一二学年）、高等教育（Higher Levels 専門学校、単科大学、総合大学）に区分されている。近年、ケーララでは、英語を教授語とする私立中学や高校が人気を集めている。最近の英語教育への関心の高まりは、ガルフへの出稼ぎ移民の増加と密接に関わっていることが指摘されている［Zachariah and Rajan 2009］。
（2）現代ケーララ社会における若者のファッション動向に関しては、［Lukose 2005; Miller 2010］が詳しい。
（3）後述するように、近年、ムッタッパン神を除くテイヤム祭儀は、現代的な生活様式に合わせて週末に開催されることが多い。そのため、アクショイは学校を休むことなく、ジェイが担ったワイナーットゥ・クラヴァン祭儀のすべてに助手として参加している。
（4）二〇一四年八月六日、アクショイへのインタビューより。
（5）インド社会におけるテレビや衛星放送あるいは映画や音楽産業などの影響については、［Babb and Wadley 1995; Banaji 2010; Manuel 1993; 井上 一九九九、中村 一九九八］が詳しい。
（6）こうした動向は、ケーララの失業率の高さと無関係ではない。詳しくは、序論第三節を参照されたい。
（7）二〇〇七年二月一六日、カルナーカランへのインタビューより。
（8）翌年の祭儀では、タラワードゥ側の要求通り、グル・テイヤム神は別の実践者によって担われた。
（9）二〇一一年九月一二日、カルナーカラン・ペルワンナーンへのインタビューより。
（10）イーラワー・カーストの階層的な流動性について論じるオセラらは、イーラワーの男性たちの間で社会的地位を上昇させるための手段として、バーで酒や食べ物を友人たちに振る舞う行為が浸透していることを指摘している［Osella and Osella 2000a］。
（11）二〇〇六年二月二一日、ラージャーン・ペルワンナーンへのインタビューより。
（12）田森は、北インド古典音楽に特徴的な社会音楽的組織（ガラーナー）が音楽財産の伝承に与えた影響について社会歴史的文脈から論じるなかで、ガラーナーの形成期からポスト形成期への変化は、インド社会のここ一〇〇年における変化のなかでも、とりわけ学校教育制度やマス・メディアの発達と無関係ではないことを指摘している［田森 二〇〇四］。
（13）レイヴとウェンガーは、学習を個人の知識の授受と技能の獲得として捉えるのではなく、特定の社会的実践を行っている実践共同体への参加のあり方の変化の過程、すなわち、周辺から十全的な参加として捉えている［レイヴ&ウェンガー 一九九三］。

(14) このようなまなざしに注目するのは、オリッサ州の伝統的な武術の競技大会における伝統の政治学を論じた田辺の論考［田辺 一九九七］がある。彼は、祭儀の執行者の予期とは異なる参拝者の反応や解釈、そして祭儀の場での偶然の出来事においてこそ、その祭儀が実際の場で持つ豊かな意味が隠されている事が多いと論じる。

(15) 大都市で暮らすマラヤーリー人の若年層の間では、服装や食事、好んで視聴する映画や音楽などに類似性がみられ、その影響はケーララのローカルの文脈にも及んでいる［Lukose 2005］。

(16) プラヤ・カーストのテイヤム祭儀に関して論じるパラスも同様の指摘をしている。彼は、プラヤの人びとが日雇いの肉体労働に従事している者が多くいることから、祭儀がマラヤーラム暦にもとづくものではなく、土日に開催することが一般化したと述べる［Pallath 1995: 89］。

(17) たとえばジェイの場合、あるティーヤ・カーストのタラワードゥの祠で行われるワイナーットゥ・クラヴァン神の祭儀では、神霊が近隣で暮らすナンブーディリ・ブラーミンの家を訪れる慣習がある。ワイナーットゥ・クラヴァン神は、その際にサンスクリット語を含むケーララの起源譚が含まれた祭文を唱えなければならない。祭儀の前の晩になると、ジェイは父親が記した祭文のノートでその内容を確認する。祭儀当日、ナンブーディリ宅では、ワイナーットゥ・クラヴァン神が語る祭文を頷きながら熱心に聞くナンブーディリの年長者の姿がみられた。

(18) 二〇〇六年四月二〇日、N・ナンビアールへのインタビューより。

(19) アンマの活動については［Warrier 2005］を参照。ワリエルは、近年、インド都市部の中間層の間で人気を集めている、グルと呼ばれるカリスマ的な宗教または精神的指導者への帰依は、個人にとって自己と近代を調和させる試みになっていると指摘する［Warrier 2005］。

(20) また、若年の実践者たちのなかには、長時間の祭儀を遂行するに耐えうる十分な体力を培っていない者がしばしばみうけられる。その理由として、かつては基礎訓練に行われていたカラリパヤットゥ（伝統的武術）を習得している者が少なく、柔軟体操の強制や杖等を用いた体罰による厳格な指導を受けた経験もなく、オフシーズン中に行われていた自宅での練習も十分に行っていないことなどがあげられる。

(21) 装束の装飾に関して、パラスも同様の指摘をしている［Pallath 1995: 89］。

(22) カンヌール県北部とカーサルゴードゥ県を中心に調査を行った古賀は、託宣をモリ（*moli*）と表記している［古賀 二〇〇四：五一］。わたしが主に調査を行ったカンヌール市内やカンヌール県中南部では、テイヤム実践者の間でワーチャールが広く用いられている。

(23) ペルンカリヤータム大祭やカンヌール県北部より北では、テイヤム神は立ったまま、ときには辺りを歩き回りながら、参拝者に託宣を与える光景がみられた。

(24) 二〇〇五年九月一六日、ジャヤナンダ・ペルワンナーンへのインタビューより。

(25) 第三章でも触れたラージャーン・ナンビアールは、「カルナーカランの託宣は古くさい」といい、ジェイに今時の託宣のやり方をするよう促している。「古くさい」とは、つまりここでいう父世代の託宣の語り方を意味している。

(26) たとえば、テイヤム実践者としてその名を世に残した、故カンナン・ペルワンナーンの息子や甥のなかには、テイヤム祭儀の実践を継承したものが一人もいない［古賀二〇〇四：一六四］。

(27) この点に関しては、現在、テイヤム実践者として活動する者たちの多くが二〇代から三〇代であり、四〇代から五〇代の実践者が少ないことからもうかがえる。

(28) ジャンマーリは、自分が権利を有する地域では、テイヤム実践者を任命または否認する権利をもっている。そのため、祭主が別のテイヤム実践者を連れてきても、ジャンマーリは、建前上、そのテイヤム実践者が祭儀を実践することを拒否することができる。しかしながら、こうした交渉は、祭主や他のテイヤム実践者との関係によって変容する。

(29) テイヤム祭儀の場合には、タラワードゥの成員や寺院関係者がジャンマーリに連絡している。

(30) 中原は、奄美大島の八月踊りに関する研究のなかで、「全国民族芸能祭」へ出演するにあたり、優れた踊り手による集落をまたいだ選抜チームを構成したところ、何十年も同じ踊りの輪の中で歌い踊ってきた仲間たちでなければ、気分が乗らず、満足に踊る自信がないと言う理由で、出演を辞退する者が現れたことを論じている［中原 一九九三：二―三］。

(31) こうした点は、芸能を実践する際の「楽しさ」や「恍惚感」に注目した研究［Sklar 2001; 迫 二〇一〇］と相通じるものである。民俗芸能の伝承過程にみられる「楽しさ」を主題化した迫は、広島県の芸北神楽を事例として、チクセントミハイのフロー概念を援用し、芸の習得過程における楽しさの感覚を考察している［迫 二〇一〇］。ジェイの語りは、宗教的な身体パフォーマンスの実践における「楽しさ」に着目することによって、これまで論じられてきた慣習を維持し効用や機能を求める儀礼なのか、美や洗練さを求める芸能なのか、あるいは「見せる」「見られる」といった二項対立の枠組み［cf. 橋本 一九九三、福島 一九九五］とは異なる新たな方法論の地平を示唆するものといえる。

(32) 州内の都市部や州外で行われる祭儀では、実践者たちはグループの一団として招聘される場合が多い。その際は、主神を担うテイヤム実践者がリーダー格となってメンバーが選考され、慣れ親しんだ太鼓奏者を従えていく。それゆえ、ムッタッパン神のカラーシャムと伴奏の調和がとれないことはあまり起こらない。きわめて例外的に、依頼者が優れた太鼓奏者を無作為に選ぶ場合もみられるが、その際においても、演奏の基軸となるヴィーク・チェンダの実践者は、テイヤム実践者の慣れ親しんだ者が選出される。
(33) カルナーカランは、二四歳で結婚してから数年間、それらの仕事を往き来していた。三〇歳になる手前で父親が体調不良になったことから祭儀を担うようになった。それ以来、三七年間、テイヤム祭儀に関わり続けている。
(34) 二〇〇六年八月一四日、カルナーカラン・ペルワンナーンへのインタビューより。
(35) 二〇〇六年九月七日、カルナーカラン・ペルワンナーンへのインタビューより。
(36) 二〇〇七年三月一三日、カルナーカラン・ペルワンナーンへのインタビューより。
(37) 二〇〇七年三月二〇日、カルナーカラン・ペルワンナーンへのインタビューより。
(38) 二〇一一年九月一〇日、ジャヤナンダ・ペルワンナーンへのインタビューより
(39) 二〇一一年九月一〇日、ジャヤナードゥ・ペルワンナーンへのインタビューより。
(40) 二〇一一年九月一一日、アクショイへのインタビューより。
(41) 二〇一一年九月一三日、アクショイへのインタビューより。
(42) 二〇一一年九月一三日、アクショイへのインタビューより。

終章　「ひと」としての実践者と生の記述にむけて

本書の目的は、南インドのケーララ州北部地域のローカルなヒンドゥー教徒たちが祀るテイヤム祭儀を事例に、自らが霊媒となって神霊の役割を担う旧不可触民階層の人びとの実践活動と社会・経済的状況との相関関係を議論の俎上にのせ、現代社会の動態や祭儀を取り巻く巨視的な位相と彼らの生活世界や経済活動、社会とのつながりといった微視的な要素が、いかに実践レベルと関係して影響を与えているのかを芸能民族誌として解明することであった。

この作業を通じて、本書では、旧不可触民階層の男性が霊媒となって実践する神霊祭祀を「憑依」「トランス」「古代」「秘儀」といった、これまでのステレオタイプ化された語り口で「神秘化」することなく、展示的価値づけをともなう審美的要素や外からのまなざしによって恣意的に抽出した芸態（動き）だけを論じる舞踊・芸能論に陥るのでもなく、社会的差別に対する抵抗の実践として、あるいは「浄」「不浄」のカースト・ヒエラルキーやイデオロギーにもとづく「虐げられた人びと」として枠付けすることもなく、祭儀の場を含みこんだテイヤム実践者たちの生活世界に足場をおく民族誌的記述によって、現在をいきる彼らの生のあり様を理解することを試みた。本書では以下の議論を展開した。

第一章では、テイヤム祭祀の位置づけを理解するために、ケーララに伝承されている文化的パフォーマンスやテイヤム祭儀の基盤となるヒンドゥー社会を概観した。カースト制度が強固に保たれていたケーララのヒンドゥー社会は、ナンブーディリと呼ばれるバラモンを頂点に不可触民を最下層とする「浄」「不浄」の概念によって厳格に序列化されていた。テイヤム祭祀は、一年に一度、「不浄」とされた「不可触民」の男性の身体を介して神霊が顕現し、共同体や人びとに祝福と託宣を与えるものである。彼らは、伝統的職業としてその役割を世襲的に継承する一方で、長きにわたって社会・経済的に低い立場であり続けた。テイヤム祭儀は、異なるカースト集団がそれぞれの役割を担うことで遂行され、テイヤム実践者、太鼓奏者、神官やその他の者で構成されている。なかでも、テイヤム実践者がもたらすテイヤム神の顕現は、装束や化粧、祭文の詠唱や身体技法など、数多くの知識や技芸によって支えられていた。

第二章では、「不可触民」が霊媒となって祭儀の場に顕現するはずのテイヤム神が、異なる媒介のもとで宗教的文脈から逸脱した複数の場に表れている「現在」の状況を考察した。はじめにテイヤム祭儀に関する「知識」や「価値づけ」が活字メディアを通じて浸透したことを明示し、植民地時代の入植者たちが「悪魔祓い」と記述したテイヤム祭儀が、今日では、一部の研究者たちの解釈と「アート」という枠組みが複合的に結びつく形で、そのイメージが生成されていることを指摘した。次に、長きにわたってインド社会の主たるメディアの役割を担ってきた文化的パフォーマンスを民俗メディアという枠組みから捉え直し、テイヤム神が左翼的思想と接合しながら、政治的文脈では「抵抗」のシンボルとして流用され、芸術的文脈においては「虐げられた人びと」として配役されている状況を論じた。さらに、日常の生活世界において繰り返し再生産されているテイヤム神のイメージに着目し、印刷、視聴覚、電子メディアの文脈からその受容動向を検討し、複製技術の発展や大量生産がテイヤム祭儀という宗教的シンボルに空間的な流動性と大衆化をもたらし、多様なエージェンシーや主体によって展示的価値を強調する見世物化への進展が強まっていることを指摘した。そして、これらの作業を通じて、テイヤム信仰に関する人びとのメディア経験の近代化の道筋を示し、テイヤム祭祀のイメージが多様な媒体と接合しながら多元化、複合化し、宗教的文脈という場所性に依存することなく、さまざまな空間で流用されている実態を明らかにした。

第三章では、テイヤム祭儀の主体であるテイヤム実践者という個人に焦点をあて、彼らの実践活動を生活の場から捉え直し、テイヤム祭祀の活性化が彼らの生活や社会環境にいかなる変容をもたらしているのかを検討した。はじめにワンナーン・カーストのテイヤム実践者であるジェイに焦点をあて、ガルフへの出稼ぎを思い悩んでいた彼が、ムッタッパン神の実践者として活躍するまでの経緯をライフヒストリーによって明示し、彼の生活環境が変化した要因にムッタッパン信仰の隆盛があることを明らかにした。次に、近年、著しく隆盛するムッタッパン信仰について概観し、その信仰が州外の都市部やガルフにまで拡大している実態を描写するとともに、信仰の隆盛の背景にあるガルフ出稼ぎ移民がもたらすカネの流入を微視的に記述した。そして、経済発展にともない社会環境が変動するなかで、ムッタッパン祭儀が不安感からの逃避や欲望を満たすための現世利益の手段として、個人に反映される形で増幅している一方で、祭儀の奉納が顕示的な消費活動にも使われている位相を明らかにした。さらに、ムッタッパン信仰の隆盛が、ジェイの経済状況や社会的地位、他の実践者グループとの関係性といった彼の社会的世界に及ぼしている影響を考察し、テイヤム実践者という彼らの伝統的職業が今日では豊かな生活を営む「仕事」として、彼らに「文化資源」の位相をもたらしていることを指摘した。くわえて、ムッタッパン祭儀の実践を通してジェイの社会・経済的立場は上昇し、また、それを維持するために、ジェイが非互酬的で新たな相互扶助の関係を他の実践者たちと構築していることを明らかにした。

第四章では、テイヤム祭祀を規定する外在的な諸条件が、実践レベルにおいていかなる影響を及ぼしているのかについて、祭儀を担う上で実践者たちが認識している内在的な諸要素とそれらの変容を微視的に考察した。まず、ワンナーン・カーストの若年層が、「稼げる仕事」を求めてテイヤム祭儀のアリーナへ参入してきた近年の動向に焦点をあて、顕在化している若手実践者たちの祭儀における問題について、学習過程の不足による知識の欠如と祭儀の関与を通じたアルコールの消費による影響を指摘した。次に、テイヤム祭儀の伝承における近代教育との関係に着目し、共産党政権が導入した教科書改訂により、サンスクリット語やプラーナといった古典的教養を身につける機会を失った人びと、すなわち「新しい聴衆」が増えたことを明らかにし、その彼らが今日の祭儀を支える参拝者であることを指摘した。

本書の主題である実践レベルの変容に関しては、祭儀の行程で重要な役割を担う祭文の詠唱、舞踊的身体技法、託宣の話法などについて、テイヤム実践者側の視点をもとに考察した。現在の祭儀の場では、祭儀行程のスケジュール変更が祭主から求められ、実践者たちは祭文の簡略化とカラーシャムの反復でその調整をしている。また、祭儀規模が拡大する一方で、古典的教養の不足した参拝者が増えたことから、託宣の形式が古譚を引用する物語型から対話型に簡素化している実態を具体的な事例から明らかにした。さらに、祭祀の活性化によってテイヤム実践者たちの活動領域が拡大する半面、他地域のなじみのない太鼓奏者とともに祭儀を担うことで、実践レベルにおける齟齬がみられるようになり、実践者たちが祭儀の場で得る「喜び」が失われている状況を明示した。くわえて、伝統的職業を受け継ぐテイヤム実践者たちの間では、世代間によってその役割に対する意識が異なり、「カーストの役割」から「稼ぐ仕事」へ、さらには自らの出自を肯定的に捉える「特別なもの」として位置づけられていることを指摘した。

結果として、テイヤム祭儀をめぐる実践レベルの変化とは、人びとの生活様式や価値観と呼応し、かつ現代ケーララ社会における「不可触民」階層の家族や人間関係のあり方とも連動していることが示唆された。そして、神霊の役割を「受け継ぐ」人びとは、世代によって価値観や手法は異なるものの、社会的に構築されたテイヤム祭儀の実践の場を通じて自らの位置を確認し、自尊心を獲得していたことが明らかになった。

本書のなかでわたしが一貫して主張したかったこととは、テイヤム祭儀のような文化的パフォーマンスに対して、現前する実践の様式上の特性に偏重したテクスト（動作）中心主義的なアプローチと、祭儀を支える宗教的文脈や社会的構造、あるいはその巨視的な動態を考察する文脈主義的なアプローチとの乖離を埋め、両者を架橋する民族誌的記述による「ひと」中心的なアプローチの有益性である。本書では、テイヤム祭儀の「現在」を問う議論を祭儀の場に限定せず、実践者たちの生活世界の地平に拡げて論じ、祭儀の場だけでは見えない文化社会や政治経済との相関関係や、矛盾や葛藤を抱えながら伝統に携わる実践者たちの社会的世界を浮かび上がらせることで、「ひと」を基軸とするアプローチの重要性を提示し、その方法論の可能性を実証した。

わたしが長期調査の間に感じていたことは、テイヤム信仰が祭儀という場に限定されたものではなく、ローカルな人びとの生活世界におけるさまざまな位相と接合しながら受容されている、という実感であった。たしかに、長きにわたってテイヤム祭儀の基盤となってきた民俗的世界観は、もはや十全に機能していないようにみえた。ローカルな人びとの信仰経験は、彼らが暮らす社会構造に深く埋め込まれている。ヒンドゥー教徒たちの宗教行事は、家族、出自、村落、近隣共同体などの社会的行事として行われるものである。しかしながら、共産党政権が進めた土地改革や教育の発展、一九九〇年代以降の経済改革にともなったメディアの変容や人の移動の活発化、ガルフ出稼ぎ移民がもたらすカネや生活様式の急速な変容などは、テイヤム祭儀を支えてきた社会的基盤を大きく変動させていった。フィールドのなかで、人びとがテイヤム祭祀に関わっている状況をつぶさに観察していけばいくほど、わたしのなかでは、対象のどこからどこまでが「テイヤム祭祀」なのかという線引きが曖昧になっていった。

今日のテイヤム祭儀を取り巻く位相は、かつての民俗的世界観に社会変動をもたらした「現在」が覆いかぶさっている。インド社会が否応なくグローバリゼーションの波に突き動かされる中で、新たなパトロン、すなわち、経済発展の恩恵やガルフ出稼ぎ移民がもたらすカネ、あるいはメディア技術との接合によって、それまで途絶えていた祭儀が何十年ぶりに復興され、ムンバイやデリー、ガルフなどではムッタッパン祭儀の祈願奉納がたびたび行われるようになった。テイヤム祭儀はより華やかになり、大衆化と見世物化の進展をともないながら再活性した様相を呈している。それは、現代的な商業主義や文化産業、政治的イデオロギーと深く浸透しあうものでもある。

田辺が論じるように、文化や伝統は、ある集団の属性と言うよりも、むしろ諸集団がその保有と分配を巡って政治的な駆け引きを行う資源といえる［田辺 一九九七：一七七］。テイヤム祭儀は、複数のアイデンティティや利害関係、すなわちカースト、政党政治、地域、芸術、個人などのそれが重層的に現れ、交錯した場となっている。いいかえれば、テイヤム祭儀は、人びとの多元的な価値追求行為が生み出す文化政治的ダイナミックスの渦巻いた場なのである。

その一方で、テイヤム祭儀の実践者たちの視点に依拠すれば、祭儀は生活世界と地続きの地平に存在するものである。これまでカーストや土地所有などの構造的要因に強く規定されてきたインドでは、今日、偏りをもちながらも拡大する経済発展の影響のもとで、新しい上昇の機会や新たな社会関係を築こうとする人びと、さらには個の次元において多様な資源を獲得しようと模索する動きが活発化している。テイヤム祭儀の実践者たちも、「稼ぐ」ために政治パレードや観光イベントに出演したり、ローカルな空間以外の場でも祭儀を頻繁に行うようになっている。また、テイヤム祭祀が隆盛するなかで、忙しいシーズンの間には、痛み止めの注射を打ってまでも「神霊になる」ことを続ける者がいたり、ムッタッパン実践者として一年中活動を行い、国外にまで祭儀奉納に出かける者がいたりする。このような今日の状況は、テイヤム実践者間に格差を生み出し、実践者コミュニティ内での軋轢を生じさせてもいる。本書は、こうした多様な社会的世界をもつテイヤム実践者たちを「集団」や伝統の「体現者」として一括りに議論するのではなく、「ひと」という視点のもとで個人に照射して論じてきた。

そのテイヤム実践者たち個人に着目するならば、彼らの間では祭儀に対する価値づけが世代間で異なり、カーストや彼らの伝統的職業に対する意識、あるいは彼らの生のあり様も時代とともに移り変わっている。伝統的職業として彼らが受け継いできたテイヤム実践者という役割は、今日では彼らの社会的立場を稼働させる文化資源となり、彼らのカースト・アイデンティティの再構築をもたらしている。彼らは、社会との関わりのなかで自らの位置を確認しながら、淡々と現在の生を、そして未来をみつめながら生きている。こうした彼らの生の営みに対して、わたしはフィールドワークという経験のなかで、彼らの生活世界に立ち、彼ら個々人が生きる身体的存在であるという自明の事実と向き合い、彼ら個人とのつきあいや相互関係のなかで彼らの生に共鳴してきた。

わたしがはじめてフィールドを訪れてから十数年が過ぎている。その間には、複数の友人や知人が州外の大都市やガルフへ出稼ぎに出かけ、お世話になった方々が亡くなられたりした。インタビュー調査をした年配のテイヤム実践が現役を引退した一方で、数年前まで祭儀の場を走り回っていた男の子がテイヤム神を担うようになった。

この十数年の間に、ジェイは結婚して二人の子供の父親となり、わたしも所帯をもった。結婚後、わたしはフィールドを訪れる度に、以前の調査とは何かが違う印象を漠然と受けていた。それは、単にインド的な慣習にもとづき、結婚した一人前の男性として認められた、とわたしが感じるものではなかった。ジェイや他のテイヤム実践者と話す会話のなかには、年を重ねるごとに家族や子供の話題が多くなっていた、という当たり前の事実であった。この事実は、わたしがフィールドにおいて時空間を共有している人びとが、テイヤム祭儀という文化的パフォーマンスを実践する「集団」、あるいは神霊祭祀という伝統的職業を担う旧不可触民階層の人たちとして、一括りにされる抽象的な存在ではなく、その社会のなかで生きている一人ひとりであることをわたしに気づかせてくれた。

近年、ジェイは、家族や息子の将来だけでなく、テイヤム祭儀と関わる自分の今後や祭儀への息子の関与についても考えるようになっている。わたしは本書のなかで、欲望の充足やよりよい暮らしを追求するために、自らの位置を社会のなかで確保しようとする、彼らのこうした心情や大きく移り変わる社会のなかでの生きる姿を描いたつもりである。

二〇一一年九月、短期調査のためにジェイ家を再訪した。当時三歳だったジェイの息子のアプーがそばから離れず、わたしは多くの時間を彼と共に過ごすことになった。持参したノートパソコンに興味を示したアプーは、スクリーンに映る写真を指差して、「マーマン（おじの意）、ムッタッパン……」「ワイナーットゥ・クラヴァン……」と何度も口にした。それだけでなく、アプーは椅子に座るわたしの太腿の上に乗ると、「デェイン・デイ、デェイン・デイ、デェイン・デイ」と太鼓の音色を口ずさみながら飛び跳ねた。驚いたアクショイが「アンクル！　テイヤム、テイヤム」と声をあげた。ベランダでは、いつものようにカルナーカランがムッタッパン神の装束を作っていた。彼はうれしそうにこう言った。「ナンナーイトゥンドゥ（いいぞ！）」。

「不可触民」と呼ばれた人びとの間で伝統的職業として継承されているテイヤム祭儀の実践は、こうした日常の世界からゆっくりと次の世代へ受け継がれていく。三歳のアプーの何気ない身ぶり、すなわち、生活世界に溢れる身体化された営為は、過去から未来へと続くテイヤム祭儀の伝承の経路と実践者たちの生のあり様を理解するために、生活世界に依拠することの有益性をわたしに示唆してくれた。それはなによりも、人びとの生活世界に足場をおいた、本書が意図する芸能民族誌のフィールドワークでしか触れることのできない光景であった。

アプーが生きていく世界のなかで、テイヤム祭儀はどのように価値づけられるのだろうか。果たして、彼はテイヤム実践者になるのだろうか。

あとがき

長期調査を終えた今でも、わたしはほぼ一年に一度はケーララのカルナーカラン家に帰っている。とくに新たな調査をするという訳ではなく、わたしにとって彼らは研究対象からケーララの家族へと変わっていった。しばらく電話をかけないと怒られたり、年中行事のときにいけないと伝えると残念がられたり、日本では小中年のメタボかもしれないわたしの身体をみて、「食べてないいんじゃないか」と心配されたりする。まるで、盆正月に実家へ帰省するかのようである。

電車とバスを乗り継いで、最近はちょっと奮発してオートリキシャをチャーターしてカルナーカランの家に到着すると、アンマ（母）から「着替えなさい」と第一声が飛んでくる。腰布をわたされ、上着を脱いで、上半身裸になることが「リラックス」している、つまり「家にいる」ことになる。それからは一通り親族や近所の噂話をたっぷりと聞かされ、一息ついたと思うと、次は大盛りどころか山盛りの米飯がよそわれたプレートがやってきて食事となる。ジェイや彼の妻のレジィーは、子どもたちの面倒をみる者がきたと喜び顔で、そそくさと奥に行ってしまう。わたしはアンマの話を聞きながら、ジェイの二人の子どもの相手をするのが最近の帰省時の、いや一応フィールドでの日課である。

本書は、平成二三年度に大阪大学大学院人間科学研究科に提出した博士学位請求論文「神霊を生きる人びとの『現在』――南インド・ケーララ州のテイヤム祭祀の実践者たちをめぐる民族誌的研究」をもとに大幅に加筆・訂正を施したものである。

博士論文の執筆にあたっては、多くの方々にご指導・ご助言を頂いた。指導教員の栗本英世教授は、なかなか方向性を定められないわたしをあたたかく見守ってくださり、要所要所で重要なご指摘を下さった。副査の中川敏教授、森田敦郎准教授、小泉潤二教授からは、学位論文公聴会の場で有益なご批判とコメントをいただいた。国立民族学博物館の杉本良男教授、寺田吉孝教授、三尾稔准教授からは、同館に外来研究員として所属してから現在に至るまで、研究会の場を通じて有益なコメントを何度となくいただいた。

大阪大学大学院人間科学研究科人類学研究室の諸先輩と学徒からは、ゼミや研究会、セミナーなどを通じて多くの刺激を受け続けた。二〇一〇年に発足した現代南アジア芸能研究会のメンバーとは、現代インドにおける芸能とその実践者たちをめぐるさまざまな問題について議論を交わすことができ、共有した問題意識は本書を執筆する上で大いに参考になった。慶應義塾大学文学部非常勤講師の古賀万由里氏とは、フィールドに関する色々な情報を交換させていただいた。また、テイヤム祭祀に関する研究をきっかけとして、学部時代よりその御著書から多くの影響を受け続けてきた、慶應義塾大学名誉教授の石井達朗先生とお近づきになれたことは、わたしのかけがえのない財産となった。お世話になった諸先生や諸氏にこの場をかりて深くお礼申し上げたい。

日本大学芸術学部在学時に御指導いただき、わたしを学問の世界へと導いて下さった恩師、故永井啓夫教授と富子夫人には深く感謝の念を送りたい。在学時には、芸能の醍醐味と底知れない魅力を御教示くださり、卒業後も行く末の定まらぬわたしを何かの折につけ心配してくださった。お二人とも故人となられたが、御厚情に心からお礼申し上げ、ようやくここに一つの研究成果をまとめられたことをお二人の御霊に報告したい。

フィールドでも多くの方々にお世話になった。カンヌール大学人類学科長のＡ・バーヌ教授、同大学外国語学科のＭ・ドーソン教授、Ａ・ハリープラサード講師には、調査の進捗状況を随時報告し、調査方法や内容に関するアドバイスいただだいた。同大学人類学部博士後期課程のハリンドランさんとシャシークマールさんとは、共に人類学を学ぶ学徒として多くの時間を共有し、様々な事柄について意見を交わした。皆様に心より感謝の意を表したい。酒飲み仲間であるネット・カフェ店主のサージュンさん、本書の図を作成してくれたレジィーシュ・ナーラヤーナンさん、いつもありがとう。

テイヤム祭儀に関わる多くの方々に心より感謝申し上げる。なかでも、調査をはじめてから長年にわたってお付き合いいただき、長期調査の際には居候させていただいたカルナーカラン・ペルワンナーンさんご家族には重ねてお礼を申し上げたい。彼らと過ごした日々は、わたしの貴重な人生経験となり、何よりもケーララに「帰る場所」ができたことは大きな喜びである。言うまでもなく、ご家族の御協力なしには現地調査を遂行することはできなかった。チャラードゥ・パニッカイル・シュリ・ムッタッパン・クシェーットラム寺院の運営委員会の方々には、メンバーの一員として快く受け入れていただいた。カンヌール市郊外のムンダヤードゥ村のＲ・ナンビアールさん、トーッタダ村のコッタンガル御一家、チャラードゥ村のＲ・ナーラーヤナさん御家族やＳ・チャンドラさん御家族、マヒ市のＲ・プラディーヴァン御家族には、日々の生活を過ごすうえで何かとお世話になった。

テイヤム祭儀の実践者たちのなかでも、とくにプラディーヴァン・ペルワンナーンさん、ビノー・パニッカールさん、ラジェンドラン・ペルワンナーンさんらが率いるグループとバブ・マダヤンさんやバブ・パニッカールさん、皆さんのご協力には大変助けていただいた。祭儀の場で、しばしば邪魔になったであろうわたしをいつも笑顔で迎えいれてくれ、インタビュー調査にも快く応じていただいた。彼らの飾らない親しみのこもった振る舞いに、フィールドでの孤独感がいつも消し去られたことを覚えている。

くわえて、一橋大学商学研究科准教授の岡本純也氏、静岡大学人文社会科学部准教授の山本達也氏、立命館大学産業社会学部現代社会学科准教授の松島剛史氏には、研究上の悩みだけでなく、公私にわたって何かと相談にのってもらった。国立民族学博物館准教授の上羽陽子氏、職員の喜多川真由美さん、学部時代の友人である塚本知佳さんには本書の初稿に対する有益なコメントをいただいた。ありがとうございました。

こうして振り返ってみると、本書は以上に挙げた方々を含め、ここには書ききれないほど多数の方々のご支援によって完成したことを、改めて実感する。しかし、これらの方々から学んだこと、ご指導いただいたことを反映し切れなかった自らの非力さも痛感している。本書を出発点として今後の研究活動の中でそれらを活かしていけるよう、努力していきたい。

本書の執筆にかかわる調査のために、以下の助成を受けた。公益信託澁澤民族学振興基金「大学院生等に対する研究活動助成」（平成一六年度）、日本学術振興会特別研究員奨励費（平成一七、一八年度）、大阪大学グローバルCOEプログラム「コンフリクトの人文学国際研究教育拠点」大学院生調査研究助成（平成二〇、二一年度）、大学共同利用機関法人人間文化研究機構地域研究推進事業「現代インド地域研究国立民族学博物館拠点」研究プロジェクト（平成二三年度）。ここに厚くお礼申し上げる。

また、本書の出版は、日本学術振興会平成二六年度科学研究費補助金（研究成果公開促進費）の助成を受けて実現した。

本書の編集を担当してくださった風響社の石井雅さんと装丁をしてくださったオーバードライブのみなさんにお礼を申し上げたい。度重なる原稿の遅れに対して、辛抱強く待っていただいた石井さんの忍耐がなければ、本書がこのような形で世に出ることはなかったと思います。本当にありがとうございました。そして、とても素敵な絵を描いてくださった武田尋善（マサラワーラー）さん、ありがとうございます。テイヤム神が結んでくれたこのご縁を大切にしたいと思っていますので、これからもよろしくお願いします。

最後に、わたしを支え続けてくれている家族の一人ひとりに、心から感謝を捧げたい。母には、父の他界後から長年にわたって何かと苦労と心配をかけ続けてきた。フィールドでわたしよりも人気者の妻マヤには、結婚当初から精神的だけでなく経済的にも支え続けてもらった。感謝しています。

テイヤム実践者という伝統的職業に生きる人びとの世界をみながら、自分は一体何を祖父や父から受け継いだのだろうかとときどき考えてみたりする。彼らへ問いかけてみたい。

本書を、亡き父哲次と祖父古山錬二に捧げる。

二〇一五年五月八日　初夏の日差しと新緑に包まれた万博公園を眺めて

竹村嘉晃

補足資料

ジャヤナンダ・ペルワンナーンの一日

カルナーカランのグループのなかで、テイヤム実践者として中心的に活動するのは、息子のジェイである。テイヤム実践者としての彼の日常生活は次のようなものである。

朝六時半から七時半の間、母親がつけたラジオの音が鳴り響くなか、ジェイは起床する。ムッタッパン神の祭儀の翌日は、八時過ぎに起きる。起床後、アーユルヴェーダ（伝統医療）の薬草をペースト状にして、歯や舌を洗浄する。その後、モップを使って祭壇部屋の床を水拭きし、妻が入れたチャイを飲みながら新聞を読む。チャイを飲み終えると、沐浴をしながらトイレ兼沐浴室の掃除を行う。この間、父親は、祭壇部屋にあるランプと水差しを取り出し、灰をこすりつけながらそれらを磨く。そして、庭に咲く花とトゥルシィーを摘み、祭壇に置く。

ジェイ家には、朝八時頃から近所に住むティーヤ・カーストの男性やムッタッパン祭儀の依頼者がやってくる。訪問者は、ベランダにあるプラスチック製の椅子に座るよう勧められ、チャイがふるまわれる。祭儀の依頼者には、カルナーカランが日時の調整を伺い、準備するものを伝える。訪問者が初対面の場合、ジェイはシャツを羽織り身なりを整えるが、馴染みの者に接する際や普段自宅にいるときには、上半身裸にヒンドゥー教徒が使用する橙色の腰布だけを身につけていることが多い。

八時から九時にかけて、ジェイは、祭壇に向かって朝のプージャ（礼拝儀礼）を行う。祭壇には、シヴァやガネーシャ、クリシュナといったヒンドゥーの神々のほか、ローカル神の図像画や塑像などが計一五体祀られている。なかには、カルナーカランが作ったムッタッパン神の木彫り像もあり、横にはペルワンナーンの証である腕輪が置かれている。テイヤム実践者の多くは、自宅の祭壇にテイヤム神を祀っていない。ジェイ家では、祖父、父、ジェイと三代にわたってワイナーットゥ・クラヴァン神を実践しているが、祭壇にはワイナーットゥ・クラヴァン神の図像画や写真はみあたらない。ワンナーン・カーストのテイヤム実践者のなかには、自宅に祠を建ててムッタッパン神を祀っている者がいる。

朝晩のプージャを行う際、ジェイは、左手に鈴、右手に真鍮のランプをもち、鈴を一定のリズムで鳴らしながら、アーラティー（*arati* 火で浄める献火の儀礼）を行う。神々の図像画の前でランプを時計回りに四回まわす。日曜日や祭儀がある際にはランプを六回まわす。彼によれば、「バクティ（*bakti* 信愛）によってランプを回す数が変わる」という。その後、花びらとトゥルシィーの葉をつまみ、鈴を鳴らしながらそれぞれの神々へ投げて礼拝する。プージャが終わると、目を閉じてしばらくのあいだ瞑想する。

瞑想を終えると、神々のご加護を得るため、祭壇にある灰を身体につける。シヴァ神のマントラを黙唱しながら、頭部の上、額に一本、両肩側面と胸に三本の横線を軽く記す。三本はシヴァ神を信仰していることを表すという。その後、立て膝をついた状態で一度祭壇に向かって額が床につくまで礼拝した後、五体投地（*dheerghadhanam*）を行う。床にうつ伏せになりながら、左右の頬を交互につけて祈りを捧げ、朝のプージャを終える。雨期にあたるカルッカダガム月（七月～八月）には、ローカルの慣習にしたがって、朝のプージャを終えた後に『ラーマーヤナ』を読誦する。九時過ぎ、シャツを羽織り、自宅から一〇分ほど歩いた所にあるエラヴァヨール・バガヴァティ寺院へ参拝に出かける。以前は父親が行っていたが、二〇〇〇年より近隣の祠でムッタッパン祭儀を担いはじめたのを機に、自らの意志で毎朝参拝へ出かけるようになった。長年通い続けているため、寺院に仕えるナンブーリ（バラモンの俗称）と親交があり、参拝後にはしばし談笑する。ナンブーリたちは、ジェイがテイヤム実践者であることを知っているが、テイヤム祭祀の話をすることはなく、もっぱらヒンドゥーの神話やプラーナ（古譚）について語り合っている。ジェイは、いくつかのマントラを彼らから学び、彼らは寺院運営や行事に関して時折ジェイに意見を求めている。

テイヤム実践者の誰もがジェイのように毎朝ヒンドゥー寺院へ参拝に出かけているわけではない。むしろ、多くのテイヤム実践者は、特別な用事がない限り、祭儀を行う前後以外にヒンドゥー寺院を訪れることは稀であり、テイヤム神を祀る祠にも祭儀期間以外に立ち寄ることもない。ヒンドゥー寺院へ参拝に行く理由をジェイに尋ねると、「落ち着くし、寺院で瞑想すると集中できて、ムッタッパン神の託宣に役に立つ」と説明する。

一〇時頃、寺院から帰宅し朝食をとる。ドーシャ（米粉のパンケーキ）やプットゥ（米粉を蒸したもの）をおかずと共に食する。日によっては、一一時頃に昨晩の残りの米飯とおかずを食べることもある。一時期、ナンブーリの慣習にならい、祭儀がある日の朝には、バナナにギーをかけて炒めたものを食していたが、西洋医学の医師の忠告でやめている。

ムッタッパン祭儀がある日は、この時間帯に助手の者がやってくる。以前は、従甥のウニが務めていたが、報酬をめぐってカルナーカランと確執が生じたことから、二〇〇九年以降は別のグループのシャヌや甥のアクショイが担っている。

日中に用事があれば、食後に出かける。外出の際、畏まった場へ出向くときには、長袖シャツと白の二枚重ねの腰布を身につける。ちょっとした買い物などの場合は、オレンジ色の腰布にポロシャツや半袖シャツを着用する。家の入り口近くで、右手を胸に当ててエラヴァヨール・バガヴァティ寺院に向かって黙礼してから出かける。

ムッタッパン祭儀がある場合は、一一時から一二時の間に家を出る。出発前には、祭壇に向かって上半身を前に倒して額を床につけた後、五体投地を行って、「託宣の際に言葉がえられるように」と神々に祈りを捧げる。カルナーカランは、ムッタッパン神の頭飾りに必要なトゥンバ（野草）を取りに行くため先に出かける。カルナーカランの世代は、外出時に白の長袖シャツを袖までめくり、ムンドゥ（一枚織りの白い布）を腰に巻き、肩に白のタオルをかけるのが一般的である。ジェイは、ムンドゥのほか、色やラインの入ったシャツを身につけ、同様にタオルを肩にかけて出かける。

祭儀に必要な荷物を入れたボストンバックを肩にかけ、バス停までの上り下りの激しい道のりを一五分ほど歩いていく。途中、すれ違う人びとから「今日はどこで？」と尋ねられ、「ムッタッパン神で××へ行く」というおきまりの挨拶を交わす。バス停でバスを待つ間にも、知人や友人が声をかけてくる。

自宅にいる場合には、一二時頃にチャイを飲みながら、家の雑務をしたり、ムッタッパン神の装束を整えたりする。装束を洗濯して天日干しをしたり、ほつれを修繕したり、汗によって腕輪のペーストがはがれ落ちている場合は、それらを修復する。オフシーズンには、ワイナーットゥ・クラヴァン神の新しい装束や頭飾りを作ったりもする。

午後二時から三時頃、昼食をとる。来客がある場合は、伝統的にバナナの葉をひいた上に米飯とおかずを盛るが、普段はステンレス製の丸いプレートを用いて食事をとる。昼食後は、昼寝をしたり、用事があれば家の雑務をしたり、装束の修繕やペーストの続きを行いながら、ときおり妻や子供と談笑して過ごす。

自宅にいる場合には、午後四時過ぎにチャイと菓子を食する。学校から帰宅した甥たちがやってきて、一緒にチャイを飲みながらその日の出来事を話す。その後、ジェイは沐浴をする。雨期の季節には、甥たちをつれて近くの池に泳ぎに行くこともある。

日没前の時間（サンディヤ）には、慣習にならって妻がランプに火を灯して玄関先におく。沐浴を終えたジェイは、腰布一枚を身につけて祭壇部屋に入り、朝と同様のプージャを行う。午後六時過ぎ、プージャが終わると、バスで一〇分ほどの所にあるチョーヴァ・ヒンドゥー寺院へ出かける。朝の寺院参拝と同様に毎日通っているため、顔見知りの寺院関係者が多くいる。シヴァ神を祀るチョーヴァ・ヒンドゥー寺院は、カンヌール県内でも有名な寺院の一つであり、日頃から多くの参拝者が訪れている。金曜日になると、境内は家族づれの参拝者で賑わいをみせ、ヒンドゥー教の指導者の講演や地域の会合といったさまざまな催しが開かれている。

寺院参拝を終えると、以前は自宅近くにある雑貨店で友人たちと会談していた。近所に暮らす友人たちが毎晩集い、冗談を言い合ったり、酒を飲んでカードゲームに興じるなどしていた。全員がヒンドゥー教徒であり、二〇代から三〇代前半の独身者であった。二〇〇〇年代後半から友人の中に結婚する者が増え、また中心的なメンバーの数名がガルフへ出稼ぎに行ったこともあり、最近では集まりが少なくなっている。

祭儀がない日は、午後九時前後に帰宅して夕食をとる。食事は一人ですることが多く、妻や母親と会話をしながら、居間にあるテーブルで食事をとる。通常は、妻がプレートに米飯を盛りつけて運んでくるが、妻が月経中の場合は母親によって手渡される。テイヤム実践者の慣習として、妻が月経期間中は寝床を別にすることになっているが、ジェイの家ではかつてほど厳密には行われていない。

個人宅で行われるムッタッパン祭儀に出かけた場合、夕食は祭主宅でとる。祭儀終了後、敷地内に設置された来客者用のテーブルにつくと、バナナの葉の上に米飯とおかずが盛りつけられる。ときには、揚げ魚やフィッシュカレー、チキンカレーなどの一品が添えられる。食事の内容は祭主家族の経済状況によって異なるが、新築祝いで呼ばれた際にはチキン・ビリヤーニ（鶏肉の炊き込みご飯）が振る舞われることが多い。

祭儀に出かけた日は、概ね一〇時から一一時の間に帰宅する。最終バスの時間に間に合わないため、オートリキシャで帰宅することが多い。最近では祭主の家族や親族の者が車で送り届けてくれることがしばしばある。帰宅した際には、庭にある蛇口から水を流し、足を洗ってから家の中に入る。荷物を居間におくと、そのまま祭壇部屋に入り、五体当地をして神々に祈りを捧げる。その後、あぐらをかいて座り、しばらく祭壇のランプをながめながら、祭儀が無事終わったことを告げる。そして、毎日、祭儀の機会が与えられることに感謝すると共に依頼した家族が満足するようにと祈る。カルナーカランは、祭儀の際に供物として供えられた酒を飲んでいるため、上機嫌で帰ってくることが多い。

帰宅後の礼拝が終わると、沐浴をする。以前は、帰宅後沐浴をすることはなかったが、祭儀の回数が増えるにつれて身体の疲れがたまるようになったため、湯を使って沐浴をし、筋肉をほぐすことを心がけている。その後、祭儀時に供えられた供物のお下がりを家族と食しながらしばし談笑し、一一時半から一二時頃に就寝する。

家族は、ジェイの留守中、テレビをみて過ごしている。とくに居間のテレビに衛星放送が映るようになってからは、隣に住む甥たちもやってきて一緒にテレビをみている。母親や妻たちは、メロドラマ風のシリーズを好んでいる。ジェイは、以前はテレビをほとんど見なかったが、衛星放送を契約してからはときおりマラヤーラム映画やディスカバリー・チャンネルなどをみるようになった。

インドでは、映画鑑賞が人びとの最大の娯楽といえるほどに人気を集めている。週末になれば、友人同士やカップル、夫婦や家族連れがこぞって映画館に足を運び、最新の映画を楽しむ姿がみられる。ジェイは結婚してからこれまでに、年に一、二度程度しか夫婦で映画鑑賞に出かけていない。映画や買い物に出かけるなど、夫婦水入らずの外出を妻が求めているにもかかわらず、妻の実家を訪問する以外に、二人が外出する機会はきわめて少ない。言い換えれば、ジェイの日常は、それほどムッタッパン祭儀で忙しいということである。祭儀がない日は、ヒンドゥー教に関する本や雑誌の付録などを読んで過ごし、午後一一時頃に就寝する。

カルナーカラン・ペルワンナーンのグループ・メンバーの補足

g プラディーヴァン・ペルワンナーン（仮名、四四歳）

カルナーカランの甥。イリヴェリ村出身。厳格な父親のもとで、幼少よりテイヤム祭儀に関する技芸を学ぶ。父親が早くに他界したことから、祭儀の実践を一〇代後半で受け継いでいる。出身村では、七、八人のメンバーで構成されたテイヤム実践者グループのリーダーである。一〇数体のテイヤム神を実践し、なかでもポディ神とワイナーットゥ・クラヴァン神の実践は、テイヤム実践者たちの間で高く評価されている。彼はまた、太鼓演奏にも長けている。熱烈な共産党支持者であり、政治集会などにもしばしば顔を出している。

h プシャン・ペルワンナーン（仮名、三八歳）

カルナーカランの甥でプラディーヴァンの弟。イリヴェリ村出身。以前は、ジェイと実の兄弟のように親しくしていたが、二〇〇四年に親族間での仲違いにより、グループとの関係を断絶した。兄のグループに属し、テイヤム実践者として複数のテイヤム神を担っている。身長が高いことから、「テイヤム神によっては神霊の特徴にそぐわない」とグループ内で判断されることがある。英雄神を得意とし、剣を操る技芸や太鼓演奏に長けている。

i プラジィーヴァン・ペルワンナーン（仮名、四八歳）

プラディーヴァン（g）の義兄。タラッシェリ市出身。父親もテイヤム実践者であり、祭儀には、父親と義弟のグンドゥ（j）をともなうことが多い。ヴェリヤ・タンブラーティ神を得意とするが、ローカルの人びとの間では、小柄で腹が大きく出てることから、ムッタッパン神の実践者として適任であると支持されている。

j　グンドゥ・ペルワンナーン（仮名、四二歳）

プラジィーバン・ペルワンーン（i）の弟。タラッシェリ市出身。冗談好きな性格で、彼が担うテイヤム神が託宣を与える際は、参拝者の笑い声がたびたび聞こえる。以前は、カルナーカランが担う祭儀で、ポディ神を実践していたが、イリヴェリ村のプラディーヴァンらがカルナーカランらと関係を断ったため、同様に振る舞っている。

k　クリシュナン・ペルワンナーン（仮名、六二歳）

エーチュール村出身。プラディーヴァン・ペルワンナーン（h）らがグループを脱退してから、祭儀に関わるようになる。生活に困窮した時期があり、ペルワンナーンの証である金の腕輪を質に入れている。数多くの祭文とカラーシャム（足さばきを中心とした身体技法）を熟知しており、祭儀では祭文を唱えるサポート役を務めている。主にプディヤ・バガヴァティ神、タイ・パラデーヴァタ神など女神を実践することが多いほか、ムッタッパン・ヴェッラータムも実践する。

l　シャヌ・ペルワンナーン（仮名、二七歳）

クリシュナン・ペルワンナーンの息子。二〇〇九年よりウニのかわりに、ムッタッパン祭儀の助手としてグループに関わるようになる。カルナーカランのグループが担うワイナーットゥ・クラヴァン祭儀では、父親のクリシュナンが率いるメンバーの一員として関与し、ポディ神やプリヨール・カンナン神などを担う。グループとは別に、ムッタッパン・ヴェッラータムを実践しており、その関係から若手実践者たちのネットワークを幅広くもっている。二〇〇九年には、カラリパヤットゥの身体技法を実践するタッチョリ・オダヤナン神を祀るタラワードゥ祠にて、ペルワンナーンの称号を得ている。

ワイナーットゥ・クラヴァン神の起源譚

ワイナーットゥ・クラヴァン神（*Sri Vaynāttu Kulavan*）は、北マラバールにおいて最も著名なテイヤム神の一つである。ワイナーットゥ・クラヴァン神は、シヴァ神の別名であるパラメシュワラン（*Parameshwaran*）の化身と信じられ、アーディ・ティーヤン（*ādi thēyyan*）と呼ばれる。また、苦しんでいる人を救うために地上に降り立ったディヴィヤン（*Divyan*; 神格化した人物）としても知られる。

起源譚によれば、シヴァ神の敬虔な信者であり子供に恵まれなかったニーラマダヒカル・タマラシェリ・アンマ（*Neelamadathinkal Thamarassery Amma*）は、プージャと苦行を行って子供が授かるようにシヴァ神に祈願していた。信者の願いに答えるべく、シヴァ神は彼女の息子として生まれ変わり、その子はワイナーットゥ・クラヴァンと呼ばれていた。一説には、ワイナーットゥ・クラヴァンは、シヴァ神の大腿部から誕生したという。彼は、酒や肉（*madhu mamsangal*）といった食料を森から集める役割を父親から任されていたが、シヴァ神の怒りに触れたため、シヴァ神によって盲目にさせられた。

ある日、ワイナーットゥ・クラヴァン神は、ワヤナードから北マラバールへ向かう途中でカンダナール・クランに出会った。カンダナール・クランが森の中を通りかかると、誰かが焼き畑のために放った炎に見舞われた。炎から逃れるために、カンダナール・クランはスグリ（グースベリー）の木に登った。しかし、そこで毒蛇にかまれ、炎の中に落ちてしまった。彼の死体をみつけたワイナーットゥ・クラヴァン神は、カンダナール・クランを再び生まれ返らせた。以後、ワイナーットゥ・クラヴァン神の横には、カンダナール・クラン神が同伴するようになった。今日、カンダナール・クラン神の化粧では、胸に二匹の蛇が描かれている。

ムッタッパン神話

以下では、今日、広く流布しているムッタッパン神の神話について、カンナーンやナンブーディリ［Kannan 2007; Nambudiripad 2001］をもとに概略する。

アイヤンガラマナ（高貴な家）の女性であるパーディクッティと夫は、子供に恵まれず、不幸な生活を送っていた。ある日の朝、パーディクッティはいつもの通り、パイヤーウル川の支流にあたる川岸のティルワンカダウへ沐浴に訪れていた。パーディクッティは身体を水に沈めて頭まで浸かると、どこからか子供の泣き声と足輪の鈴音が聞こえてきた。あたりを見渡したパーディクッティは、岩の近くに横たわる男の赤ん坊の姿をみつけた。パーディクッティはその赤ん坊を抱きかかえ、マナ（ブラーミンの家）に連れて帰った。夫のアイヤンガラデーヴァンは、その輝かしい赤ん坊を喜んで受け入れた。

子供は両親の庇護のもと、マナで健やかに育った。その子は成長するにつれ、弓矢を持って、狩猟にでかけるようになった。そして、豚やリス、鳥などを殺して家に持ち帰り、焚き火でそれらを焼いて食すようになった。父親のアイヤンガラデーヴァンは、ブラーミン家の法に反する子供の行為が耐えられず、子供を家から追い出し、山へ行かせた。

森をさまよいながら狩猟生活を送っていたムッタッパン（子供）は、椰子の木の上にある椰子酒をみつけ、上に登ってそれらをたびたび飲んでいた。ある日、木々の所有者であるカッラーイコディ・チャンダンが椰子酒を盗み飲んでいるムッタッパンを見つけると、弓で彼を射ろうとした。すると、怒りを表したムッタッパンがチャンダンをにらみつけると、途端にチャンダンが石にかわってしまった。夕方になっても家に戻らないチャンダンを心配した彼の妻は、翌日、木の近くを通った際に、石に変わっているチャンダンの姿を目撃した。木の上をみると、そこにはムッタッパンが座っていた。妻は、「ムッタッパンよ、チャンダンを元の姿に戻してくれたら、お礼にヴェッラータム、ティルワッパナ、カラシャム（ヤシ酒）、パインクッティ（供物）を捧げます」と懇願した。その言葉を聞いて喜んだムッタッパンは、チャンダンを元の姿に戻したという。

プラリマラ・ムッタッパン神の言い伝え

ワンナーン・カーストのテイヤム実践者の間では、クンナットゥールパーディのプラリマラ・ムッタッパン神はもともとワンナーンがその役割を担い、アニユーッタンは彼らの助手であったという、次のような言い伝えが残っている。あるワンナーンの男は、クンナットゥールパーディでの儀礼を終えて、助手のアニユーッタンと共に帰路についていた。途中、ワンナーンの男は、控え場所（アニヤラ）に銀製の柄のついたナイフを忘れてきたことを思い出した。男は助手のアニユーッタンの一人にそれを取ってくるよう頼んだ。助手がクンナットールパーディのアニヤラに戻ると、アディヤンの家族がちょうど食事をとっていた。彼らは、一緒に食事を取るよう助手を招き入れた。アディヤンの家族と一緒に食事をとった助手は、忘れ物のナイフをもってワンナーンのもとに戻っていった。帰りが遅いことを不審に思ったワンナーンの男は、なぜ、遅くなったのかと尋ねた。すると、助手は、アディヤンと食事を共にした事実を明かした。怒りを顕わにしたワンナーンの男は、食事を共にしたかどで、その助手をグループから追い出した。翌年、祭礼の時になると、ある病気の予兆があった。そこで、神霊の意志を探るための儀礼を執り行うと、クンナットゥールパーディの祭儀では、アニューッタンが担うべきであるというのが明らかになった。以後、ワンナーンは、アニューッタンの次という位置づけが続いていった。

この言い伝えには別の物語もあり、アニューッタンがもともとテイヤムの権利をもっていたが、ナイフを忘れたのでワンナーンにとってくるように頼んだところ、ワンナーンがアディヤンたちと食事をともにした、というものもある［Kannan 2007］。

パラッシニカダヴの起源に関する言い伝え

マンガットゥパラムバの近くのタリィルと呼ばれる土地に、タリィル・ペルワンナーンが居を構えていた。ペルワンナーンは、ティーヤのように、八つのイッラム（家）をもち、その最初にくるのがタリィル・イッラムである。ペルワンナーンは、テイヤム祭儀がないときは、いつものようにパラッシニ川へ釣りに出かけた。

夕方遅くまで釣りを続けたが、何も釣れなかったので、ペルワンナーンは落胆のなかでムッタッパン神に祈りを捧げた。すると、突然、釣り針に強く引きがあり、大きな魚を釣り上げた。ペルワンナーンが辺りを見渡すと、森の近くで火がたっているのが見えた。彼は、その場所で魚を焼いて椰子酒を供え、石を置いてムッタッパン神に捧げた。折にふれ、ペルワンナーンに椰子酒を与えたティーヤの者がムッタッパン神を祀るために度々やってきた。

この実践が長く続いたのち、ペルワンナーンが年老いた際に、ティーヤの一族の人びとにこの役目を委ね、その後一族が途絶えても、近所の家のものによって受け継がれ、この土地が徐々にムッタッパンを祀る祠として成長していったという［Kannan 2007］。

祭主、カースト	参拝者数	演奏形態	報酬	賽銭	祭儀の目的
個人、ナンビアール	30-40	チェンダ4、クラル1	1500	400	結婚後のお礼
個人、ティーヤ	50-60	チェンダ3、クラル1	1400	約500	家庭内の問題
個人、ナンビアール	45-60	チェンダ3、クラル1	1200	360	新築祝い
個人、ティーヤ	50	チェンダ3、クラル1	2000	600	結婚後のお礼
タラワードゥ、ティーヤ	30	チェンダ3、クラル1	1300	500	新築祝い
祠、ナンビアール	100	チェンダ3	350	300	定期奉納
個人、ティーヤ	20-30	チェンダ2	不明	50	出産後のお礼
個人、ティーヤ	60-70	チェンダ3、クラル1	1300	500	新築祝い 出稼ぎの渡航
タラワードゥ ティーヤ	200-250	チェンダ4、クラル1	1000	200	結婚後のお礼
個人、ティーヤ	100	チェンダ3、クラル1	1300	700	新築祝い
個人、ティーヤ	50前後	チェンダ3、クラル1	1400	500	新築祝い
祠·個人、ティーヤ	60	チェンダ3、クラル1	1200	600	親族内の問題
リーラ·グループ従業員 ナンビアール	500以上	チェンダ4	5000		コミュニティの催し
タラワードゥ ティーヤ	200-300	チェンダ6、クラル1 イラッターラム1	5000	1500	年次祭儀
個人、ティーヤ	40	チェンダ4	1400	500	新築祝い
個人、ティーヤ	30	チェンダ4	500	300	新築祝い
個人、ティーヤ	30-40	チェンダ6、クラル2 イラッターラム1	3000	1000	結婚後のお礼
タラワードゥ ナンビアール	50-60	チェンダ6、クラル1 イラッターラム1	2000	2000	年次祭儀
個人、ティーヤ	50-70	チェンダ4	1200	600	新築祝い
個人、ティーヤ	30	チェンダ3、クラル1	1500	500	結婚後のお礼
個人、ブラーミン	20-30	チェンダ4	1400	500	出稼ぎ者の一時帰国
個人、ティーヤ	40以上	チェンダ3、クラル1	1500	300	新築祝い
祠、ナンビアール	100前後	チェンダ5、クラル2	1500	400+300 (祭主)	試験後のお礼
個人、ティーヤ	60	チェンダ3、クラル1	1500	700	新築祝い
個人、ナンビアール	40-50	チェンダ3、クラル1	1300	500	合格祈願
個人、ティーヤ	100	チェンダ3、クラル1	1300	800	娘の結婚祈願
個人、ナンビアール	40-50	チェンダ4、クラル2	4500	600	新築祝い
祠、ティーヤ	100以上	チェンダ3、クラル1	500	800	運営委員会による奉納

補足資料

カルナーカランのグループが実践した祭儀の詳細（2006年3月1日〜4月30日）

日時	場所	形態	実践者	助手
2006.3.1	ムンダヤーッドゥ	ムッタッパン	ジェイ	ウニ、カルナーカラン
2006.3.3	プディヤデル	ムッタッパン	ジェイ	ウニ、カルナーカラン
2006.3.5	ムンダヤーッドゥ	ムッタッパン	ジェイ	カルナーカラン
2006.3.11	アラビル	ティルワッパナ	T:ヴィジャヤン V:ジェイ	ウニ
2006.3.12	キャンセル	ムッタッパン		
2006.3.13	カンヌール	ムッタッパン	ジェイ	カルナーカラン
2006.3.14	ムンダヤーッドゥ	ムッタッパン	ジェイ	カルナーカラン
2006.3.15	カダッチャラ	バガヴァティ・ヴェッラータム	カルナーカラン	ジェイ
2006.3.18	アンジャラガンディ	ムッタッパン	ジェイ	ウニ、ラジィーヴァン
2006.3.18-19	ムンダヤーッドゥ	ティルワッパナグル、エリオット・バガヴァティ	ジェイ	ラジィーヴァン カルナーカラン
2006.3.19	タラッシェリ	ムッタッパン	ジェイ	ウニ、ラジィーヴァン
2006.3.20	チャカラカル	ムッタッパン	ジェイ	ウニ
2006.3.24	チャラードゥ	ムッタッパン	ジェイ	ウニ、カルナーカラン
2006.3.26	ムンバイ タナ地区	ムッタッパン	ジェイ	ウニ、カルナーカラン
2006.3.31-4.2	エダッカードゥ	ワイナーットゥ・クラヴァン	ジェイ	ウニ、ラジィーヴァン、カルナーカラン
2006.4.3	プディヤデル	ムッタッパン	ジェイ	ラジィーヴァン
2006.4.6	カッカードゥ	ムッタッパン	ジェイ	ウニ
2006.4.8	クルワ	ティルワッパナ	T:スグナン V:ジェイ	ラジィーヴァン
2006.4.8-10	ムンダヤーッドゥ	ワイナーットゥ・クラヴァン	カルナーカラン	ウニ、ラジィーヴァン、ジェイ
2006.4.9	アンジャラガンディ	ムッタッパン	ジェイ	スグナン・グループ
2006.4.11	ムンダヤーッドゥ	ムッタッパン	ジェイ	ウニ
2006.4.12	プダパラ	ムッタッパン	ジェイ	ウニ、カルナーカラン
2006.4.16	キャンセル			
2006.4.21	チャラードゥ	ムッタッパン	ジェイ	カルナーカラン
2006.4.22-23	ムンダヤーッドゥ	ティルワッパナ	T:ディリープ V:ジェイ、B:シャヌ	カルナーカラン ラジィーヴァン
2006.4.23	ムンダヤーッドゥ	ムッタッパン	ジェイ	カルナーカラン ラジィーヴァン
2006.4.24	ムンダヤーッドゥ	ムッタッパン	ジェイ	カルナーカラン
2006.4.25	ヴァラ	ムッタッパン	ジェイ	ウニ
2006.4.28	ムンダヤーッドゥ	ティルワッパナ	T:スグナン V:ジェイ	ウニ、カルナーカラン
2006.4.30	チャラードゥ	ムッタッパン	ジェイ	ウニ、カルナーカラン

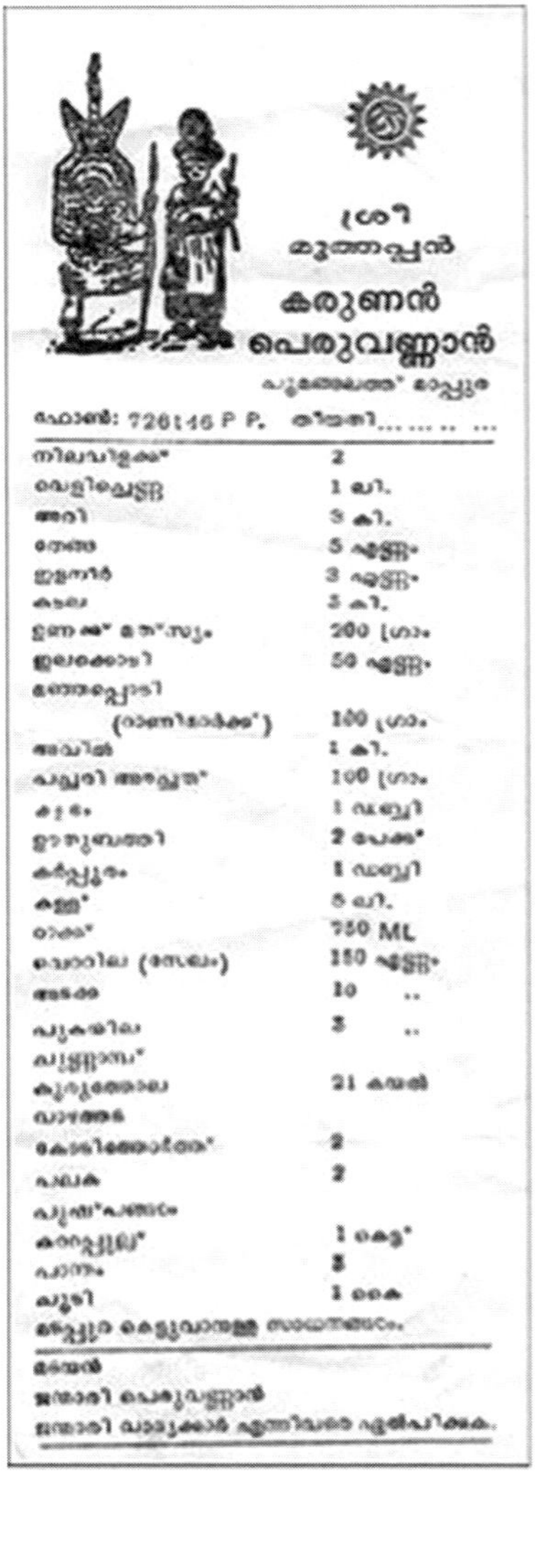

ムッタッパン祭儀の準備品リスト

ランプ　2台
ココナッツオイル　1リットル
米　3キロ
椰子の実　5個
表皮を剥いた椰子の実　3個
皮付きひよこ豆　3キロ
干し魚　200グラム
長いプランテンの葉　50枚
ターメリックの粉　100グラム
平打ちされたフレーク状の米　1キロ
米粉のペースト　100グラム
サンダルウッド粉のペースト　1箱
香　2パック
樟脳　1箱
椰子酒　5リットル
アラック　750ml
（実践者たちはラムやウィスキーを好むため、そのように祭主に要望する）
キンマの葉　150枚
アレカ椰子の実　10個
タバコ　3個
水をまぜた石灰　（100グラム）
椰子の木の若葉　21本
プランテンの木の茎　（1本）
新しいタオル　2枚
脚の短い椅子　2脚
花　（1袋）
頭飾り用の草の束　1束
椰子の葉の中心部にある芯　3
コイア（椰子の実の外皮の繊維）　1巻
簡易の祠をつくるためのもの

マダヤン
ジャンマーリ・ペルワンナーン
ジャンマーリ・ワダヤッカール（楽器演奏者）らに与えるもの

参考文献一覧

和文（五十音順）

アパデュライ、アルジュン
　二〇〇四『さまよえる近代――グローバル化の文化研究』門田健一訳、平凡社

尼ヶ崎彬編
　一九八八『芸術としての身体――舞踊美学の前線』勁草書房

粟屋利江
　一九八九「英領マラバールにおける母系制（マルマッカターヤム制）の變革の動き――一八九六年の『マラバール婚姻法』を中心として」『東洋学』第七十七号、一〇一―一一七
　一九九四a「ケーララにおける母系制の解体と司法」小谷汪之編『叢書　カースト制度と被差別民第二巻　西欧近代との出会い』明石書店、三二一―三四八
　一九九四b「ケーララにおけるティーヤルの『カースト運動』の諸相――英領マラバールを中心に」内藤雅雄編『叢書　カースト制度と被差別民　第三巻　解放の思想と運動』明石書店、二七一―三一三
　二〇〇〇「ガルフ諸国へのインド人移民労働者――ケーララ州の事例を中心に」古賀正則、内藤雅雄、浜口恒夫編『移民から市民へ――世界のインド系コミュニティ』東京大学出版会、二三五―二四六

生田久美子
　一九八七『「わざ」から知る　認知科学選書一四』東京大学出版会

池亀　彩
　二〇一〇「グルは電子メディアの夢をみるか？――現代インドにおける宗教権威の増幅、即時性、そして異議申し立て」NIHUプログラム　現代インド地域研究国内全体集会「社会変容とメディア――グローバル・インドの諸相」（二〇一〇年一二月四、五日開催）要旨集、一〇

池田光穂
　一九九七　「商品としての民族・文化・定期市――グアテマラ西部高地の民族観光」『市場史研究』第一七号、九三―九九
石井達朗
　一九九一　『異装のセクシャリティ――人は性を越えられるか』新宿書房
石井美保
　二〇一〇　「神霊との交換――南インドのブータ祭祀における慣習制度、近代法、社会的エージェンシー」『文化人類学』第七五巻第一号、一―二六
石森秀三編
　一九九七　『二〇世紀における諸民族文化の伝統と変容3――観光の二〇世紀』ドメス出版
井田克征
　二〇一四　『世界を動かす聖者たち――グローバル時代のカリスマ』平凡社
井上貴子
　一九九九　「南アジアの国民文化・消費文化――音楽芸能を通じてみるインドの二〇世紀」古田元夫編『〈南〉から見た世界2　東南アジア・南アジア――地域自立への模索と葛藤』大月書店、二一九―二四九
　二〇〇六　『近代インドにおける音楽学と芸能の変容』青弓社
臼田雅之
　一九八一　「スワデシ運動と民俗芸能」『アジア・アフリカ言語文化研究』第二一号、二五―四八
内山田康
　二〇〇八　「沈黙する死者――降霊術師とケーララのモダニティ」『歴史人類』第三六巻、一三七―一五三
梅田英春
　二〇〇一　「バリの観光化における『見せる』芸能の生成――文化人類学における観光研究の事例として」徳久球雄他編『地域・観光・文化』嵯峨野書院、一三五―一五二
　二〇〇九　『バリ島ワヤン夢うつつ――影絵人形芝居修行記』木犀社
遠藤保子
　二〇〇一　『舞踊と社会――アフリカの舞踊を事例として』文理閣
大谷紀美子

二〇〇二「『舞踊学』構築の試み」水野信男編『民族音楽学の課題と方法――音楽研究の未来をさぐる』世界思想社、九五―一一一
オング、ウォルター
一九九一『声の文化と文字の文化』林正寛、糟谷啓介、桜井直文訳、藤原書店
加瀬澤雅人
二〇〇六「現代インドの民族医療――グローバル状況におけるアーユルヴェーダの変容」京都大学大学院アジア・アフリカ地域研究研究科博士学位請求論文。
唐規昭・清川雪彦
二〇〇三「インドにおける出稼ぎ移民問題――その流入と流出をめぐって」『大原社会問題研究所雑誌』第五三一巻、一五―二七
川田順造
一九八八「身体技法の技術的側面――予備的考察」『社会人類学年報』第一四号、一―一四
川野美佐子
二〇〇一『ケーララ州ナーヤル・カーストにおける家族の変容――文化モデルとしての「タラワード」試論』文部省科学研究費・特定領域研究（A）「南アジアの構造変動とネットワーク」ディスカッション・ペーパー第一五号
川村清志
二〇〇一「映像メディアにおける『民俗』の表象とその受容」『国立歴史民俗博物館研究報告』第九一号、六七三―六九〇
神田より子
一九九〇「神楽の〝経済学〟――陸中沿岸地方の神楽資料」岩田勝編『神楽――歴史民俗学論集』名著出版、二六九―三三二
ギアツ、クリフォード
一九八七『文化の解釈学〈1〉〈2〉』吉田禎吾他訳、岩波書店
ギデンズ、アンソニー
一九九三『近代とはいかなる時代か？――モダニティの帰結』松尾精文、小幡正敏訳、而立書房
木下昭六五
二〇〇四「民族ダンスの創造と国民国家フィリピンの形成」『立命館言語文化研究』第一五巻第四号、六五―七六
窪田幸子

二〇〇七「アボリジニ美術の変貌――文化資源をめぐる相互構築」山下晋司責任編集『資源人類学02　資源化する文化』東京外国語大学アジア・アフリカ言語文化研究所、一八一―二〇八
クランパンザーノ、ヴィンセント
一九九一『精霊と結婚した男――モロッコ人トゥハーミの肖像』大塚和夫、渡部重行訳、紀伊國屋書店
栗本英世
一九九六『民族紛争を生きる人びと――現代アフリカの国家とマイノリティ』世界思想社
黒川妙子
二〇〇二「南インド・タミルナードゥ州・ダリットの太鼓文化――『タップ』研究」大阪大学大学院文学研究科博士学位請求論文
古賀万由里
一九九七「南インド・ヒンドゥー寺院にみられる女性観の構築――シャバリマラ寺院とアーディパラーシャクティ寺院の事例より」『民族學研究』第六二巻二号、一六九―一八三
二〇〇一「南インドにおける不幸の除去――ケーララ州の呪術・儀礼・占星術をめぐって」『宗教と社会』第七号、九一―一一〇
二〇〇四「南インドにおける儀礼と社会の変化――ケーララ州テイヤムを事例として」慶應義塾大学大学院社会科学研究科博士学位請求論文。
小谷汪之
一九九六『不可触民とカースト制度の歴史』明石書店
二〇〇三「カーストとカースト制度――その歴史的変容」小谷汪之編『現代南アジア5――社会・文化・ジェンダー』東京大学出版会、一一七―一三六
小林香代
二〇〇一『演者たちの「共同体」――東京エイサーシンカをめぐる民族誌的説明』風間書房
小林正佳
二〇〇四『舞踊論の視角』青弓社
小林　勝
一九九二「ケーララ社会とブラーフマン――統一王権の不在状況下におけるカースト制について」『民族学研究』第五六号、

四〇七―四二八
一九九五「ケーララの多宗教社会とコミュナリズム」杉本良男編『宗教・民族・伝統――イデオロギー論考察』南山大学人類学研究所、一五五―一七八
一九九九「サリー／サリー以前――カーストと着衣規制、そして国民化」鈴木清史他編『世界の民族と衣装』人文書院、一二五―一四五
二〇〇四「実体化する『ヒンドゥー教』――インド・ケーララ州における寺院の動向から」『APCアジア太平洋研究』第一四号、三六―四六
小林康正
一九九三「芸能の解釈学をめざして――「遠山伝説」と葛藤する解釈」民俗芸能研究の会／第一民俗芸能学会編『課題としての民俗芸能研究』ひつじ書房、一五五―二二〇
迫　俊道
二〇一〇『芸能におけるフロー体験』溪水社
佐々木重洋
二〇〇〇『仮面パフォーマンスの人類学――アフリカ、豹の森の仮面文化と近代』世界思想社
佐藤　広
二〇〇一「インド・ケーララ州における地方制度改革――草の根からの公共性をめざして」佐藤幸人編『振興民主主義国の経済・社会政策』アジア経済研究所、三三七―三六三
シェクナー、リチャード
一九九八『パフォーマンス研究――演劇と文化人類学の出会うところ』高橋雄一郎訳、人文書院
重松伸司
二〇〇二「ドラヴィダみんぞく」辛島昇他監修『南アジア知る事典』平凡社、五〇一―五〇二
シュレメイ、ケイ・カフマン
二〇〇九『エチオピア音楽民族誌――ファラシャ／エチオピア聖教／望郷歌』柘植元一訳、アルク出版企画
清水拓野
二〇〇六「演技習得の人類学的エスノグラフィーにむけて――身体技法論からみた中国西安市の秦腔教育」早稲田大学二一世紀COEプログラム「演劇の総合的研究と演劇学の確立」『演劇研究センター紀要』第六号、一五七―一六八

杉本良男
二〇〇四「都市が田舎にやってくる――南インドにおける寺院と映画」関根康正編『〈都市的なるもの〉の現在――文化人類学的考察』東京大学出版会、一六五―一八九

鈴木正崇
二〇〇九「宗教演劇から世界遺産へ――南インド・ケーララのクーリヤーッタム」国際宗教研究所編『現代宗教 2009――変革期のアジアと宗教』秋山書店、二三二―二五四

鈴木正崇編
二〇〇八『神話と芸能インド――神々を演じる人々』山川出版社

スナイダー、アレグラ・フラー
二〇〇〇「ダンス・イベントにおけるジェスチャーの諸レベル」野村雅一、市川雅編『叢書・身体と文化　第一巻　技術としての身体』澤田昌人、野村雅一訳、大修館書店、三〇六―三五一

関根康正
一九九五『ケガレの人類学――南インド・ハリジャンの生活世界』東京大学出版会

ターナー、ヴィクター
一九七六『儀礼の過程』冨倉光雄訳、思索社

高橋京子
二〇〇八「日本とインドにおける疱瘡治癒祈願の舞踊研究――グラフノーテーションによる動作分析を中心に」立命館大学大学院社会学研究科博士学位論文

竹村嘉晃
二〇〇四「『インド古典舞踊』の受容と消費――南インド・ケーララ州のカラマンダラムで学ぶ外国人たち」『トランスナショナリティ研究――境界の生産性』大阪大学二一世紀ＣＯＥプログラム「インターフェイスの人文学」報告書、二二六―二四七

二〇〇七a「神々のゆくえ――現代インド・ケーララ社会における儀礼パフォーマンスの多元的表象」『民族藝術』第二三号、一二一―一二九

二〇〇七b「『アニヤラ』から『カクテル・パーティー』へ――海外に登場するインドの儀礼パフォーマンス」『大阪大学二一世紀COEプログラム「インターフェイスの人文学」研究報告書　2004―2006　第三巻：トランスナショナリティ研究』

二四七―二六六
二〇〇八「グローバル時代におけるヨーガ受容」『スポーツ人類學研究』第九号、二九―五二二〇一〇「フィールドで考える――『出張』にでかける地方の神さま」『月刊みんぱく』二〇一〇年一〇月号、二二―二三
二〇一二a「鉄道局組合が祀るローカル神――南インド・ケーララ州におけるムッタッパン信仰の隆盛と『ダルシャン運行』」『民族藝術』第二八号、九二―一〇〇
二〇一二b「マラヤン――太鼓奏者の影に隠れた女たちの音楽的才能」金基淑編『カーストがわかる三〇章』明石書店、二三七―二四五
二〇一四「インド・ケーララ州出身者たちの神霊を介した故地とのつながり」細田尚美編『湾岸アラブ諸国における移民労働者――「多外国人国家」の出現と生活実態』明石書店、二二九―二五〇
二〇一五「踊る現代インド――グローバル化のなかで躍動するインドの舞踊文化」三尾稔、杉本良男編『叢書　現代インド六――環流する文化と社会』東京大学出版会、一五九―一七九

田中多佳子
二〇〇八『ヒンドゥー教徒の集団歌謡――神と人との連鎖構造』世界思想社

田中雅一
一九八八「カーリー女神の変貌――スリランカ・タミル漁村における村落祭祀の研究」『国立民族学博物館研究報告』第一三巻三号、四四五―五一六
一九九七「カースト社会に生きる」栗原彬編『講座 差別の社会学　第三巻　現代世界の差別構造』弘文堂、三一九―三四五
二〇〇二『供犠世界の変貌――南アジアの歴史人類学』法蔵館
二〇〇六「序論 ミクロ人類学の課題」田中雅一、松田素二編『ミクロ人類学の実践――エイジェンシー／ネットワーク／身体』世界思想社、一―三八

田辺明生
一九九四「人類学・社会学におけるカースト研究の動向」佐藤正哲、山崎元一編著『叢書　カースト制度と被差別民　第一巻　歴史・思想・構造』明石書店、三五三―三六七
一九九七「伝統の政治学――インド・オリッサでの武術競技会による国民文化の創造の試みとその波紋」青木保他『岩波講座　文化人類学　第九巻　儀礼とパフォーマンス』岩波書店、一七五―二〇七
二〇一〇『カーストと平等性――インド社会の歴史人類学』東京大学出版会

田辺繁治
　一九九七　「実践知としての呪術――北タイにおける憑依の身体技法覚書」『民族学研究』第六二巻二号、三九四―四〇一
田辺繁治編
　一九九五　『アジアにおける宗教の再生――宗教的経験のポリティクス』京都大学学術出版会
田森雅一
　二〇〇四　「近代北インドにおける音楽財産の伝承形態と社会関係の変化――サロード・ガラーナーを事例として」『国立民族学博物館研究報告』第二八巻三号、三七七―四一八
デーヴァ、チャイタニャ・B
　一九九四　『インド音楽序説』中川博志訳、東方出版
デュモン、ルイ
　二〇〇一　『ホモ・ヒエラルキクス――カースト体系とその意味』田中雅一、渡辺公三訳、みすず書房
寺田吉孝
　一九九七　「カースト競合の場としてのカリスマ的演奏家――ラージャラッティナム・ピッライと南インド古典音楽文化」『国立民族学博物館研究報告』二二巻二号、二八三―三二五
　二〇一〇　「歳時世相篇――「世界最大」の音楽シーズン」『月刊みんぱく』二〇一〇年一二月号、一〇―一一
徳永宗雄
　一九九二　「サンガム文学」辛島昇他監修『南アジアを知る事典［新訂増補］』平凡社、二九三
内藤雅雄
　一九九二　「スワデーシー」辛島昇他監修『南アジアを知る事典［新訂増補］』平凡社、九〇
永渕康之
　一九九六　「文化イメージの受容と価値の生産――一九二〇～三〇年代のニューヨークとバリ」石森秀三編『二〇世紀における諸民族文化の伝統と変容3――観光の二〇世紀』ドメス出版、六九―七九
中島岳志
　二〇〇五　『ナショナリズムと宗教――現代インドのヒンドゥー・ナショナリズム運動』春風社
中谷純江
　二〇〇九　「新しいコミュニティ――ラージャスターン農村におけるラームデーヴ信仰と巡礼」『南アジア研究』第二一号、六〇

―八六
中原ゆかり
一九九三「奄美八月踊りの『現在性』――舞台化・伝統・アイデンティティ」『民俗芸能研究』第一七号、一―一八
中村茂子
二〇〇三『奥三河の花祭り――明治以後の変遷と継承』岩田書院
中村忠男
一九九八「今日のヒンドゥー教とメディア・テクノロジー」西川長夫・山口幸二・渡辺公三編『アジアの多文化社会と国民国家』人文書院、一九三―二〇九
中根千枝
一九七〇『家族の構造――社会人類学的分析』東京大学出版会
西村祐子
二〇〇六「南インドチェンナイ市における女性の結婚観と家族関係の変貌――アンケート調査より」『駒澤大學外国語学部研究紀要』第三五号、一三五―一六一
野村雅一
一九九七「『身体技法論』へのノート」内堀基光他編『岩波講座文化人類学　第三巻「もの」の人間世界』岩波書店、二五―四二
橋本裕之
一九九一「差異と反復――民俗社会における芸能」『体育の科学』第四一号、七六三―七六八
一九九三「民俗芸能研究という神話」民俗芸能研究の会／第一民俗芸能学会編『課題としての民俗芸能研究』ひつじ書房、三―一五
一九九五「『民俗芸能』における言説と身体」福島真人編『身体の構築学――社会的学習過程としての身体技法』ひつじ書房、一四三―二〇六
二〇〇六『民俗芸能研究という神話』森話社
長谷川清
二〇〇八「都市のなかの民族表象――西双版納、景洪市における『文化』の政治学」塚田誠之編『民族表象のポリティクス――中国南部における人類学・歴史学的研究』風響社、三八九―四一八

林　史樹
　二〇〇七『サーカスの生活誌――移動の人類学への招待』風響社
福岡まどか
　二〇〇二『ジャワの仮面舞踊』勁草書房
福島真人編
　一九九五『身体の構築学――社会的学習過程としての身体技法』ひつじ書房
ヴェブレン、ソースティン
　二〇一一『有閑階級の理論――制度の進化に関する経済学的研究』高哲男訳、筑摩書房［1998］
ホール、スチュアート
　二〇〇一「誰がアイデンティティを必要とするのか？」S・ホール＆P・D・ゲイ『カルチュラル・アイデンティティの諸問題』宇波彰監訳、大村書店、七―三五
松田素二
　二〇〇二「第一二章　石工職人の世界における技能とアイデンティティ――東アフリカ・マラゴリ人職人の事例から」田辺繁治／松田素二編『日常的実践のエスノグラフィ――語り・コミュニティ・アイデンティティ』世界思想社、三〇九―三三五
　二〇〇九『日常人類学宣言！――生活世界の深層へ／から』世界思想社
三尾　稔
　二〇〇三「現代インドにおける宗教の変容」小谷汪之編『現代南アジア5――社会・文化・ジェンダー』東京大学出版会、三七―六一
　二〇一〇「都市の消費文化」田中雅一、田辺明生編『南アジア社会を学ぶ人のために』世界思想社、二二四―二三五
峰岸由紀
　一九九八「インド音楽舞踊劇の伝統における化粧――南インド・ケーララの古典舞踊劇を例として」蒲生郷昭他編『岩波講座日本の音楽・アジアの音楽　第四巻　伝統と記録』岩波書店、二四七―二六四
宮尾慈良
　二〇〇三「舞踊人類学の研究方法論」『スポーツ人類学』第五号、一―一八
三輪博樹

二〇〇一「ケーララ州」広瀬崇子編『一〇億人の民主主義――インド全州、全政党の解剖と第一三回連邦下院選挙』お茶の水書房、三五五―三六五
モース、マルセル
一九七六『社会学と人類学II』有地亨、山口俊夫共訳、弘文堂
森尻純夫
一九八七「ヤマの戯人――早池峰岳神楽小国誠吉をモデルとして」『民俗芸能研究』第五号、二六―三八
森本　泉
二〇〇〇「ネパールの地域像の再構築――楽師カースト集団ガンダルバの表象と実践」熊谷圭知、西川大二郎編『第三世界を描く地誌――ローカルからグローバルへ』古今書院、一三一―一四八
山本達也
二〇一三『舞台の上の難民――チベット難民芸能集団の民族誌』法蔵館
山崎元一
一九九四「序章　カースト制度と不可触民制」佐藤正哲、山崎元一編『叢書　カースト制度と被差別民　第一巻　歴史・思想・構造』明石書店、一三―五二
山下晋司
二〇〇七「序――資源化する文化」山下晋司責任編集『資源人類学０２　資源化する文化』東京外国語大学アジアアフリカ言語文化研究所、一三―二四
山下博司
一九八八「デイヴァムとカダヴル――古代タミル世界の『神』」『印度学宗教学会論集』第一五号、五七―七三
吉見俊哉
一九九六「電子情報化とテクノロジーの政治学」井上俊他編『岩波講座　現代社会学　第二二巻　メディアと情報化の社会学』岩波書店、七―四六
レイヴ、ジーン＆ウェンガー、エティエンヌ
一九九三『状況に埋め込まれた学習――正統的周辺参加』佐竹胖訳、産業図書
若林さわ
一九七八「インド、ケーララ州共産党政府の崩壊」『アジア経済』第一九号、二一―四一

欧文・マラヤーラム語（アルファベット順）

AIYAPPAN, Ayinipalli

1965 *Social Revolution in an Kerala Village: A Study in Culture Change*. Bombay: Asia Publishing House.

APPADURAI, Arjun

1986 "Introduction: Comodities and the Politics of Value" in *The Social life of Things: Commodities in Cultural Perspective*, Arjun Appadurai (ed.), Cambridge: Cambridge University Press, pp.3-63.

ASHLEY, Wayne

1979 "The Teyyam Kettu of Northern Kerala", *The Drama Review*. Vol.82, pp.99-112.

1993 *Recording: Ritual, Theatre, and Political Display in Kerala*. Unpublished Phd. Dissertation, New York University.

ASHLEY, Wayne and HOLLOMAN, Regina

1982 "From Ritual to Theatre in Kerala", *The Drama Review*. Vol.26, No,2, pp.59-72.

1990 "Teyyam", in *Indian Theatre: Traditions of Performance*, Farely P. Richmond, Darius L. Swann, Phikkip B. Zarrilli (eds.), pp.131-150. Honolulu: University of Hawaii Press.

AZEEZ, Abdul and BEGUM, Mustiary

2009 "Gulf Migration, Remittances and Economic Impact", *Journal of Social Sciences*. Vol.20, No.1, pp.55-60.

AZHIKODE, Sanjeevan

2007 *Theyyathile Jativazhakkam*. Kottayam: Current Book. (in Malayalam)

BABB, Lawrence A.

1995 "Introduction", in *Media and the Transformation of Religion in South Asia*. Lawrence A. Babb & Susan S. Wadley (eds.), pp. 1-18. Philadelphia: University of Pennsylvania Press.

BABB, Lawrence A. and WADLEY, Susan S. (eds.)

1995 *Media and the Transformation of Religion in South Asia*. Philadelphia: University of Pennsylvania Press.

BANAJI, Shakuntala, ed.

2010 *South Asian Media Cultures: Audiences, Representations, Contexts*. Delhi: Anthem Press.

BELL, Cahterine

1992 *Ritual Theory, Ritual Prictice*. Oxford: Oxford University Press.

BLACKBURN, Stuart

1996 *Inside the Drama-House: Rāma Stories and Shadow Puppets in South India.*Berkeley: University of California Press.

BRANDON, James R. (ed.)

1993 *The Cambridge Guide to Asian Theatre*. Cambridge: Cambridge University Press.

BRAZ, George F. and COOLEY, Timothy J, (eds.)

2008 *Shadows in the Field: New Perspectives for Fieldwork in Ethnomusicology*. Oxford: Oxford University Press.

BUCHANAN, Francis

1988 *A Journey From Madras Through the Countries of Mysore, Canara, and Malabar: For the Express Purpose of Investigating the State of Agriculture, Arts and Commerce; the Religion, Manners, and Customs; the History Natural and Civil and Antiquities*. New Delhi: Asian Educational Services (1807).

BUCKLAND, Theresa Jill (ed.)

1999 *Dace in the Field: Theory, Methods, and Issues in Dance Ethnography*. London: Macmillan Press.

BUCKLAND, Theresa Jill

2006 "Dance, History, and Ethnography: Frameworks, Sources, and Identities of Past and Present", in *Dancing from Past to Present: Nation, Culture, Identities*, Theresa Jill Buckland (ed.), pp.3-24. Wisconsin: The University of Wisconsin Press.

CANṬĒRA, C. M. S.

1978 *Kaḷiyāṭṭam: Paṭhanavum Pāṭṭukalum.* Kottayam: National Book Stall (1968).(in Malayalam)

2004 *Theyyathinte Aadiroopam*. Kottayyam: DC Books (in Malayalam).

CASTALDI, F.

2006 *Choreographies of African Identities: Négritude, Dance, and the National Ballet of Senegal*. Champaign: University of Illinois Press.

CHAKRAVORTY, Pallabi

2008 *Bells of Change: Kathak Dance, Women and Modernity in India*. Calucutta: Segull Books.

CHANDRAN, T. V.

2006 *Ritual As Ideology: Text and Context in Teyyam*. New Delhi: Indira Gandhi National Centre for the Arts.

CHARSLEY, Simon and KADEKAR, Laxmi Narayan (eds.)

2006 *Performers and Their Arts: Folk, Popular and Classical Genres in Changing India*. New Delhi: Routledge.

COLES, A (ed.)

2000 *Site Specificity: The Ethnographic Turn*. London: Black Dog Publishing.

COPEMAN, Jacob and IKEGAME, Aya

2014 *The Guru in South Asia: New Interdisciplinary Perspectives*. New Delhi: Routledge.

DALRYMPLE, William

2009 *Nine Lives: In Search of the Sacred in Modern India*. Bloomsbury.

DAMODARAN, M. P.

1998 The Malayans of North Malabar and their Teyyam. Unpublished Ph.D. Preliminary Thesis, Kanuur university.

2008 "Teyyam is the Best Tool for Reconstructing the History of North Malabar", *Anthropologist*. Vol.10, No.4, pp.283-287.

2009 "Identity through Nature-Man Interaction: A Synthetic Definition Based on the Teyyam Performance in North Malabar", *Journal of Human Ecology*. Vol.26, No,3pp.191-196.

DANKWORTH, Linda E. and DAVID, Ann R. (eds.)

2014 *Dance Ethnography and Global Perspectives: Identity, Embodiment and Culture*. London: Palgrave Macmillan.

DAUGHERTY, Diane

2000 "Fifty Years On: Arts Funding in Kerala Today", *Asian Theatre Journal*. Vol.17, No.2, pp.237-252.

DAVID, Ann R.

2009 "Performing for the Gods? Dance and Embodied Ritual in British Hindu Temples", *South Asian Popular Culture*. Vol.7, No.3, pp.217-231.

DAVIDA, Dena (ed.)

2011 *Fields in Motion: Ethnography in the World of Dance*. Canada: Wilfrid Laurier University Press.

DAVIES, Charlotte Aluu

1999 Reflexive Ethnography: A Guide to Researching Selves and Others. London and New York: Routledge.

DIMAGGIO, Paul

1991 "Social Structure, Institutions, and Cultural Goods: the Case of the United States", in *Social Theory for a Changing Society,* Pierre Bourdieu and James S. Coleman (eds.), pp.133-136. Doulder: Westview Press.

DINESAN, Vadakkiniyil

2009 *Teyyam: The Poiesis of Rite and God in Malabar, South India*. Unpublished PhD. Dissertation, University of Bergen.

2010 "Images of Transgression: Teyyam in Malabar", *Social Analysis*. Vol.54, Issue 2, pp.130-150.

DIRKS, Nicholas B.

2001 *Castes of Mind: Colonialism and the Making of Modern India*. Princeton: Princeton University Press.

ECK, Diana L.

1983 *Darśan: Seeing the Divine Image in India*. New York: Columbia University Press.

ENGINEER,

1995 *Kerala Muslims: a Historical Perspective*. Ajanta Publications.

ERDMAN, Joan L.

1985 *Patrons and Performers in Rajasthan: The Subtle Tradition*. Delhi: Chanakya Publications.

ERDMAN, Joan L.(ed.)

1992 *Arts Patronage in India: Methods, Motives and Markets*. New Delhi: Manohar.

FARNELL, B.

1999 "Moving Bodies, Moving Selves", *Annual Review of Anthropology*. Vol.28, pp.341-373.

FAWCETT, Fred

1990 *Nayars of Malabar*. New Delhi: Asian Education Service (1901).

FERNANDES, Leela

2006 *India's New Middle Class: Democratic Politics in an Era of Economic Reform*. Minneapolis:University of Minnesota Press.

FLOOD, Gavin

1997 "Ritual Dance in Kerala: Performance, Possession, and the Formation of Culture", in *Indian Insights: Buddhism, Brahmanism and Bakti: Papers from the Annual Spalding Symposium on Indian Religions*, Peter Conolly & Sue Hamilton (eds.), pp.169-183. Somerset: Luzac Orienta.

FRASCA, Richard Armando

1990 *The Theater of the Mahābhārata: Terukkūttu Performances in South India*.Honolulu: University of Hawaii Press.

FREEMAN, James M.

1979 *Untouchable: An Indian Life History*. California: Stanford University Press.

FREEMAN, John Richard

1991 *Purity and Violence: Sacred Power in the Teyyam Worship of Malabar*. Unpublished Ph.D.Dissertation, University of Pennsylvania.

1993 "Performing Possession: Ritual and Consciousness in the Teyyam Complex of Northern Kerala", in *Flags of Fame: Studies in South Asian Folk Culture*, H. Brucker, L. Lutze & A. Malik (eds.), pp.109-138, New Delhi: Manohar Publications.

1998 "Formalised Possession among the Tantris and Teyyams of Malabar", *South Asia Research*. Vol.18, No.1, pp.73-98.

1999 "Dynamics of the Person in the Worship and Sorcery of Malabar" in *Purusartha La Possession en Asie du Sud, Parole, Corps, Territoire*, Vol.21, pp.149-182.

FULLER, Eric J.

1954 "Caste and Teriitory in Malabar", *American Anthropologist*. Vol.56, No.3, pp.410-420.

FULLER, C. J,

1976 *The Nayar Today*. Cambridge: Cambridge University Press.

GABRIEL, Theodore

2006 "Brahminisation of Dravidian Religion: The Case of the Muthappan Cult of NorthMalabar", in *Indian Religions, Renaissance and Renewal*. Anna King (edr.), pp.214-230. London: Equinox.

2010 *Playing God: Belief and Ritual in the Muthappan Cult of North Malabar*. London: Equniox.

GOPINATHAN NAIR, P. R.

1994 "Migration of Keralites to the Arab World", in *Kerala's Economy: Performance,Problems, Prospects*, B. A. Prakash (ed.), pp.95-114. New Delhi: Sage Publications.

GOSWAMI, Manu

2004 *Producing India: From Colonial Economy to National Space*. Chicago: University of Chicago Press.

GOUGH, Katheleen E.

1952 "Changing Kinship Usages in the Setting of Political and Change Among the Nayars of Malabar", *Journal of the Royal Anthropolotycial Institute*. Vol.82, pp.71-88.

1961 "Nayar: North Kerala", "Tiyya: North Kerala" in *Matrilineal Kinship*, D. M. Schneider & Katheleen E. Gough, (eds.), Berkely: University of California Press.

GOVERNMENT OF KERALA

2007 Tourism. The Official Web Site of Government of Kerala.

GOWDA, K, Chinnappa

2005 *The Mask and the Message*. Mangalagangothri: Madipu Prakashana

GRAU, Andree

2005 "When the Landscape Becomes Flesh; an Investigation into Body Boundaries with Special Reference to Tiwi Dance and Western Classical Ballet", *Body and Society*. Vol.11, No.4, 141-163.

GROESBECK, Rolf

1995 *Pedagogy and Peformance in "Tayampaka", a Genre of Temple Instrumental Music in Kerala*, India. Unpublished Ph.D. Dissertation, New York University

1999 "'Classical Music,' 'Folk Music', and the Brahmanical Temple in Kerala, India", Asian Music. Vol.30, No.2, pp.87-112.

2009 "Disciple and Preceptor/Performer in Kerala", in *Theorizing the Local: Music,Practice, and Experience in South Asia and Beyond*, Richard K. Wolf (ed.),pp.142-163. Oxford: Oxford University Press.

GUNDERT, H, Rev.

2003 *Malayalam and English Dictionary*. New Delhi: Asian Educational Service (1872). (in Malayalam)

HANNA, Judith Lynne

1992 "Chapter XII Dance", in *The Norton/Grove Handbooks in Music, Ethnomusicology an Introduction*, Hellen Myers (ed.), pp.315-326. New York: W.W. Norton & Company.

HANDOO, Jawaharlal

1979 "The World of Teyyam: Myth and the Message", *Journal of Indian Folkloristics*.Vol.2, No.3-4, pp.65-88.

HELLAND, Christopher

2007 "Diaspora on the Electronic Frontier: Developing Virtual Connections with Sacred Homelands," *Journal of Computer-Mediated Communication*. Vol.12, pp.956-976.

HOLLOMAN, Regine and ASLEY, Wayne

1983 "Caste and Cult in Kerala", *South Asian Anthropologist*. Vol.4, No.2 pp.93-104.

HUGHES-FREELAND, Felicia and CRAIN, Mary M.

1998 *Recasting Ritual: Performance, Media, Identity*. London: Routledge.

INGLIS, Stephen R.

1999 "Master, Machine, and Meaning: Printed Images in Twentieth-Century India", in *Unpacking Culture: Art Commodity in Colonial and Postcolonial Worlds*, Ruth B. Philips & Christopher B. Steiner (eds.), pp.122-139, Berkley: University ofCalifornia Press.

INNES, C. A,

1997 *Malabar Gazetteer.* Thiruvananthapuram : Kerala Gazetteers/ Kerala Council for Historical Research.

JAYARAJAN, V.

2008 *Teyyam: A Divine Dance Tradition of Kerala*. Bhopal, Delhi: Indira Gandhi Rashtriya Manav Sangrahalaya & Pratibha Prakashan.

JEFFREY, Robin

2000 *India's Newspaper Revolution: Capitalism, Technology and the Indian-language Press, 1977-1997*. London: C Hurst and Co Publishers Ltd

KAEPPLER, Adrienne L.

1972 "Method and Theody in Analyzing Dance Structure with an Analysis of Tongan Dance", *Ethnomusicology* Vol,16, No., pp.173-217.

KAEPPLER, A. L. & DUNIN, E. L.

2007 *Dance Structures: Perspectives on the Analysis of Human Movement*. Budapest; Akadémiai Kiadó.

KANNAN, Y. V.

2004 *Vannanmarude Theyyangalum Anushtanangalum: Oru Patanam*. Preliminary Ph.D. Disseration, Kannur University. (in Malayalam)

2007 *Muthappan Puravritham*, Kottayam: DC Books. (in Malayalam)

KARUNAKARAN, K. K.

1985a "Theyyam; A Note on its Form and Structure: A Rural Performing Art form of North Malabar (Kerala)", *Folklore*. Vol.26, No.5, pp.87-90.

1985b "Theyyam and its Social Background: Tradition and Culture of the Keralites", *Folklore*. Vol.26, No.11, pp.216-217.

1986 "Hero Worship and Other Historical Aspects. Of Theyyam of Kerala : A Study", *Folklore*. Vol. 27, No.314, pp.166-170

1988 "Variety of Theyyams of Kerala. Some Descriptive Notes about the Performance and Performer", *Folkore*. Vol.29, No.341,pp.245-247

KEALIINOHOMOKU, Joann

1976 *Theory and Methods for an Anthropological Study of Dance*. Unpublished Ph.D. Dissertation, Indiana University. Arbor: University Microfilm.

KENNEDY, Dennis

2009 *The Spectator and the Spectacle: Audience in Modernity and Postmodernity.* Cambridge: Cambridge University Press.

KILLIUS, Rolf

2006 *Ritual Music and Hindu Rituals of Kerala*. Delhi: B.R. Rhythms.

KOGA, Mayuri

2003 "The Polotics of Ritula and Art in Kerala: Controversies Concerning the Staging of Teyyam", *Journal of the Japanese Association for South Asian Studies*. Vol.15,pp.54-79.

KOMATH, Rajesh Kumar

2003 *Movement of Intergenerational Occupational and Educational Mobility: A Case of Two Village in North Malabar*. M Phil. Dissertation, Centre for Development Studies.

2005 "Teyyam Performance: Resistance of the Oppressed", *Left Angle.* Vol.1, No.1, pp.14-19.

2006 "Teyyam as Experience", *Deshabhimani Special Issue 2006*. pp.150-155.

KUNHIKANNAN, T. P. & ARAVINDAN, K. P.

2000 *Changes in the Health Status of Kerala 1987-1997*. Discussion Paper No.20,Thirvananthapuram: Kerala Research Programme on Local Level Development, Centre for Development Studies.

KURATH, Gertrude Prokosch

1960 "Panorama of Dance Ethnology", Current Anthropology. Vol.1, No.3, pp.233-254

KURIEN, Prema A.

2002 Kaleidoscopic Ethnicity: International Migration and the Preconstruction of Community Identities in India. New Delhi: Oxford University Press.

KURUP, K. K. N.

1973 *The Cult of Teyyam and Hero Worship in Kerala*. Calcutta: Indian Publications.

1977 *Aryan and Dravidan Elements in Malavar Folklore*. Trivandram: Kerala History Society.

1979 "Teyyam of Kerala", *Sangeet Nataka*. Vol.53-54, pp.45-52.

1981 *William Logan: A Study in the Agrarian Relations of Malabar*. Calicut: Sandhya Publicaitions.

1986 *Teyyam: a Ritual Dance of Kerala*. Trivandram: Goverment of Kerala.

1988 “Peasantry and The Anti-Imperialist Struggles in Kerala”, *Social Scientist*. Vol.16, No.9, pp.35-45.

1990 “The Impact of Classical Mythology on the Cult of Teyyam in South India”, *Commemoration Volume Folklore*. pp.101-105.

1991 *Peasantry, Nationalism, and Social Change in India.* Allahabad: Chugh Publications

LIETEN, Georges Kristoffel

1977 “Education, Identity and Politics in Kerala 1957-1959”, *Social Scientist*. Vol.6,No.2, pp. 3-21.

LOGAN, William

1995 *Malabar Manual*. New Dehli: Asian Educational Services (1887).

LUKOSE, Ritty

2005 “Consuming Globalization: Youth and Gender in Kerala, India”, *Journal of Social History*. Vol.38, No.4, pp. 915-935.

McMAINS, J.

2006 *Glamour Addiction: Inside the American Ballroom Dance Industry*. Middletown: Wesleyan University Press.

MALLAPRAGADA, Madhavi

2010 “Desktop Deities: Hindu Temples, Online Cultures and the Politics of Remediation,” *South Asian Popular Culture*. Vol.8, No.2, pp.109-121.

MANUEL, Peter

1993 *Cassette Culture: Popular Music and Technology in North India*. Chicago: The University of Chicago Press.

MASON, Kaley Reid

2006 *Socio-Musical Mobility and Identity in Kerala, South India: Modern Entanglements of Ritual Service, Laboring Musicians, and Global Artistry.* Unpublished Ph.D.Dissertation, University of Alberta.

MAYER, Adrian C.

1952 *Land and Society in Malabar.* Bombay: Geoffrey Cumberlege Oxford University Press.

MCMILLIN, Divya C.

2006 “Outsourcing Identities: Call Centres and Cultural Transformation in India”, *Economic and Political Weekly*. Vol.41, No.3, pp.235-241.

MEE, Erin B.

2007 *Theatre of Roots: Redirecting the Modern Indian Stage*. Calcutta: Seagull Books.

MENON, A. Sreedharan,

1979 *Social and Cultural History of Kerala*. New Delhi: Sterling Publishers Pvt Ltd

2003 *A Survey of Kerala History*. Chennai: S.Viswanathan [1967].

2008 *Cultural Heritage of Kerala*. Kottayam: DC Books [1978].

MENON, Dilip M.

1994 *Caste, Nationalism and Communism in South India: Malabar 1900-1948*. Cambridge : Cambridge University Press.

MILLER, Eric J.

1952 "Village Structure in North Kerala", *The Economic Weekly.* Vol.4, No. 6, pp.159-64.

1954 "Caste and Territory in Malabar", *American Anthropologist*. Vol.56, No.3, pp.410-420.

MILLER, Daniel

2010 "The Limis of Jeans in Kannur" in *Global Denim,* D. Miller and S. Woodward (eds.), pp.87-101. Oxford: Berg.

MOFFATT, Michael

1979 *An Untouchable Community in South India: Structure and Consensus.* Princeton: Princeton University Press.

MOSER, Heike (ed.)

2011 *Indian Folklife, Kutiyattam: 10 Years After the UNESCO-DECLARATION*. No.38. Chennai: National Folklore Support Centre.

NAMBIR, A. K.

1999 "Surviving Folk Arts and the Social Analysis of their Origin and Development", in *Essays on the Cultural Formation of Kerala: Literature, Art, Architecture, Music, Theatre and Cinema*, *Kerala State Gazetteer Vol. IV Part II*. P. J. Cherian (ed.), pp. 35-64. Trivandram: Kerala State Gazetteers Department.

NAMBIAR, Balan

1993 "Tai Paradevata: Ritual Impersonation in the Teyyam Traditions of Kerala", in *Flags of Flames: Studies in South Asian Culture*, Heidrun Bruckner, Lothar Latze & Aditya Malik (eds.), pp.139-163. Delhi: Manohar.

1995 "Photographing Teyyam", *India International Centre Quarterly*. Vol.22, No.2/3, pp.132-134

2000 "Teyyam: Ritual Performing art of Northern Kerala", in *Indian Art: Forms, Concerns and Development in Historical Perspective (Vol. VI, Part 3 of History of Science, Philosophy and Culture in Indian Civilization)*, B. N. Goswamy (ed.), pp. 265-277. Delhi: Munshirm Manoharlal.

NAMBIAR, Sita K.

1996 *The Ritual Art of Teyyam and Bhūtārādhane: Theatrical Performance with SpiritMediumship.* New Delhi: Navrang.

NAMBOODIRI, N. M.

1999 "Cultural Formations in Medieval Kerala", in Perspective on Kerala History, P. J. Cherian, Thiruvananthapuram: Kerala Gazetteers.

NAMBUDIRIPAD, Usha

2001 *Kunnattūṛ Paadi* (God's Own Land). Sreekantapuram: Karakkattedam-Ellaranji.

NAYAR, Pramod K.

2009 "India Goes to the Blogs: Cyberspace, Identity, Community", In *Popular Culture in a Globalised India*. K. Mothi Gokulsing & Wimal Dissanayake (eds.), pp.207-222. Oxon: Routledge,

NESS, Sally

1992 *Body, Movement and Culture: Kinesthetic and Visual Symbolism in a Philippine Community.* Philadelphia: University of Pennsylvania Press.

NEUMAN, Daniel

1990 The Life of Music in North India: The Organization of an Indian Tradition. Chicago:University of Chicago Press (1980).

NOSSITER, T. J

1982 *Communism in Kerala*. Delhi: Oxford University Press.

NOVACK, C. J.

1990 *Sharing the Dance: Contact Improvisation and American Culture*. Madison, Wisconsin: University of Wisconsin Press.

OSELLA, Filippo and OSELLA, Caroline

1999 "From Transience to Immanence: Consumption, Life-Cycle and Social Mobility in Kerala, South India", *Modern Asian Studies*. Vol.33, No.4, pp.989-1020.

2000a "Migration, Money and Masculinity in Kerala", *The Journal of the RoyalAnthropological Institute*. Vol.61, No.1, pp.117-133.

2000b *Social Mobility in Kerala: Modernity and Identity in Conflict*. London: Pluto Press.

2003a "Migration and the Commoditisation of Ritual: Sacrifice, Spectacle and Contestations in Kerala, India" *Contribution to Indian Sociology*. Vol.37, No.1&2, pp.109-139.

2003b "'Ayyappan Saranam': Masculinity and the Sabarimala Pilgrimage in Kerala", *Journal of the Royal Anthropological Institute*. Vol.9,

No.4, pp. 237-244.

O'SHEA, Janet

2007 *At Home in the World: Bharata Natyam on the Global Stage.*Connecticut: Wesleyan University Press.

2010 "Roots/Routes of Dance Studies", in *The Routledge Dance Studies Reader* (Second Edition), Alexandra Carter & Janet O'shea, (eds.), pp.1-15. Oxon: Routledge.

PANICKER, P. G. K.

1999 *Health Transition in Kerala.* Discussion Paper No.10, Thirvananthapuram: Kerala Research Programme on Local Level

PANICKER, P. G. K.

1999 *Health Transition in Kerala.* Discussion Paper No.10, Thirvananthapuram: Kerala Research Programme on Local Level Development, Centre for Development Studies.

PANICKER, M. Rajasekhara

2003 *Sandwanamayi Sree Muthappan.* Aluva: Pen Books. (in Malayalam)

PALLATH, J. J.

1995 *Theyyam: An Analytical Study of the Folk Culture, Wisdom and Personality.*New Delhi: Indian Social Institute.

PANIKKAR, Kavalam Narayana

1993 *Folklore of Kerala.* New Delhi: National Book Trust, India.

PARMAR, Shyam

1975 *Traditional Folk Media in India.* New Delhi: Geka Books.

PATI, Geroge

2010 "Mohiniyāṭṭam: An Embodiment of the Aesthetic and the Religious", *Journal of Hindu Studies.* Vol.3, No.1, pp.91-113.

PAYYANĀṬŬ, Raghavan

1979 *Teyyamvum Tōṟṟampāṭṭum.* Kottayam: National Book Stall. (in Malayalam)

1998 *Folklorinu Oru Patanapadhathi.* Trissur: Kerala Sahitya Akademi. (in Malayalam)

2001 "Theyyam and Our Times", *Indian Folklife.* 1(1): 11-12.Ruth B. Philips & Christopher B. Steiner

PHILLIPS, Ruth B. and STEINER, Christopher B. (eds.)

1999 *Unpacking Culture: Art and Commodity in Colonial and Postcolonial Worlds.* Berkeley: University of California Press.

PINNEY

1990 "Classification and Fantasy in the Photographic Construction of Caste and Tribe", *Visual Anthropology.* Vol.3, Issue2-3, pp.259-288

PRAKASH, B. A.

1998 "Gulf Migration and Its Economic Impact: The Kerala Experience", *Economic and Political Weekly.* Vol.33, No.50, pp.3209-3213.

PRASAD, B. K.

2005 Media and Social Life in India. Delhi: Anmol

PREKASH, C. R.

2002 "Vannan", "Malayan", in *People of India: Kerala. Vol.XXVII Part 2. Anthropological Survey of Indi*a, K. S. Singh (ed.), New Delhi: East West Press.

QURESHI, Regula Burckhardt

1995 "Recorded Sound and Religious Music: The Case of Qawwali", in *Media and the Transformation of Religion in South Asia*, Lawrence A. Babb and Susan S. Wadley, (eds.), pp.139-166. Philadelphia: University of Pennsylvania Press.

RADHAKRISHNAN P.

1982 "Land Reforms and Changes in Lans System: Study of Kerala Village", *Economic and Political Weekly*. September, pp.107-119.

1989 *Pesant Struggles, Land Reforms and Social Change: Malabar, 1836-1982*. New Delhi: Sage Publications.

RAGHAVAN, M. D.

1947 *Folk Plays and Dances of Kerala*. Trichur: The Rama Varma Archaeological Society.

RAJAGOPALAN, L. S.

2010 *Temple Musical Instruments of Kerala*, New Delhi: Sangeet Natak Akademi & D. K.Printworld (P) Ltd.

RAMANATHAN, Aru

2000 "KaaLiyaaTTam: The Life History of a Performer and the Development of a Performing Art", *Asian Folklore Studies*. Volume 59, pp.23-40.

RAMSEY, Kate

1997 "Vodou, Nationalism, and Performance: The Staging of Folklore in Mid-Twentieth-Century Haiti" In *Meaning in Motion: New Cultural Studies of Dance*. Jane C. Desmond (ed.), pp. 345-37, Durham: Duke University Press.

RAO, Venugopala M.

2002 “Focus On Folk Arts in Cause of People’s Struggles”, peoples Democracy: Weekly Organ of eh Communist Party of India (Marxist), Vol26, No,14, pp,1-2（http://archives.peoplesdemocracy.in/2002/april14/04142002_17cong_andhra.htm´ 二〇〇九年七月二十三日閲覧）

RAVI, Ramanthali

1999 “Modernity and Identity”, in *Ideology Politics & Folklore*, Raghavan Payyanad (ed.), pp.101-114, Payyannur: FFM Publications.

REED, Susan A.

1998 “The Politics and Poetics of Dance”, *Annual Review of Anthropology.* Vol.27, pp.503-532.

2010 *Dance and the Natin: Performance, Ritual, and Politics in Sri Lanka*. Wisconsin: The University of Wisconsin Press.

RICHMOND, Farley

1973 “The Political Role of Theatre in India”, *Educational Theatre Journa*l. Vo.25, No.3, pp.318-334.

1990 “Kūṭiyāṭṭam”, in *Indian Theatre: Traditions of Performance*, ed. Farley Richmond, Darius Swann, and Phillip Zarrilli (eds.), pp.87-117.Honolulu: University of HawaiiPress.

RODRIGUES, Usha M.

2010 “Glocalisation of Indian Television”, in *Indian Media in a Globalised World*, Maya Ranganathan and Usha M Rodrigues (eds), pp.3-25. New Delhi: Sage Publications

SARABHAI, Mallika

1995 *Performing Arts of Kerala*. Mapin Intl

SCHECHNER, Richard

2002 *Performance Studies: An Introduction.* London: Routledge

SCHEIFINGER, Heinz

2009 “The Jagannath Temple and Online Darshan”, *Journal of Contemporary Religion*, Vol.24, No.3, pp.277-290.

SCHIPPERS, Huib

2007 “The Guru Recontextualized? Perspectives on Learning North Indian Classical Music in Shifting Environments for Professional Training”, *Asian Music*. Vol.38, No.1, pp.123-138.

SHULMAN, David

1980 *Tamil Temple Myths: sacrifice and Divine Marriage in South Indian Saiva Tradition*. Princeton: Prinston University Press.

SINGER, Milton B.

1972 *When a great tradition modernizes: an anthropological approach to Indian civilization*. Ann Arbor: Michigan

SINGH, R. K.

1996 "Migration from SAARC Countries to India", *Manpower Journal*, Vol.32, No.2, pp.11-22.

SINGLETON, Brian

1997 "K. N. Panikkar's Teyyateyyam: Resisting Interculturalism Through Ritual Practice", *Theatre Research International*. Vol.22, No.2, pp.162-169.

SKLAR, Deidre

1991 "On Dance Ethnography," *Dance Research Journal*. Vol.23, No.1, pp.6-10.

2000 "Reprise: On Dance Ethnography," *Dance Research Journal.* Vol.31, No.1, pp.70-77.

2001 *Dancing With the Virgin: Body and Faith in the Fiesta of Tortugas, New Mexico*. Berkeley: University of California Press.

SMITH, H. Daniel

1995 "Impact of 'God Posters' on Hindus and Their Devotional Traditions". in *Media and the Transformation of Religion in South Asia*, L. A. Babb and S. S. Wadley (eds.), pp.24-50. Philadelphia: University of Pennsylvania Press.

SUBRAMANIAN, Lakshmi

2006 *From the Tanjore Court to the Madara Music Academy: The Making of a Modern Classical Tradition*. New Delhi: Oxford University Press.

SUZUKI, Masataka

2008 "Bhuta and Daiva: Changing Cosmology of Rituals and Narratives in Karnataka", *Senri Ethnological Studies: Music and Society in South Asia, Perspectives from Japan*. Vol.71, pp.51-85.

TAFFREL, Joseph

1981 *Missionary Indees*. Tellicherry, Krala: Fr. Joseph Tafarel

TARABOUT, Gilles

2000 "'Passions' in the Discourses on Witchcraft in Kerala", *Journal of Indian Philosophy.* Vol.28, No.5,6, pp.651-664.

2005 "Malabar Gods, Nation-Building and World Culture: On Perceptions of the Local and the Global", in *Globalizing India: Perspectives from Below*. J. Assayang and C. J. Fuller (eds.), pp.185-209, London: Anthem Press.

THURSTON, Edgar

1993 *Caste and Tribes of Southern India Vol.7*. Madras: Government Press (1909).

UPADHYANA, Uliyar Padmanabha and UPADHYAYA, Susheela P.

1984 *Bhuta Worship: Aspects of A Ritualistic Theatre*, Udupi: The Regional Resources Centre for Folk Performing Arts.

VAJPEYI, Udayan

2012 *K. N. Panikkar: The Theatre of Rasa*. New Delhi: Niyogi Books

VAN ZILE, J.

1996 "Non-Polinesian Dance in Hawai'I: Issues of Identity in a Multicultural Community", *Dance Research Jorunal.* Vol.28, No.1, pp.28-50.

VENU, G. and PANIKER, N.

1993 *Mohiniyāṭṭaṁ: The Lāsya Dance*. Trichur: Natana Kairali (1985).

VIŚṆUNAMBŪṬIRI, M. V.

1981 *Tōṟṟampāṭukal*. Kottayam: National Book Stall. (in Malayalam)

1990 *Tōṟṟampāṭukaḷ oru Paṭhanam*. Kottayam: National Book Stall. (in Malayalam)

1998 *Teyyam*. Thiruvananthapuram: Kerala Bhasa Institute.

WADLEY, Susan S.

1995 "Introduction", in *Media and the Transformation of Religion in South Asia*, Lawrence A. Babb & Susan S. Wadley, (eds.), pp.21-23. Philadelphia: University of Pennsylvania Press.

WARRIER, M.

2005 *Hindu Selves in a Modern World: Guru Faith in the Mata Amritanandamayi Mission*. Oxon: Rougledge Curzon.

WILHITTE, Harold

2008 *Consumpion and the Transformation of Everday Life: A View from South India*. New York: Palgrave Macmillan

WOLF, Richard K. (ed.)

2009 Theorizing the Local: Music, Practice, and Experience in South Asia and Beyond.Oxford: Oxford University Press.

ZACHARIAH, K. C., MATHEW, E. T. and RAJAN, S. I.

2000 *Socio-economic and Demographic Consequences of Migration in Kerala*. Working Paper 303, Trivandrum: Center for Development

Studies.

ZACHARIAH, K. C. and RAJAN, S. Irudaya

2009 *Migration & Development: The Kerala Experience*. Delhi: Daanish Books.

2011 *From Kerala To Kerala Via the Gulf: Emigration Experiences of Return Emigrants*. Woking Paper 443, Trivandrum: Center for Development Studies.

ZARRILLI, Phillip B.

1991 "Patronage in the Kathakali Dance-Drama," in *Arts Patronage in India; Methods, Motives and Markets*, ed. Joan Erdman, pp.91-142, New Delhi: Manohar.

1998 *When the Body Becomes All Eyes: Paradigms, Discoursed and Practices of Power in Kalarippayattu, a South Indian Martial Art*. New Delhi: Oxford University Press.

2000 *Kathakali Dance-Drama: Where Gods and Demons Come to Play*. London: Routledge.

ガゼッティア、国勢調査報告、州政府発行物

Census of India. 1981, 1991, 2001, 2011.

District Handbooks of Kerala: Kannur. RAJASEKHARAN, G. IAS. (ed.), Department of Information & PublicRelations, Government of Kerala, 2003.

Kerala State Gazetteer, Vol.1. RAMACHANDRAN NAIR, K. K. (ed.), Trivandrum; Goverment of Kerala, 1986.

Madras District Gazetteers: Malabar and Anjengo. INNES, C. A., I.C.S. (ed.) Madras:The Superintendent,Government Press, 1997（1908）.

Teyyam Chiarisma. Kannur: AUM Communications, 2002.

Teyyam Guide. Kannur; District Tourism Promotion Council, 2000（1999）.

映像資料一覧

『*Kaliyattam*』（マラヤーラム語映画、ジャヤラージ監督、一九九七年公開）

『*Pulijanmam*』（マラヤーラム語映画、プリヤナンダン監督、二〇〇六年公開）

『*Teyyam: The Annual Visit of the God Vishumurti*』（Ethnographic Video Fim、Erik de MAKKER、Leiden: Department for Cultural and Social Studies, Leiden University, 1998）

2章

3章

4章

写真・図表一覧

口絵

1章

ヤ

マ

ナ

ハ

タ

サ

カ

索　引

著者紹介

竹村嘉晃（たけむら　よしあき）

1971年生。日本大学芸術学部演劇学科卒業、沖縄県立芸術大学大学院音楽芸術研究科修士課程修了、大阪大学大学院人間科学研究科博士後期課程修了。博士（人間科学、2012）。

専攻は芸能人類学、南アジア地域研究。

現在、人間文化研究機構地域研究推進センター研究員／現代インド地域研究国立民族学博物館拠点研究員。

主な著作に「神々のゆくえ――現代インド・ケーララ社会における儀礼パフォーマンスの多元的表象」『民族藝術』23号（2007年）、「インド・ケーララ出身者たちの神霊を介した故地とのつながり」『湾岸アラブ諸国の移民労働者―「多外国人国家」の出現と生活実態』細田尚美編、明石書店（2014年）、「踊る現代インド――グローバル化のなかで躍動するインドの舞踊文化」『現代インド6　環流する文化と宗教』三尾稔・杉本良男編、東京大学出版会（2015）など。


神霊を生きること、その世界　インド・ケーララ社会における「不可触民」の芸能民族誌

2015年5月10日　印刷
2015年5月20日　発行

著　者　竹村嘉晃
発行者　石井　雅
発行所　株式会社　風響社

東京都北区田端4-14-9（〒114-0014）
TEL 03(3828)9249　振替 00110-0-553554
印刷　モリモト印刷

ISBN978-4-89489-209-5 C3039